GOLDMANN

Yes Premierminister

Tagebuch eines Spitzenpolitikers
herausgegeben von
Antony Jay und Jonathan Lynn

GOLDMANN VERLAG

Aus dem Englischen übertragen von Heinz Freitag
Titel der Originalausgabe: Yes Prime Minister
Originalverlag: BBC Books,
A Division of BBC Enterprises Ltd., London

Deutsche Erstveröffentlichung

Made in Germany · 11/87 · 1. Auflage

Umschlaggestaltung: Design Team München
Umschlagbild: BBC Enterprises, London
Satz: Fotosatz Glücker, Würzburg
Druck: Elsnerdruck, Berlin
Verlagsnummer: 8892
Lektorat: Werner Morawetz / ST
Herstellung: Peter Papenbrok
ISBN 3-442-08892-5

Inhalt

Anmerkung der Herausgeber

1 Partei-Spiele 9
2 Der Große Plan 77
3 Die Fernsehansprache 114
4 Der Schlüssel 152
5 Echte Partnerschaft 190
6 Ein Sieg für die Demokratie 226
7 Blauer Dunst 266
8 Mein Bischof, dein Bischof 306
9 Einer von uns 338

Anmerkung der Herausgeber

Hackers unerwartete Erhebung in den *Premiersstand,* die sich am Ende des 1. Kapitels dieses Buches ergibt, brachte für die Herausgeber fast ebenso viele Probleme mit sich wie für Großbritannien. Er war von dem Wunsch besessen, daß seine Tagebücher seine Amtszeit als einen permanenten Triumphzug darstellen sollten, obwohl an dieser Aufgabe ein weitaus gewandterer Chronist gescheitert wäre. Hacker wurde von der Geschichte ein wenig unsanft behandelt; aber die Leser seiner gesammelten Tagebücher werden das irgendwie als gerecht empfinden, da der Autor Hacker mit der Geschichte noch erheblich unsanfter umging. Es mag sein, daß das Amt des Premierministers ihn – wie andere auch – dazu ermutigte, sich immer mehr von der Wirklichkeit zu entfernen und die Barriere zwischen Realität und Phantasie niederzureißen, wenn er – allein mit dem üblichen Glas Scotch und seinem Kassettenrecorder – eine Version der Tagesereignisse diktierte, in der er seine Erfolge noch einmal durchlebte und seine Mißerfolge uminterpretierte.

Es scheint, als hätte Hacker im Verlauf der Monate in seinen auf Band gesprochenen Memoiren den Trost gefunden, den ein mittelalterlicher Monarch im Beichtstuhl suchte – ohne die Unannehmlichkeit Sünden eingestehen, und schon gar nicht, sie bereuen zu müssen.

Das mag eine überaus wirksame Therapie gewesen sein; aber so etwas dient nun auf gar keinen Fall einer seriösen Geschichtsschreibung. Deshalb mußten die Herausgeber in erheblich höherem Maße als in der Vergangenheit Zuflucht zu korrigierenden Darstellungen der Geschehnisse nehmen, die sie in den Papieren jener Mitmenschen fanden, deren Erinnerungen möglicherweise vertrauenswürdiger sind als seine. Zum Glück wurden diese

Dokumente nach Ablauf der dreißigjährigen Sperrfrist freigegeben; andere wurden uns großzügigerweise von Nachlaßverwaltern und Kuratoren überlassen.
Wie schon einmal haben wir immer wieder von den Appleby-Papieren Gebrauch gemacht, und wir sind – wie schon einmal – Sir Bernard Woolley, Hackers ehemaligem Persönlichen Referenten in Downing Street 10, dankbar dafür, daß er sich intensiv bemühte, uns mit *seinen* Erinnerungen an Hackers Amtszeit zu unterstützen und dafür, daß er die erste Fassung dieses Buches durchsah. Aber die Verantwortung für eventuelle Ungenauigkeiten und Unzulänglichkeiten liegt nach wie vor bei uns.

Jonathan Lynn
Anthony Jay
Hacker College, Oxford
August, 2022 a.D.

1 Parteispiele

6. Dezember

Sir Humphrey hat irgendwas vor. Als ich ihn gestern im Ministerium für Verwaltungsangelegenheiten sah, machte er irgendwie einen etwas verträumten Eindruck und war offenbar nicht in der Lage, sich auf meine Probleme mit der »Eurowurst« zu konzentrieren. Hierbei handelt es sich um den neuesten, idiotischen Standardisierungskampf, in dem ich gegen unsere europäischen Feinde bestehen muß. *[In der Öffentlichkeit pflegte Hacker sie als »unsere europäischen Freunde« zu bezeichnen – d.H.]*

Aber dazu gleich mehr. Normalerweise stürzt Humphrey sich voller Schwung und Begeisterung in bürokratische Schlachten, aber in letzter Zeit hat er sich da merkwürdigerweise sehr zurückgehalten. Er brütet zweifellos irgendeine Intrige aus. Ich nehme an, ich werde bald dahinterkommen – wenn nicht, gerate ich ins Schleudern!

Aber der Reihe nach: den Tag habe ich hauptsächlich mit dem üblichen Routinekram verbracht. Ich quälte mich heute morgen im Büro durch Verteidigungspapiere des Kabinetts, als Bernard mich unterbrach.

»Verzeihen Sie, Minister, tut mir leid, aber ich fürchte, Sie müssen sich mit etwas wesentlich Dringenderem beschäftigen.« Ich fragte womit.

»Mit Ihren Weihnachtskarten, Minister. Das können wir jetzt nicht mehr länger aufschieben.«

Bernard hatte recht. Die Weihnachtskarten abzuschicken ist wirklich wesentlich wichtiger, als Verteidigungspapiere des Kabinetts zu lesen – es sei denn, man ist Verteidigungsminister, nehm' ich jedenfalls an.

[Hacker war, wie viele Politiker, offensichtlich nicht in der Lage, zwischen »Dringend« und »Wichtig« zu unterscheiden. Bernard

hatte die Weihnachtskarten als »Dringend« bezeichnet. Hacker nahm an, er hätte »Wichtig« gemeint. Andererseits besteht die Möglichkeit, daß Hacker recht hatte, indem er die Weihnachtskarten als »wesentlich wichtiger« bezeichnete. Als schlichtes einfaches Kabinettsmitglied hatte er nur unwesentlichen Einfluß auf die Verteidigungspolitik, so daß ihm die Informationen, die die Papiere enthielten, sowieso nahegebracht worden wären – d.H.]

Bernard hatte auf dem Konferenztisch große Stapel MVA[1]-Weihnachtskarten aufgebaut. Die Stapel waren unterschiedlich hoch; und das offensichtlich aus gutem Grund.

»Sie sind alle bestimmten Empfängergruppen zugeordnet, Minister.« Bernard erbot sich, mir den Grund zu erklären. Er stolzierte am Tisch entlang und deutete beiläufig auf jeden Stapel, so als würde er eine Ehrengarde abnehmen. »Diese unterschreiben Sie mit ›Jim‹. Diese unterschreiben Sie mit ›Jim Hacker‹. Die hier werden mit ›Jim und Annie‹ unterschrieben. Die da mit ›Annie und Jim Hacker‹. Diese mit ›Mit herzlichen Grüßen, Annie und Jim‹. Die hier sollte Mrs. Hacker schreiben, und Sie fügen nur Ihren Namen hinzu.«

Ich entdeckte noch zwei Stapel. »Und was ist mit denen da?«

»Die hier sind gedruckt; die da sind mit Ihrer zyklostyl-vervielfältigten Unterschrift versehen, so daß Sie nichts mehr schreiben müssen. Sie müssen sich nur ansehen, wer sie bekommt, um sicher zu sein, daß niemand eine Karte mit zyklostyl-vervielfältigter Unterschrift erhält, der eine mit persönlicher Unterschrift bekommen sollte. Sie wissen schon«, fügte er erklärend hinzu, »eigenhändig unterschrieben mit ›Jim‹ oder mit ›Jim Hacker‹ oder mit ›Jim und Annie‹ oder mit ›Annie und Jim Hacker‹.«

Auf der anderen Seite des Tisches lagen noch jede Menge Karten, wie die anderen aufgeteilt in verschiedene Stapel. »Und was sind das für welche?« Bernard hatte die Kartenaktion absolut im Griff. »Das sind die Karten für Ihren Wahlkreis. Ihr Wahlkampfmanager hat sie heute morgen vorbeigebracht.«

Mir war erst gar nicht aufgefallen, daß die auch in verschiedene Empfängergruppen aufgeteilt waren. Aber, natürlich: Wahlkreispost wird als politische und nicht als regierungsamtliche Korrespondenz eingestuft. Der Civil Service würde mir dabei nie und nimmer behilflich sein, die dürfen in parteipolitischer Hinsicht nicht Partei ergreifen. Aber das ist selbstverständlich nur 'ne faule Ausrede.

Zu meiner größten Verwunderung war Bernard trotzdem mehr als beglückt, daß er mir die Wahlkreis-Weihnachtskarten-Aktion erläutern konnte.

»Diese unterschreiben Sie mit ›Jim‹, die hier mit ›Jim Hacker‹, die da mit ›Jim und Annie‹, diese mit ›Mit herzlichen Grüßen Annie und Jim‹ ...«

Ich sagte ihm, daß ich's inzwischen kapiert hätte. Aber das würde doch garantiert den ganzen Tag dauern. Wie mich sowas anödet.

Doch mit dem wahren Umfang dieses stumpfsinnigen Unternehmens hatte Bernard mich bis jetzt noch nicht vertraut gemacht; plötzlich zauberte er eine vollgestopfte Einkaufstasche hervor.

»Und die hier hat Mrs. Hacker vorbeigebracht«, murmelte er teilnahmsvoll. »Das sind ihre privaten Karten. Aber das wird nicht lange dauern; es sind nur eintausendeinhundertundzweiundsiebzig.«

Ich war entsetzt. »Eintausendeinhundertundzweiundsiebzig!?«

»Abgesehen von«, fügte er sanft hinzu, »den Karten, die in der Parteizentrale für Sie bereitliegen.«

Depression bemächtigte sich meiner. Die Parteizentrale! Das hatte ich ja völlig vergessen. Im letzten Jahr hatte ich keine Partei-Weihnachtskarten unterschrieben; aber da war ich ja noch nicht, wie in diesem Jahr, Parteivorsitzender. Ich fing an, die Karten zu unterschreiben. Zu meiner Überraschung bemerkte ich, daß es zwei verschiedene Arten von Karten gab: MVA-Karten und Unterhaus-Karten.

Bernard klärte mich auf. »Ministeriums-Karten billigen dem Empfänger einen etwas höheren Status zu als einfache Unterhaus-Karten.« Da hat er wieder mal recht – nur wer dem Ministerium angehört, kann eine Ministeriums-Karte verschicken, wohingegen eine Unterhaus-Karte von jedem gewöhnlichen Abgeordneten verschickt werden kann. Ich fragte ihn, warum wir nicht an alle Leute Ministeriums-Karten versenden.

»Die kosten zehn Pence mehr, Minister.«

»Aber kommen sich da die Leute, die nur einfache Unterhaus-Karten kriegen, nicht irgendwie degradiert vor?«

»Nein, Minister, wir haben überaus sorgfältig einen Unterschriften-Modus erarbeitet. Manche Leute nehmen Ihnen eine Unterhaus-Karte nicht übel, wenn Sie sie mit ›Jim‹ und nicht mit ›Jim Hacker‹ unterschreiben oder mit ›Jim und Annie‹ und nicht mit ›Jim und Annie Hacker‹, oder wenn Sie mit ›Mit herzlichen Grüßen‹ oder eigenhändig unterschreiben und nicht eine Karte mit zyklostyl-vervielfältigter Unterschrift verschicken oder ...«

Ich brachte ihn mit einem unmißverständlichen Blick zum Schweigen.

Eine der Karten wollte ich auf gar keinen Fall unterschreiben, geschweige denn Porto dafür verschwenden. Die sollte der EG-Landwirtschaftskommissar in Brüssel kriegen. Dem hätte ich lieber geschrieben, daß er überflüssig ist. Der ist noch schlimmer als seine Kollegen, und was Schlimmeres als das kann ich über jemanden nicht sagen. Das ist der Idiot, der die Standardisierungspläne für die »Eurowurst« durchgedrückt hat. Am Jahresende müssen wir von der guten alten britischen Wurst Abschied nehmen; dann werden wir gezwungen, uns mit irgendwelchem Auslandszeug wie Salami und Bratwurst abzufinden.

Natürlich können die uns nicht verbieten, britische »Wurst« zu essen; aber die können uns verbieten, unsere Wurst *Wurst* zu nennen. Offenbar muß sie als »emulgierte, hochfette Innereienrolle« bezeichnet werden. Und ich war gezwungen, das zu schlukken. Gut, es ist eine absolut korrekte Bezeichnung, aber ja nicht unbedingt appetitanregend. Und das geht einem ja auch nicht so einfach von der Zunge; ehrlich gesagt bleibt's einem im Halse stecken. Deswegen wird's noch schrecklichen Ärger geben.

Aber ich muß nun mal EG-Bestimmungen durchführen; und dafür, daß wir neue Preise für unsere Landwirtschaftsprodukte ausgehandelt haben und Großbritanniens Beitrag zum EG-Etat verringert wurde, mußte man schon eine Konzession machen. Dem Premier war das anscheinend egal, genauso wie dem Außen- und dem Landwirtschaftsministerium – wahrscheinlich weil ich der arme Hund bin, der das jetzt dem britischen Bürger verkaufen muß. Das könnte das Ende meiner Karriere zur Folge haben.

Bernard fragte mich, was die EG eigentlich gegen unsere Wurst hat. Ich habe das Gefühl, er liest die Papiere, die er mir immer in die roten[2] Aktenkoffer packt, gar nicht.
»Haben Sie denn diese Analyse nicht gelesen?«
»Ich hab' einen Blick drauf geworfen, Minister, aber dann ist mir schlecht geworden.«
Ich habe ihm die entscheidende Passage der Analyse sofort und ganz langsam vorgelesen.

- 3 -

und trägt deshalb nicht zu gesundheitsfördernder Ernährung bei. Die durchschnittliche britische Wurst besteht aus:

32.5 %	Fett
6.5 %	Schwarte
20.0 %	Wasser
5.0 %	Konservierungsmittel, Farbstoff und Gewürz
26.0 %	Fleisch

Diese 26 % Fleisch sind hauptsächlich Reste, Kopffleisch, Sehnen und Knorpel und mechanisch aufbereitetes Fleisch, das vom Skelett abgedünstet wurde.

Mir war ein bißchen schlecht. Sowas gab's heute bei uns zum Frühstück. Bernard las die Analyse. »Vielleicht hat der EG-Kommissar recht, wenn er sie verbieten will.«
Bernard begreift manchmal wirklich überhaupt nicht, worum's

geht. »Ja, *vielleicht* hat er recht«, stellte ich genervt klar, »aber das wird mich bestimmt 'ne Menge Stimmen kosten.« Bernard nickte traurig. »Na ja, was soll's«, fuhr ich fort, »wir müssen die Zähne zusammen und in den sauren Apfel beißen.«
[Wir haben Hackers Metaphern-Gemisch bewußt wörtlich in den Text dieses Buches aufgenommen, da wir der Ansicht sind, daß es tiefgehenden Einblick in die Gedankengänge einer unserer großen nationalen Führerpersönlichkeiten gewährt – d. H.]
Bernard schlug taktvoll vor, ich sollte Maurice trotzdem eine Weihnachtskarte schicken. Ich spielte mit dem Gedanken, ihm innereienreiches Weihnachtsfest und ein verwurstetes neues Jahr zu wünschen. Aber Bernard riet mir davon ab.
[Einer der Gründe dafür, daß man sich bemüht, Regierungsmitglieder hinter einer Mauer undurchdringlicher Geheimnistuerei zu verbergen ist der, daß die Minister sich ohne diesen Schutz innerhalb von Tagen – spätestens nach einigen Wochen – absolut lächerlich gemacht hätten. Bernards Rat kann man dieserhalb nur als überaus klug bezeichnen – d. H.]
Ich verbrachte den Rest des Tages damit, diese verdammten Karten zu unterschreiben. Heute sollte eigentlich ein ausführliches Gespräch mit Humphrey stattfinden, aber das kam nicht zustande, da er überraschend von Sir Arnold[3] zu einem Gespräch gebeten wurde. Ich glaube, Bernard weiß, daß irgend etwas mit Humphrey im Gange ist, denn ich bekam von ihm eine seiner »weniger-als-vollständig-direkten« Antworten, als ich fragte, ob es bei dem Gespräch um etwas ginge, was ich wissen sollte.
»Na ja«, antwortete er ausweichend, »wissen Sie, ich bin sicher, daß, wenn es um etwas geht, was Sie wissen sollten, vorausgesetzt, daß Sie's nicht bereits wissen, wissen Sie; werden Sie es, was ja wohl klar auf der Hand liegt, erst dann wissen können, wenn Sir Humphrey es endgültig weiß, wissen Sie.«
»Ich hab' was dagegen, wenn man mir etwas verheimlicht«, beschwerte ich mich.
»Also, offen und ehrlich gesagt, Minister, Sir Humphrey weiß vielleicht nicht, worum es geht. Lediglich Sir Arnold weiß vielleicht, worum es geht. Und die führen auch Gespräche miteinander, bei denen es nicht nur um dieses Ministerium geht.«

Bernard hat vielleicht recht. Aber dieser Sir Arnold macht mich immer nervös. In gewisser Beziehung ist der Kabinettsstaatssekretär der mächtigste Mann im Land. Er ist die rechte Hand des Premierministers und schwirrt immer um ihn rum; er entscheidet über Tagesordnungen und hat überall seine Finger drin. Was will der von Humphrey!?

[Sir Humphrey Appleby's Gespräch mit dem mächtigsten Mann des Landes hatte Auswirkungen von großer Tragweite auf die Zukunft von Hacker, Appleby und Bernard Woolley. Eine Notiz zu diesem Gespräch wurde bei Sir Humphreys Papieren gefunden – d. H.]

Hatte heute ein überraschendes und nervenzerrüttendes Gespräch mit AR[4]. Der KS[5] fixierte mich mit adleräugig-starrem Blick.

»Humphrey«, murmelte er, »ich habe ein wenig über die Frage vorzeitiger Pensionierung nachgedacht.«

Ich war schockiert. Ich hatte nicht die Absicht, in Pension zu gehen. Mir fiel auch nichts ein, was ich falsch gemacht hatte. Aber er schien zu allem entschlossen zu sein. »Die Zeit ist gekommen, Humphrey. Genug ist genug.«

Ich sagte ihm, daß mich das wie ein Blitz aus heiterem Himmel träfe.

»Dessen bin ich mir bewußt, Humphrey«, entgegnete er ruhig, »aber niemand ist unentbehrlich.« Ich zögerte und überlegte, ob ich eine wortschwallige Verteidigungsrede bezüglich meiner gegenwärtigen Amtsführung vom Stapel lassen und ihm klarmachen sollte, daß dem eigenen Leistungsvermögen enge Grenzen gesetzt sind, wenn man sich mit einem Minister wie Hacker auseinandersetzen muß, als Arnold hinzufügte: »Versuchen Sie nicht, mich zu überreden, Humphrey, die Würfel sind gefallen. Ich habe mich entschlossen, Anfang nächsten Jahres vorzeitig in Pension zu gehen.«

Mir wurde schlagartig bewußt, wieviel Glück ich gehabt hatte, daß meine dreißigjährige Erfahrung im Umgang mit Civil-Service-Praktiken über meine, mich im ersten Moment dominierende, Impulsivität triumphiert hatte. Wenn man davon profitieren kann, daß man nichts sagt, ist es immer besser, nichts als irgend etwas zu sagen.

Aber warum zog Arnold mich in sein Vertrauen? Die Antwort bekam ich sofort. »Mein Nachfolger, Humphrey, muß jemand sein, der über Durchsetzungsvermögen im Umgang mit unseren politischen Meistern verfügt.«

Eilends stimmte ich ihm zu. Von diesem Verein dürfen wir uns wirklich nichts gefallen lassen. Das sagte ich mit aller mir zu Gebote stehenden Bestimmtheit. Wir waren uns einig, daß Sir Arnolds Nachfolger, um nicht Gefahr zu laufen, sich von diesem Verein etwas gefallen lassen zu müssen, taktvoll, selbstverständlich, charmant und sanftmütig sein müßte. Aber vor allem mußte er verläßlich sein. Ich zweifelte keine Sekunde daran, daß ich in jeder Hinsicht die Personifizierung all dieser erforderlichen Qualitäten bin. Als nächstes sagte Arnold natürlich, daß er die schwierige Aufgabe habe, unserem Premierminister in einem Empfehlungsschreiben darzulegen, welcher der gegenwärtigen Staatssekretäre diesen strengen Kriterien am ehesten gerecht werden würde.[6]
Also darum ging es! Ich wurde examiniert. Da ich völlig unvorbereitet in diese mündliche Prüfung geraten war, mußte ich schnell schalten. Zum Glück hatte ich meine Gedanken im Handumdrehen geordnet, so daß mir sofort die »Schlüsselfrage« einfiel.
Aber die mußte taktvoll-verschlüsselt gestellt werden. Also ließ ich beiläufig die Bemerkung fallen, daß ich gern das Thema wechseln würde und fragte ihn, was er nach seiner Pensionierung zu tun gedenke.
Arnold war entzückt. Er beglückwünschte mich, daß ich eine so überaus gute Frage gestellt hatte. Ich war ad hoc davon überzeugt, daß es Möglichkeiten, wie er seinem Lande dienen konnte, geben würde *[d. h. Pöstchen, die Sir Arnold eventuell annehmen würde – d. H.]* und sein Nachfolger als Kabinettsstaatssekretär ihn zur Übernahme dieser Aufgaben überreden könnte *[d. h. ihm und sich die Wege ebnen könnte – d. H.]*.
Es stellte sich heraus, daß Sir Arnold sich diesbezüglich schon einige Gedanken gemacht hatte und ihm der Aufsichtsratsvorsitz bei der »Banque Occidentale« und Direktorenposten bei BP und IBM angeboten worden waren.
Nichtsdestotrotz notierte ich sehr sorgfältig eine Reihe anderer Vorschläge, die Sir Arnold hinsichtlich der Möglichkeiten, seinem Lande zu dienen, machte. Der Vorsitzenden-Posten der Covent-Garden-Stiftung wird im kommenden Jahr frei, ebenso die Kanzlerschaft von Oxford. Wir waren uns einig, daß sowohl die Vizepräsidentschaft der Bank von England als auch die Leitung der Sicherheitskommission reizvolle Aufgaben wären. Als Präsident der »Anglo-Karibischen-Ge-

sellschaft« hätte Sir Arnold sogar die Möglichkeit, unserem Land im Ausland zu dienen. Vor allem in den Wintermonaten.

Ich versicherte Arnold, daß ein qualifizierter Nachfolger das bestimmt alles arrangieren könnte. Ich kann versichern, daß Arnold meine positive Einstellung als überaus beruhigend empfand.

Aber es stellte sich heraus, daß ihm auch noch andere Dinge durch den Kopf gingen. Er war in Sorge, daß gewisse Ratschläge, die er dem Premierminister vielleicht gegeben hatte, wenn sie bekannt würden, womöglich mißinterpretiert werden könnten. *[Mit anderen Worten: Absolut richtig interpretiert werden könnten – d. H.]* Natürlich sind wir alle, die wir dem Civil Service angehören, stets in Sorge, daß Ratschläge, die man gegeben hat, mißinterpretiert werden könnten, wenn sie in den Bereich der Öffentlichkeit gelangen würden.

Ganz besonders beunruhigt war Arnold wegen einiger anscheinend existierender Papiere, in denen er, überaus vernünftig und angemessen sensibel, rät, bei Streiks Truppen einzusetzen und, ebenso überaus vernünftig, vorschlägt, diese Truppen vorsichtshalber zu bewaffnen. Aus dem Zusammenhang gerissen *[d. h. in den korrekten Zusammenhang gebracht – d. H.]* könnte ihm das selbstredend schaden.

Er hat auch, in entfernterer Vergangenheit, vorgeschlagen, wir sollten garantieren, daß Sanktionen gegen *[das damalige – d. H.]* Rhodesien[7] nicht im Bereich des Denkbaren lägen und, in jüngster Vergangenheit, Verhandlungen mit Südafrika bezüglich einer Reaktivierung des Marinestützpunktes Simonstown empfohlen, was man, strategisch gesehen, nur als einen in höchstem Maße vernünftigen Vorschlag bezeichnen kann; vor allem wegen der Falklands. Aber das alles könnte für jemanden, der für das Generalsekretärsamt des Commonwealth in Frage kommt, etwas peinlich sein. Ich war in der glücklichen Lage, Arnold bestätigen zu können, *daß* er für das Generalsekretärsamt des Commonwealth in Frage kommt.

Er war hocherfreut, besonders als ich ihm sagte, daß es für den richtigen Nachfolger kein Problem wäre, dafür zu sorgen, daß diese Akten an einem verschwiegenen Plätzchen im Archiv bleiben. Wir wandten uns wieder dem eigentlichen Thema, Arnolds Pensionierung, zu. Er erklärte mir, er würde jetzt keinen Hinderungsgrund mehr sehen, meinen Namen an die Spitze der Liste zu setzen. Wie erfreulich! Meine Freude steigerte sich ins Unermeßliche, als es mir durch behutsame Fragen gelang, ihm den Hinweis zu entlocken, daß auf dieser Liste außer meinem, keine anderen Namen stehen würden.

Als ich, auf Wolken schwebend, im Begriff war zu gehen, sagte er mir, daß er sich dazu bereiterklärt hatte, Präsident der »Kampagne für Informationsfreiheit« zu werden. Im ersten Moment war ich entsetzt, aber dann wurde mir schlagartig klar, welch kluge Entscheidung er da getroffen hatte. Diese Kampagne ist überaus populär bei der Opposition. Und die heutige Opposition ist die Regierung von morgen. Als Präsident der Kampagne wird er auch sicherstellen, daß die Informationsfreiheit nicht mißbraucht wird. Und er wird hoffentlich in der glücklichen Lage sein, die Bemühungen zu unterstützen, jene Akten, die dem Premierminister – oder Ministern – erteilte Ratschläge enthalten, auch in Zukunft an einem verschwiegenen Plätzchen im Archiv zu belassen.

Wir tranken auf die Kontinuität verläßlichen Regierens und auf die Informationsfreiheit – wenn sie im nationalen Interesse liegt.

[Appleby Papiere/PPC/MPAA]

[Und nun wieder zu Hackers Tagebuch – d.H.]

9. Dezember

Der Tag begann mit einem entsetzlichen Mißverständnis wegen Humphreys Zukunft. Die sich daraus ergebende Peinlichkeit hätte schreckliche Formen annehmen können, wenn ich die Situation nicht mit der mir eigenen Souveränität in den Griff gekriegt hätte.

Er kam morgens sofort zu mir ins Büro. Er sagte, er müsse mir etwas Furchtbares mitteilen, und das verkündete er auch noch mit unheilschwerer Grabesstimme. Natürlich kam es nur zu dem Mißverständnis, weil er wieder mal sein Beamten-Geschwafel absonderte und nicht in klaren, unmißverständlichen Sätzen mit mir redete.

Später fragte ich Bernard, was Humphrey gesagt hatte, und Bernard konnte ihn sogar wörtlich zitieren. Offenbar hatte Humphrey feierlich folgenden inhaltsschweren Satz von sich gegeben: ›Ich wage zögernd zu behaupten, daß die Beziehung, die vielleicht von einem Grad an gegenseitigem Nutzen und womöglich gar temporär von Befriedigung geprägt war, sich dem Punkt unausweichlicher Gabelung genähert hat, und um es kurz zu machen, sich, wie man mit größtem Bedauern, aber möglicherweise auch mit einem Gefühl der Trauer konstatieren könnte, im Stadium endgültiger, betrüblicher Termination befindet‹. Ich antwortete erst mit ›Ich verstehe‹, aber dann fragte ich doch, ob er so nett sein würde, mir in einfachen Worten eine Inhaltsangabe von dem, was er gesagt hatte, zu geben.

Er nickte traurig und ergeben. »Ich muß sie verlassen«, offenbarte er mir.

Ich traute meinen Ohren nicht. Meinte er, was ich dachte, daß er meinte? »Es kommt der Tag«, fuhr er fort, »wo man akzeptieren muß, was das Schicksal bringt; wo man abberufen wird ...«

»Abberufen?« unterbrach ich ihn sanft und voller Entsetzen.

»... ja«, fuhr er fort, »womöglich in bessere, grünere Gefilde. Wo man seiner Bestimmung entsprechend dem dient, der mächtiger ist als wir alle.«

Ich war am Boden zerstört. Ich sagte ihm, wie furchtbar leid mir das täte. Er bedankte sich. Ich fragte ihn, ob seine Frau es schon wüßte. Er sagte, daß sie es offenbar schon seit langem vermutet hatte. Ich fragte ihn, wann man ihm es mitgeteilt hatte. Er sagte gestern am späten Nachmittag. Schließlich brachte ich es fertig, ihn zu fragen, wie lange sie ihm noch geben würden.

»Nur noch ein paar Wochen«, erklärte er.

Mein Entsetzen wuchs. Ich war tief gerührt. Mir fiel plötzlich auf, wie unglaublich tapfer er war, aber ... ich hatte nur den Eindruck, daß er unglaublich tapfer war.

»Humphrey, Sie sind unglaublich tapfer«, sagte ich.

»Ach, wissen Sie, ich muß zugeben, daß ich natürlich etwas Angst davor habe – jeder Mensch hat Angst vor dem Unbekannten – aber mein Glaube wird mir helfen, ich werde da schon irgendwie durchkommen.«

Ich war überwältigt. Ich brach innerlich zusammen. Ich schäme mich nicht zuzugeben, daß ich geweint habe. Glücklicherweise konnte Humphrey das nicht sehen, denn ich war taktvoll genug, meine Augen hinter meinem Taschentuch zu verbergen.

Aber er hat natürlich gemerkt, daß ich völlig durcheinander war, denn er fragte mich, was los sei. Ich war nicht fähig, in Worte zu fassen, was mich bewegte. Ich versuchte, ihm zu sagen, wie leid es mir täte und daß wir beide uns zwar nicht immer einig gewesen wären, aber doch im Grunde ganz gut miteinander ausgekommen seien. Dann fiel mir irgendwie auf, daß Humphrey mich beäugte, als hätte *ich* mein seelisches Gleichgewicht verloren.

»Minister, nehmen Sie das doch nicht so schwer«, protestierte er milde.

»Deshalb muß man doch nicht weinen, wir werden uns auch in Zukunft regelmäßig sehen – mindestens einmal pro Woche.« Ich dachte, ich hatte mich verhört. Aber er lächelte sein mir hinlänglich bekanntes dreistes Lächeln. In meinem Kopf drehte sich alles. Was konnte er gemeint haben? Hatte ich ihn völlig mißverstanden?

»Habe ich Ihnen noch nicht gesagt, wohin ich abberufen werde?« Ich starrte ihn an.

»Ich bin zum Kabinettsstaatssekretär befördert worden.«

Ich *hatte* ihn völlig falsch verstanden. »Zum Kabinettsstaatssekretär?«

»Ja.« Jetzt sah er mich so verwirrt an, wie ich ihn verwirrt angesehen haben mußte. »Was haben *Sie* denn gedacht, Minister?«

Das konnte ich ihm ja wohl kaum verraten, oder!? »Ich dachte ... ich dachte ...« Ich hörte mit der Stotterei auf und versuchte, mich aus der Affäre zu ziehen, indem ich darauf hinwies, daß ich 'n bißchen durcheinander und übermüdet und überarbeitet und sowas alles sei.

Ehrlich gesagt, bin ich in meinem ganzen Leben noch nicht in eine so peinliche Situation geraten.

Sir Humphreys Mitleid – im Gegensatz zu meinem – ist etwas, wovor man sich höllisch in acht nehmen muß.

»Oh, das tut mir ja so leid für Sie«, säuselte er. »Vielleicht müßte man als designierter Kabinettsstaatssekretär dem Premier vorschlagen, Sie ein wenig zu entlasten, Minister.«

Ich hatte sofort kapiert, daß ich überaus nett zu ihm sein mußte.

Diesen Fehler mache ich nicht noch mal! Ich beeilte mich, ihm zu versichern, daß es mir phantastisch ginge. Ich gratulierte ihm herzlich, sogar überschwenglich, zu seiner Beförderung. Vielleicht etwas zu überschwenglich, aber das kann ich mir nicht vorstellen. Ich schmeichelte ihm sogar ein bißchen, indem ich ihn fragte, wie ich denn jetzt bloß ohne ihn auskommen sollte. »Ohne mich werden Sie vermutlich viel besser klarkommen«, erwiderte er mit einer für ihn völlig uncharakteristischen Ehrlichkeit.

Ich wollte ihm sofort begeistert zustimmen, aber dann kam ich Gott sei Dank noch rechtzeitig darauf, daß das vielleicht ein wenig taktlos wäre. Mir war auch inzwischen bereits klargeworden, daß Humphrey, wenn es zu einer Kabinettsumbildung kommen würde, den Premierminister natürlich bezüglich der Kabinettsmitglieder beraten würde. Und der Premier würde ihn zwangsläufig über mich ausfragen.

Also schmierte ich ihm kräftig Honig ums Maul und sagte ihm, wie bewundernswert er für mich gewesen sei, daß ich immer tiefste Bewunderung für das, was er getan hatte, empfunden hätte, daß er hervorragende Arbeit in bester Beamtentradition geleistet hätte. Alles absolutes Geschwafel, aber er schluckte es und sagte mir, ich sei zu freundlich. Wie wahr!

Vorsichtshalber bot ich ihm die Gelegenheit, sich zu revanchieren, indem ich ihm sagte, daß wir beide, meiner Meinung nach, doch ein tolles Team gewesen seien. »Ich hatte nie zuvor einen besseren Minister, Minister«, sagte er. Das war wahnsinnig nett von ihm. Ich glaube, er hat es wirklich ernst gemeint. Humphrey ist unheimlich hinterlistig, aber ich habe ihn eigentlich nie auf frischer Tat bei einer Lüge ertappt.

[Sir Humphreys Tagebuch enthüllt eine ein wenig unterschiedliche Sicht des oben von Hacker beschriebenen Gesprächs – d. H.]

Ich sagte dem Minister, daß ich mich in grünere Gefilde begeben und mich in den Dienst des Premiers stellen müßte. Das versuchte ich mit einer Trauer, die ich nicht empfand, zum Ausdruck zu bringen, um zu verhindern, daß Hacker meiner grenzenlosen Freude und Erleichterung gewahr würde, die ich, der ich jahrelang damit gestraft war, diese strapaziöse »Zusammenarbeit«, die nun bald beendet sein würde, ertragen zu müssen, in diesem Augenblick empfand. Ich hatte nicht damit gerechnet, nur Hafturlaub zu bekommen.

Er reagierte auf eine Art und Weise, daß ich mich allen Ernstes fragte, ob er sein seelisches Gleichgewicht verloren hatte. Er schien zu weinen. Er ist ganz offensichtlich in höchstem Maße hysterisch. Dessen bin ich mir bis zum heutigen Tage nicht bewußt gewesen.

Die Tatsache, daß er mich verlieren wird, hat ihn so durcheinandergebracht, daß es eine ganze Weile dauerte, bis er begriffen hatte, daß ich zum Kabinettsstaatssekretär befördert worden bin. Aber dann kroch er auf eine abstoßend peinliche Art zu Kreuze. Er fragte mich, ob ich in Zukunft mit dem Premier das tun würde, was ich immer mit ihm getan hatte. Er hat sicherlich »für ihn« gemeint. *[Das können wir uns nicht vorstellen – d. H.]* Ölig und sentimental hielt er mir einen stiefelleckerischen Vortrag, wie bewundernswert ich gewesen sei, und daß er immer tiefste Bewunderung für alles, was ich getan hatte, empfunden hätte. Selbstverständlich hatte er Anlaß, das zu sagen, aber seine Motive waren fadenscheinig und leicht durchschaubar.

Er provozierte mich, seine Komplimente zu erwidern. Ich brachte es aber nur fertig, ihm zu versichern, daß ich nie zuvor einen besseren Minister gehabt hätte. Das schien er offenbar überaus positiv zu interpretieren. Es ist schon bemerkenswert, daß er immer noch alles, was ich sage, für bare Münze nimmt.

Wir vereinbarten, daß ich am Freitag abend, kurz bevor meine Ernennung bekannt gegeben wird, das MVA-Personal von meinem Abschied in Kenntnis setze. Anläßlich unserer Weihnachtsfeier kann ich mich von allen verabschieden.

Hacker sagte, dadurch würde es bestimmt eine sehr erfreuliche kleine Feier werden. Für *mich*, meinte er offensichtlich; für *ihn* kann sie natürlich nur einen überaus betrüblichen Charakter haben.

[Appleby Papiere 928/2033/NT]

[Und nun wieder zu Hackers Tagebuch]

18. Dezember

Das Wochenende war unvorstellbar dramatisch. Am Freitagabend fing alles an. Nach getaner Arbeit kamen wir alle in meinem Büro zu einer kleinen Weihnachtsfeier zusammen. Wir hatten die Leute aus meinem Privatsekretariat und aus Humphreys Privatsekretariat zu einem Weihnachtsschlückchen gebeten; mein Fahrer George, ein paar Büroboten und zwei Putzfrauen waren auch da. Die Weihnachtszeit ist die Zeit sozialer Gleichheit.

Ich schenkte allen Unterhaus-Pfefferminz-Konfekt und -Flaschen, und obwohl sie sich alle freuten, schienen sie überhaupt nicht überrascht zu sein. Dann tranken wir alle ’n bißchen was, natürlich nicht viel, und zum Schluß einer charmanten Rede, die mir, ich glaube, das kann ich mit Recht sagen, flüssig von den Lippen ging und sehr gut ankam, bat ich alle, mit mir auf Humphreys Wohl zu trinken. Er dankte mir in schmeichelhaften Worten, und wir fuhren alle nach Hause.

SIR BERNARD WOOLLEY ERINNERT SICH:[8]

Hackers Tagebuch enthält eine ganz und gar nicht zutreffende Beschreibung dieser Weihnachtsfeier. *Ich* erinnere mich sehr gut daran. Anfänglich war es so peinlich wie immer – wir standen alle sprachlos in einem lockeren Kreis herum, hielten uns krampfhaft an klebrigen Sherrygläsern fest und froren, denn die Zentralheizung war wegen der Weihnachtsfeiertage schon abgestellt worden. Wie bei allen Feiern im Ministerium, wußten wir auch an diesem Abend nicht, worüber wir sprechen sollten; die meisten grinsten dümmlich, bis wir bemerkten, daß der Minister sich, wie nicht anders zu erwarten, vollaufen ließ.

Er schüttete einen doppelten Whisky nach dem anderen in sich rein und fragte uns dann immer wieder, ob wir uns wohl fühlten.

Ich erinnere mich, daß er Sir Humphrey fragte, ob er sich auf das Kabinettsamt freuen würde. Sir Humphrey sprach erst begeistert von seiner neuen Aufgabe, fügte dann aber freundlich lächelnd hinzu, daß ganz Whitehall immer noch wegen der »Eurowurst-Frage« überaus beunruhigt sei.

»Ah, ja«, meinte der Minister whisky-schlürfend, »der bratwurstige

›Euro-Kracher‹.« Sir Humphrey konnte sich einen Scherz auf Hackers Kosten nicht verkneifen und erwiderte, daß es sich bei einem »Euro-Kracher« zweifellos um einen neuen taktischen Marschflugkörper der NATO handeln müsse. »Ach, tatsächlich?« fragte Hacker völlig verwirrt, denn er hatte den Scherz nicht mitgekriegt. Dadurch wurde der sowieso schon gegebene Peinlichkeitsfaktor um das Zehnfache gesteigert.

Dann kam schließlich der Augenblick, vor dem wir uns alle gefürchtet hatten: Hackers Abschiedsrede für Sir Humphrey. Hackers, in seinem Tagebuch offenbar werdender Glaube, er hätte eine charmante Rede, die sehr gut angekommen sei, gehalten, ist auch dann ein erschreckendes Beispiel für Selbstbetrug, wenn man seine eigene, außergewöhnliche Begabung auf diesem Gebiet als Maßstab zugrunde legt. Er begann damit, daß er sagte, er müßte ›ein paar‹ Worte an uns richten – ich fürchte, das ist *immer* eine Untertreibung. Da ich diese denkwürdige Rede unmittelbar nach unserer Weihnachtsfeier in meinem Tagebuch festgehalten habe, kann ich so gut wie wörtlich zitieren, was er von sich gab; das hörte sich ungefähr so an: ». . . das ist ein überaus . . . ganz besonderer Anlaß . . . für uns alle . . . überall Friede auf Erden . . . und Freude allen Männern . . . 'zeihung, Menschen, natürlich, Menschen . . . es ist immer wieder schön, so ein Treffen mit Menschen, die mich bedienen . . . äh, mit mir arbeiten, äh, für mich . . . ähm, nein, mit mir, hier in, äh . . . im Ministerium für Verwulstungs . . . im Ministerium für Verfalls . . . ähm . . . in diesem Hause hier . . .«

Er dankte jedem einzelnen für seine Hilfe, ›. . . jedem . . . angefangen beim Ständigen Staatssekretär bis hinunter zu meinem Büro'tn *[Büroboten – d. H.]* . . . meinem Fahrer, den Putzfrau'n . . . nein . . . nicht *hinunter* . . . hinunter nur in dem Sinne gemeint, daß Sir Humphrey sein B'ro *[Büro – d. H.]* oben im vivierten Stock hat . . . oh, nein! . . . in diesem Hause hier gibt es kein elimi, äh . . . elitäres Denken.‹

Er muß gemerkt haben, daß wir ihn ein wenig entgeistert anstarrten, denn er versuchte immer hektischer zu erklären, was er zum Ausdruck bringen wollte. ›. . . wir sind alle gleich‹, sagte er mit leicht durchschaubarer Verlogenheit, ›. . . ein Team! So wie's Kab'nett . . . aber mit dem Unterschied . . . daß ich, äh . . . wir alle auf d'ersllen Seite stehen . . . hier gib's keine Rückfäll' . . . ah, fällt keiner dem andern in den Rükken . . . läßt keiner was an die Presse durchsickern . . .‹. Als ihm klar-

wurde, daß er sich seinen Kabinettskollegen gegenüber zitierbar illoyal verhielt und daß sich – auch wenn er davon gesprochen hatte, daß wir alle auf einer Seite stünden und bei uns niemand dem anderen in den Rücken fallen oder etwas an die Presse durchsickern lassen würde – unter den Anwesenden trotzdem ein ›inoffizieller Sprecher‹ oder eine ›informierte Quelle‹ befinden könnten oder jemand den Eindruck haben könnte, er würde schlechten Teamgeist beweisen, indem *er* seine Kabinettskollegen kritisierte, fügte er hinzu ... ›ich meine das Schattenkabinett‹. Aber selbst das nahm er zurück. ›Nein! ... Nein! ... R'e'd'n wir nicht von Pol'tik. Jahreszeit des guten Will'ns! ... Selbst gegenüber sei'n Beamten ... vor allem den'n gegenüber, die uns verlassen. Also: ... Auf Humphrey.‹ Schwankend erhob er sein Glas. Das Gefühl der Erleichterung, das sich, nachdem Hacker seine Rede beendet hatte in dem ungeheizten Büro ausbreitete, ist schwer zu beschreiben. Wir nippten an unseren Getränken, und Sir Humphrey ging kurz auf Hackers Rede ein und bedankte sich dann in wohlgewählten Worten bei allen für die harte Arbeit, die sie in den vergangenen Jahren geleistet hatten. Er führte aus, daß eine solche Situation eine gewisse emotionale Ambiguität und persönliche Ambivalenz hervorriefe, denn obwohl er einerseits seine Beförderung als große Ehre empfände, erfülle es ihn andererseits mit tiefgehender Traurigkeit, daß er das MVA verlassen mußte. Er fügte hinzu, aus den Diensten eines Ministers, wie er noch keinem in seiner bisherigen Laufbahn begegnet sei, ausscheiden zu müssen, stimme ihn ganz besonders melancholisch.
Vielleicht war es diese Bemerkung, die Hacker als Kompliment mißinterpretierte.
Wir waren uns alle einig, daß hier eine absolut einmalige Partnerschaft ein Ende gefunden hatte.

[Und nun wieder zu Hackers Tagebuch – d. H.]

Vor der Weihnachtsfeier hatte ich unsere Leibwächter früher nach Hause geschickt. Sie hätten eigentlich nicht gehen dürfen, aber ich bestand darauf. Jahreszeit des guten Willens und sowas alles. Deshalb waren sie auch nicht greifbar, als die Polizei mich anhielt. Ich weiß nicht, warum die mich angehalten haben. Ich

fuhr absolut auf Sicherheit. Ich fuhr langsam und vorsichtig nach Hause in meinen Wahlkreis. Ich kann mich schwach daran erinnern, daß mich eine Frau in mittleren Jahren auf einem Fahrrad überholt hat, daraus könnte man ableiten, daß ich's mit der Sicherheitsfahrerei ein bißchen übertrieben habe, aber das ist ja nun wohl wirklich kein Grund, mich der Trunkenheit am Steuer zu bezichtigen.
Ich meine, man kann doch nichts dagegen haben, natürlich moralisch und nicht rechtlich gesehen, daß jemand betrunken ist. Gefährlich wird's doch erst, wenn man selbst gefährlich wird; und das ist bei mir nie der Fall.
Na ja, jedenfalls sind plötzlich zwei Bobbys in einem Streifenwagen aus dem Nichts aufgetaucht, aber als ich erwähnt habe, daß ich 'ne Silberplakette[9] habe, war die Sache erledigt. Ich halte Annie nicht unbedingt für 'ne gute Autofahrerin, aber unter den gegebenen Umständen mußte ich sie wohl oder übel das letzte Stück nach Hause fahren lassen.

[Trotz intensiver Bemühungen ist es uns nicht gelungen, der Notizbücher der beiden Polizisten, die Hacker in jener Nacht angehalten haben, habhaft zu werden. Aber glücklicherweise fanden wir in den Akten des Innenministeriums einen Brief des Polizeichefs, in dem aus ihrem Bericht zitiert wird. Ein Faksimile dieses Briefes finden Sie auf der nächsten Seite – d. H.]

20. Dezember

Man muß sich mal meine Überraschung vorstellen, als Humphrey mich nach der nächsten Kabinettssitzung – der ersten mit ihm als Kabinettsstaatssekretär – vor der Tür des Kabinettszimmers abfing und mich bat, ihn zu einem kleinen Gespräch in sein Büro zu begleiten.
Ich gratulierte ihm und sagte ihm, daß er seine erste Kabinettssitzung hervorragend geleitet hätte und fragte ihn, wie man sich denn so fühlt, wenn man rechts neben dem Premierminister sitzt.
Er ignorierte meine Frage, bat mich Platz zu nehmen und sagte

NEW SCOTLAND YARD
BROADWAY. LONDON. SW1H 0BG

An den
Ständigen Staatssekretär
im Innenministerium
Whitehall
London SW1

19. Dezember

Lieber Richard,

wir bedauern, Ihnen mitteilen zu müssen, daß der Abgeordnete Jim Hacker, Minister für Verwaltungsangelegenheiten, am späten Freitagabend in seinem PKW auf der Heimfahrt sich befindend, angehalten wurde.
Er fuhr mit ungefähr 15 Stundenkilometern, und sein Atem roch stark nach Alkohol. Da er sofort seine Silberplakette vorzeigte, führten meine Beamten den in solchen Fällen zwingend vorgeschriebenen Alkoholtest mittels Röhrchen nicht durch; ein schwerwiegendes Versäumnis, das ich nur ihrer Unerfahrenheit zuschreiben kann.

Sie berichteten, daß Mr. Hacker, als sie sich ihm näherten, das Gespräch mit den Worten begann: "Guten Abend, Humphmeister, fröhliche Wachtneihten. Als er gefragt wurde, warum er so langsam gefahren sei, antwortete er: "Der Bordstein wollte mich beschädigen, ähm, ich wollte den Bordstein nicht beschädigen."
Mrs. Hacker, die offensichtlich nicht getrunken hatte, erbot sich, für den restlichen Heimweg das Fahrzeug zu führen.

Ich sehe mich gezwungen, Sie zu bitten, dem Minister die Wichtigkeit dieser Angelegenheit nahezubringen und ihn darauf hinzuweisen, daß ihn seine Silberplakette im Falle einer erneuten Gesetztesübertretung nicht noch einmal vor Strafverfolgung schützen wird.

Ich, für meinen Teil, werde die zu seinem Personenschutz abgestellten Beamten zur Rechenschaft ziehen und sicherstellen, daß ihnen bewußt wird, daß ihre Aufgabe in Zukunft unter anderem auch darin besteht, Politiker vor sich selbst zu schützen.

Mit freundlichen Grüßen

Dean M

mir unvermittelt, ohne mir einen Drink anzubieten, daß er mit mir über einen Verkehrszwischenfall reden müßte.
Na ja, diese Andeutung genügte. Mir war sofort klar, daß er nur diesen lächerlichen Zwischenfall, an dem ich beteiligt war, meinen konnte.
»Ich habe einen Bericht vom Innenministerium bekommen. Das geht natürlich nur Sie etwas an ...«
Ich unterbrach ihn energisch. »Kommen Sie zur Sache«, sagte ich.
»Aber«, fuhr er fort, »das Innenministerium ist überaus betroffen. Die sind der Meinung, Minister sollten ein Beispiel sein. Der politischen Moral in diesem Lande wird erheblicher Schaden zugefügt, wenn Leute ungestraft davonkommen, nur weil sie ein Vertrauensamt innehaben, ... und das auch nur zeitweilig.«
Die Drohung, die in seinen letzten Worten lag, war unmißverständlich. Ich traute meinen Ohren nicht. Der war erst seit zwei Tagen Kabinettsstaatssekretär und fing schon an, unheimlich frech zu werden.
»Humphrey«, fragte ich ungläubig, »wollen Sie mich maßregeln oder sowas?«
Er machte sofort einen Rückzieher. »Minister! Nichts läge mir ferner als das. Ich bitte Sie, ich bin nur ein Diener der Mitglieder des Kabinetts. Ein demütiger Funktionär. Aber ich muß dem Innenministerium versichern, daß das nicht wieder vorkommt.«
Ich wußte, daß ich unangreifbar war. »Wozu kriegen wir denn die Silberplaketten?« fragte ich mit überlegenem Lächeln.
»Die sind ein ganz besonderes Privileg, Minister. Sie gestatten uns das Passieren von Polizeikordons, das Parken im Parkverbot und so weiter, aber sie dienen nicht dem Schutz von Trinkern, die Auto fahren.«
Darüber war ich ja nun wirklich erhaben, mir platzte der Kragen. »Humphrey, jetzt machen Sie mal 'n Punkt! Ich laß mich nicht von einem Funktionär abkanzeln, nicht mal, wenn er so demütig ist wie Sie. Ich bin ein Minister der Krone.«
»Wenn Sie es wünschen, Minister«, entgegnete er freundlich, »werde ich die Krone natürlich sofort mit diesem Zwischenfall vertraut machen.«
Der wußte doch ganz genau, daß ich das auf gar keinen Fall

wünschen würde. Ich versuchte, ihm klarzumachen, daß es rein rhetorisch gemeint war, als ich gesagt hatte, ich sei ein Minister der Krone, aber er unterbrach mich und fügte hinzu, es sei natürlich eigentlich seine vornehmste Pflicht, den Premierminister zu informieren. Nach kurzem Überlegen entschloß ich mich, ihm zu sagen, er könnte meinetwegen dem Innenministerium sagen, daß ich kapiert hätte.
Er bedankte sich höflich. Ich fragte ihn, ob der Innenminister es schon wüßte. Es wär' natürlich wahnsinig demütigend für mich, wenn einer meiner Kollegen zustimmen müßte, daß man mir einen Rüffel verpaßt.
»Nein«, sagte Humphrey, »der Bericht kam direkt vom Ständigen Staatssekretär im Innenministerium.«
Ich atmete auf. »Also besteht für den Innenminister keine Veranlassung, sich ... ich meine, man will ja nicht unbedingt, daß ... die Kollegen (ich hätte beinah' ›Feinde‹ gesagt) davon erfahren!?«
Humphrey schien zu erraten, was ich meinte. Aber letzten Endes ist es ja auch kein streng gehütetes Geheimnis, was ich von Ray halte.
»Ich glaube, der Innenminister wird von diesem Zwischenfall wohl kaum profitieren können.«
Ich fragte, warum nicht. Plötzlich fiel mir ein, daß Ray gar nicht bei der Kabinettssitzung dabei war. Dann zeigte mir Humphrey die Schlagzeile des ›STANDARD‹. Siehe folgende Seite.
Der langen Rede kurzer Sinn: der Innenminister, der höchstpersönlich die ›ZU-WEIHNACHTEN-KEIN-ALKOHOL-AM-STEUER-KAMPAGNE‹ initiiert und hartes Durchgreifen der Polizei gefordert hatte, ist in seinem Wahlkreis sternhagelvoll in seinem Wagen erwischt worden.
Wie war der bloß in eine solche Situation geraten? Ich fragte Humphrey, warum sein Leibwächter nicht bei ihm war.
»Offenbar«, erwiderte Humphrey spitz, »hatte er ihm gesagt, er solle verschwinden. Sie wissen ja selbst, auf was für drollige Ideen Betrunkene kommen können.«
Es stellte sich heraus, daß der Innenminister gestern abend leider nicht so viel Glück hatte wie ich. Er war frontal mit einem Atommülltransporter zusammengestoßen und dann, als ob das

The LONDON STANDARD
20p
London Evening News
CLOSING PRICES
INNENMINISTER WIRD TRUNKENHEIT AM STEUER VORGEWORFEN
von PETER KINGSLEY
Heute überschlugen sich in Whitehall die Ereignisse. Der Innenminister wurde wegen Trunkenheit am Steuer

nicht schon schlimm genug gewesen wäre, zurückgeprallt und in einen PKW, in dem der Chefredakteur des Lokalblättchens saß, gekracht. Da gab's keine Chance, das unter den Teppich zu kehren, und alles sickerte durch *[die Story, nicht der Atommüll – d. H.]*

Das war Rays Ende. Am Abend dieses schönen Tages würde er nicht mehr Innenminister sein.

Ich sah Humphrey an. »Was passiert jetzt mit ihm?«

»Ich nehme an«, antwortete er geringschätzig, »da er voll war wie ein Lord, wird man ihn nach einer gewissen Zeit vermutlich zu einem machen.«

Sir Bernard Woolley erinnert sich[10]

Ich erinnere mich sehr gut an die dramatischen Ereignisse, die zwei Tage später über die Bühne gingen. Ich sollte den Minister von seiner Londoner Wohnung zu einem Abendessen, zu dem ich ihn begleiten mußte, abholen.

Als ich da ankam, war er aber immer noch im Ministerium. Annie Hacker schrieb ihre Weihnachtskarten und fragte mich, ob ich nicht die Briefmarken draufkleben könnte, während ich auf ihren Mann wartete. Ich sagte ihr, daß ich dazu nicht in der Lage sei; nicht, fügte ich schnell hinzu, weil ich mich schon im Ministerium mit Weihnachtskarten hatte beschäftigen müssen, sondern weil ich annahm, daß Wähler diese Karten bekommen sollten. Das Verschicken von Weihnachtskarten dieser Art wurde eher als »politische Aktivität« denn als »regierungsamtliche Tätigkeit« eingestuft, und mir als Beamten war es nicht gestattet, den Minister bei seinen politischen Aktivitäten zu unterstützen.

»Ich habe Sie doch nur gebeten, ein paar Briefmarken zu belecken«, meinte sie traurig.

Ich erklärte ihr, daß das, wenn ich – als Beamter – es täte, eine regierungsamtliche Beleckung wäre. *[Bernard Woolleys übervorsichtiges und pedantisches Verhalten wird hier überdeutlich offenbar und ist zweifellos auch eine Erklärung für seinen relativ schnellen Aufstieg in die höchsten Höhen des Civil Service – d. H.]*

Mrs. Hacker fand kindlich-unbefangen einen Ausweg aus ihrem Dilemma. »Und was, wenn diese Karten alle für Journalisten wären?« fragte sie.

»Dann wär's kein Problem«, ermunterte ich sie.

»Die sind alle für Journalisten«, sagte sie mit einer Bestimmtheit, daß ich mich nicht veranlaßt sah, an ihren Worten zu zweifeln.

Ich setzte mich aufs Sofa, beleckte Briefmarken und dachte insgeheim darüber nach, daß Speichelleckerei zu den wesentlichen Elementen im Umgang mit unserer Presse gehört.

[Bernard Woolley und Mrs. Hacker waren zweifellos hoch erfreut, daß es diesmal zur Abwechslung nur darum ging, die Briefmarken für die Journalisten-Weihnachtskarten speichelnd zu umschmeicheln – d. H.]

Wir sprachen über die Meinungsumfragen, die die Presse an diesem Tag morgens veröffentlicht hatte. Der Minister hatte sich sehr gefreut, als er die Ergebnisse sah. Anscheinend hatte das Mißgeschick des Innenministers der Regierung nirgendwo im Lande geschadet, und das, obwohl er auch stellvertretender Parteivorsitzender war.

Dann sprachen wir über die unvermeidliche Kabinettsumbildung, obwohl Mrs. Hacker das anscheinend überhaupt nicht interessierte. Sie

machte sich nur Sorgen, daß Hacker vielleicht Minister für Nordirland werden könnte. Aber wir waren uns einig, daß der Premierminister eigentlich nicht den Eindruck machte, als wäre Hacker ihm in einem so hohen Maße widerwärtig, daß er ihm das antun würde. Die meisten Leute waren natürlich der Meinung, Ulster könnte einer Politikerkarriere den Todesstoß versetzen, obwohl immer die Möglichkeit bestand, daß jemand da oben seine Karriere und sein Leben von flammendem Ruhm umkränzt beschließen konnte. *[Wir sind sicher, daß Sir Bernard Woolley hier einmal nicht die Absicht hatte, eines seiner berühmt-berüchtigten Wortspielchen von sich zu geben – d. H.]*
Dann schalteten wir den Fernseher ein, um uns die Nachrichten anzusehen. Wie viele Frauen von Regierungsmitgliedern, sah sich auch Annie Hacker gern die Nachrichten an, denn das war die beste Möglichkeit zu erfahren, wo sich ihr Mann gerade aufhielt. Wir blickten uns überrascht an, als ein Bericht über eine NATO-Tagung unterbrochen und eine Eilmeldung verlesen wurde, des Inhalts, daß Downing Street 10 bekanntgegeben hatte, der Premierminister würde sich im neuen Jahr vorzeitig aus der Politik zurückziehen.
Er hatte erklärt, daß er keine weitere Legislaturperiode im Amt bleiben und seinem Nachfolger eine ausreichende Vorbereitungsphase bis zur nächsten Wahl ermöglichen wolle. Ein historischer Tag.

[Und nun wieder zu Hackers Tagebuch – d. H.]

22. Dezember

Als ich nach Hause kam, saßen Annie und Bernard im Wohnzimmer; die beiden hatte die Nachricht vom Rücktritt des Premiers offensichtlich umgehauen. Ich wußte es schon – der Premier hatte am Nachmittag überraschend eine Kabinettssitzung einberufen, um es uns zu sagen.
Wir wären beinahe alle vierundzwanzig vom sprichwörtlichen Hocker gefallen.
Annie fragte mich, warum er zurückgetreten sei. Die Frage hatten wir uns alle gestellt. Er hatte uns und der Presse erklärt, er tritt zurück, damit sein Nachfolger eine ausreichende Anlauf-

zeit bis zur nächsten Wahl hat. Das ist also auf keinen Fall der Grund.

In Whitehall schwirrten ein paar merkwürdige Gerüchte durch die Korridore. Die Linken sagten, er sei ein CIA-Agent. Die Rechten behaupteten, er sei ein KGB-Agent.

Bernard und ich sprachen über diese Gerüchte. Bernard hatte noch etwas ganz anderes gehört. »Minister, ich habe gehört, daß Diamanten aus Kapstadt im Wert von einer Million Pfund in einem Safe in der Downing Street liegen.[11] Aber das«, fügte er hinzu, »ist natürlich nur ein Gerücht.«

»Ist das wahr?« fragte ich.

»O ja«, sagte er unmißverständlich.

Ich war sprachlos. »So, dann liegen also wirklich Diamanten in der Downing Street.«

Bernard sah mich überrascht an. »Ist das wahr?«

Ich war ein wenig verwirrt. »Das sagten Sie doch eben«, sagte ich.

»Das sagte ich nicht«, erwiderte er empört.

»Aber natürlich sagten Sie das!« Das konnte ich ihm ja nun wirklich nicht durchgehen lassen, ich nahm ihn in die Mangel. »Sie sagten, es gäbe dieses Gerücht, ich fragte ›Ist das wahr?‹, und Sie sagten ›Ja!‹!«

»Ich sagte, ja, es sei wahr, daß es ein Gerücht gibt.«

»Nein, Sie sagten, Sie hätten gehört, daß das wahr sei.«

»Nein, ich sagte, es sei wahr, daß ich's gehört hätte.«

Annie unterbrach uns. »Es tut mir leid, daß ich dieses wichtige Gespräch kurz unterbreche, aber glaubst du, daß an der Geschichte mit den Diamanten was dran ist?«

Das glaubte ich nicht, und Bernard auch nicht (wie sich endlich herausstellte!). Es ist nicht möglich; aber es ist nie offiziell dementiert worden, also können wir's nur bedingt glauben. Das oberste Gebot in der Politik ist ›GLAUBE-NIE-ETWAS-BEVOR-ES-NICHT-OFFIZIELL-DEMENTIERT-WURDE‹.

Wir sprachen über die gegebenen Möglichkeiten. Es stand fest, daß es keine Parlamentswahlen geben würde. Unsere Partei verfügt über eine beruhigende Mehrheit. Wir müssen uns nur auf einen neuen Parteiführer einigen, und der wird dann Premierminister.

Annie fragte mich, ob ich den Job übernehmen will. Daran hatte ich eigentlich noch gar nicht gedacht. Nein, ich hab' keine Chance. Entweder wird's Eric *[Eric Jeffries, der Schatzkanzler – d.H.]* oder Duncan *[Duncan Short, der Außenminister – d.H.]*. Ich versuchte, Annie zu erklären, warum es einer von den beiden werden würde. »Weißt du, eigentlich wäre Ray dran, er war Fraktionsvize, aber da er als Innenminister zurücktreten mußte...«

Ich zuckte zusammen. Plötzlich hatte ich kapiert. *Deshalb* war der Premier zurückgetreten! Er hat Ray immer gehaßt. Und Ray wäre normalerweise sein Nachfolger gewesen. Also hat er nur so lange durchgehalten, bis er sicher sein konnte, daß Ray den Job nicht kriegen würde.

[Diesen Trick hatte der Premierminister vermutlich von Clement Attlee übernommen, der unzweifelhaft als Premierminister so lange durchhielt, bis Herbert Morrison aus dem Rennen war. Wir wurden auch – diskret – darauf hingewiesen, daß Harold Wilson seinen überraschenden Rücktritt nicht zufällig zu einer Zeit bekanntgab, als Denis Healey sich beim linken Flügel der Partei unbeliebt gemacht hatte, womit der Erfolg für James Callaghan gesichert war. Selbstverständlich gibt es keinerlei Beweise für diese Behauptung – d.H.]

Das erklärte ich Annie und Bernard in allen Einzelheiten. Bernard freute sich auf eine geradezu rührende Art und Weise darüber, daß die Presseverlautbarung des Premierministers der Wahrheit entsprach. »Also tritt er doch zurück, damit man seinen Nachfolger noch bis zur nächsten Wahl ›einfahren‹ kann.«

»Aber da der Innenminister jemandem ›reingefahren‹ ist, kann man ihn nun leider nicht mehr ›einfahren‹, ich verstehe«, sagte Annie mit liebem Lächeln.

Dann sprachen wir über die voraussichtlichen Kandidaten. Die hatten mich beide heute nachmittag nach der Kabinettssitzung schon angequatscht.

»Eric erwartet von mir, daß ich für ihn stimme«, erzählte ich Annie und Bernard. »Ich glaube schon, daß er vielleicht der richtige Mann wäre, als Schatzkanzler ist er sehr erfolgreich gewesen. Ich hab' ihm gegenüber schon angedeutet, daß ich auf seiner Seite stehe.«

Annie war überrascht. »Aber was ist denn mit Duncan?«

Duncan ist in der Tat eine überaus realistische Möglichkeit. Ich nickte. »Duncan, ja, Duncan wäre vielleicht der richtige Mann. Ich glaube, es ist vielleicht besser, wenn ich für ihn stimme.«

»Also bist du für Eric *und* Duncan!?« fragte sie in aller Unschuld.

Ich wurde langsam sauer. Kapierte sie denn nicht, daß ich vor einer unheimlich schwierigen Entscheidung stand!

»Liebling«, sagte ich, »du findest das vielleicht komisch, aber stimme ich für Duncan, und Eric wird's ... dann bin ich erst mal weg vom Fenster. Und wenn ich für Eric stimme, und Duncan wird's ... bin ich auch weg.«

»Dann wirst du eben für keinen von beiden stimmen«, schlug sie vor.

Tja, wenn das mal bloß so einfach wäre. »Dann, ganz egal wer von den beiden es wird, kann ich Politik für immer vergessen.«

Das begriff sie. Dann fragte sie mich, für wen ich denn nun stimmen werde. Ich sagte es ihr.

Ich stimme für Eric.

Oder für Duncan.

23. Dezember

Heute fing Eric sofort an, mich zu bearbeiten. Er rief mich mittags im Ministerium an und sagte, er würde auf einen Drink vorbeikommen.

Eric ist ein charmanter Mann. Groß, elegant, angegrautes Haar, unheimlich intelligent, sehr selbstbewußtes Auftreten. Ich glaube, der würde als Parteiführer bei den Wählern wahnsinnig gut ankommen. Die würden ja auch nie mitkriegen, was sich hinter seiner glänzenden Fassade verbirgt –, er ist unheimlich geizig, unaufrichtig und heimtückisch. Schon bevor ich ihn bitten konnte, Platz zu nehmen, fing er an, Duncan mieszumachen.

»Duncan ist ein gefährlicher Unruhestifter. Da wäre wirklich weder der Partei noch Großbritannien gedient, wenn er es wird.«

Ich wußte immer noch nicht, für wen ich stimmen sollte, und überlegte krampfhaft, wie ich verhindern konnte, mich von ihm

festnageln zu lassen. Als ich versuchte ihm klarzumachen, daß ich nicht wüßte, wie ich ihn unterstützen könnte, unterbrach er mich und erklärte mir ausführlich, wie er die Sache sah. Sein Hauptargument war – wie nicht anders zu erwarten –, daß meine Stimme entscheidend für ihn wäre, denn ich sei ja unheimlich populär. Ich muß zugeben, daß er in diesem Punkt absolut recht hat. Er betonte auch nachdrücklich, daß ich ein sehr positives Image habe und daß ich überall als sehr verläßlich gelte.
Ich versuchte, ihm mein Problem nahezubringen. Na ja, ich sagte ihm natürlich nicht, daß ich noch zögerte mich zu entscheiden, weil ich – zu Recht – fürchtete, aufs falsche Pferd zu setzen. Aber ich sagte ihm offen und ehrlich, daß ich in meiner Eigenschaft als Parteivorsitzender unparteiisch erscheinen muß. *[Wir möchten anmerken, daß Hackers Definition von »offen und ehrlich«, auch wenn dieser Terminus in der Politik häufig benutzt wird, keiner Definition in hervorragenden Wörterbüchern entspricht – d.H.]*
Eric versuchte, sich meine Loyalität gegenüber der Partei zunutze zu machen. Er erinnerte mich daran, daß wir beide zu den Gemäßigten gehören, daß wir für die Partei immer dieselben Ziele verfolgt haben und daß es einer Katastrophe gleichkäme, wenn Duncan es werden würde.
Ich wußte, daß er das alles sagen würde. Aber dann überraschte er mich. »Ich will Ihnen etwas sagen«, begann er entschlossen, »Duncan würde bei mir nicht im Außenministerium bleiben. Ich würde mir einen neuen Außenminister suchen.«
Daraus konnte ich ja nur einen Schluß ziehen. Er meint mich! Das ist ja wirklich unheimlich spannend! Aber natürlich immer noch wahnsinnig gefährlich – was, wenn er das Rennen verliert? Ach, was soll's, ich muß die Möglichkeiten, die sich mir bieten, ergreifen. Also sagte ich Eric abschließend, daß ich, obwohl ich unparteiisch *erscheinen* muß, Wege finden würde, um anzudeuten, daß ich für ihn bin. Selbstverständlich auf absolut unparteiische Art und Weise.
Ja, ich glaube, ich werde vielleicht Eric meine Stimme geben.

24. Dezember

Gestern abend kam Duncan zu mir in die Wohnung. Ich hatte den Eindruck, daß er von meiner kleinen Plauderei mit Eric erfahren hatte. Duncan unterscheidet sich erheblich von Eric. Er ist auch sehr intelligent, aber weder unaufrichtig noch heimtükkisch, noch verräterisch. Er ist ein direkter, unkomplizierter, knallharter Schlägertyp. Ich begann unser Gespräch damit, daß ich ihm sagte, als Parteivorsitzender müßte ich unparteiisch sein oder zumindest unparteiisch *erscheinen*.

Das fegte er sofort in seiner gewohnt lässigen Art vom Tisch. »Als Parteivorsitzender haben Sie doch viel mehr Gewicht als früher. Und Sie haben auch keine wirklichen Feinde. Noch nicht!« Eine unmißverständliche Drohung. Dann machte er mir klar, daß es in diesem Land eine Katastrophe gibt, wenn Eric in Nummer 10 landet. Ich nickte, was, wie ich meinte, einerseits als Zustimmung interpretiert werden konnte, aber andererseits auch bloß als Hinweis darauf, daß ich hörte was er sagte, aufgefaßt werden konnte.

Dann versuchte er's, wie Eric, mit der Loyalitäts-Nummer. Er entblößte seine Zähne zu dem, was er wohl für ein freundliches und herzliches Lächeln hält. »Jim, wir stehen doch auf derselben Seite, oder!?«

Ich sagte ja, denn ich ging davon aus, daß ein »Ja« weiter nichts bedeuten könnte, als das wir als Mitglieder derselben Partei, ja auf derselben Seite stehen mußten. *[Nicht unbedingt – d.H.]* Ich hab' wahnsinnig aufgepaßt, daß ich nicht lüge *[Es besteht selbstverständlich ein signifikanter Unterschied zwischen »lügen« und »nicht die Wahrheit sagen«. Als »Wahrheit« gilt in der Politik jede Verlautbarung, von der nicht bewiesen werden kann, daß sie falsch ist – d.H.]*

»Gut«, sagte Duncan. Aber ich fürchte, er konnte mir ansehen, daß ich es mit meiner Unterstützung für ihn nicht ganz ernst meinte, denn er fügte hinzu: »Ich werde Premier! Und ich vergebe niemandem, der mich im Stich läßt.«

Also ehrlich, Duncan ist wirklich nicht sehr feinfühlig. Ich wies ihn darauf hin, daß ich meine Sympathie für ihn unmöglich

öffentlich zeigen konnte.
»Das verlange ich doch überhaupt nicht«, antwortete er. »Es genügt, wenn es jeder weiß. Und bin ich erst in Nummer 10, und Eric ist Minister für Nordirland ...«, er lachte bösartig, »... dann wissen wir beide, wer der nächste Schatzkanzler sein wird, oder!?«
Schon wieder 'n Job angeboten gekriegt! Er meint mich! Aber er konnte das Gespräch natürlich nicht – wie nicht anders zu erwarten – beenden, ohne noch eine Drohung vom Stapel zu lassen. »Es sei denn, Sie sind selber scharf auf Nordirland.«
Ja, ich glaube, ich werde vielleicht Duncan meine Stimme geben.
[Bis zum Ende der Weihnachtsferien geschah in dieser Angelegenheit nichts mehr. Hacker hatte sich selbst einen wohlverdienten Urlaub beschert und während dieser Zeit sogar darauf verzichtet, seine Notizen für sein Tagebuch zu diktieren. Es existieren ein oder zwei nicht enträtselbare, ein wenig undeutlich klingende Kassetten, die womöglich während der Feiertage besprochen wurden, aber wir führen die fehlende Klarheit und die mangelnde Verständlichkeit auf einen nicht funktionsfähigen Kassettenrekorder zurück. Anfang des neuen Jahres verabredeten sich Sir Humphrey Appleby und Sir Arnold Robinson zum Mittagessen im Athenaeum Club. Appleby weist in seinen persönlichen Aufzeichnungen auf dieses gemeinsame Mittagessen hin – d. H.]

Ich sah Arnold zum erstenmal wieder, seit er sich aus dem Kabinettsamt zurückgezogen hatte, aber nach wie vor seinen anderen beschwerlichen Pflichten nachkam. Ich fragte ihn, ein wenig schelmisch, wie es denn so bei der ›Kampagne-für-Informationsfreiheit‹ laufen würde.
»Es tut mir leid«, sagte er, »aber darüber darf ich nicht sprechen.«
Na, dann eben nicht! Arnold wollte wissen, ob aller Voraussicht nach unser hervorragender Schatzkanzler oder unser bedeutender Außenminister der neue Premier werden würde. *[Sir Humphrey gab sich selbst in seinen privaten Aufzeichnungen hemmungslos der Ironie hin – d. H.]*
Komischerweise wollte ich genau dasselbe mit Arnold besprechen: ich wollte von ihm wissen, wer seiner Meinung nach, Nummer 10 kriegen sollte.
Er vertritt eine überaus pessimistische Ansicht bezüglich der beiden.

Er hat recht, das ist eine schwere Entscheidung, er meinte, genausogut könnte man sich fragen, welcher Irre die Irrenanstalt leiten soll.
Wir waren uns einig, daß wir uns bei beiden mit denselben Problemen auseinandersetzen müßten. Beide sind Interventionisten, und sie würden beide die fixe Idee haben, selbst zu regieren, wenn sie Premierminister sein würden. Arnold fragte mich, ob wir Verbündete hätten. *[Mit »Verbündeten« waren Leute gemeint, die dabei behilflich sein konnten, einen dritten geeigneten Kandidaten zu finden – d. H.]* Da wäre natürlich der Chief Whip.[12] Er fürchtet, daß der, der das Rennen macht, die Anhänger des anderen verärgern, und somit die Partei spalten wird. Meiner Ansicht nach eine durchaus begründete Furcht.
Da das zu einer Periode erschreckender Unbeständigkeit und zu Veränderungen *[Zwei Dinge, die der Civil Service um jeden Preis vermeiden will – d. H.]* führen könnte, ist es unabdingbar ratsam, sich nach einem Kompromißkandidaten umzusehen.
Wir stimmten darin überein, daß ein solcher Kandidat über die folgenden Qualitäten verfügen muß: er muß formbar, flexibel und entgegenkommend sein, darf keine schlauen Ideen haben, intellektuell nicht engagiert sein, und es muß ihm an jeglicher Entschlußkraft im Bereich von Neuerungen fehlen. Darüber hinaus muß es jemand sein, von dem wir wissen, daß man ihn professionell führen *[manipulieren – d. H.]* kann, jemand, der bereit ist, die Führung des Staates den Experten zu überlassen.
Nur ein einziger schien über all diese Qualifikationen zu verfügen ... Hacker! Aber die Idee, ihn Premierminister werden zu lassen, ist genauer betrachtet, absolut lachhaft. Und, was noch schlimmer ist, es wäre sehr schwer, das durchzukriegen.
Trotzdem waren wir der Ansicht, daß man aus verschiedenen Gründen ernsthaft darüber nachdenken sollte. Viele in der Regierung würden einen gemäßigten Interventionisten durchaus begrüßen. Das schwierigste Hindernis, das es zu überwinden gilt, werden zweifellos die beiden Spitzenreiter im Rennen um Nummer 10 sein, aber Arnold meint, die könnte man dazu überreden, Hacker den Vortritt zu lassen.
Die Argumente dafür kann man in den MI5-Akten finden. Ich hatte noch keine Gelegenheit, einen Blick in solche Papiere zu werfen, aber Arnold gab mir den Rat, ich soll mir die MI5-Akten unserer Kabinettsminister kommen lassen, wenn ich mal herzhaft lachen möchte. *[Der*

Kabinettsstaatssekretär koordiniert die verschiedenen Geheimdienste; im Kabinettsamt gibt es Räume, die bis unter die Decke mit streng geheimen Sicherheitsinformationen gefüllt sind – d. H.]
BW[13] kam kurz auf ein Täßchen Kaffee vorbei. Er brachte mir MVA-Papiere, die ich noch durchsehen und paraphieren mußte. Wir wünschten uns ein glückliches neues Jahr, und ich kam dann auf die P.M.[14]-Frage zu sprechen.
Er war völlig perplex, als ich ihn fragte, was er sagen würde, wenn sein geliebter Meister Premierminister werden würde. Es gelang ihm ganz offensichtlich nicht, sie ad hoc zu begreifen. Er fragte mich mehrmals, ob ich Mr. Hacker, seinen Minister, gemeint hätte.
A.R. wollte von B.W. wissen, ob er damit andeuten wolle, daß J.H. seiner Meinung nach als Premierminister nicht kompetent sei.
B.W. war nicht in der Lage, eine angemessene Antwort zu formulieren. Ich glaube, er stammelte nur leise etwas wie »... ach, du dickes Ei ...«. Wir erklärten ihm, eine größere Meinungsträgergruppe sei der Ansicht, daß mit dieser Ernennung immense Vorteile verbunden wä ren. Vorteile für Großbritannien. *[Damit meinte Sir Humphrey Vorteile für den Civil Service, der, seiner Meinung nach, das Beste, was Großbritannien zu bieten hatte, repräsentierte. Es ist auch erwähnenswert, daß Sir Arnolds Äußerung, es gäbe eine größere Meinungsträgergruppe, die Hackers Ernennung befürworten würde, in diesem Moment möglicherweise nicht der Wahrheit entsprach, ihr aber am nächsten Morgen voll und ganz entsprechen würde – d. H.]*
Wir beendeten das Gespräch, indem wir B.W. unmißverständlich klarmachten, was Hacker während der kommenden Wochen, um seinen Einzug in Nummer 10 nicht zu gefährden, unterlassen mußte.
Im wesentlichen muß Woolley dafür sorgen, daß sein Minister nichts Signifikantes oder Provokantes tut, jegliche Kontroverse vermeidet und auf gar keinen Fall irgendwelche festen Meinungen äußert. Bernard meinte, das wäre kein Problem. Er neigt zu der Ansicht, daß Hacker Dementsprechendes sowieso nicht vorgehabt hat.

[Und nun wieder zu Hackers Tagebuch – d. H.]

3. Januar

Gestern hatte ich keine Zeit, Tagebuchnotizen zu diktieren, denn vorgestern abend war ich zu einem kleinen Umtrunk mit unseren EG-Freunden ins Außenministerium gebeten worden. Da wimmelte es nur so von Franzmännern, Krauts und Spaghettifressern! Und über allem schwebte das Damoklesschwert der Eurowurst *[Wieder ein schönes Beispiel für Hackers Schwierigkeiten im Umgang mit Europäern und Metaphern – d.H.]*

Heute kam ich erst am späten Nachmittag ins Ministerium. Obwohl ich jede Menge Arbeit auf meinem Schreibtisch vorfand, fiel es mir schwer, mich zu konzentrieren. Die absolute Sinnlosigkeit dessen, was wir tun, deprimierte mich. Angesichts der EG-Bürokratie, die unser hausgemachtes Verwaltungschaos noch bei weitem übertrifft, kann man wirklich mutlos werden.

Ich saß gedankenverloren grübelnd am Schreibtisch. Plötzlich bemerkte ich, daß Bernard vor mir stand und auf gewohnte Art versuchte, meine Aufmerksamkeit zu erregen.

»Ähm«, gab er hoffnungsvoll von sich.

Ich starrte ihn traurig an. »Was soll das alles, Bernard?« fragte ich. »Was machen wir hier eigentlich? Welchen Sinn hat das alles?«

Er sah mich einen Moment verdutzt an. »Ich habe leider nicht Theologie studiert, Minister.«

Ich versuchte ihm zu erklären, was mich bewegte. »Ich meine diese maßlose Verschwendung, die einem überall ins Auge fällt. Da bezahlt man einen Haufen Bauern dafür, überschüssige Nahrungsmittel zu produzieren. Andere Leute werden dafür bezahlt, daß sie die Überschüsse vernichten. Und um das Maß voll zu machen, bezahlt man ein paar tausend Bürokraten dafür, daß sie Papierberge rumschieben, damit das alles funktioniert. Und diese totale Sinnlosigkeit deprimiert Sie nicht?«

»Eigentlich nicht, Minister«, entgegnete er ein bißchen verwirrt, »ich bin Beamter.«

»Aber ist das denn nicht wirklich alles absolut sinnlos!? Ich bin Politiker geworden, um die Menschen glücklicher zu machen.«

»Aber die sind doch alle glücklich, Minister.« Er machte sich meinetwegen Sorgen und versuchte mich aufzuheitern. »Men-

schen, die Arbeit haben sind viel glücklicher als Menschen, die sich langweilen.«
»Auch dann, wenn die Arbeit, die sie machen, sinnlos ist?« fragte ich verzweifelt.
»Aber ja«, antwortete er ermutigend. »Denken Sie bloß mal an Ihr Privatsekretariat. Die sind doch viel glücklicher, wenn Sie hier sind, weil sie dann was zu tun haben.«
Ich verstand nicht, was er meinte. Ich wies ihn darauf hin, daß die Arbeit in meinem Privatsekretariat durchaus sinnvoll sei.
Bernard stimmte damit nicht ganz überein. »Wissen Sie, im großen und ganzen geht es hier eigentlich doch nur um Entwürfe für Erklärungen, die Sie nicht abgeben, Reden, die Sie nicht halten, Presseverlautbarungen, die niemand druckt, Papiere, die niemand liest und Antworten auf Fragen, die Ihnen niemand stellt.«
Diese Bemerkung, die einer gewissen Wahrheit nicht entbehrte, deprimierte mich noch mehr. Ich sagte Bernard, das hieße dann ja wohl, daß meine Arbeit ebenso sinnlos sei wie die EG.
Er widersprach mir temperamentvoll. »Auf gar keinen Fall, Minister, Sie sind Politiker geworden, um Menschen glücklich zu machen. Und Sie *machen* Menschen glücklich. In Ihrem Privatsekretariat sind Sie sehr beliebt, und überall woanders natürlich auch«, fügte er hastig hinzu.
Wir saßen in der Gesprächsecke und sprachen über das Rennen um das Amt des Premierministers. »Bernard«, begann ich, »ich habe mit Eric und Duncan geredet. Ich glaube, ich habe Eric versprochen, daß ich *ihn* unterstütze.«
»Ah ja, ich verstehe«, sagte er interessiert.
»Und dann habe ich«, fuhr ich fort, »glaube ich, Duncan versprochen, daß ich *ihn* unterstütze.«
Bernard nickte zustimmend. »Ich finde, das klingt doch sehr ausgewogen, Minister.«
Er hatte nicht kapiert! Ich versuchte ihm klarzumachen, daß ich ja nicht beide Versprechen halten konnte. Aber das schien ihn überhaupt nicht zu beunruhigen. »Das waren nur politische Versprechen, Minister, nicht wahr!?« Ich nickte. »Ich meine«, sagte er, »dann ist das doch so wie mit ihren Wahlkampfverspre-

chungen, oder!? Dafür wird man doch sicher Verständnis haben.«
Da hat er vermutlich recht. Aber es gibt noch ein anderes Problem. Wenn ich jetzt noch einmal über die Gespräche mit Eric und Duncan nachdenke, bin ich nicht sicher, daß die *mir* irgendwas Bestimmtes versprochen haben.
Das gestand ich Bernard ein, obwohl ich ein wenig Angst hatte, daß er mich für ein bißchen bescheuert halten könnte. Aber Bernard meinte, wenn die mir nichts versprochen haben, bin ich auch nicht an irgendwelche Versprechen gebunden. Damit hat er ja vielleicht recht, aber ich muß mich immer noch entscheiden, wem ich meine Stimme geben soll. Es geht ja nicht nur darum, den Sieger zu finden, meine Stimme gibt vielleicht den Ausschlag!
»Bernard, die eigentliche Frage für mich ist doch, will ich Außenminister oder Schatzkanzler werden.« Bernard sah mich einen Moment verlegen an und meinte dann sphinxhaft lächelnd mit sanfter Stimme: »Werden Sie lieber der in der Mitte!«
»Nein, Bernard«, sagte ich. »Innenminister!? Ich bin doch nicht bescheuert! Dann bin ich verantwortlich für Straßenraub, Gefängnisausbrüche und Rassenunruhen. O nein, vielen Dank.«
»Nein, Minister, werden Sie der, der den Ruhm erntet.«
Ich begriff nicht sofort, was er meinte. Dann hatte ich verstanden! *Premierminister!*
Bernard entwickelt ja viel mehr Ehrgeiz für meine politische Karriere als ich selbst! Das war ja mehr, als ich jemals zu hoffen gewagt hätte, ach was, daran hätte ich nicht mal im Traum gedacht. Aber nachdem er mich darauf gebracht hatte, mußte ich andauernd daran denken. Ich fragte ihn bescheiden, ob er das ernst gemeint hätte. Er sagte, ja, das hätte er.
»Warum denn nicht, Minister? Sie wissen doch selbst am besten, welchen Schwierigkeiten Sie als Schatzkanzler oder Außenminister gegenüberstehen würden. Das sind undankbare Aufgaben, kaum geeignet, Stimmen zu bringen. Und in beiden Ämtern würden Sie sich ständig mit den Amerikanern auseinandersetzen müssen. Ich meine, daß die mittlere Möglichkeit durchaus gegeben ist und daß Sie versuchen sollten, sie zu ergreifen.«
Das Hauptproblem ist leider, daß ich im Moment im wahrsten Sinne des Wortes bis zum Hals in der Eurowurst stecke *[Schon*

wieder! Wir nehmen an, daß Hacker »im wahrsten Sinne des Wortes« bestimmt nicht wörtlich gemeint hat – d. H.] Aber wenn dieses Problem gelöst werden könnte...

Ich bedankte mich bei Bernard. Ich versicherte ihm, daß es ein sehr nützliches Gespräch gewesen sei und daß ich jetzt sorgfältig darüber nachdenken müßte, ob meine Kandidatur eine erwägenswerte Möglichkeit sei.

Bernard antwortete, daß es ihm, als einfachem Beamten, natürlich nicht zustünde, dazu etwas zu sagen. Aber trotzdem schlug er mir vor, ich sollte mich morgen bei der Feierstunde im Rathaus von meinem Parlamentarischen Unterstaatssekretär vertreten lassen. Anscheinend wird vor dem Rathaus, wahrscheinlich während der Anfahrt der Gäste, eine Anti-Regierungs-Demonstration stattfinden. Bernard meinte, jetzt sei nicht gerade der günstigste Zeitpunkt für mich, um in Zusammenhang mit Kontroversen genannt oder in feindseliger Umgebung fotografiert zu werden. Da hat er vollkommen recht, ich befolgte seinen Rat. Ich sagte ihm, daß er von Tag zu Tag Sir Humphrey immer ähnlicher wird.

»Danke Minister, das fasse ich als Kompliment auf.«

»Sie müssen ja eine unheimlich gute Beobachtungsgabe haben«, scherzte ich. Aber er hatte recht. Ich hatte es als Kompliment gemeint.

[Während Bernard Woolley, Sir Humphreys Anweisungen folgend, die Saat premierministerieller Ambitionen in Hackers Hirn auf fruchtbaren Boden einstreute und dafür sorgte, daß Hacker allen Kontroversen aus dem Weg ging, war Sir Humphrey nicht untätig. Er rief Jeffrey Pearson, den Chief Whip, an und bat ihn zu einem Gespräch ins Kabinettsamt. Bei Sir Humphreys privaten Papieren befinden sich keine Aufzeichnungen zu diesem Gespräch, vielleicht deshalb nicht, weil es von äußerst sensibler Natur war und Sicherheitsbedenken eine Rolle spielten.

Jeffrey Pearson, ein Vollblutpolitiker, hatte nicht die geringsten Bedenken dieser oder jener Art; dem Verlauf dieses Gesprächs ist ein Kapitel in seinen geschmackvoll geschriebenen Memoiren »Mit der Peitsche durch Whitehall« gewidmet – d. H.]

Sir Humphrey Appleby, der Kabinettsstaatssekretär, rief mich an und fragte mich, wie sich das Rennen um die Führungsrolle aus meiner Sicht als Chief Whip darstellen würde. Er wußte natürlich ganz genau, welch entsetzliche Katastrophe uns da bevorstand. Wenn Eric Nummer 10 kriegen würde, wäre die Partei in drei Monaten gespalten. Würde Duncan Premier werden, wäre sie schon in drei Wochen gespalten.

Er gab mir ein paar alarmierende Informationen. Er offenbarte mir, daß es bei beiden Kandidaten Sicherheitsbedenken gäbe. Ich drängte ihn, mir Einzelheiten zu nennen, aber er antwortete nur, mehr dürfe er nicht sagen. Die einzige Person, der er das in Abwesenheit des Premiers[15] enthüllen dürfe, sei, da es sich im wesentlichen um eine Parteiangelegenheit handelte, der Vorsitzende der Regierungspartei *[Jim Hacker – d. H.]*

Er hatte Hacker zu einem Gespräch ins Kabinettsamt gebeten und wollte, daß ich auch anwesend sein sollte. Ich sagte natürlich sofort zu. Außerdem bat er mich, einen Kompromißkandidaten vorzuschlagen. Ich antwortete spontan, daß da ein halbes Dutzend in Frage käme.

Sir Humphrey fragte mich, ob ich eventuell auch schon an den Parteivorsitzenden selbst gedacht hätte.

Obwohl ich die Idee, Jim Hacker zum Premierminister zu machen, im ersten Moment für absurd hielt, wurde mir schnell klar, daß das auch nicht schlimmer wäre, als einen der anderen zu nehmen. Wer ist dann letzten Endes schon für dieses Amt geeignet!? Das kann man vorher nie wissen; daß 'ne Pflaume madig war, merkt man erst, wenn einem schlecht wird. Sir Humphrey wies darauf hin, daß es wahrscheinlich schon weniger geeignete Premierminister gegeben hatte. Ich frage mich wen!? *[Intensive Nachforschungen haben ergeben, daß Sir Humphrey den Marquis[15*] von Bute[15*] gemeint haben muß – d. H.]*

[Und nun wieder zu Hackers Tagebuch – d. H.]

4. Januar

Mir wurde mitgeteilt, daß Sir Humphrey mich zu einem dringenden Gespräch ins Kabinettsamt gebeten hatte. Zu meiner Überraschung war Jeffrey Pearson, der Chief Whip, auch da. Ein großer, stämmiger Mann. Seine kaum wahrnehmbaren funkelnden Augen verbargen sich hinter einer schweren Brille mit dickem Horngestell. In seiner glänzenden Glatze spiegelte sich das Licht der Deckenlampe. Ich hätte meine Sonnenbrille mitnehmen sollen.

Humphrey überschlug sich vor Liebenswürdigkeit. »Oh, wie schön, daß Sie gekommen sind, Minister. Ich habe ein Problem. Ich brauche Ihre Hilfe.«

»O Gott, o Gott, o Gott, können Sie das Land nicht allein regieren?« fragte ich.

Das fand er überhaupt nicht komisch. »Ja, es geht um eine schwerwiegende Problematik, fürchte ich.«

Ich bemühte mich sofort, ein problembewußtes Gesicht aufzusetzen.

»Es geht um die Nachfolge. Der Premier meint, wir haben keine Alternative, als *Sie* um Rat zu fragen.«

So schlimm war es also. Ich nickte und wartete ab. Dann sagte er etwas, was ich, glaube ich, nicht ganz mitgekriegt habe, vielleicht weil ich mich nicht ernsthaft darum bemühte, ihm konzentriert zuzuhören.

[Sir Humphreys Ausführungen, denen Hacker nicht folgen konnte, sind in einem Memo festgehalten – umseitig reproduziert – das Humphrey kurz nach dem Gespräch mit Hacker dem Premierminister schickte – d. H.]

[Und nun wieder zu Hackers Tagebuch – d. H.]

Jeffrey Pearson erklärte mir, daß Humphrey von Sicherheitsbedenken gesprochen hatte.

»Sicherheitsbedenken?« wiederholte ich verwirrt. »Was meinen Sie damit?«

»Geheimnisse«, entgegnete er.

Ich wandte mich an Humphrey, um mich aufklären zu lassen. Er tat mir ausnahmsweise den Gefallen. Er erklärte mir, daß er mich, da ich in Abwesenheit des Premiers die Partei vertrete, mit der Sicherheitsakte über den Schatzkanzler vertraut machen müßte. Genaugenommen dürfe er sie mir natürlich nicht zeigen, aber unter den gegebenen Umständen dürfe er mir zwar nicht

70 WHITEHALL, LONDON SW1A 2AS

Memorandum

An: Den Premierminister
Vom: Staatssekretär für Kabinettsangelegenheiten

Ich informierte Mr. Hacker, daß es gewisse vertrauliche Informationen gibt, die, obschon theoretisch womöglich unverfänglich interpretierbar, gleichwohl ein augenfälliges Element von Mehrdeutigkeit enthalten, so daß sie, würden sie auf wenig generöse Weise einem nicht Wohlgesonnenen übergeben, vermutlich eine Quelle übelster Peinlichkeiten und denkbarer Gefahren sein könnten, wenn sie sich auf die Überlegungen einer mehr als üblich empfindlichen Behörde auswirken würden.

die ganze Akte, aber die »Relevanzdetails« – dieses Geschwafel – vorlegen. Er ließ mich ein paar Papierchen lesen, die mich beinahe vom Hocker gehauen hätten. Berichte der Sicherheitsdienste, der Sonderabteilung, ein Gespräch mit Erics Fahrer und ein vertrauliches Memo vom Premier höchstpersönlich.

Ich kann hier wirklich nicht auf die Einzelheiten eingehen. Diese Informationen sind Dynamit! Wenn diese Kassette *[Hacker hat seine Tagebuchnotizen immer einem Kassettenrecorder anvertraut – d. H.]* in falsche Hände gerät, könnte das für Eric katastrophale

Folgen haben. Ich kann hier nur sagen, ich wäre nie darauf gekommen, daß Eric ein sexbesessener alter Lustmolch ist, und ich kann mir auch nicht vorstellen, daß ein Workaholic wie er, für das, was ich da heute gelesen habe, Zeit gehabt hat.
Sir Humphrey zauberte eine Erklärung aus dem Hut. »Wissen Sie, manche Mitmenschen, die überaus aktiv in einem Lebensbereich sind, haben die Tendenz, überall aktiv zu sein.«
»Wenn man ihn so sieht, glaubt man nie und nimmer, daß er Tag und Nacht rumgeb ...« Ich sprach nicht weiter, weil ich beim Blättern in den Berichten auf eine besonders delikate Geschichte gestoßen war.
Sir Humphrey vollendete meinen Satz: »Ich hörte, der gegenwärtige Terminus sei ›Horizontal-Jogging‹, Minister.«
Ich wies darauf hin, daß diese horizontale Joggerei schon vor langer Zeit über die Bühne gegangen und kein schlüssiger Beweis dafür sei, daß Eric gegen Sicherheitsvorschriften verstoßen hätte.
Humphrey stimmte mir sofort zu. »Deshalb hat der Premier ihn auch zum Schatzkanzler gemacht. Aber angesichts der Jugoslawin ... und der beiden Südafrikanerinnen ... und vor allem wegen dieser ›Dame‹ aus Argentinien ... und abgesehen davon, hat man mir übrigens erklärt, daß das alles nur zur Tarnung diente.«
Jetzt wußte ich wirklich nicht mehr, was ich davon halten sollte.
»Tarnung«!? Aber warum denn, verdammt noch mal!? Wenn ihm diese »Damen« nur als Tarnung gedient hatten, was waren denn dann, um Gottes willen, seine wahren Bedürfnisse? Das fragte ich Humphrey, aber der antwortete maliziös lächelnd: »Das darf ich Ihnen nicht sagen.«
Jetzt war mir klar, daß es natürlich ein bißchen heikel für den Premier gewesen wäre, jemanden wie Eric zum Verteidigungs- oder zum Außenminister zu machen. Und wenn Eric jetzt Premier werden würde, würde er auch Chef der Sicherheitsdienste werden. Ich begriff, warum Humphrey sich Sorgen um die Zukunft Großbritanniens machte. Das wäre undenkbar.
»Also«, bemerkte ich, »Sie wollen damit sagen, daß Duncan Premier wird.«
Sir Humphrey antwortete mir nicht. Statt dessen nahm er eine andere streng geheime Akte von seinem Schreibtisch. »Darauf

möchte ich als nächstes zu sprechen kommen«, erwiderte er zögernd. »Das ist die Akte über den Außenminister.«
Wieder ein riesiger Packen Papier! Und wieder Berichte von der Sonderabteilung, außerdem welche vom Betrugsdezernat und vom Finanzamt; vertrauliche Dossiers von Rechnungsprüfern und Briefe von der Devisenabteilung der »Bank of England«.
Diesmal brauchte ich 'n bißchen länger, bis ich die Akten gelesen und kapiert hatte, was drin stand. Dann sagte ich Humphrey, daß das damals verfahrenstechnisch doch alles absolut legal gewesen sei.
Humphrey nickte scheinbar zustimmend. »Ja, das mag sein, doch deshalb kam er damals nicht mehr als Schatzkanzler in Betracht.«
Urplötzlich geriet ich an den Rand des Verfolgungswahns, ein furchtbarer Gedanke schoß mir durch den Kopf. Ich fragte mich, ob es im Kabinettsamt auch solche Berichte über mich gibt. *[Auf jeden Fall – d. H.]* Obwohl kein Mensch mich jemals solcher kleinen Ungeschicklichkeiten verdächtigen könnte. Ich fragte Humphrey, wie die so viel über Duncans Geldgeschäfte herausgefunden hätten. Er wich der Frage aus.
»Wir sollten einfach nur sagen, man hat sich eingehend damit befaßt.« So wie mit der Mieze aus Argentinien, nehme ich an.
Ich glaube, daß der MI5 hinter diesen Schnüffeleien steckt.
Obwohl Sir Humphrey die Ansicht vertritt, daß es den MI5 gar nicht gibt.
»Wir lassen nicht gelten, daß es ihn gibt. Aber wenn es ihn gäbe, was natürlich nicht der Fall ist, würde er sicher DI5 genannt werden. Und diese Bezeichnung war, da es ihn auf gar keinen Fall gibt, nie gebräuchlich.«
Ich glaube ihm kein einziges Wort. Ich bin davon überzeugt, daß es den MI5 gibt! *[Hacker hatte recht. Sir Humphrey gab ihm die offizielle Fehlinformation, die man sich ausgedacht hatte, um Leute, die den MI5 observieren wollen, zu verwirren – d. H.]*
Ich muß zugeben, daß ich mich über das, was ich da über meine Kollegen Eric und Duncan las, ganz schön gewundert habe. Ich wandte mich an den Chief Whip. »Ist das nicht unfaßbar?« fragte ich.

Er sah mich mit seinen funkelnden Augen unter glänzender Glatze gereizt an. »Das kann ich nicht beurteilen«, schnappte er, »ich darf die Akten ja nicht lesen.«
Ich bat um Verzeihung und wandte mich wieder an Humphrey. »Humphrey«, sagte ich, »glauben Sie nicht, daß Sie mich für dumm verkaufen können...«
»Oh, Gott behüte, nein, Minister«, erwiderte er nach einer, wie mir schien, etwas zu langen Pause.
»Aber«, fuhr ich fort, »warum ist denn der Chief Whip hier, wenn er diese geheimen Akten nicht sehen darf?«
Jeffrey gab mir die Erklärung selbst: »Wir, die Partei, können doch nicht riskieren, daß die Öffentlichkeit von diesem Skandal erfährt – wenn das alles wirklich so peinlich ist, wie Sie beide offenbar glauben. Es könnte für das Land und für die Partei überaus peinlich werden, wenn einer von denen Regierungschef wird. Wir müssen vermeiden, daß wir ohne Hosen erwischt werden.«
So wie Eric. Das behielt ich aber für mich, denn die ganze Geschichte war ja wirklich viel zu ernst. *[Jeffrey Pearsons Memoiren ist jedoch zu entnehmen, daß Hacker sehr wohl »so wie Eric« sagte und er ihn daraufhin mit den Worten »reißen Sie sich zusammen, Hacker« zurechtwies, woraufhin Hacker sich kleinlaut entschuldigte – d. H.]* Ich sagte statt dessen, daß das eine ernste Sache sei.
»Überaus ernst«, stimmte Jeffrey mir zu.
»Überaus ernst«, echote Humphrey.
Wir starrten uns nachdenklich an. »Also«, fragte ich, »was *könnte* passieren, wenn einer von beiden Premier wird?«
»Natürlich etwas überaus Ernstes«, antwortete Sir Humphrey bedachtsam.
»Etwas überaus Ernstes«, stimmte Jeffrey zu.
»Ich verstehe«, sagte ich und wartete ab.
»Das hätte ernste Auswirkungen«, murmelte der Chief Whip.
Sir Humphrey nickte. »Ja, ernste Auswirkungen«, sagte er mit Nachdruck.
»Von ernstester Tragweite«, fügte Jeffrey, die Situation erhellend, hinzu.

»Allerdings«, sagte Humphrey, »ich würde sogar soweit gehen, zu sagen, ernster könnte es bestimmt nicht werden.«
Wir schwiegen uns an. Dann entschloß ich mich, das Gespräch zusammenzufassen. »Ich glaube, wir sind uns einig«, sagte ich, »daß die Lage sehr ernst ist.«
Sie nickten. Wir stimmten überein.
Die Frage war, was sollte jetzt passieren? Jeffrey hatte eine Antwort. »Jetzt muß sich die Partei auf einen anderen Kandidaten einigen. Und zwar schnell.«
»Der Chief Whip«, säuselte Humphrey, »fragt sich, ob *Ihnen* jemand einfällt.«
»Sie sind immerhin Parteivorsitzender«, sagte Jeffrey.
Mir klingen jetzt noch Bernards Worte in den Ohren. Warum sollte ich nicht versuchen, die Nummer Eins zu werden? Der, der all den Ruhm erntet! Aber ich konnte mich ja nicht sofort selbst vorschlagen. Dann würden die vielleicht denken, ich hätte Anflüge von Größenwahn. Also tat ich so, als würde ich angestrengt nachdenken.
»Tja, das ist nicht so einfach«, sagte ich, »wir suchen ja jemanden mit außergewöhnlichen Qualitäten ... einen potentiellen Premierminister. Jemanden, der verläßlich ist.«
»Flexibel«, fügte Humphrey hinzu.
»Ja«, pflichtete ich ihm bei. »Und normal«, bemerkte ich scherzig auf Erics Neigungen anspielend, wissend, daß ich in dem Bereich unangreifbar bin.
»Und«, ermahnte uns Jeffrey in seiner Eigenschaft als Chief Whip energisch, »wir suchen jemanden, der für beide Flügel der Partei akzeptabel ist.«
»Einen Mann, der es versteht, auf einen Rat zu hören, Minister«, fügte Humphrey abschließend hinzu.
Der Kabinettsstaatssekretär und der Chief Whip sahen mich erwartungsvoll an und warteten auf meinen Vorschlag. Aber ich wollte mich auf keinen Fall selbst vorschlagen; es hätte ja sein können, daß ich die beiden falsch verstanden hatte. Wir schwiegen uns weiter nachdenklich an.
Bis Jeffrey etwas sagte. »Haben Sie nie daran gedacht, den Job selbst zu übernehmen!?«

Ich tat völlig überrascht. *»Ich?«*
»Aber warum denn nicht?« wollte Humphrey wissen.
»Wären Sie nicht gern mal Premierminister?« fragte Jeffrey.
Ich entschloß mich, bescheiden zu bleiben. Ich sagte ihnen, daß ich's gern werden würde, aber nicht sicher sei, ob ich dieser Aufgabe gerecht werden könnte.
Ich hatte das Gefühl, daß Humphrey meine Bedenken ein bißchen schnell akzeptierte. »Möglicherweise war es letztlich keine so gute Idee, wie wir dachten«, sagte er und wandte sich von mir ab und Jeffrey zu.
Ich war gezwungen, Humphrey zu fragen, was er damit gemeint hatte. »Vielleicht haben Sie das Gefühl, Minister, nicht unbedingt über premierministerielles Format zu verfügen.«
Ich sagte Humphrey mit dem nötigen Nachdruck, daß es da ja wohl meiner Meinung nach nicht den geringsten Zweifel geben könnte. Und daß ich, bei aller Bescheidenheit, auch nicht die geringsten Bedenken hätte, dieses Amt zu übernehmen und ihm gerecht werden zu können.
Aber Jeffrey meinte, da schwämme leider noch ein Haar in der Suppe.
»Irgendwie sind Sie leider ein Außenseiter, Jim. Sie müßten in den nächsten Tagen was Populäres, das Stimmen bringt, inszenieren.«
»Das ist leicht gesagt«, entgegnete ich, »ich stecke im Moment bis zum Hals in der Eurowurst.« *[Obwohl Hacker diese etwas unglücklich gewählte Metapher immer wieder bemüht, sind wir nach wie vor der Meinung, daß er das nicht wörtlich gemeint haben kann – d. H.]*
Ich sagte ihm, es müßte doch genügen, wenn man alles für die Wahl vorbereitet und bekanntgibt, daß ich's mache.
»Aber ganz im Gegenteil«, sgte Jeffrey, »man muß bekanntgeben, daß Sie es *nicht* machen werden.«
Ich fragte mich, ob das denn genügen würde. Jeffrey und Sir Humphrey waren absolut sicher, es würde genügen, wenn ich jedem sagen würde, daß ich es auf gar keinen Fall machen werde. Jeffrey bot mir an, sich innerhalb der Partei für meine Wahl stark zu machen. Wenn mich jemand fragt, soll ich bloß sagen, daß

ich keine Ambitionen in der Richtung habe.
Als ich wissen wollte, was ich antworten soll, wenn mich jemand von der Medien-Mafia fragt, ob das zu bedeuten hat, daß ich nicht kandidieren werde, sagte Humphrey, es stünde ihm eigentlich nicht zu, mir diesbezüglich einen Rat zu geben, aber in der Vergangenheit sei in einem ähnlichen Fall eine generell akzeptierbare Replique die Folgende gewesen: »... daß man wohl, wenngleich auf keinen Fall nach dem Amte strebend, sein Wort gab, dem Land zu dienen, und daß, wenn Freunde einen überzeugen, daß dies der *beste* Weg des Dienens wäre, man möglicherweise zögernd akzeptieren müßte, unabhängig davon, welchen privaten Wünschen man womöglich zukunftsorientiert gewisse Prioritäten einzuräumen bereit gewesen sein mag«. (Das kann ich hier wörtlich zitieren, weil ich es mir, während Humphrey sprach, natürlich sorgfältigst notiert habe.)
Dann kamen wir schließlich auf die Frage der Wahl zu sprechen. Ich ging davon aus, daß sich nicht vermeiden ließ, *drei* Kandidaten aufzustellen. Aber der Chief Whip sieht das alles ganz anders. Er will eine Wahl ohne Gegenstimmen. Einigkeit kommt beim Bürger immer sehr gut an. Und das begrüßt auch die Partei im Moment.
Aber da schwimmen leider noch zwei Haare in der Suppe, nämlich Eric und Duncan. Mir wurde plötzlich klar, wie unheimlich wichtig diese Sicherheitsakten sind – meine beiden Gegner müssen überredet werden, auf ihre Kandidatur zu verzichten. Ich fragte Jeffrey, ob er vorhätte, mit ihnen ein dementsprechendes Wörtchen zu reden.
»*Ich* nicht«, sagte er verbiestert, »ich habe ja die Akten nicht gelesen.«
Ich fragte Humphrey.
»Nein, Minister, hier geht's um interne Parteipolitik. Das wäre wohl kaum angebracht.«
Jetzt ging mir ein Licht auf! Mir wurde schlagartig bewußt, auf was für ein schreckliches Unternehmen ich mich da eingelassen hatte. Die wollten, daß *ich* die beiden zwingen sollte, zu verzichten. Die wollen, daß *ich* einem meiner Kollegen sage, daß er ein Betrüger ist; und dem anderen, daß er ein perverser Lustmolch ist.

Das lehnte ich ab.
Humphrey sagte, das müßte ich ihnen auf keinen Fall sagen, jedenfalls nicht in so vielen und direkten Worten. »Es genügt doch, wenn Sie sie wissen lassen, daß Sie etwas wissen.«
Die Lage schien hoffnungslos. »Aber die werden mir doch sagen, ich soll mich um meine eigenen Angelegenheiten kümmern.«
Jeffrey schaltete sich ein. »Wenn die das tun und trotzdem kandidieren, müssen Sie sagen, daß es Ihre Pflicht als Parteivorsitzender ist, dafür zu sorgen, daß diese Informationen an jene gelangen, die ein Recht darauf haben, informiert zu werden. Der Parteivorstand, die Fraktionsgeschäftsführer und der Ältestenrat. Und vielleicht sogar der Palast. Sie müssen ihnen klarmachen, daß sie gar keine andere Wahl haben als zu verzichten und jemanden zu unterstützen, der ... sie schützen wird.«
Ich traute meinen Ohren nicht. Jeffrey erwartete von mir, daß ich die beiden schütze!? Humphrey pflichtete ihm bei und bemerkte, daß das Privatleben der beiden niemanden etwas anginge, solange nicht die Sicherheit Großbritanniens davon berührt würde. Ich hatte nicht die geringste Lust, dieses Gespräch fortzusetzen.
Ich erklärte Humphrey und Jeffrey bedauernd, daß ich das nicht tun *könnte* und fügte lachend hinzu: »Wir sollten das Ganze lieber vergessen.« Aber Humphrey überhörte diese eigentlich unmißverständliche Aussage und sagte, jetzt, nachdem ich das alles über die beiden wüßte, hätte ich keine andere Wahl mehr. »Aber niemand sonst weiß, daß ich's weiß«, sagte ich selbstbewußt, »und ich werde so schnell wie möglich vergessen, daß ich's weiß.«
Dann ließ Humphrey eine seiner übelsten Bomben platzen.
»Das wäre aber sehr mutig von Ihnen, Minister.«
Das traf mich wie ein Keulenschlag. Mutig!? Ich will unter gar keinen Umständen irgend etwas Mutiges tun! Das sind nämlich genau die Sachen, die vielversprechende Karrieren zerstören.
Sir Humphrey blieb völlig ruhig. »Wenn irgend etwas passiert, und später offenbar würde, daß Sie informiert waren, aber es vertuscht haben ...«
Ich unterbrach ihn. »Soll das heißen, Sie würden es durchsickern

lassen?« Ich war total von den Socken! Humphrey antwortete mir nicht. »Das würde doch so aussehen, als hätten Sie Ihre Kumpels gedeckt. Niemand hat größere Liebe, denn die, daß er seine Karriere läßt für seine Freunde ...«
Ich ermahnte ihn energisch, er solle damit aufhören, mir andauernd zu drohen.
Er versuchte, mich zu beruhigen. »Aber ich bitte Sie, Minister, ich möchte Ihnen doch bloß helfen.«
Jeffrey wischte sich mit der flachen Hand den Schweiß von der Stirn. »Wissen Sie Jim, es gibt noch 'ne andere Qualität, die Premierminister haben müssen. Den Killer-Instinkt.«
Das war's. Den Killer-Instinkt. Aber habe ich den!? Das werden wir ja sehen. Da ich jetzt alles über Eric und Duncan weiß, habe ich doch gar keine andere Wahl mehr, als ihnen in den Hintern zu treten.
Oder vorne rein!
O mein Gott!

5. Januar

In dem Bewußtsein, daß ich eine solche Chance nicht noch einmal bekommen würde, habe ich heute morgen Duncan angerufen. Ich sagte ihm, daß ich mit ihm etwas sehr Wichtiges, wegen der Premierministerwahl, besprechen müßte. Am Telefon hätte ich ihm ja wirklich nicht sagen können, was ich ihm sagen wollte. Ich hab' versucht, einen quietschvergnügten Eindruck zu machen, damit er denkt, ich hätte ihm etwas sehr Erfreuliches mitzuteilen.
Er strich ein paar Termine und kam dann nach dem Dinner zu mir in die Wohnung. Ich goß ihm einen kleinen und mir einen dreifachen Scotch ein, und wir setzten uns in die Sessel vor dem Kamin. Ich hatte Annie und Lucy[16] gebeten, sich rar zu machen.
Duncan war, für ihn ungewöhnlich, wahnsinnig gut gelaunt. Er erhob sein Glas. »Also, auf Nummer 10, hä!?«
»Danke«, sagte ich ein bißchen zu spontan. Er sah mich irritiert an. Irgendwie gelang es mir, mich aus der Affäre zu ziehen. Ich schluckte meinen Scotch auf ex und goß mir noch einen Dreifa-

chen ein. Dabei beobachtete ich Duncan aus den Augenwinkeln, ob er mich mißtrauisch musterte.
»Was gibt's, Jim?«
»Duncan, ich habe ein ... ein Problem.«
»Sie wollen nicht für mich stimmen!?«
Das Gespräch hatte gerade erst begonnen, und ich hatte es schon nicht mehr im Griff. Ich trank meinen zweiten Dreifachen auf ex und sagte ihm, daß ich zufällig ein paar Informationen bekommen hätte. Schwerwiegende Informationen. Hinsichtlich seiner privaten Finanzoperationen.
Natürlich tat er so, als ob er nicht wüßte, was ich meinte. Also sprach ich über den Zusammenbruch von »Continental & General«, wozu er meinte, da hätte er nur Pech gehabt; und dann über der Pleite der vorangegangenen Transaktionen von Geldern an Scheinfirmen der beiden Direktoren, was seiner Meinung nach absolut in Ordnung gewesen war.
Ich erwiderte, das sei zwar verfahrenstechnisch alles in Ordnung gewesen, aber im Zusammenhang mit einem ähnlichen Fall bei »steuerfreien Finanzhäfen« ...
Diese Bemerkung ließ ich unvollendet im Raum stehen. Duncan kam ins Schleudern. »Wo haben Sie das alles her?«
Ich antwortete nicht. Aber ich deutete an, daß ich, wenn er sich weiterhin um das Amt des Premierministers bewerben würde, dazu verpflichtet sei, mein Wissen mit der Parteispitze, dem Finanzamt, dem Betrugsdezernat und so weiter und so weiter zu teilen. »Natürlich wird das keine Rolle spielen, wenn alles korrekt abgelaufen ist, wie Sie sagen«, fügte ich unschuldig lächelnd hinzu, »und ich bin sicher, das ist es. Wenn Sie es sagen. Aber die Amerikaner müßten es auch erfahren. Und Ihre Majestät ...«
Er trank seinen kleinen Scotch auf ex und dachte offensichtlich angestrengt über seine Situation nach.
»Unkorrekt war's bestimmt nicht«, sagte er dann. Aber das klang ganz und gar nicht überzeugend entlastend.
»Na gut«, meinte ich vergnügt, »wenn Sie davon überzeugt sind, daß Sie sich nichts vorzuwerfen haben, dann kann ich ja offen darüber sprechen und alles an die Öffentlichkeit bringen.«

Er geriet in Panik. »Äh, Moment mal! Finanzielle Belange kann man mißinterpretieren. Da gibt's Leute, die gleich sonstwas denken.«

Ich nippte an meinem Scotch und wartete ab. Es dauerte auch gar nicht lange, bis ich erfahren hatte, daß Duncan im Grunde überhaupt keine Ambitionen hatte, Premierminister zu werden. Es macht ihm eigentlich viel mehr Spaß, Außenminister zu sein. Er versichert mir mehrmals, er hätte sich nur um Nummer 10 bemüht, um zu verhindern, daß Eric da einzieht. »Aber eines möchte ich klarstellen – ich werde nie und nimmer für Eric stimmen«, sagte er erbittert und unmißverständlich.

Ich wies ihn vorsichtig darauf hin, daß Eric es vielleicht auch nicht werden würde. »Wäre es eventuell denkbar, daß Sie in diesem Fall mit aller Kraft jemand anderen unterstützen?«

Duncan sah mich verständnislos an. »Wen?«

»Hier stellt sich doch jetzt womöglich die Frage, jemanden zu finden, der von Ihren Qualitäten überzeugt ist; jemanden, der sich wünschen würde, daß Sie Außenminister bleiben. Jemanden, der den Mund hielte im Falle ›Continental & General‹. Jemanden, dem Sie vertrauen können. Einen alten Freund.«

Für einen Moment dachte ich, daß ich vielleicht ein bißchen zu viel des Guten getan hatte. Ich bin ein alter Bekannter von Duncan, aber nur sehr entfernt ein alter Freund von ihm. Und es steht auch fest, daß es niemanden gibt, dem er vertraut. Absolut niemanden.

Da saß er nun und starrte mich an, und ich bemerkte, wie ihm allmählich ein Licht aufging.

»Sie meinen ... *sich*!?« fragte er.

Ich tat überrascht. »Mich!? Ich habe absolut keine Ambitionen in der Richtung.«

»Doch, Sie meinen sich«, beharrte er.

Der weiß, wie so was läuft.

Vielleicht habe ich wirklich den Killer-Instinkt!

6. Januar

Heute habe ich meinen anderen Kollegen und Rivalen weggeputzt!

Das geht ja alles viel einfacher, als ich dachte. Ich traf mich mit Eric auf einen Drink im Unterhaus. Ich bemerkte, daß es mir diesmal viel leichterfiel, zur Sache zu kommen. Ich hatte Blut geleckt. Ich glaube, wenn man erstmal den ersten Mord hinter sich hat, fällt es einem als Mörder erheblich leichter, zum zweiten Mal zu morden. Ich sagte ihm also in kurzen knappen Worten, was ich wußte. Er wurde bleich und schüttete seinen Scotch auf ex runter. Ich fragte ihn, ob ich noch einen bestellen sollte. Er meinte verkrampft ironisch lächelnd, da es ihm, nach dem, was ich ihm gesagt hatte, eiskalt den Rücken runterlief, hätte er lieber einen steifen Grog.

Typisch, daß der selbst in dieser Situation noch an was Steifes dachte. Vorsichtshalber bestellte ich ihm doch lieber einen Scotch. Ich fragte ihn, ob ihm klar sei, daß die Lage für ihn sehr ... ernst sei.

Grimmig meinte er, daß ihm das durchaus klar sei. »Und«, fuhr er fort, »Sie werden mich nicht unterstützen, oder!?«

»Ja«, sagte ich.

Das verwirrte ihn. »Heißt das, Sie werden mich unterstützen, oder heißt das, Sie werden mich nicht unterstützen?«

»Ja«, antwortete ich und fügte schnell hinzu: »Ja, ich werde Sie unterstützen. Aber nicht bei Ihrem Versuch, Premierminister zu werden.«

»Das hatten Sie mir doch aber versprochen.«

Also ehrlich, warum kapierte der nicht, daß sich inzwischen 'n bißchen was geändert hatte?

Ich machte ihm geduldig klar, daß ich ihm meine Unterstützung zu einer Zeit angeboten hatte, als ich noch nichts von der Mieze aus Argentinien wußte. Und von all den anderen Sachen.

»Sehen Sie, Eric, ich als Parteivorsitzender habe meine Pflichten. Es wäre eine Katastrophe für die Partei, wenn Sie Premierminister werden und das alles bekannt wird.« Mir wurde klar, daß ich ungewollt vielleicht 'n bißchen zu viel angedeutet hatte,

deshalb sprach ich schnell erklärend weiter. »Ich meine, ich bin wirklich nicht scharf darauf, über Ihr Privatleben mit Ihrer Majestät sprechen zu müssen ... Sie etwa!?«
»Ich verzichte«, murmelte er.
Das wurde aber auch langsam Zeit, dachte ich. Hätte der früher 'n bißchen öfter auf was anderes verzichtet, säße er jetzt nicht in der Tinte. Ich versprach ihm hoch und heilig, daß wir nie wieder darüber sprechen würden. Mit niemandem.
Er bedankte sich in einem ekelhaften Ton und knurrte wütend, nun würde ja wohl dieser verdammte Duncan Nummer 10 kriegen.
»Nicht, wenn es nach mir geht«, entgegnete ich.
»Wer denn dann?«
Ich erhob mein Glas und sagte lächelnd: »Cheers.«
Der Groschen fiel, er starrte mich mit offenem Mund an. Er war sprachlos!
»Was denn, meinen Sie *sich*!?«
Ich tat wieder völlig überrascht. »Mich?« sagte ich unschuldig. »Ach, wissen Sie, unsere Kinder sind fast erwachsen, so daß ich jetzt endlich mehr Zeit mit meiner Frau verbringen kann.«
Er hatte natürlich kapiert, was lief. »Doch, Sie meinen sich.«
Oh, Mann, macht das einen Spaß!

9. Januar

Die Ereignisse überschlagen sich. Daß Eric und Duncan aus dem Rennen sind, wissen bis jetzt nur ich, Humphrey und Bernard. Ärgerlich ist nur, daß ich, obwohl die aus dem Rennen sind, noch nicht *im* Rennen bin.
Ich brauche so schnell wie möglich einen aufsehenerregenden öffentlichen Erfolg, um die Partei in diesem kritischen Moment auf meine Seite zu bringen und den beiden einen plausiblen Grund zum Verzichten zu liefern.
Aber ich mußte mich nach wie vor mit meinem schlimmsten Problem auseinandersetzen. Ich hatte immer noch die heiße Kartoffel der »Europawurst« in der Hand *[!!! – d.H.]* und mußte nun versuchen, daraus den größtmöglichen Vorteil zu ziehen.

Oder aus den anderen delikaten Geschichten.
Gott sei Dank sind wir heute auf diesem Weg ein großes Stück vorangekommen und, Ehre wem Ehre gebührt, der gute alte Humphrey war mir dabei eine sehr große Hilfe.
Zufällig war Maurice, der EG-Kommissar, dem ich diese widerliche Wurst-Geschichte zu verdanken hatte, gestern in London. Humphrey hatte erfahren, daß sein Rückflug nach Brüssel Verspätung hatte und brachte es fertig, ihn zu einem kurzen Treffen mit mir zu überreden.
Ich wurde aufgefordert, zu einem dringenden Gespräch ins Kabinettsamt, in Sir Humphreys Allerheiligstes, zu kommen. Das Problem war, daß das alles Hals über Kopf arrangiert worden war, und ich nur ein paar Augenblicke vor Maurice da ankam. Ich hatte also keine Ahnung, welche Strategie Humphrey sich ausgedacht hatte und wußte nicht, was ich sagen und was ich nicht sagen sollte. Humphrey konnte mir gerade noch zuflüstern, er hoffe, Maurice zu einer Lösung unseres kleinen Wurst-Problems überreden zu können und ich solle erstmal nichts sagen, mich aber sofort am Gespräch beteiligen, wenn er mich darum bitten würde.
Südfranzmännisch lächelnd schneite Maurice in Humphies Allerheiligstes.
»Jim, wie komme ich zu diesem Vergnügen?« Diese rein rhetorische Frage konnte ich natürlich nicht beantworten, also sagte ich weltmännisch lächelnd: »Nehmen Sie doch bitte Platz, Maurice.«
Humphrey tat ein übriges, um zu verhindern, daß ich ins Schleudern geriet und führte uns zu seiner Gesprächsecke, wo wir uns setzten. Dann sagte er Maurice (erstunken und erlogen), daß ich ihn gebeten hätte, dieses Gespräch zu arrangieren, um zu sondieren, ob er uns vielleicht in bezug auf ein Problem helfen könnte.
Na ja, das war eigentlich keine echte Lüge, sondern mehr oder weniger eine Notlüge. Bei uns besteht das stillschweigende Abkommen zwischen Regierungsmitgliedern und dem Civil Service, daß Minister den Ruhm ernten dürfen, wenn Beamte eine gute Idee haben. Das ist nicht mehr als recht und billig, denn wir müssen ja immer den Kopf für ihre Fehler hinhalten, so daß wir's wirklich verdient haben, den Ruhm zu ernten, wenn die mal

gelegentlich zufällig eine gute Idee haben.
Ich nickte und wiederholte, daß wir ein Problem hätten.
Maurice sagte, er würde uns natürlich helfen.
»Das Problem ist«, begann Humphrey aalglatt lächelnd, »daß die EG in Großbritannien beim Bürger überaus unpopulär zu werden scheint.«
Er wandte sich mir zu. »Nicht wahr, Minister?«
Das stand außer Frage. »Ja«, sagte ich.
Maurice wußte das bereits. »Und Sie wollen das EG-Image in Großbritannien wiederherstellen?«
»Ja«, sagte ich, wie aus der Pistole geschossen.
»Nein«, meinte Humphrey bestimmt.
»Nein«, korrigierte ich schnell und beschloß, nichts mehr zu sagen, wenn Humphrey mich nicht unmißverständlich dazu aufforderte. Humphrey fuhr fort. »Das Problem ist auch, daß der Minister glaubt, es würde mehr Stimmen bringen, äh ... es der Stimmung des britischen Volkes eher entspräche, dem Angriff gegen die EG Verständnis entgegenzubringen und sie nicht zu verteidigen.«
Er sah mich an. Ich konnte natürlich nur frohen Herzens zustimmen.
Aber abgesehen davon war das ja auch eigentlich wahr! Ich war überrascht, wie sehr diese Drohung Maurice durcheinanderbrachte. Das konnte ihm doch nicht neu gewesen sein. Aber anscheinend war er entsetzt, das zu hören. »Aber ... Ihre Regierung ist verpflichtet, uns in Brüssel zu unterstützen«, versuchte er, mich zur Rede zu stellen und starrte mich wütend an.
Ich wußte nicht genau, was ich antworten sollte, denn mir war noch nicht klar, was Humphrey im Schilde führte. Aber er erwies sich wieder als rettender Engel.
»Der Minister meint, so wie ich ihn verstehe, daß es nur eine Verpflichtung bezüglich des EG-Konzepts und des Vertrages gibt.«
»Des Vertrages«, wiederholte ich mit Nachdruck.
»Und nicht hinsichtlich«, Humphrey wirkte eiskalt und knallhart, als er das sagte, »bezüglich Institutionen. Oder Praktiken. Oder individuelle politische Linien. Sie nannten mir doch gestern

ein typisches Beispiel dafür, nicht wahr, Minister!?«
Er sah mich an. Jetzt kam mein Auftritt! Aber ich hatte keine Ahnung, was ich sagen sollte.
Er muß die nackte Angst in meinen Augen gesehen haben.
»Sprachen Sie nicht über Nahrungsmittelproduktion, Minister!?« lieferte er mir das Stichwort.
Jetzt hatte ich kapiert, worauf er hinauswollte.
»Ja!« Ich fixierte Maurice mit meinem unerbittlich stahlharten Blick. »Ich habe vor kurzem in Erfahrung gebracht, daß einer Ihrer Beamten nichts weiter macht, als Bauern dafür zu bezahlen, überschüssige Nahrungsmittel zu produzieren. Und im Büro nebenan sitzt ein Beamter rum, der Leute dafür bezahlt, diese Überschüsse zu vernichten.«
Maurice war empört. »Das ist nicht wahr.«
Humphrey und ich sahen uns überrascht an. War das eine schamlose Lüge? Wie konnte das sein, wir hatten die Geschichte doch aus erster Hand erfahren.
»Das ist nicht wahr?« fragte Humphrey zweifelnd.
»Nein«, protestierte Maurice, »der sitzt nicht im Büro nebenan. Nicht mal im selben Stockwerk.«
»Der Minister kennt Hunderte dieser für die EG typischen Beispiele unsinnigsten Verwaltungsverhaltens«, fuhr Humphrey unnachgiebig fort.
»Hunderte«, stimmte ich zu, aber mir fiel nicht mal ein zweites ein.
»Und, Maurice, der Kernpunkt des Problems ist, daß der Minister immer mehr dazu neigt, die Mitglieder des Kabinetts sollten allmählich die britische Bevölkerung informieren.«
Jetzt wurde Maurice richtig wütend. »Aber das wäre nicht tolerierbar«, schrie er, »nicht mal die Italiener würden so abgrundtief sinken.«
Das war meine Chance, jetzt konnte ich ihm den Todesstoß versetzen.
»Von den Italienern hat man auch bisher nicht verlangt, ihre Salami ›emulgierte hochfette Innereirolle‹ zu nennen.«
Die Karten lagen auf dem Tisch. Würde Maurice die Gelegenheit beim Schopf ergreifen und den Schwanz einziehen? Ja, er ergriff

den Stier mit beiden Händen bei den Hörnern und strich die Segel. *[Und wieder einmal gewährt Hackers Metaphern-Gemisch einen besonders tiefen Einblick in die Qualität intellektueller Klarheit der Gedankengänge eines unserer großen nationalen Führer – d.H.]*
»Was«, fragte Maurice vorsichtig, »schlagen Sie vor? Immerhin sind wir ja zum Ausgleich verpflichtet, wir können sie nicht einfach ›Wurst‹ nennen. Also, woran haben Sie gedacht?«
Mir fiel nichts ein. Wie soll man eine Wurst nennen, wenn man sie nicht Wurst nennen darf? Es ging doch vor allem darum, daß wir unsere Wurst Wurst nennen dürfen. Aber ich hätte eigentlich wissen müssen, daß Humphrey darüber auch schon nachgedacht hatte.
»In der Politik geht es immer um Präsentation. Warum nennen wir sie nicht ›The British Sausage‹!?« murmelte er. Eine brillante Idee. Maurice probierte, wie das in ein paar anderen EG-Sprachen klingen würde. »›Saucisson Anglaise‹ ... ›Salsiccia Inglese‹ ... ›Britische Wurst‹.« Diese Typen vom Festland sind wirklich furchtbare Aufschneider. »Mmm, ja, das machen wir, äh, ich meine, das könnten wir der Kommission empfehlen.«
Natürlich könnte er! Dieses Angebot konnte er einfach nicht ablehnen.
Wir hatten das Gespräch zu einem glücklichen Ende geführt und versicherten uns gegenseitig leidenschaftlich, was für eine fabelhafte Institution die EG sei. Ich küßte Maurice zum Abschied sogar brüderlich auf beide Wangen.
Als er weg war, dachten wir gemeinsam lange über die nächsten Schritte nach. Humphrey und Bernard schlugen vor, ich sollte alle Europa-Redakteure zu einer Pressekonferenz einladen und ihnen erklären, daß ich das »Eurowurst-Problem« gelöst hätte. Aber ich hatte eine viel bessere Idee. Gelöste Probleme sind für Journalisten völlig uninteressant. Für die Presse sind schlechte Nachrichten gute Nachrichten. Also, warum sollte ich die mit einer Nicht-Story anöden? Ein gelöstes »Eurowurst-Problem« katapultiert niemanden an die Spitze der Partei und in den Sessel in Nummer 10. Und außerdem weiß die Öffentlichkeit überhaupt nichts von diesem Problem; würde es da die Wähler interessieren, daß es gelöst ist? Bestimmt nicht; ich habe beschlossen, der

Presse morgen eine Katastrophenmeldung zu servieren. Die werden begeistert sein. Und wenn ich ihnen dann ein paar Tage später einen Triumph liefern kann, werde ich ein Held sein.

10. Januar

Heute habe ich mit den Europa-Redakteuren eine inoffizielle Pressekonferenz abgehalten und sie gebeten, ohne Quellenangabe zu berichten.
Der Parlamentslobby-Journalismus ist wirklich von unschätzbarem Wert. Die Schreiberlinge sind unheimlich scharf auf eine Story und noch dazu faul genug, um alles kritiklos zu schlucken, was wir ihnen anbieten. Ich erzählte ihnen, daß ein großes Problem mit Brüssel auf uns zukommen werde. Da sie es früher oder später sowieso von irgendwem erfahren würden, würde ich sie lieber selber über diese überaus peinliche Geschichte informieren. Und die haben das wirklich geschluckt!
»Brüssel«, sagte ich, »ist im Begriff, gemäß EG-Verordnungen, die britische Wurst zu verbieten.«
Das schien Bernard zu beunruhigen, denn er schob mir einen Zettel zu, auf den er in Windeseile gekritzelt hatte: »Die EG hat nicht vor, die Wurst zu verbieten, nur den Namen«.
Unauffällig zerknüllte ich seinen blöden Zettel. Bernard hat wirklich keine Ahnung von Politik. *[Aber des feinen Unterschiedes zwischen »Wahrheit« und »Lüge« war er sich trotzdem durchaus bewußt – d. H.]*
Ich forderte die Journalisten auf, mir Fragen zu stellen. Die erste Frage drehte sich um genau denselben Punkt. »Was meinen Sie mit *verbieten*?«
Ich gab eine modifizierte Antwort. »*Effektiv* gesehen verbieten«, sagte ich, »denn dann muß Schweinswurst zu fünfundsiebzig Prozent aus magerem Schweinefleisch bestehen. Das gilt auch für den Rindswurstbereich.«
Einer von der »Sun« fragte, ob dann auch die Rindswurst fünfundsiebzig Prozent Schweinefleisch enthalten müßte. Ein typischer Lobby-Journalist! Wenn der als einziger an einem Intelligenztest teilnehmen würde, würde er Dritter werden.

Ich erklärte ihm behutsam, daß Rindswurst fünfundsiebzig Prozent mageres Fleisch vom *Rind* enthalten müßte und fügte hinzu, daß die britische Wurst, wenn die EG auf ihrer Forderung besteht, zu einem Luxusartikel werden würde. Und welche Folgen das für den Durchschnittsverdiener hätte, sei ja wohl klar.
Einer wollte wissen, wann das offiziell bekanntgegeben wird. Ich sagte ihm: »Nächsten Monat, nehme ich an.« Dann fügte ich pfiffig hinzu, die EG würde das vermutlich sofort dementieren und bestimmt versuchen, gegenüber der britischen Presse zu behaupten, daß sie nur eine »Änderung der Namensgebung« diskutieren wollten.
Endlich stellte mir ein Reporter die Frage, auf die ich schon lange gewartet hatte: »Und was unternimmt die Regierung, Minister?«
Ich sah ihn verzweifelt, mitleiderregend und hilflos an und antwortete: »Ich weiß es einfach nicht ... das ist ein schwerwiegendes Problem, und ich möchte hier nicht so tun, als hätten wir eine Lösung.«
Dann bat ich sie, alle in den Warteraum des Presseamtes zu gehen, wo ein kaltes Büffet und Getränke für sie bereitstanden. Während sie rausgingen, zog Bernard mich in eine Ecke. »Minister! Ihnen ist doch hoffentlich klar, daß die Presse morgen etwas schreibt, was nicht wahr ist!?«
»Ach, tatsächlich!?« lächelte ich ihn an, »wie furchtbar!«

12. Januar

Es lief alles wie geschmiert. Zwei Tage lang haben die Zeitungen auf ihren Titelseiten über die für vogelfrei erklärte britische Wurst berichtet. Das löste einen beträchtlichen politischen Wirbel aus.
Alle Kommentatoren und »weisen Männer« waren einhellig der Meinung, daß die Wurst, da im Augenblick Regierung und Partei führerlos sind, zu einer Bananenschale werden konnte.
Alle sprachen davon, daß die Nachfolge-Frage immer noch offen sei. Jeffrey wurde die ganze Woche über zitiert, als »inoffizieller Sprecher«, »informierter Quelle«, »Tendenzen in der Partei«, »der Führungsspitze nahestehende Quellen« und »wachsende

Gruppe von Meinungsträgern«. Er hat in allen Storys deutliche Spuren hinterlassen, denn alle schreiben, daß die Spitzen der Partei zunehmend beunruhigt sind wegen der Tatsache, daß die beiden naheliegenden Kandidaten die extremen Flügel der Partei repräsentieren.

Ich hab' auch 'n bißchen durchsickern lassen; mit dem Erfolg, daß der Druck auf Eric und Duncan, zu Gunsten eines Kompromißkandidaten zu verzichten, immer stärker wird.

Leider haben die Lobby-Schreiberlinge, mit denen ich geplaudert habe, nicht so viel Fingerspitzengefühl, mich als den einzig in Frage kommenden gesuchten Kompromiß zu nennen; statt dessen haben sie lieber ihre eigenen Kommentare abgegeben, was zur Folge hatte, daß bis jetzt noch keiner der Konkurrenten das öffentliche Interesse erregt hat. Es ist wirklich nicht zu fassen, daß man Journalisten im Grunde genommen alles Wort für Wort buchstabieren muß, was sie schreiben sollten. Die sind auch nicht dazu in der Lage, die einfachsten Schlüsse zu ziehen, und die können mich ja noch nicht mal korrekt zitieren: ich hatte mich nicht – andeutungsweise – als »Kompromiß«, sondern als »Gemäßigten Mann der Mitte« bezeichnet.

Ich habe vor, um die Rede, die ich morgen in meinem Wahlkreis halte, einen riesigen Presserummel zu veranstalten. Sogar BBC-News und ITN werden berichten. Bernard fragte mich, warum die sich alle für das Thema »Sicherheitsmaßnahmen für den Fall von Bränden in Regierungsgebäuden« interessieren.

Ich antwortete nicht. Aber ich bin sicher, es wird ihn nicht überraschen, wenn ich auch etwas anderes anschneide. *[Hackers große Rede zog in der Tat die Aufmerksamkeit der gesamten Presse, von Rundfunk und Fernsehen auf sich. »Dem Minister nahestehende Quellen« hatten angedeutet, er würde eine große politische Rede halten. Also war allen in Fleet Street klar, daß er im Begriff war, den Gipfel der Macht zu stürmen. Alles hing davon ab, wie Hackers Rede an diesem Abend ankommen würde. Das Ergebnis entsprach genau dem, was Hacker geplant und erhofft hatte, wie man unschwer dem triumphierenden Ton seines Tagebuchs entnehmen kann – d.H.]*

13. Januar

Ich habe das Gefühl, daß ich mir heute abend den Weg zur Parteiführung freigekämpft habe und, wenn ja, es nur noch eine Frage der Zeit ist, wann ich in Nummer 10 einziehe. Heute ist Freitag, der Dreizehnte, und die Dreizehn ist meine Glückszahl. *[Aber möglicherweise nicht für das United Kingdom – d.H.]*
Meine Rede wurde immer wieder von spontanem Beifall unterbrochen, der ein paarmal mehr als eine halbe Minute lang anhielt. Und als ich sie beendet hatte und mich setzte, haben sie mir stehend eine Ovation bereitet. Der letzte Teil meiner Rede hatte die unheimlich in Fahrt gebracht. Ich glaube, ich habe vielleicht eine große Zukunft als führender Demagoge vor mir.

[Das Originalmanuskript der Rede ist verlorengegangen, so daß wir sie nicht in ganzer Länge veröffentlichen können. Aber wir können eine Abschrift der letzten Passage, die wir dem Archiv der BBC Nine O'Clock News entnahmen, abdrucken. Publikumsreaktionen sind besonders gekennzeichnet – d. H.]

BBC tv
BRITISH BROADCASTING CORPORATION

DIESES MANUSKRIPT IST DAS PROTOKOLL EINER MAGNETISCHEN AUFZEICHNUNG (MAZ), NICHT DIE KOPIE EINES GESCHRIEBENEN TEXTES. DA FALSCHES ABHÖREN NICHT AUSGESCHLOSSEN WERDEN KANN, ÜBERNIMMT DIE BBC KEINE GEWÄHR FÜR DIE ABSOLUTE RICHTIGKEIT.

"NINE O'CLOCK NEWS" "NEWSNIGHT"

SENDUNG: 13. JANUAR

MAZ:

DER ABGEORDNETE JAMES HACKER: Ich bin ein guter Europäer. Ich glaube an Europa. Ich glaube an das europäische Ideal! Nicht noch einmal wird es das Blutvergießen zweier Weltkriege geben. Europa ist und wird sein.

Aber das darf nicht bedeuten, daß wir die Knie beugen müssen vor jeder Direktive, vor jedem kleinen Bürokraten-Bonaparte in Brüssel. Noch sind wir eine souveräne Nation. Wir sind Briten. Stolze Briten!
(BEIFALL)

Wir haben genug Zugeständnisse gemacht an den europäischen "Komissar" für Landwirtschaft. Und was hat dieser "Europäer" uns zum Dank dafür angetan!? Wir mußten den Weinsee, wir mußten den Butterberg schlucken. Britische LKW-Fahrer, die dem französischen Bürger gutes britisches Lammfleisch bringen wollten, wurden von unseren französischen "Freunden" verprügelt.

BBC tv
BRITISH BROADCASTING CORPORATION

Wir haben uns verbeugt und gedarbt und nahmen den Hut ab, erwiesen unsere Referenz, hielten die andere Wange hin, aber ich sage: genug ist genug!
(ANHALTENDER BEIFALL)

Die Europäer sind zu weit gegangen. Jetzt wollen sie sich auf die britische Wurst stürzen. Sie wollen sie standardisieren - aber das bedeutet, sie wollen das britische Volk zwingen, Salami und Bratwurst zu essen und anderes knoblauchtriefendes, fettes Zeug, das der britischen Lebensart absolut fremd ist.
(ZWISCHENRUFE: "HÖRT, HÖRT", "JA, RICHTIG", UND "JA, GIB'S IHNEN, JIM")

Wollen Sie zum Frühstück Salami mit Eiern und Speck essen? Ich nicht! Und niemand wird mich dazu zwingen! (STARKER BEIFALL)

Sie machten unsere Pints zu Litern und unsere Yards zu Metern. Sie nahmen uns den "tanner", unseren "threepenny bit", das "two bob peace" und die "half crows". Aber eines schaffen Sie nicht: .... die Vernichtung der britischen Wurst!
(BEIFALL UND BRAVORUFE)

Nicht solange ich lebe! (STÜRMISCHER BEIFALL)

Denn wie sagte schon Martin Luther: "Hier stehe ich. Ich kann nicht anders". (HACKER NIMMT PLATZ. TOTALE: DIE MENGE ERHEBT SICH DANKBAR BEIFALL SPENDEND) –2–

[Am folgenden Tag wurde Hacker von Ludovic Kennedy, dem bekannten Fernseh-Journalisten interviewt. Wir waren in der Lage, von der BBC Television eine vollständige Abschrift dieses Interviews zu bekommen; siehe folgende Seite – d. H.]

BBC tv
BRITISH BROADCASTING CORPORATION

DIESES MANUSKRIPT IST DAS PROTOKOLL EINER MAGNETISCHEN AUFZEICHNUNG (MAZ), NICHT DIE KOPIE EINES GESCHRIEBENEN TEXTES. DA FALSCHES ABHÖREN NICHT AUSGESCHLOSSEN WERDEN KANN, ÜBERNIMMT DIE BBC KEINE GEWÄHR FÜR DIE ABSOLUTE RICHTIGKEIT.

SENDUNG: 14. JANUAR

MAZ:

KENNEDY: Ihre Rede war starker Tobak, Minister.

HACKER: Das liegt mir auch sehr am Herzen. Manchmal frage ich mich, ob euch Medienpaschas eigentlich bewußt ist, wieviel Sorgen wir anderen uns machen um Großbritannien; um unser Land, wir sind stolz darauf und lieben es.

KENNEDY: Sie sind also gegen die Regierungspolitik bezüglich der EG?

HACKER: Aber nein, ich stimme mit ihr überein, Sir Ludovic. Verzeihung. Mr. Kennedy. Die Abschaffung der britischen Wurst ist niemals unsere Politik gewesen. Unsere Wurst schmeckt nicht nur hervorragend, wissen Sie, sie ist auch überaus nahrhaft.

–1–

KENNEDY: Brüssel hat dementiert, daß es jemals die britische Wurst abschaffen wollte.

HACKER: Selbstverständlich, was sollen die denn sonst machen!? Die wissen ganz genau, in welches Wespennest sie da gestochen haben. Die fürchten die Stärke unserer britischen Mitbürger.

KENNEDY: Minister, über Ihre Rede ist viel positiv berichtet worden. Kommt dem Zeitpunkt irgendeine Bedeutung zu?

HACKER: Wie bitte?

KENNEDY: Ihre Partei sucht einen neuen Regierungschef, und Ihr Name ist ein paarmal erwähnt worden.

HACKER: Ziemlich oft sogar. Aber, nein. Nein, nein. Ich habe keine Ambitionen in dieser Richtung.

KENNEDY: Sie werden also auf gar keinen Fall für dieses Amt kandidieren?

HACKER: Wissen Sie, Ludo .... ich will Ihnen ganz offen etwas sagen. Das Höchste war für mich immer der Dienst für mein Land, ich habe nie nach Ämtern gestrebt. Sicher, würden meine Freunde mich davon überzeugen, daß die beste Plattform, dem Land zu dienen, Nummer 10 wäre .... dann müßte ich mich vielleicht zögernd überreden lassen, dieses Amt zu übernehmen. Ganz gleich, welche .... privaten Wünsche mich bestimmen mögen.

KENNEDY: Also, wenn Sie nicht im Rennen sind, wem geben Sie Ihre Stimme?

HACKER: Ach, wissen Sie, es ist natürlich zu früh, dazu etwas zu sagen. Aber ich werde Ihnen etwas anderes sagen. Dies ist ein Zeitraum der Heilung, ein Zeitraum des Hervorhebens dessen, was uns zusammen hält, nicht dessen, was uns auseinanderbringt. Wir sollten immer das Gute suchen in unserem Gegner. Und nicht immer nur Fehler aufdecken wollen. In jedem steckt irgend etwas Gutes .... Ludo.

KENNEDY: Abgesehen von den Franzosen.

HACKER: Abgesehen von den Franz .... nein, selbst in den Franzosen.

[Und nun wieder zu Hackers Tagebuch – d.H.]

18. Januar

Während der vergangenen drei Tage war ich viel zu aufgeregt, um irgend etwas Vernünftiges tun zu können. Ich habe es nicht mal fertiggebracht, Notizen für mein Tagebuch zu diktieren. Aber heute habe ich's geschafft! Ich bin's! Ich bin's! Ich bin am Ziel! Ich hab's gekriegt! Ich hab' gewonnen!
Ich will versuchen, die letzten Ereignisse im Rennen um die Führungsrolle so transparent wie möglich festzuhalten.
Heute trat der Ausschuß zu seiner jährlichen Sitzung zusammen. Der Ad-Hoc-Parteiführungsausschuß, genauer gesagt Eric und Duncan, hatten nach dem Erfolg meiner Rede verzichtet, und nun lag ich unerwartet an der Spitze des Rennens. Das war ihnen natürlich lieber, als sich gegenseitig wählen zu müssen, und so versprachen sie jetzt beide, sich mit ihrem ganzen Gewicht hinter mich zu stellen. Da ich sie ja beide im Sack habe, hat mich das nicht überrascht, aber die anderen hat es unheimlich beeindruckt.
Heute ging es also nur noch um die Frage, ob die Parlamentsfraktion einen Kandidaten gegen mich aufstellen sollte oder nicht. Wenn ja, dann würde es zu einer Wahl kommen.
Heute morgen rief ich Eric und Duncan an, um mich noch mal zu vergewissern, daß sie hinter mir stehen. Aber alles, was sie sagten, klang irgendwie ein bißchen doppelzüngig. Die hatten immer noch die Möglichkeit, ihren Verzicht zu erklären und einen anderen als mich zu unterstützen. In dem Fall hätte ich die Wahl *wahrscheinlich* gewonnen, aber dann hätten der Kampf und die damit für mich verbundenen Höllenqualen noch zwei oder drei Wochen länger gedauert – und wer weiß, was in dieser Zeit vielleicht passiert wäre. Eine Woche ist in der Politik schon eine lange Zeit, drei Wochen sind eine Ewigkeit.
Dann fuhr ich zu Humphrey ins Kabinettsamt, und wir warteten; den ganzen Vormittag hindurch ... die Mittagszeit verging ... nur Humphrey und ich.
Würde das Telefon denn nie klingeln? Auf seinem Schreibtisch standen zwei Telefone. Ich fragte ihn, auf welchem Apparat die

anrufen würden.
»Auf dem da, vermutlich«, antwortete er. Dann dachte er einen Moment nach: »oder auf dem da. Auf einem von beiden, nehme ich an.«
Jetzt wußte ich noch weniger als vorher. Selbst diese Auskunft wurde mir verweigert. Ich sagte Humphrey, ich müßte mich einen Augenblick hinsetzen und mich entspannen. Ich saß kaum, als seine Gegensprechanlage summte und ich vor Schreck einen halben Meter hoch hüpfte. Bernard war gekommen.
»Minister«, sagte er ehrfurchtsvoll, »der Palast hat eben angerufen.«
»Der Palast?«
»Die wollten wissen, ob Sie um fünf Zeit zum ›Händeküssen‹[17] haben. Das gilt natürlich nur für den Fall einer Empfehlung ohne Gegenstimmen.«
Ich sagte Bernard, ich dächte schon, daß ich um fünf vermutlich Zeit haben würde.
Wir saßen wieder dumm rum und warteten. Und dann schlug ich, spontan und edelmütig, etwas vor, was ich, wie ich meine, inzwischen bereits wieder bereue. Ich bat Bernard, in Nummer 10 mein Erster Persönlicher Referent zu werden, wenn ich Premier werden sollte. Seine Antwort fiel, typisch für ihn, mehr als vieldeutig aus. »Oh, Minister ... ach du dickes Ei!«
Aber er lächelte mich an und wurde sogar ein bißchen rot.
Hocherfreut wandte ich mich fragend an Humphrey, der mich mit versteinertem Gesicht undurchschaubar ansah.
»Des Premierministers Wunsch ist Gesetz, Minister«, sagte er düster.
Vielleicht hat Humphrey mich zu recht so angesehen. Wenn ich jetzt noch mal darüber nachdenke, habe ich das Gefühl, daß das vielleicht etwas voreilig war. Ich bin eigentlich nicht sicher, daß Bernard den Job schaffen kann, er ist so unglaublich naiv. Aber andererseits bin ich wieder sicher, daß er das schon irgendwie machen wird, und außerdem verhält er sich sehr loyal und intrigiert nie gegen mich. *[Daß Hacker Bernard in diesem Zusammenhang als naiv bezeichnet, beweist in erschreckendem Maße, wie wenig er über Bernards Loyalität nachgedacht hatte – die brachte*

Mit freundlicher Genehmigung des OBSERVER

er zu gleichen Teilen Hacker, seinem politischen Herrn und Meister, und Sir Humphrey, seinem Herrn und Meister innerhalb des Civil Service, entgegen – d. H.]

Ich glaube, ich hätte einen Besseren als Bernard finden können *[Womit Hacker recht hatte – d. H.]*, aber ich habe mich nun mal für ihn entschieden.

In diesem Augenblick, Bernard schaute mich mit feuchten Hundeaugen dankbar an, klingelte das Telefon. Ich griff zum Hörer. Aber es war keiner dran. Humphrey nahm absolut cool den anderen Hörer ab. »Ja? Ja ... ja ... ja, er ist hier ... ich sage es ihm.« Er legte auf. Er sah mich an. Ich konnte nicht sprechen. Aber unübersehbar standen in meinem Gesicht die Fragen: »Bin ich's?« ... »Gab es Gegenstimmen?« ... »Hatte ich mich durch's Nadelöhr gezwängt?« ... »Ja, ... Premierminister«, sagte Humphrey. Und ich habe nach wie vor das Gefühl, daß er mir, als er diese entscheidenden Worte sprach, mit ungewohnter Hochachtung in die Augen schaute.

2 Der Große Plan

23. Januar

Die letzten paar Tage waren wahnsinnig aufregend. Ich war im Palast und habe »Händchen geküßt«. Am nächsten Morgen bin ich in »Nummer 10« eingezogen. Ich hatte in den Memoiren ehemaliger Premierminister gelesen, daß das Personal sich vorn in der Empfangshalle und im Haus, in dem langen Flur, der zur Haupttreppe führt, aufstellt und den ankommenden Premierminister mit Beifall begrüßt. Ich möchte bloß mal wissen, warum die *mich* nicht mit Beifall empfangen haben. *[Diese hohe Ehre gebührt traditionsgemäß nur einem Premierminister, der gerade eine Parlamentswahl gewonnen hat – d. H.]* Hoffentlich ist das kein böses Omen.

Der Einzug hat zwei oder drei Tage gedauert. Der Premier wohnt in einer Wohnung »über dem Laden«; in dem Gebäude kann man sich kaum zurechtfinden. Von außen sieht es wie ein ganz gewöhnliches Reihenhaus in georgianischem Stil aus; aber innen ist es unheimlich groß, eine kleine, imposante Residenz, ein Mini-Palast.

Das liegt daran, daß es eigentlich zwei Häuser sind. Nicht zwei Häuser nebeneinander *[Der Schatzkanzler residiert in »Nummer 11« – d. H.]*, sondern zwei Häuser, die, verbunden durch Korridore, Treppenschächte und Höfe so gut wie unmittelbar hintereinander stehen. Jedes Haus hat fünf oder sechs Stockwerke, und im hinteren Haus befinden sich prunkvolle Staatszimmer, in denen ich meine Untertanen empfange und beköstige. *[Hacker litt ganz offensichtlich an Anflügen von Größenwahn. Daß er sich für eine Queen hielt, glauben wir nicht, er war ja glücklich verheiratet – und hatte Kinder, aber auf jeden Fall hielt er sich für einen Monarchen – d. H.]*

Das Hauptproblem, sich in »Nummer 10« zurechtzufinden ist,

daß es, weil es zwei verschiedene Häuser sind, weil der Boden sich im Krieg[18] gesenkt hat und weil das Gelände nach hinten abfällt, fast unmöglich ist, zu wissen, in welchem Stock man sich befindet, wenn man raufgegangen ist.
Aber die Verwirrung, in die ich geriet, als ich hier einzog, war nichts, verglichen mit dem Gemütszustand, als ich heute, am fünften Tag meiner Amtszeit, in die strenggeheimen Operationsräume unter dem VM[19] geführt wurde.
Da sieht es genauso aus, wie man sich das vorstellt: Karten der fünf Kontinente, Mädchen vor Video-Terminals, Beamte und Offiziere hinter Tischen und Schreibtischen. Rumgeführt wurde ich vom Chef des Generalstabs, General Sir Geoffrey Howard; ein großer gewandter Kerl mit rotblondem Haar, buschigen Augenbrauen und einer energischen Kommandostimme. Sir Humphrey und Bernard trieben sich wie immer in meiner Nähe rum.
Natürlich fragte ich sofort, wo der »heiße Draht« sei. Der General sah mich verwundert an.
»Welcher?«
»Na, der nach Rußland!«
»Der *rote* heiße Draht«, fügte Bernard überflüssigerweise hinzu.
»Ach, der, der ist in der Downing Street«, erklärte mir der General. Ich warf Bernard einen flüchtigen wütenden Blick zu. Warum hatte man mir das rote Telefon noch nicht gezeigt? Bernard starrte hilflos zu Boden. Vielleicht hatte man es ihm auch noch nicht gezeigt.
Ich fuhr fort: »Also kann ich von der Downing Street im Notfall sofort den russischen Regierungschef erreichen?«
»Theoretisch, ja«, antwortete General Howard zögernd.
»Heißt das nein?«
»Na ja, das erzählen wir den Journalisten. Wir sind schon mal bis zum Kreml durchgekommen, aber nur bis zu einem Telefonisten.«
»Hat der Sie nicht weiterverbinden können?«
»Das weiß ich bis heute nicht, offenbar sprach dieser Mann nur Russisch.«
»Wie oft wird die Leitung überprüft?«

Der General starrte mich fassungslos an. Er war anscheinend noch nicht darauf gekommen, die Leitung regelmäßig überprüfen zu lassen.
»Man ist bemüht, es nicht zu oft zu tun«, schaltete Humphrey sich aalglatt lächelnd vermittelnd ein.
»Das könnte in Moskau leicht Panik auslösen; und Panik sollte man wohl besser vermeiden, wenn es um Atomwaffen geht, meinen Sie nicht?« Und ob ich das meinte.
Der General führte mich zu einem Fernschreiber.
»Und das ...«, sagte er bedeutungsvoll, »... ist ›er‹!«
»Ach, ja ... tatsächlich?« fragte ich.
»Ja«, sagte er.
»Ah, ja ...schön«, antwortete ich hoffnungsvoll.
»Hm«, brummte er.
Mir wurde klar, daß er mit keinem weiteren Wort andeuten würde, wovon er sprach.
»Äh ... *was* ... ist ›er‹?« fragte ich lässig, mit einem, wie ich hoffte wissenden Lächeln.
»Das ist der Auslöser, Premierminister«, murmelte Sir Humphrey.
Mir lief es kalt den Rücken runter. »Der Auslöser?«
»Ja. Der nukleare Auslöser ... der Knopf ...«
»Das hier ist, äh ...!?« Ich konnte es nicht fassen. Ungläubig starrte ich den so harmlos aussehenden Fernschreiber an.
»Indirekt gesehen, ja.« Der General konnte mir ansehen, wie aufgeregt ich war. »Das ist nur die Telexverbindung zur HMS[20] ›Northwood‹. Sie schicken ein verschlüsseltes Signal raus, und die auf dem Schiff antworten mit einem Authentifizierungssignal.«
»Damit die wissen, daß das von *Ihnen* ist«, fügte Sir Humphrey sanft erklärend hinzu.
»Haben die die Bestätigung und eine Zielangabe erhalten, gibt die ›Northwood‹ Ihren Befehl an ein Polaris-U-Boot, und die drücken aufs Knöpfchen.« Der General fand das offenbar unheimlich toll.
Das schien ja alles ganz einfach zu sein, ganz alltäglich. Ich gebe den Befehl, und die führen ihn aus. Meine trockene Zunge klebte

am Gaumen; aber das mußte ich genau wissen.
»Und das machen die wirklich ... einfach so?«
»Ja, einfach so.« General Howard war unübersehbar stolz darauf.
»Wenn ich es will?«
»Wenn Sie es wollen.«
»Aber würde denn keiner mit mir darüber ... *diskutieren* wollen?«
General Howard sah mich empört an. »Natürlich nicht. Unsere Offiziere befolgen Befehle, ohne zu fragen, Premierminister.«
Ich schluckte. »Ähm, und was, wenn ich mich mal betrinke?« fragte ich scherzhaft. Humphrey antwortete mit übertriebenem Ernst: »Letztlich wäre die Menschheit Ihnen dankbar, wenn Sie das nicht täten.«
Allmählich brach mir der Angstschweiß aus. »Oh, Mann! ... Warum immer ich!?« versuchte ich, inzwischen verkrampft scherzend, meine Souveränität zu beweisen.
»Sie wollten«, lächelte Humphrey maliziös, »diesen Job ja unbedingt haben, Premierminister.«
»Ja, aber ... ernsthaft«, fragte ich, »was würde passieren, wenn ich mal ausraste?«
»Das würde man im Kabinett vielleicht bemerken.« Sir Humphrey versuchte, mich zu beruhigen.
Aber das gelang ihm nicht. Ich glaube, man sollte sich nicht darauf verlassen, daß dem Kabinett so etwas auffallen würde. Das fängt doch schon damit an, daß die Hälfte von denen, »auch wenn man sie nicht unbedingt als ausgerastet bezeichnen kann«, vornehm ausgedrückt, nicht unbedingt über ein seelisches Gleichgewicht verfügt.
Ich mußte mehr wissen. »Angenommen, erst will ich's und dann überleg ich's mir noch mal?«
»Das macht nichts«, sagte der General glucksend, »das würde ja keiner mehr erfahren, oder!?« Alle anderen gluckten zustimmend mit.
Ich versuchte auch mitzuglucksen, aber irgendwie gelang mir das nicht. Statt dessen fragte ich, wieviel Bomben wir denn eigentlich haben.
»Vier Polaris-U-Boote«, sagte der General, »16 Raketen auf

jedem, pro Rakete drei Sprengköpfe.«
Kopfrechnen ist noch nie meine starke Seite gewesen, aber ich wollte hier nicht meinen Taschenrechner aus der Jackentasche fischen. Bernard erkannte mein Problem und sprang in die Bresche. »Einhundertundzweiundneunzig, Premierminister.« Das muß ihm vorher jemand ausgerechnet haben.
Einhundertundzweiundneunzig Atombomben!
Das ist unvorstellbar! Humphrey machte das Maß voll, indem er darauf hinwies, daß jede Bombe mindestens die fünffache Sprengkraft der Hiroshima-Bombe hat.
Alle sahen mich an und warteten darauf, daß ich was sagte. Aber ich war überwältigt von dem Schrecken und dem Wahnsinn, den mein neues Amt mit sich brachte.
Der General sah mich mitleidig und verständnisvoll an. »Ich weiß, was Sie jetzt denken«, sagte er, »Sie denken, das sind aber nicht viele.«
Das hatte ich nun ganz bestimmt nicht gedacht! Ich antwortete in scharfem Ton, daß einhundertundzweiundneunzig Atombomben mehr als genug seien. Der Ansicht schien er nicht zu sein. »Nicht, wenn zwölfhundert russische Atomraketen für einen sofortigen Gegenschlag auf Großbritannien gerichtet sind.«
Zwölfhundert? Ich hielt es für angebracht, so zu tun, als würde mich das überhaupt nicht irritieren. »Na und!?« sagte ich locker, »Großbritannien hat immer gegen eine Übermacht gekämpft, oder? Die Armada, die Schlacht um England ...«
Aber noch während ich das sagte wurde mir klar, daß der Gedanke, mutig gegen eine Übermacht zu kämpfen, in bezug auf einen Atomkrieg absolut irrelevant ist.
Aber für General Howard war das eine Gelegenheit, sich für die »Trident« stark zu machen. Er wies darauf hin, daß wir natürlich über viel mehr Feuerkraft verfügen werden, wenn wir die »Trident« kriegen. Denn dann wäre unser Abschreckungspotential ja erheblich stärker.
»Aber bis wir die kriegen«, bemerkte ich, »haben wir zum Glück noch unsere konventionellen Streitkräfte.«
Alle sahen mich etwas skeptisch an.
»Premierminister«, sagte der General starrköpfig, »mit unseren

konventionellen Streitkräften können wir die Russen höchstens zweiundsiebzig Stunden aufhalten.«
»Höchstens?«
»Höchstens.«
Der General stand mir in Hab-Acht-Stellung gegenüber. Da er Zivilkleidung trug, sah er irgendwie ein bißchen komisch aus. Auch wenn es ja eigentlich nicht zur Sache gehörte, dachte ich jetzt, ehrlich gesagt, einen Moment darüber nach, daß all diese Männer, die um mich herumstanden, unverkennbar Soldaten waren, obwohl keiner von ihnen Uniform trug. Es sei denn, man bezeichnet sackartige, schlotternde blaue Nadelstreifenanzüge als Uniform. Ich zwang mich dazu, über die entsetzlichen Folgen, die sich aus dem, was ich gerade gehört hatte, ergeben könnten, nachzudenken. »Also, wenn es zu einem russischen Angriff käme, müßte ich sofort entscheiden, nicht wahr?«
General Howard schien generell den Kopf zu schütteln und zu lächeln, wenn ich was fragte. »Nein, Premierminister. Ihnen blieben vermutlich zwölf Stunden.«
Zwölf Stunden? Für mich heißt das *sofort*. Ich fragte ihn, ob wir in dem Punkt nicht irgend etwas machen sollten.
Der General stimmte mir sofort begeistert zu. Er ist der Meinung, da sollten wir in jedem Fall etwas tun. Aber dann sagte er mir verbittert, daß die Politiker den Militärs seit dreißig Jahren erzählen, Großbritannien könnte sich konventionelle Streitkräfte zur Verteidigung des Landes nicht leisten.
Sir Humphrey, hautnah neben mir, nickte.
»Konventionelle Streitkräfte sind nun mal furchtbar teuer, Premierminister«, erklärte er mir. »Ein Knopfdruck ist viel billiger.«

24. Januar

Ich habe eine schlaflose Nacht verbracht. Mein Besuch im VM hatte mich völlig durcheinandergebracht. Andauernd gingen mir die Zahlen, die ich da gehört hatte, durch den Kopf. Ich verfüge eigentlich über ein bemerkenswertes Konzentrationsvermögen *[In diesem Falle nehmen wir an, daß Hacker das nicht ironisch gemeint hat – d.H.]*, aber heute konnte ich mich einfach nicht auf die Arbeit konzentrieren.

»Zweiundsiebzig Stunden«, hörte ich mich plötzlich während eines Gesprächs mit Bernard murmeln.

»Ähm, Premierminister?« Er versuchte, mich dazu zu bringen, wieder über unser eigentliches Thema zu sprechen. »Sind zweiundsiebzig Stunden nicht ein bißchen viel für ein Gespräch mit dem Neuseeländischen Hohen Kommissar?«

Ich nehme an, das war wieder einer seiner üblen Kalauer. Er wußte genau, daß ich über die Zeit, die den NATO-Truppen blieb, um die Russen aufzuhalten, nachdachte. Ich fragte ihn, ob wir die Amerikaner nicht überreden könnten, *ihre* konventionellen Streitkräfte zu verstärken. Bernard meinte, das würde wohl kaum etwas ändern. »Offenbar steht die US-Armee in Deutschland immer so unter Stoff, daß sie sowieso nicht weiß, wo sie hingehört. Und von den letzten NATO-Übungen wird ja erzählt, daß die GI's in die Wälder ausgeschwärmt sind und da mit weiblichen Soldaten gepicknickt haben.«

Ich fragte ihn, was mit den anderen NATO-Armeen sei. »Die kiffen nicht«, sagte er, »jedenfalls nicht an Werktagen.«

Ich bat ihn, sich etwas klarer auszudrücken.

»Die Belgier, Holländer und Dänen haben am Wochenende immer frei.«

So etwas Merkwürdiges hatte ich in meinem ganzen Leben noch nicht gehört. »Also«, spann ich den Faden mit der mir eigenen schonungslosen Logik weiter, »wenn die Russen einmarschieren, wär's uns lieber, wenn sie das zwischen Montag und Freitag tun.«

Er nickte.

[*Es wäre allerdings für die NATO-Truppen kaum ein Vorteil gewesen, wenn Warschauer-Pakt-Truppen zwischen Montag und Freitag einmarschiert wären. Die NATO-Kasernen lagen so weit hinter den vorgeschriebenen Verteidigungsstellungen, daß die Invasoren diese Stellungen auf jeden Fall als erste erreicht hätten – d.H.*]

»Ist das allgemein bekannt?« fragte ich erstaunt.

Er wußte, daß ich an die Russen dachte. Er sagte, wenn er es wüßte, würden es bestimmt auch die Russen wissen. »Der Kreml kriegt neue NATO-Verteidigungspläne, bevor die nach ›Nummer 10‹ durchsickern.«

Ich kam zu einem logischen Schluß. »Das heißt also, wir brauchen die ›Trident‹.«
»Wenn wir sie gebrauchen können«, stimmte er zu.
»Ja, wenn sie gebraucht wird«, sagte ich nachdenklich und fragte mich, ob das jemals der Fall sein würde.
»Wenn sie funktioniert«, fügte Bernhard hinzu.
Wenn sie funktioniert? Was hatte er damit gemeint?
Er erklärte es mir beiläufig. »Wenn wir neue Waffen bekommen, passen normalerweise die Sprengköpfe nicht auf die Raketen, Premierminister. So war es mit der ›Polaris‹. Aber das wissen Sie ja. Es steht ja alles in den Akten.« Er blätterte in einem Ordner rum. »Falsche Anschlüsse, Mikrochip-Pannen, Sender der Bodenstation auf einer anderen Frequenz als der Empfänger in der Rakete.« Er sah mich kleinlaut an. »Wir waren ein paar Jahre nicht imstande, die ›Polaris‹ abzufeuern. Das wird mit den Cruises-Missiles vermutlich dasselbe sein. Und mit der ›Trident‹ vielleicht auch.«
Ich erklärte ihm, daß ich das für untragbar hielte und daß wir die Firmen verklagen sollten.
Bernard schüttelte traurig den Kopf und meinte nur, das sei unmöglich, weil sich dann die Presse natürlich vor Freude überschlagen würde. Er hat natürlich recht. Aus Gründen der Sicherheit können wir die nicht verklagen. Und das wissen die Firmen.
Ich fragte ihn, ob wir nicht andere Firmen nehmen könnten. »Das machen wir doch.« Er seufzte. »Andauernd. Das Dumme ist nur, daß alle Firmen auch das wissen. Darum ist ja auch ein Torpedo nachts auf dem Golfplatz eingeschlagen.«
Ich dachte, ich hätte ihn nicht richtig verstanden. »Ein Torpedo auf einem Golfplatz!? ... Das war aber nicht im Fernsehen!«
Bernard sagte mir den Grund. »Natürlich nicht! ... Das hielt die Navy geheim. Die Klubmitglieder haben sich nur am nächsten Morgen gewundert, daß es auf der siebenten Bahn einen neuen Bunker gab.«
Ich wußte nicht, was mich mehr beunruhigte; daß die Navy das geheimgehalten hatte oder daß unsere Torpedos unbrauchbar sind. Ich fragte Bernard, warum nicht mal unsere Torpedos funktionieren. Er beruhigte mich. Offenbar funktionieren nur

die *neuen* Torpedos nicht. Alle anderen funktionieren phantastisch – die, die während des Zweiten Weltkrieges konstruiert wurden.
Aber das war vor vierzig Jahren. Warum, wollte ich wissen, funktionieren die besser als unsere modernen Waffen? Die Antwort war so naheliegend, daß ich eigentlich selbst hätte darauf kommen müssen: Die alten Torpedos sind gründlich getestet worden. Wir können es uns nicht leisten, moderne Waffen gründlich zu testen – zum einen nicht, weil das viel zu teuer wäre, und zum anderen nicht, weil ein Atomkrieg nicht lange genug dauern würde, um diese Waffen zu testen. Da ich ja jetzt als Premierminister das Recht hatte, über unsere militärischen Geheimnisse informiert zu werden, fragte ich mich, welche anderen Knallbonbons da noch im Rohr stecken würden. Ich hielt es für besser, das sofort in Erfahrung zu bringen.
»Was müßte ich über die Verteidigungsbereitschaft des United Kingdom noch wissen?« fragte ich Bernard.
»Das weiß ich nicht, Premierminister. Ich weiß nicht, was Sie nicht wissen.«
Ich glaube nicht, daß seine Antwort eine unverschämte Frechheit war, denn er gab mir noch einen sehr brauchbaren Rat. »Wenn Sie noch eine andere Meinung als die des Generals dazu hören möchten, wäre vielleicht ein Gespräch mit dem wissenschaftlichen Chefberater der Regierung von großem Nutzen. Er neigt, soweit ich weiß, zu einer grundsätzlich anderen Beurteilung des Problems als das VM.«
Ich bat Bernard, ihn sofort kommen zu lassen. Bernard zögerte. »Lieber auf einen Drink am Abend«, riet er mir. »Und es wäre besser, wenn das Kabinettsamt nichts davon erfährt. Sir Humphrey wäre überaus verärgert, für ihn ist der Chefberater ›keiner von uns‹.«
Ich informierte mich über den wissenschaftlichen Chefberater im »Who's Who«. Professor Isaac Rosenblum. DSO[21] in Arnheim. Warum sollte Humphrey kein Vertrauen zu einem Mann haben, der in Arnheim auf unserer Seite gekämpft hatte und für seine Tapferkeit von Seiner Majestät mit einem Orden ausgezeichnet worden war?

»Darf man deshalb mit österreichischem Akzent reden«, fragte Bernard, »und er war zweifellos nicht in Oxford oder Cambridge. Noch nicht einmal auf der LSE.«[22]
Eines von Bernards kleinen Witzchen. Nehme ich an.

25. Januar

Ich hatte Professor Isaac Rosenblum für heute abend auf einen Drink in meine Wohnung gebeten. Und jetzt dreht sich alles in meinem Kopf. In der Politik passiert es nicht oft, daß man einem echten Intellektuellen begegnet und sich mit ihm unterhält. Ich war früher einige Zeit Dozent für Polytechnik, und daher weiß ich, daß man auch im akademischen Leben nicht oft Gelegenheit hat, intelligente Gespräche zu führen. *[Anscheinend hielt Hacker Polytechnik für einen Bereich des akademischen Lebens – d. H.]*
Natürlich gibt es in beiden Lebensbereichen einige *wenige* Intellektuelle, aber Politiker würden es nie wagen, das zuzugeben, und Akademiker interessieren sich sowieso hauptsächlich nur für Klatsch und Tratsch.
Professor Rosenblum ist ein kleiner, drahtiger älterer Herr. Er ist Mitte Siebzig, hager, hat kluge, leuchtende Augen und einen klaren, messerscharfen Verstand. Ich kam mir vor wie ein Student im ersten Semester bei einem Tutorenkurs. Aber ich habe auf jeden Fall ein oder zwei wesentliche Dinge mitgekriegt und glaube, daß das Gespräch mit ihm von entscheidender Bedeutung für meine künftige Amtsführung und die Zukunft Großbritanniens sein wird. Es wird Veränderungen geben. *[Hacker war so aufgeregt, als er diese Passage für sein Tagebuch diktierte, daß er den Civil Service völlig vergaß – d. H.]*
Der Professor kam heute abend in »Nummer 10« vorbei, lange nachdem Humphrey nach Hause verschwunden war.[23] Ich hatte mit den Sicherheitsbeamten vereinbart, daß er durch die Hintertür reinkommen dürfte, denn vor dem Haupteingang lungert ja immer die Presse rum.
Er begann das Gespräch, indem er mich fragte, ob ich an die nukleare Abschreckung glaube.
»Ja«, sagte ich.

»Warum?« fragte er.
Ich wußte nicht, was ich antworten sollte. Ich meine, an die nukleare Abschreckung glaubt doch jeder. Ich bat ihn, die Frage noch einmal zu wiederholen.
»Warum?« fragte er nochmal.
»Weil ... sie abschreckt«, antwortete ich mit dünner Stimme.
»Wen?«
Mir ist noch nie jemand begegnet, der in so knappen Sätzen sprach. Solchen Leuten begegnet man weder in der Politik noch im akademischen Leben. Aber ich hatte nicht die leiseste Ahnung, worauf er hinauswollte.
»Wie bitte?« fragte ich.
»Wen?« fragte er nochmal. Er konnte mir ansehen, daß ich nicht verstand, was er meinte. Er erläuterte seine Frage. »Wen schreckt sie ab?«
Jetzt hatte ich kapiert; das war ja wohl klar. »Die Russen. Davon, uns anzugreifen.«
»Warum?« Da war es schon wieder, dieses irritierende verdammte kleine Wort. Warum? ... Warum *was?* Ich versuchte, Zeit zu schinden. »Wie bitte?« fragte ich.
»Warum?«
Aha, er wollte wissen, warum die Abschreckung die Russen davon abschreckt, uns anzugreifen. »Weil«, erwiderte ich selbstbewußt, »sie wissen, wenn sie angreifen, würde ich auf den Knopf drücken.«
»Würden Sie?« Das klang ein wenig erstaunt.
»Na, ja ...«, ich zögerte, »würde ich nicht?«
»Na, ja ... *würden* Sie?«
»Als letztes Mittel, ja. Auf jeden Fall.« Ich dachte nochmal darüber nach. »Ja, natürlich würde ich, glaube ich, ich glaube, daß ich sicher würde ...«
Er fragte unbarmherzig weiter. Ich mußte mir jede Antwort sorgfältig überlegen. *[Diesbezüglich war Hacker aus der Übung – d. H.]*
»Und wann würden Sie zum letzten Mittel greifen?«
»Wenn die Russen in Westeuropa einmarschieren.« Das war ja wohl eigentlich auch völlig klar.

Professor Rosenblum lächelte. »Aber Sie haben nur zwölf Stunden, um sich zu entscheiden. Das letzte Mittel ist die erste Reaktion, das meinen Sie doch, nicht wahr!?«
Was!? *Das* hatte ich gemeint? Das war ja Wahnsinn!
Der wissenschaftliche Chefberater starrte mich kritisch an. »Aber keine Angst. Dazu kommt es nicht. Was hätten die Russen von einer Annexion ganz Europas? Die haben ja nicht einmal Afghanistan in den Griff gekriegt.« Er schüttelte den Kopf.
»Nein. Wenn die etwas versuchen, dann nur mit der Salami-Taktik.«
[Salami-Taktik war die gebräuchliche Bezeichnung für ›Scheibe-für-Scheibe-Manöver‹; d.h. nicht die Besetzung des gesamten Westens auf einmal, sondern jedesmal nur die Annexion eines kleinen Gebietes. Die ersten Schritte wären in den meisten Fällen nicht die Annexion von Land, sondern kleine Vertragsbrüche, Sperrung von Verkehrswegen, undsoweiter gewesen – d.H.]
Rosenblum erhob sich. Mit einem Glas Orangensaft in der Hand lief er, sich in Begeisterung redend, in meinem Wohnzimmer auf und ab und malte verschiedene Verteidigungs-Szenarios an die Wand. In seinem ersten Beispiel ging er von Unruhen in West-Berlin aus; Gebäude in Flammen, ostdeutsche Feuerwehren überqueren die Grenze, um zu helfen. Er blieb stehen, starrte mich an und fragte, ob ich in einem solchen Fall auf den Knopf drücken würde.
Selbstverständlich konnte die Antwort nur nein sein. Rosenblum nickte. Er schien derselben Meinung zu sein. Dann fragte er mich, ob ich auf den Knopf drücken würde, wenn die ostdeutsche Polizei die Feuerwehren begleiten würde. Ich schüttelte wieder den Kopf. Wie könnte ich jemals wegen einer so belanglosen Grenzüberschreitung einen Atomkrieg anfangen?
Rosenblum lief wieder auf und ab. Ein kleines feines Lächeln spielte um seine Mundwinkel. »Angenommen die Ostdeutschen schicken ein paar *Soldaten*. Immer mehr Soldaten kommen ... sie möchten bloß die Unruhen in den Griff kriegen ... sagen sie. Und dann werden die ostdeutschen Truppen durch russische Truppen ersetzt. Drücken Sie auf den Knopf?«
Russische Truppen ersetzen ostdeutsche Truppen in West-Berlin?

Würde ich einen Atomkrieg anfangen? Ich wüßte nicht warum. Ich schüttelte wieder den Kopf.
Der wissenschaftliche Chefberater lächelte und wies dann freundlich darauf hin, das nächste »Scheiberl«[24] wäre, daß die russischen Truppen bleiben. Die würden darum »gebeten« werden zu bleiben, um die Zivilregierung zu unterstützen. Dann würde die Zivilregierung vielleicht wichtige Straßen, die Autobahnzufahrten und die Flughäfen Tegel, Tempelhof und Gatow sperren. Damit wäre West-Berlin blockiert.
[West-Berlin war eine zur Bundesrepublik Deutschland gehörende Insel; sie lag, ca. 200 km von der BRD entfernt, innerhalb der Grenzen der Deutschen Demokratischen Republik (DDR). In diesem Zusammenhang bedeutet »demokratisch« natürlich kommunistisch – d.H.] Würden Sie *jetzt* auf den Knopf drücken? Er ließ nicht locker.
Ich wußte es nicht. Ich sagte ihm, darüber müßte ich nachdenken.
»Sie haben zwölf Stunden!« sagte er barsch.
Mir brach der Angstschweiß aus. Dann fiel mir Gott sei Dank wieder ein, daß er sich das ja nur alles ausdachte, und ich beruhigte mich.
Mit einem Schulterzucken sagte er: »Sie sind immer im Dienst. Vielleicht kommt jetzt gleich ein Anruf vom NATO-Hauptquartier.«
Das Telefon klingelte! Das ging mir durch Mark und Bein.
Bernard raste durchs Zimmer und ging ran. »Hallo!? ... Ja?« Er drehte sich zu mir um. »Das NATO-Hauptquartier, Premierminister.«
Wurde jetzt ein Alptraum wahr? Dann sprach Bernard weiter. »Können Sie während der Jahreskonferenz im Mai eine Rede halten?«
Das wollte ich eigentlich ... aber jetzt war ich nicht mehr so sicher. Ich versuchte zu antworten, brachte aber keinen Ton heraus.
»Ja«, sagte Bernard ins Telefon und legte auf.
Professor Rosenblum wandte sich wieder an mich. »Also«, begann er, »Szenario zwei. Die russische Armee hat bei Manövern ›versehentlich mit Absicht‹ die westdeutsche Grenze überschrit-

ten ... greifen Sie jetzt zum letzten Mittel?«
»Nein«, erwiderte ich. Das schien mir noch kein ausreichender Grund zu sein.
»Wie Sie meinen«, fuhr er mit großer Begeisterung fort, »Szenario drei. Nehmen wir an, die Russen sind in West-Deutschland einmarschiert und haben auch Belgien, Holland und Frankreich besetzt; ihre Truppen und Panzer stehen am Kanal; *angriffsbereit* für eine Invasion. Greifen Sie jetzt zum *letzten* Mittel?«
Ich ging sofort in die Defensive und betrieb Obstruktionspolitik.
»Nein.«
»Warum nicht?« fragt er bohrend.
»Warum nicht?« Ich war völlig ratlos. Ich versuchte zu begreifen, welchen Sinn das alles hatte und bemühte mich, eine Antwort für mein »Nein« zu finden. »Weil«, ich suchte nach den passenden Worten, »weil ... wir würden einen Atomkrieg nur führen, um uns zu verteidigen; würden wir uns verteidigen, indem wir Selbstmord begehen?«
»Also, wann greifen Sie denn nun zum letzten Mittel?« lächelte der kleine alte Professor. Er zuckte wieder mit den Schultern, setzte sich in den spießigen Chintz-Sessel am Kamin und lehnte sich gemütlich zurück. »Warten Sie, bis die Russen am Piccadilly stehen? Im Buckingham Palast Balalaika spielen oder den Big Ben rot streichen?«
Ich starrte ihn an und versuchte, meine Gedanken zu ordnen. »So wie Sie das alles darstellen«, sagte ich tonlos, »ist die nukleare Abschreckung sinnlos. Wollten Sie das damit sagen?«
Professor Rosenblum schüttelte den Kopf. »Nein ... das wollte ich nicht damit sagen. Haben entweder die Russen oder die Amerikaner die Bombe, braucht ihr Opponent sie auch. Und die ›Polaris‹ könnten wir ja für alle Fälle behalten.«
Mir war immer noch nicht klar, welchen Vorschlag er mir eigentlich machen wollte.
Aber das erklärte er mir sofort in allen Einzelheiten. »Streichen Sie die ›Trident‹. Geben Sie die gesparten fünfzehn Milliarden Pfund für die konventionelle Streitmacht aus. Sie würden sowieso nicht aufs Knöpfchen drücken, nicht wahr!?«

»Vielleicht«, sagte ich vorsichtig, »wenn mir keine andere Wahl bleibt.«
Er seufzte. »Aber das haben wir doch eben alles durchgekaut! Die bringen Sie niemals in eine Situation, wo Sie keine andere Wahl mehr haben. Die halten an ihrer ›Salami-Taktik‹ fest, vergessen Sie das nicht, Premierminister.«
»Gut«, ich atmete tief durch, »nehmen wir an, wir streichen die ›Trident‹, und die fünfzehn Milliarden Pfund gehen an die konventionellen Streitkräfte. Wofür geben wir die aus? ... für Panzer?«
»Nein. Die Milliarden nehmen wir für ›ET‹.«
Was, zum Teufel, meinte er damit? Für Außerirdische?
Er konnte mir ansehen, daß ich ins Grübeln kam, und lächelte. »ET steht für ›Entwicklungswürdige Technologien‹. Flugkörper, die denken. Zielsuchsysteme. Infrarot.«
»Und wer bedient diese, äh ... ›ET's‹?«
»Eine *große* konventionelle Armee.«
Und dann hatte ich den Einfall meines Lebens! Mir war urplötzlich klar, was ich tun mußte. Ich wußte, wie ich alles unter einen Hut bringen konnte. Es ist unglaublich einfach, aber *absolut durchführbar.* Als erstes streichen wir die »Trident«. Wir kaufen auch keine Marschflugkörper mehr. Zweitens: Wir führen die Wehrpflicht wieder ein. Wir lösen nicht nur unsere Verteidigungsprobleme, indem wir uns eine große konventionelle Streitmacht zulegen, damit sind auch unsere Arbeitslosenprobleme vom Tisch! Phantastisch! Ich erklärte den beiden, was mir eingefallen war, aber Bernard versuchte Unruhe zu stiften. »Wäre das Einführen der Wehrpflicht nicht eine sehr mutige Politik?«
Bernard hatte natürlich wieder mal nicht recht. Das Wiedereinführen der Wehrpflicht wäre in einer Zeit der Vollbeschäftigung sicher eine überaus mutige Politik ... aber jetzt geben wir jungen, arbeitslosen Mitbürgern eine Aufgabe.

Abgesehen davon bringt das noch andere Vorteile mit sich. Die jungen Menschen werden bei uns Fachkenntnisse erwerben und lernen womöglich auch lesen. Die Army hat noch nie Analphabeten entlassen. Wir könnten sie vielleicht auch an Wasser und Seife gewöhnen. Ja, wir bilden junge Mitbürger umfassend

aus, als Wiedergutmachung für die Gesamtschulerziehung.
Die ganze Geschichte werden wir »Dienst für die Nation« nennen, so wie das immer gemacht wurde – dann werden auch alle anderen Bürger daran erinnert, daß die jungen Menschen ihren Dienst für die Allgemeinheit versehen.
Das ist eine fabelhafte Politik. Ein NEW DEAL[25] für Großbritannien. Ich nenne sie meinen »Großen Plan«. »Hackers Großen Plan«. Ich habe mir schon Notizen für meine Rede im Unterhaus gemacht, in der ich mein Konzept skizzierend erläutern werde: »Ab und an im Verlaufe der Geschichte unserer Insel obliegt es *einem* Mann, all seine Mitbürger aus dem Tal des Schattens in die sonnigen Gefilde von Frieden und Wohlstand zu führen.«
Ich frage mich ehrlich, warum ich erst heute abend darauf gekommen bin.
[Einer der Gründe mag vielleicht sein, daß Hacker Professor Rosenblum erst an diesem Abend kennengelernt hatte – d.H.]

26. Januar

In Großbritannien muß sich wirklich endlich mal was ändern, und ich bin der Mann, der dafür sorgen wird, daß sich hier was ändert. *[Offenbar schien Hacker nach einer einzigen Woche als Premierminister bereits ein wenig die Beziehung zur Realität verloren zu haben– d.H.]*
Heute vormittag ging es unheimlich rund. Erst gab es eine Sitzung des Kabinettsausschusses, und dann ging es um die Ernennung einiger Minister und Junior-Minister[26], die ich in mein Kabinett übernommen habe. Dann ging ich zum Essen nach oben in meine Wohnung.
Aber da gab es nichts zu essen. Als ich reinkam, zog sich Annie gerade ihren Regenmantel an. Und abgesehen davon war sie auch nicht unbedingt guter Laune. Obwohl ich sie mit höchstens gelinder Überraschung sanft fragte, ob sie irgendwo hinwollte, antwortete sie hektisch-überheblich, sie müßte sofort zur Sitzung des Wohltätigkeitsvereins. Ich werde wohl nie erfahren, was das für ein Verein ist und was sie da macht, und warum sie das macht.
Ich fragte sie, ob ich vielleicht trotzdem ein paar Rühreier oder

sowas Ähnliches haben könnte und fügte vorsichtshalber hinzu, daß ich so gut wie alles essen würde, wenn ich nur etwas zu essen bekäme. Obwohl ich sie sehr lieb dabei anschaute, antwortete sie frostig: »Ich glaube, im Kühlschrank sind ein paar Eier.«
Ich traute meinen Ohren nicht. Sie wollte mich zum Kochen zwingen. Ich meine, ich bin wirklich kein männlicher Chauvinist oder sowas, aber ich bin Premierminister, und ich habe wirklich wichtigere Dinge am Hals. Und als Politiker kommt es für mich eigentlich nicht in Frage, mit all diesen Downing-Street-Beamten in der Kabinetts-Kantine[27] zu essen.
Eigentlich hat sie ja recht. Wir hatten vereinbart, daß sie, wenn ich Premierminister werden würde und wir in »Nummer 10« einziehen müßten, ihre Arbeit weitermachen darf. Sie hatte energisch dagegen protestiert, daß wir hier einziehen, und jetzt begreife ich allmählich warum. Hier gibt es so gut wie keine Privatsphäre. Wir diskutierten gerade das Rührei-Problem, und ich sagte ihr behutsam, daß ich es gar nicht komisch finde, ihre Rolle zu übernehmen und in einer Küchenschürze selbst die Pfanne zu schwenken, als es an der offenen Tür klopfte und eine junge Bürobotin vom Außenministerium mit einem roten Aktenkoffer hereinmarschierte.
»Ich bringe Ihnen wichtige Dokumente vom Außenministerium, Premierminister«, sagte sie.
Annie hatte die Nase gestrichen voll. »Na bitte, da hast du's, verstehst du jetzt, was ich meine!?« beschwerte sie sich.
»Es ist schon schlimm genug, wie in einem Goldfischglas zu leben, aber abgesehen davon habe ich ja noch nicht mal die Möglichkeit, hier rauszugehen und das zu tun, was ich gerne möchte. Jedesmal, wenn ich ein Brot holen will, muß ich in der Eingangshalle an einem Haufen Büroboten, Beamten, Pförtnern und Polizisten vorbei. Und auf der Straße lauern dann ein Dutzend Journalisten, mindestens ein Fernsehteam und fünfzig glubschäugige Touristen auf mich. Es gibt für mich absolut keine Privatsphäre mehr!«
Ich wies darauf hin, daß es ja auch eine Hintertür gibt. Sie ist der Meinung, es macht keinen wesentlichen Unterschied, welche Tür wir benutzen. Aber hier oben in der Wohnung können wir

doch ein völlig ungestörtes Privatleben genießen. Oder ein so gut wie ungestörtes Privatleben. Na ja ... ein bißchen Privatleben, ehrlich gesagt.
»Wir können nicht mehr das Leben leben, das wir leben wollen.« Gnadenlos untemauerte sie ihr Argument. »Oder hältst du das etwa für normal, daß dich heute nacht um zwei, als wir im Bett lagen, der Präsident aus dem Weißen Haus angerufen hat!?«
Ich gab ihr die läppische Antwort, daß es ja da in Washington erst neun Uhr vormittags war, was, das gebe ich zu, von ihrer Warte aus gesehen kaum einen Unterschied machen dürfte. Ich wollte ihr gerade klarmachen, daß es ein sehr wichtiges Telefongespräch war, weil der Präsident mit mir über meinen bevorstehenden Besuch in Washington sprechen wollte, als es wieder klopfte und ein Sicherheitsbeamter mit hängender Zunge hereinstürmte, irgend etwas von »Bombendrohung« hechelte und sofort anfing, die Wohnung zu durchsuchen.
Annie sah mich triumphierend an und fragte: »Privatsphäre!?«
In diesem Fall hatte sie meiner Meinung nach nun aber wirklich unrecht. Es sollte ihr eigentlich lieber sein, die Wohnung durchsuchen zu lassen, als in die Luft zu fliegen. Ich sagte ihr, wenn sie ungestört sein wollte, könnte sie doch jederzeit in den Garten runtergehen. Da hatte ich bis jetzt nämlich noch nie jemanden gesehen.
»Das habe ich doch versucht«, antwortete sie höhnisch. »Da hängen immer aus den Fenstern von ›Nummer 10‹, ›Nummer 11‹, ›Nummer 12‹ und dem Kabinettsamt mindestens sechzig Leute und starren einen an. Das ist, als würde man in einem Gefängnishof exerzieren und von den Gefangenen und Wärtern beobachtet werden. Und für das Haus müssen wir auch noch Miete bezahlen. Die müßten uns was zahlen.«
Ich muß zugeben, daß ich mich wegen der Miete genauso ärgere wie sie. Ich hätte gedacht – nein, ich *dachte* – daß man uns, in Anbetracht der großen persönlichen Opfer, die unsereiner im Dienst der Nation bringt, die Wohnung, in der wir leben müssen, umsonst überlassen würde. *[Viele Nicht-Politiker betrachten das Erringen der größten politischen Macht im Lande und das damit verbundene Recht der Ämtervergabe nicht unbedingt als »großes*

persönliches Opfer«. Und viele werden sich fragen, warum Hacker, im Vollbesitz der Macht, der Meinung war, daß er ein Recht darauf hatte, mietfrei zu wohnen – d. H.]

Der Sicherheitsbeamte hatte keine Bombe gefunden und verschwand wieder. Ich sagte zu Annie: »Liebling, das ist doch eigentlich eine hübsche Wohnung, in der man wirklich leben kann, denn trotz allem ist es hier absolut ruhig.« So etwas Idiotisches hätte ich lieber nicht sagen sollen, denn in diesem Moment fing direkt unter dem Fenster diese verdammte Blaskapelle der Gardekavallerie an, ins Blech zu blasen.

Sie knurrte mich wütend an. »Diese sogenannte ›Musik‹ ertrage ich schon seit heute früh um acht.« Ja, das stimmt, aber das ist nun mal die berühmte Gardekavallerie – und irgendwo müssen die ja schließlich üben. Zugegebenermaßen habe ich natürlich Glück, denn ich stehe jeden Morgen spätestens um sieben unter der Dusche.

Ich versuchte sie zu beruhigen. »Liebling, sieh doch bitte ein, daß eine Laufbahn im Dienst der Öffentlichkeit Opfer erfordert.«

Sie knöpfte ihren Regenmantel zu. »Schön. Ich habe meinen Schlaf geopfert, opfer du dein Mittagessen.« Und damit war sie davongerauscht.

Ich lief ihr nach. »Was hast du denn zu Mittag gegessen?« rief ich die Treppe hinunter.

»Eine halbe Mohrrübe.«

Seufzend ging ich in die Küche und suchte die andere Hälfte der Mohrrübe. Ich fand sie nicht. Im Kühlschrank stand tatsächlich ein Eierkarton, aber aus Prinzip weigerte ich mich, den auch nur eines Blickes zu würdigen. Mit knurrendem Magen ging ich wieder runter in mein Arbeitszimmer und ließ Bernard antanzen.

»Wollen wir mit der Außenpolitik beginnen?« fragte er.

»Die können Sie sich an den Hut stecken«, antwortete ich, »ich brauch 'ne Köchin.«

Bernard versprach mir beiläufig, daß man sich darum kümmern würde und bat Malcolm Warren, den Pressesprecher in »Nummer 10«, herein. Malcolm ist ein großer, bärtiger, rauher, aber herzlicher Typ aus Yorkshire. Er ist zwar ein Karriere-Beamter, verfügt aber trotzdem über eine gesunde Beziehung zur Realität. Obwohl mein Vorgänger in »Nummer 10« ihn ernannt hat, habe ich ihn behalten, weil er die Parlaments-Lobby-Journalisten und den gesamten Whitehall-Public-Relations-Apparat absolut im Griff hat.

Ich bat ihn, sich kurz zu fassen, weil ich den Kabinettsstaatssekretär zu einem wichtigen Besuch erwartete.

»Gut, Premierminister«, sagte er. »Erstens: Ihr offizieller Besuch in Washington. Doch das ist, glaube ich, nicht so wichtig, Premierminister.«

Na, und ob das wichtig ist! Da werde ich nämlich auf dem Rasen vor dem Weißen Haus stehen; mit dem Präsidenten der Vereinigten Staaten von Amerika! Die Nationalhymnen werden gespielt. Da werden Fotos von zwei harmonisierenden führenden Staatsmännern gemacht. Er wird zur ganzen Welt über unsere guten Beziehungen sprechen, über unsere Entschlossenheit und Einmütigkeit. Er wird vermutlich auch ein paar Worte über meinen Mut und über meine Weisheit und meine Staatskunst verlieren. Und es ist ungeheuer wichtig, daß darüber hier in Großbritannien umfassend berichtet wird. Diese Art von Publicity ist wichtig für Großbritannien. *[Hacker meinte natürlich »wichtig für ihn« – d.H.]* Wichtig für unser Prestige. *[für sein Prestige – d.H.]* Wichtig für unseren Platz in der Rangfolge der Nationen dieser Welt. *[für seinen Platz in den Geschichtsbüchern – d.H.]*

»Ja Premierminister, ich verstehe«, meinte Malcolm verständnisvoll lächelnd.

Ich schickte ihn wieder weg und bat Bernard, Humphrey zu mir hereinzubitten.

»Ich habe nachgedacht«, eröffnete ich Humphrey.

»Gut«, sagte er ermutigend.

»Ich bin jetzt seit einer Woche Premierminister«, stellte ich fest.

»Und ein sehr guter Premierminister, wenn ich das, bitte, bemerken darf.«

Das freute mich. Es ist immer schön, wenn man die Anerkennung seiner Kollegen findet, ganz besonders dann, wenn es sich um so knallharte Typen wie Humphrey handelt. Ich ließ ihn wissen, daß ich nicht auf Komplimente aus sei. Aber bis jetzt ist ja

wirklich alles sehr gut gelaufen, und ich freute mich darüber, daß ihm das auch aufgefallen war.
Ich sagte ihm, daß wir oben für die Wohnung eine Köchin und Haushälterin brauchen.
Er schlug mir vor, zu inserieren. Der hatte überhaupt nicht kapiert, worum es ging. Ich machte ihm klar, daß wir an eine vom Staat bezahlte Köchin und Haushälterin dachten.
Humphrey, wie nach meinem Gespräch mit Bernard nicht anders zu erwarten, erwies sich als nicht unbedingt hilfreich. Er sagte, es könnte problematisch sein, eine vom Staat bezahlte Köchin und Haushälterin einzustellen, denn meine Wohnung in »Nummer 10« sei eine Privatwohnung und befände sich nur zufällig in einem Regierungsgebäude.
Ich wies ihn darauf hin, daß ich da nur zufällig wohnen muß. Und darüber hinaus – Überraschung, Überraschung! – auch zufällig essen muß. »Ich halte es nicht für unzumutbar, um jemanden nachzusuchen, der für mich kocht.«
»Nein, unzumutbar wäre das nicht. Aber es ist unmöglich«, sagte Humphrey kategorisch.
Ich habe noch nie etwas so Lächerliches gehört. Humphrey zufolge hatte ich die Macht, die Menschheit zu vernichten, aber nicht die Macht, um Rührei zu bitten. *[Es stand natürlich überhaupt nicht zur Debatte, ob Hacker die Macht hatte um Rührei zu bitten – d. H.]*
Ich ging diesem Unsinn ein wenig tiefer auf den Grund und zog den einzig logischen Schluß. »Angenommen, ich würde den deutschen Botschafter zum Essen einladen!?« fragte ich.

»Dagegen wäre nichts einzuwenden«, entgegnete Humphrey reflektierend. »Offizielle Verpflichtung. In den Rahmen regierungsamtlicher Gastfreundschaft sich einpassende Bewirtungen dieser Art beinhalten – erfreulicherweise – fünf Gänge, drei Weine und Brandy. Kein Problem.«
Das hieß also, daß ein Mittagessen mit dem deutschen Botschafter als »regierungsamtlich« eingestuft wurde, mein Mittagessen aber nicht. Und das gilt natürlich nicht nur für den deutschen Botschafter – das gilt für *alle* Botschafter.
Ich hatte eine Idee und bat Bernard, meinen Terminkalender zur

Hand zu nehmen. Ich trug ihm auf, folgende Verabredungen zum Mittagessen für mich zu vereinbaren: am Montag mit dem deutschen Botschafter, am Dienstag mit dem französischen Botschafter und am Mittwoch mit dem amerikanischen Botschafter. Darüber hinaus, ich mußte ja auch an das Commonwealth denken, würde ich am Donnerstag gern mit dem Hohen Kommissar von Neuseeland zu Mittag essen. »Bernard, wieviel Länder sind in der UNO?«

Er antwortete natürlich wie aus der Pistole geschossen. »Einhundertundachtundfünfzig.«

»Gut«, sagte ich mit überlegenem Lächeln zu Humphrey, »bis ich die alle durch habe, sind sechs Monate um. Und dann fang ich wieder von vorn an.«

Bernard blätterte wie ein Wilder in meinem Terminkalender. »Premierminister, Sie haben aber nicht soviel Zeit, um jeden Tag mit einem Botschafter zu Mittag zu essen. Hin und wieder müssen Sie andere offizielle Essen wahrnehmen.«

»Das ist ja fabelhaft«, erwiderte ich. »Um so besser. Dann nehmen wir die Botschafter nur für die Tage, an denen ich nicht mit anderen Leuten essen muß.«

Humphrey sah mich mit besorgter Miene an und bemerkte, daß das Außenministerium diese meine Absicht eventuell kommentieren würde. *[Das wäre zweifellos der Fall gewesen. In diplomatischen Kreisen ging man schon immer davon aus, daß ein Essen mit dem Premier und einem Botschafter zwei Jahre sensibelster Diplomatie zunichte macht. Das Außenministerium hätte wohl kaum Mittagessen dieser Art befürwortet – d.H.]*

Es interessierte mich überhaupt nicht, was das Außenministerium dazu sagen würde. »Es ist doch wirklich absurd, daß es hier niemanden gibt, der mich und meine Familie verpflegt.«

Humphrey wollte nicht einsehen, daß das absolut absurd ist. Aber wie hätte er das auch jemals einsehen können!? Der kriegt sein Mittagessen doch immer in der Kabinettskantine. »Premierminister, so wird das seit zweieinhalb Jahrhunderten gehandhabt.«

»Ach, ist das das zwingende Argument?« fragte ich unnachgiebig. »Das war es zweieinhalb Jahrhunderte.«

Bernard, wie lieb von ihm, schaltete sich auf zwanghaft-pedantische Art und Weise in unser Gespräch ein. »Ähm ... mit Verlaub, Sir Humphrey«, begann er respektlos, »das kann aber nicht zweieinhalb Jahrhunderte das zwingende Argument sein, denn vor einem halben Jahrhundert ist es erst zwei Jahrhunderte das zwingende Argument gewesen und vor einem Jahrhundert erst anderthalb Jahrhun ...«

Humphrey starrte ihn feindselig an und brachte ihn mit seinen böse funkelnden Augen mitten im Satz zum Schweigen. Aber Bernards Logik war ja auch wie immer sowohl überzeugend als auch belanglos.

Bernard schmorte im eigenen Saft, aber ich lenkte Humphreys böse Blicke sofort von meinem Ersten Persönlichen Referenten auf mich, indem ich sagte: »Humphrey, was Sie da sagen, überzeugt mich nicht. Ich will eine Köchin haben, und Sie sorgen dafür, daß sie bezahlt wird.«

Humphrey sah mich mit versteinertem Gesicht an. Störrisch wie ein alter Esel sagte er: »Ich möchte es mal so formulieren: Wollen Sie wirklich, daß die Presse verkündet, Sie haben sich als Premierminister als erstes eine effektive Gehaltserhöhung von jährlich zehntausend Pfund bewilligt?«

Darauf wäre ich nie gekommen. Das mußten wir der Presse doch nicht unter die Nase reiben. Kein Mensch würde je davon erfahren.

Humphrey konnte mir offenbar ansehen, was ich dachte. »Übrigens, die Presse müßten wir in jedem Fall informieren. Da haben wir keine andere Wahl. Die Premierminister-Gehälter und -Spesen muß man veröffentlichen.«

»Können wir es denen wirklich nicht ... verheimlichen?« fragte ich hoffnungsvoll.

»Bürgernahe Politik‹, Premierminister. ›Informationsfreiheit‹. Wir sollten unserer Presse frank und frei alles sagen, was die leicht auch woanders in Erfahrung bringen können.«

Ich kann mir einfach nicht vorstellen, daß es keine Möglichkeit gibt, um dieses Problem zu lösen. Aber es hatte keinen Sinn, heute noch länger darüber zu diskutieren.

Humphrey geht nun mal leider davon aus, daß seit zweihundertundfünfzig Jahren, seit »Nummer 10« die offizielle Residenz der Premierminister ist, keine Lösung für dieses Problem gefunden werden konnte. Und deshalb wird es auch, der Civil Service-Argumentation entsprechend, nie eine Lösung geben.

Humphrey wechselte das Thema. »Premierminister, Sie sagten eben, Sie hätten nachgedacht.«

»Ja, Humphrey«, erwiderte ich. »Wir sind uns einig, daß in Großbritannien alles fabelhaft läuft, seit ich Premierminister bin. Also, habe ich mich gefragt: ›Was kann ich tun, um weiterhin so erfolgreich zu sein!?‹«

Humphrey starrte mich optimistisch an. »Wollen Sie vielleicht ... bravourös inaktiv sein?«

Lächerlich! Aber das nahm ich ihm nicht übel. »Nein, Humphrey, ein Premierminister muß stark sein.«

»Aber natürlich«, stimmte er mir zu, »wie wäre es mit ›stark-bravouröser Inaktivität‹?«

Ich habe es wirklich fertiggebracht, nett zu bleiben – denn letzten Endes sitze ich ja jetzt im Chefsessel.

»Nein«, lächelte ich, »ich werde ein aktiver Premier sein.«

»Wie schön«, sagte Sir Humphrey.

»Und ich bin zu allem entschlossen«, fuhr ich fort.

»Ja, aber natürlich«, stimmte Sir Humphrey mir zu.

»Und mir wird zu allem und jedem etwas Neues einfallen«, fügte ich provozierend hinzu.

»Diesbezüglich bin ich, gelinde gesagt, nicht unbedingt absolut Ihrer Meinung.« Natürlich nicht! Das war ja auch nicht anders zu erwarten!

»Und vor allem«, kam ich zum Schluß, »muß ich Führungsqualitäten beweisen.«

»Führungsqualitäten.« Er strahlte mich unmißverständlich ermutigend an. »Vor allem Führungsqualitäten.«

»Und da ich der Premierminister bin, habe ich die Macht, alles durchzusetzen, was ich durchsetzen will, oder!?«

»Ja, natürlich, Premierminister, Sie sind der Premierminister, und ganz gleich, wohin Sie uns auch führen mögen, wir werden Ihnen gehorsam folgen.«

Also erläuterte ich ihm meine neue Politik. Meinen »Großen

Plan«. »Ich habe beschlossen, die ›Trident‹ zu streichen, gebe die fünfzehn Milliarden Pfund an die konventionelle Streitmacht und an ›ET‹[28], führe die Wehrpflicht wieder ein und löse damit auf einen Schlag unsere Verteidigungs-, Zahlungsbilanz-, Bildungs- und Arbeitslosenprobleme.«

Er starrte mich mit offenem Mund an. Verstohlen beobachtete ich Bernard, der seinen alten Chef mit wachsendem Interesse neugierig musterte.

Ich wartete auf Humphreys Antwort. Aber der schwieg grimmig vor sich hin. Das war ja auch kein Wunder! In sich zusammengesunken, saß er wie erschlagen vor meinem Schreibtisch. Ich gab ihm ein paar Sekunden, um sich wieder in den Griff zu kriegen und dann, als mich die Warterei auf eine Antwort anödete, bat ich ihn, dazu etwas zu sagen.

»Ich ... äh ... wo kommt diese Idee denn eigentlich her?« Das war – natürlich – keine Antwort, sondern eine wenig schmeichelhafte Frage. Ich erinnerte ihn daran, daß ich nachgedacht hatte.

»Aber das können Sie doch nicht tun!« sagte er verzweifelt. Im ersten Moment dachte ich, damit hätte er gemeint, daß ich nicht denken darf. Oder nicht denken müßte. Aber dann sprach er weiter und sagte, daß das, was ich politisch durchzusetzen entschlossen war, in höchstem Maße revolutionär und eine beispiellose Neuerung sei.

Jetzt wurde es ernst, er hatte mir den Fehdehandschuh hingeworfen! Denn damit wollte er sagen, ich dürfte meine neue Politik nicht verfolgen. Ich bin der Ansicht, es steht ihm nicht zu, so etwas zu äußern.

Aber da ist er offenbar gegenteiliger Meinung.

»Premierminister, Sie können doch die gesamte Verteidigung des Königreichs nicht einfach über Nacht umorganisieren!«

Ich antwortete schlicht und einfach: »Ich bin der Premierminister.« Abgesehen davon hatte er mir ja gerade gesagt, er würde mir gehorsam folgen. Und er hatte zugestimmt, daß ich zu allem entschlossen sein sollte; und, daß ich Führungsqualitäten beweisen müßte. Warum jammerte er mir also die Ohren voll?

[Wahrscheinlich erwartete Sir Humphrey von Hacker, daß er nur dann zu allem entschlossen sein sollte, wenn er Entscheidungen traf,

die Sir Humphrey gebilligt hatte; und Führungsqualitäten nur in dem von Sir Humphrey gebilligten Rahmen beweisen würde – d.H.]

»Abgesehen davon«, fügte ich hinzu, »habe ich die Macht.« Das gefiel ihm nun gar nicht. »Ja ... im Rahmen des Gesetzes und der Verfassung, unter Einschränkung durch administrative Präjudiz; auf der Basis des Budgets und durch Beschlüsse des Kabinetts. Wie denken Ihre Kabinettskollegen darüber?«

Ich mußte gezwungenermaßen zugeben, daß ich die noch nicht informiert hatte. Aber ich weiß, die werden dafür sein. Die werden für alles sein, womit man die Arbeitslosigkeit abbauen kann. Aus diesem Grund würde die Hälfte von ihnen sogar Inflation in Kauf nehmen. Und ich weiß auch, daß das Kabinett sich vor Freude überschlagen wird, wenn zusätzliche fünfzehn Milliarden Pfund in bar, die für die »Trident« vorgesehen waren, für andere öffentliche Ausgaben zur Verfügung stehen. Aber wie immer dem auch sei, ich bin der Premierminister. Welche Rolle spielt es da noch, was die denken?

»Ich entscheide, wer in meinem Kabinett Minister wird«, erklärte ich ruhig.

Humphrey lächelte unterkühlt. »Ich bin sicher, Sie meinen wirklich ›Minister‹ und nicht bloß ›Ministrant‹.«

Hätte *ich* ein so bemühtes Witzchen von mir gegeben, hätte er bestimmt wieder herablassend »überaus amüsant« kommentiert. Ich blieb ernst. Ich sagte kein Wort mehr. Ich wartete nur darauf, daß er kapitulieren würde. Leider sagte er auch kein Wort mehr.

»Humphrey, Sie sind ja so still, warum schweigen Sie denn!?«

»Sie haben mir auch ausreichend Grund zum Schweigen gegeben.«

»Wenn ich Sie recht verstehe, wollen Sie damit sagen, wir sollten die ›Trident‹ behalten!?«

Darauf bekam ich natürlich von ihm eine seiner üblichen nichtssagenden Antworten. »Es steht mir nicht zu, das zum Ausdruck zu bringen, Premierminister.« Natürlich nicht! Er ist nur Beamter.

»Gut«, stimmte ich ihm edelmütig zu, »dann sind wir uns ja einig.«

Humphrey ließ nicht locker. »Aber wenn Sie mich schon nach meiner Meinung fragen ...«
Ich genoß es, ihn sich winden zu sehen. »Ja, weiter.«
»Ja«, sagte er verbissen, »ich bin der Ansicht, wir sollten sie behalten.«
Ich sagte ihm, ich wüßte nicht warum. Humphrey, meiner Argumentation nicht gewachsen, fragte, ob ich die Absicht hätte, statt dessen Cruisses Missiles zu kaufen.
Ich antwortete ihm, meine neue Politik würde beinhalten, daß das United Kingdom keine Atomwaffen mehr anschafft.
Er wurde blaß und blässer. »Aber Premierminister ..., Sie sind doch nicht heimlich für einseitige Abrüstung, oder!?«
Ich machte ihm klar, daß ich weder heimlich noch sonstwie dafür bin, daß wir ja immer noch die »Polaris« haben und daß ich nicht vorhabe, die abzuschaffen.
Er wurde ein bißchen ruhiger. Zumindest (seiner Meinung nach) war ich kein Sicherheitsrisiko, sondern nur ein armer Tropf. Er versuchte, mir einzureden, daß die »Polaris« für Großbritannien nicht gut genug und ein unbrauchbares Ur-Alt-System sei. Aber »Trident« ist fabelhaft! Schneller, mehr Sprengköpfe, modernste Zielsuchelektronik. Humphrey zufolge ist die »Trident« so gut wie nicht abzufangen, es wäre für Moskau aber andererseits kein Problem, ein Kombinationsabwehrsystem zu entwickeln, das unsere »Polaris« abfangen könnte.
»Bis wann?« fragte ich.
»Strategisch gesehen natürlich jederzeit.«
Ich erkenne auf Anhieb, wenn jemand versucht, mir eine ausweichende Antwort zu geben. *[Vor allem deshalb, weil Hacker das Formulieren von ausweichenden Antworten selbst meisterhaft beherrschte – d. H.]* Ich fragte ihn, bis zu welchem Jahr, präzise, die Russen das schaffen könnten.
»Na ja ... 2020.« Ich lächelte. »Aber das ist schneller, als Sie denken«, fügte er hastig hinzu.
»Heißt das, dieses Abwehrsystem würde sämtliche einhundertundzweiundneunzig ›Polaris‹ abfangen können?«
»Nicht alle, nein. Aber praktisch alle ... siebenundneunzig Prozent.«

Ich griff zu meinem Taschenrechner und hatte im Handumdrehen ein neues Argument. Ich sah ihn siegesgewiß an. »Dann bleiben immer noch Fünf-Komma-Sieben-Sechs Bomben, die ihr Ziel erreichen.«
Humphrey triumphierte. »Ja, genau ... nicht mal sechs würden durchkommen.«
»Das reicht«, machte ich ihm liebenswürdig klar, »zum Zerstören von Moskau, Leningrad und Minsk.«
»Ja«, grinste er spöttisch, »das wär's aber auch schon.«
Ich war nicht sicher, ob ich ihn richtig verstanden hatte. »Ich dachte, das würde reichen, damit die Russen aufhören und mal anfangen, nachzudenken.«
Humphreys Begeisterung für die »Trident« kannte keine Grenzen. »Das ist doch nicht fair! ... Verstehen Sie denn nicht, Premierminister ... wenn wir die ›Trident‹ haben, können wir ganz Osteuropa auslöschen!«
Ich will Osteuropa aber nicht auslöschen. Das sagte ich ihm. Er nickte ärgerlich. Das wußte er. Seiner Meinung nach begriff ich nicht, worum es ging. »Wir brauchen ein wirksames Abschrekkungsmittel, Premierminister.«
»Aber die ›Trident‹ ist doch nur ein Bluff«, antwortete ich, »ich setz' sie vermutlich nie ein.«
»Aber die wissen nicht, daß Sie's vermutlich nicht täten«, argumentierte er.
»Vermutlich doch«, entgegnete ich.
Gezwungenermaßen mußte er mir zustimmen. »Ja ... die wissen vermutlich, daß Sie's vermutlich nicht täten, doch können sie's gewiß nicht genau wissen.«
Damit hat er eigentlich recht. Aber die müssen es ja nicht mit Gewißheit wissen. »Sie wissen vermutlich genau, daß ich's vermutlich nicht täte«, wiederholte ich.
»Ja«, stimmte er mir zu, »doch, obwohl die vermutlich genau wissen, daß Sie's vermutlich nicht täten, wissen die gewiß nicht *genau*, daß, obwohl Sie's vermutlich nicht täten, nicht vermutet werden kann, daß Sie's *gewiß* nicht täten.«
Bernard machte sich gewissenhaft Notizen. Er kann zum Glück Steno, und so konnte er das Gespräch am Nachmittag rekonstru-

ieren und für mich abtippen lassen.
Humphrey mußte einsehen, daß er mit seinem Abschreckungs-Argument bei mir nicht landen konnte. Also versuchte er mich zu überreden, »Trident« zu behalten, indem er anfing mir zu schmeicheln und an meine Eitelkeit zu appellieren. Ich weiß wirklich nicht, warum er glaubte, daß er damit bei mir Erfolg haben könnte!
»Sehen Sie, Premierminister, zusammengefaßt läuft das doch alles auf eine ganz simple Frage hinaus. Sie sind der Premierminister, der Premierminister von Großbritannien; glauben Sie nicht, daß Großbritannien das Beste braucht?«
»Natürlich.«
»Na, sehen Sie!« Nach meinem schlichten und selbstverständlichen »Natürlich« geriet er ins Schwärmen. »Wenn Sie in einen Ausstellungsraum für Atomraketen kämen, dann gäbe es für Sie nur die ›Trident‹! Sie ist fabelhaft, elegant, traumhaft schön, sie ist einfach die Beste. Und Großbritannien hat das Beste verdient. In der Welt der Atomraketen ist sie der Maßanzug aus der Savile Row, der Rolls Royce Corniche, der 1945er der Château Lafitte. Sie ist die Atomrakete, die ›Harrods‹ verkaufen würde! Was muß ich denn noch sagen!?«
»Nur«, erwiderte ich ruhig, »daß sie fünfzehn Milliarden Pfund kostet, und wir sie nicht brauchen.«
Humphrey schüttelte traurig den Kopf. Seiner Meinung nach hatte ich immer noch nicht begriffen, worum es ging.
»Aber das kann man doch von allem, was ›Harrods‹ verkauft, sagen«, argumentierte er unwiderlegbar.

30. Januar

Heute abend gaben wir in »Nummer 10« einen Empfang. Von achtzehn Uhr dreißig bis zwanzig Uhr. Da es der erste Empfang war, den ich als Premierminister gab, waren viele der Gäste Überlebende der letzten Regierung. Aber da wir andererseits alle Mitglieder derselben Partei waren, spielte das keine große Rolle.
Nach einem langen und anstrengenden Tag hatte ich mich nicht besonders auf diesen Empfang gefreut. Aber es ergaben sich, wie

das häufig der Fall ist, aus einem zufälligen Gespräch völlig unerwartete Aspekte. Zu den Gästen gehörte auch General Howard, der mich vor einer Woche durch das Verteidigungsministerium geführt hatte. Ich nahm ihn beiseite. Ich sagte ihm, ich würde ganz gern seine Meinung zu einem Thema hören, das für ihn sicher ein rotes Tuch sei.
»Kommen Sie unverblümt zur Sache, Premierminister«, meinte er schroff.
Das tat ich. Ich sagte ihm, daß ich mich, obwohl ich wüßte, daß die Streitkräfte es als schweren Schlag empfinden würden und ich mich unbeliebt machen würde, entschlossen hätte, die »Trident« zu streichen. Er murmelte irgend etwas, was ich nur halb verstand. »Nein, nein, Augenblick«, sagte ich, »gehen Sie nicht sofort in die Luft; und versuchen Sie nicht, mit mir zu streiten, ich ...« Ich sprach nicht weiter. Ich begriff, was ich da eben nur halb verstanden hatte. »Was haben Sie gesagt?« fragte ich vorsichtshalber, um sicherzugehen, daß ich das Halbverstandene nicht mißverstanden hatte.
»Ist 'ne gute Idee.« Klar und unmißverständlich, wie üblich. Aber ich war noch nicht sicher, ob ich ihn richtig verstanden hatte.
»Sie meinen, Sie sind dafür? Sie sind dafür, die ›Trident‹ zu streichen?«
»Natürlich!«
Zum zweitenmal innerhalb einer einzigen Woche standen meine Vorurteile bezüglich unserer Verteidigung absolut Kopf.
Ich stand da und starrte diesen imposanten, rotblonden, finster blickenden Zwei-Meter-Riesen ungläubig an. »Warum sind Sie dafür?«
»Wir brauchen sie nicht«, antwortete er knapp, »absolute Geldverschwendung. Völlig überflüssig.«
Ich traute meinen Ohren nicht. Der ranghöchste Offizier der Armee war wie ich der Meinung, daß die »Trident« absolute Geldverschwendung ist. Ich sagte ihm, ich würde hoffen, wir könnten die »Polaris« und die amerikanischen Stützpunkte behalten und unsere konventionellen Streitkräfte verstärken.
»Sie haben recht!«

Ich fragte mich, ob ich es mit einem mir ergebenen Exzentriker zu tun hatte. »Ist der gesamte Verteidigungsstab derselben Ansicht?«
Er schüttelte den Kopf. »Nein. Die Navy will sie behalten. Die wird von ihren U-Booten gestartet. Wenn sie denen die ›Trident‹ wegnehmen, haben die kaum noch was zu tun.«
»Also werden die dagegen sein und meine Politik angreifen!?«
»Ja, aber die Navy greift so gut wie alles an. Wir hätten beinahe den Ersten Weltkrieg verloren, weil die Navy unsere eigenen Konvois angegriffen hat.«
»Und die RAF?« fragte ich.
»Ach, wissen Sie«, antwortete er abfällig, »diese Amateur-Klempner können Sie ja meinetwegen ruhig mal fragen. Ich fürchte, die sind scharf auf die ›Trident‹. Aber die wollen sie natürlich nur als Rakete, die aus der Luft abgeschossen werden kann.«
Schlagartig begriff ich, was da gespielt wurde. Wie war ich bloß darauf gekommen, daß die Streitkräfte in dieser Angelegenheit einen gemeinsamen Standpunkt vertreten würden? General Howard erklärte mir noch ausführlicher, wie er die RAF[29]-Mentalität beurteilt. »Die wollen doch nur eine Bombe, die sie in ihren Flugzeugen durch die Gegend fliegen können. Das einzige, was die wirklich interessiert, ist, am Himmel rumzukurven und was auf die Leute runterfallen zu lassen. Aber selbst das können sie nicht. Ich meine, die konnten ja nicht mal die Landebahn in Port Stanley dichtkriegen. Vermutlich würden die Moskau überhaupt nicht finden, und wenn, bestimmt nicht treffen.«
Das Problem liegt auf der Hand, wie kriege ich meine neue Politik durch das Verteidigungsministerium, wenn nur die Army dafür ist? Das fragte ich den General, und der bot mir auch sofort eine Patentlösung an. »Wie Sie wissen, Premierminister, wird der Posten des Verteidigungsstabschefs im nächsten Monat vakant. Theoretisch wäre die Navy dran, aber, das entscheiden Sie. Wäre der neue Stabschef ein *Soldat*...«
Taktvollerweise vollendete er seinen Satz nicht. Ich wußte natürlich bereits, daß er der ranghöchste Soldat ist. Also, wenn ich ihn ernenne, habe ich den Verteidigungsstabschef auf meiner Seite. Ich weiß nicht, ob das genügen wird und wie die Navy

reagiert, wenn ich ihren Mann einfach ignoriere; aber auf jeden Fall sollte ich diese Möglichkeit zu gegebener Zeit in Erwägung ziehen.

[Auch Sir Humphrey Appleby wechselte im Laufe dieses Abends noch ein paar Worte mit General Howard. Und ihr Gespräch, im Gegensatz zu dem Gespräch zwischen General Howard und dem Premierminister, veränderte ganz offensichtlich den Lauf der Dinge. Sir Humphreys Erinnerungen an dieses Gespräch befinden sich bei seinen privaten Aufzeichnungen – d. H.]

Nach einem zufällig von mir beobachteten Gespräch mit dem Premierminister machte der General einen ungewöhnlich entspannten Eindruck. Als ich ihn, bei sich bietender Gelegenheit, darauf ansprach, bemerkte er lächelnd, es mache ihn nachgerade glücklich, endlich einmal einem Premierminister mit ein bißchen Grips begegnet zu sein.
Ich fragte ihn, wie das glückliche Land hieße, das mit einem solchen Führer gesegnet sei. Ich wußte natürlich, daß er Hacker gemeint hatte und vermutete, daß der ihn nicht umfassend ins Bild gesetzt hatte.
Ich behielt selbstverständlich recht. Der Premier hatte General Howard gesagt, er würde die »Trident« streichen, hatte aber mit keinem Wort erwähnt, daß er die Wehrpflicht wieder einführen will. Als ich dem General die Einzelheiten nahebrachte, war er, wie nicht anders zu erwarten, entsetzt.
Hacker will die Wehrpflicht wieder einführen, weil sie zur Verringerung der Arbeitslosigkeit beiträgt und weil das wiederum Stimmen bringt. Die Army ist gegen die Wehrpflicht, so wie sie schon immer dagegen war. Die sind sehr stolz auf unsere professionelle Elitearmee. Sie ist zäh, diszipliniert und vielleicht sogar die beste der Welt. Die Stabschefs wüßten nicht, was sie mit einem eingezogenen Haufen Punks, Freaks, Junkies und Pöbel, einer Viertelmillion Fußballrowdies, die in den Kasernen nichts weiter zu tun hätten als Kartoffeln zu schälen, anfangen sollten. Die Generäle fürchten, daß sie dann nur noch eine ganz gewöhnliche Armee hätten. *[Vergleichbar den Armeen, die den Ersten und den Zweiten Weltkrieg gewonnen haben – d. H.]*
Sie sind auch wegen der Chancengleichheitsgesetzgebung beunruhigt. In Amerika ist es allgemein bekannt, daß die NATO-Befehlshaber nie

wissen, ob die Rekruten, die sie bekommen, Frauen oder Männer sind. Jedenfalls nicht, bis sie einrücken. Und manchmal nicht mal dann.
General Howard hielt es in Anbetracht der zu erwartenden Wiedereinführung der Wehrpflicht für besser, die »Trident« zu behalten; auch mit ihren kleinen Schwächen. Er bat mich eindringlich, eine Möglichkeit zu finden, um dem Premierminister das Verfolgen dieser unglückseligen Politik zu »verbieten«.
Ich wies ihn darauf hin, daß man Premierministern – leider – nichts »verbieten« kann. Aber man kann sie ein wenig bremsen. Und man kann erfahrungsgemäß davon ausgehen, daß die meisten Premierminister sich nach ein paar Monaten sowieso festgefahren haben.
Ich trage mich mit dem Gedanken, ein ausführliches Gespräch mit dem amerikanischen Botschafter zu führen. General Howard stimmte mir zu.

[Und nun wieder zu Hackers Tagebuch – d.H.]

31. Januar

Heute gab es gute und schlechte Neuigkeiten. Mit den schlechten mußte ich mich zuerst auseinandersetzen.
Während der morgendlichen Konferenz mit Humphrey, Bernard und Malcolm besprachen wir abschließend die Vorbereitungen für meinen Amerikabesuch. Malcolm muß dafür sorgen, daß BBC News und ITN auf dem Rasen vor dem Weißen Haus die besten Kamerapositionen bekommen, so daß sie Zweier-Großaufnahmen von mir und dem Präsidenten drehen können.
Ich habe ihm auch gesagt, er muß dafür sorgen, daß vor und im Weißen Haus gute Fotos gemacht werden können. Fotos von mir und dem Präsidenten. Nur er und ich, wir zwei allein.
Ich habe ihm vorsichtshalber aufgeschrieben, wann auf jeden Fall hervorragende Fotos gemacht werden müssen. Bei meiner Ankunft, zu Beginn der Gespräche am zweiten Tag meines Besuches, und nach Abschluß der Gespräche, wenn der Präsident mich verabschiedet. Wenn wir Glück haben, nimmt er dann mit der linken Hand meinen Ellbogen; so wie beim Bonner Kanzler; das wirkte im Fernsehen wirklich ungemein gut, so als ob die beiden

dicke Freunde seien.
Ich wies ihn an, das vorher alles mit unserer Botschaft in Washington abzusprechen, aber Malcolm war der Meinung, das könnte problematisch werden. Ich möchte wirklich mal wissen, wozu wir diese Botschaften eigentlich haben! Immer, wenn die mal was wirklich Wichtiges machen sollen, was Wichtiges für Großbritannien *[d.h. für Hacker – d.H.]*, dann machen die Ärger.
Ich habe doch nicht vor, diesen Besuch zu meinem politischen Vorteil und zum Stimmenfang und sowas alles zu nutzen. Es dient dem Ansehen Großbritanniens, wenn der Rest der Welt sieht, daß wir ein gleichberechtigter Partner der Vereinigten Staaten sind; nur darum geht es mir.
Humphrey war nicht bereit, die Publicity-Aspekte dieser Reise weiter zu diskutieren. Ich fragte mich, warum nicht. Statt dessen präsentierte er mir die Kabinetts-Tagesordnung. Man mußte nicht Hercule Poirot sein, um auf den ersten Blick zu sehen, daß da irgend jemand versucht hatte, die Tagesordnung zu manipulieren. Der Diskussionspunkt »Stornieren des Tridentauftrags« war überhaupt nicht vorgesehen. Ich stellte Humphrey deswegen zur Rede – immerhin gehört es zu seinen Aufgaben als Kabinettsstaatssekretär, die Tagesordnung zusammenzustellen.
»Ja, das wollten wir diskutieren, Premierminister, aber ich dachte, Sie hielten es vielleicht für klüger, sich damit erst noch einmal eingehend zu beschäftigen, noch genauer zu prüfen, die Auswirkungen zu überdenken, immerhin geht es um die Verteidigung des Königreichs.«
Unglaublich, daß der immer noch denkt, er könnte mich mit seinem abgedroschenen Vertuschungsgeschwafel reinlegen.
»Sie wollen mich davon abhalten, die ›Trident‹ zu streichen, nicht wahr!?« Er protestierte unschuldig lächelnd: »Nein, wirklich nicht, Premierminister, aber das Kabinett muß alle Fakten kennen.«
Ich grinste. »Das wäre ja ganz was Neues!«
Humphrey fand mein Scherzchen überhaupt nicht komisch. »So überaus wichtige Angelegenheiten wie diese brauchen Zeit, bis sie zur Entscheidungsreife gelangen, Premierminister.«
Mir war natürlich sofort klar, welches Spielchen er spielen wollte:

Verzögerungstaktik, er versuchte es mit der ältesten Nummer, die die Verwaltung drauf hat. Je länger man einen Plan aufschiebt, um so schwerer wird es, ihn in die Tat umzusetzen.
Aber dann kam die Hiobsbotschaft. Sie schlug wie eine Bombe ein. Offenbar hatte Humphrey vom amerikanischen Botschafter erfahren – inoffiziell – daß die Amerikaner überaus verärgert wären, wenn wir die »Trident« streichen und statt dessen keine andere ihrer Atomraketen bestellen würden.
Darauf reagierte ich zunächst einmal widerwillig. Immerhin ist es meine Pflicht, das Beste für Großbritannien anzustreben. Aber anscheinend behaupten die, sie hätten zwei gute Gründe für ihre Besorgnis. Erstens sind sie der Ansicht, daß sie auf unsere Partnerschaft angewiesen sind und die atomare Last nicht allein tragen wollen. Da ist was Wahres dran, aber da wir ja noch die »Polaris« haben würden, brauchen sie sich keine Sorgen zu machen. Also ist der zweite Grund der einzig wahre: der kleine Nebeneffekt, daß in der amerikanischen Raumfahrtindustrie dann ein paar Milliarden Dollar weniger verdient und Zehntausende von Arbeitsplätzen verlorengehen werden.
Die Frage ist, wie – wenn überhaupt – kann ich der amerikanischen Opposition gegen meinen Großen Plan entgegentreten.
Ich sagte Humphrey, daß ich nicht beabsichtige, meine Politik zu ändern. Damit werden die Amis sich abfinden müssen.
»Ganz wie Sie wünschen, Premierminister«, sagte er, »aber ich dachte, wir könnten vielleicht eventuelle Peinlichkeiten vermeiden, wenn wir Ihren Trident-Vorschlag bis zu Ihrer Rückkehr aus Washington geheimhalten.«
Ich antwortete unmißverständlich, daß das überhaupt nicht in Frage käme. »Wenn deshalb harte Verhandlungen erforderlich werden, kann ich diese Angelegenheit vielleicht gleich während meiner Gespräche mit dem Präsidenten klären.«
Er schüttelte traurig den Kopf. »Ja, genau darum geht es ja, Premierminister. Wie Sie wissen, muß die Tagesordnung für Ihre Gespräche mit dem Präsidenten vorher abgestimmt werden. Sie können da nicht nur zu einer Plauderei rüberfliegen.«
»Nein, warum nicht!?«
»Weil ... Sie womöglich nicht wissen, was Sie sagen sollen. Und,

wie ich höre, würde es, falls den Amerikanern Ihr Trident-Vorschlag vorher unterbreitet wird, eine minimale Umstellung geben.«

»Was für eine Umstellung?«

»Sie würden nicht mit dem Präsidenten zusammentreffen. Stattdessen empfängt Sie der Vizepräsident.«

Ich starrte ihn wie vom Blitz getroffen fassungslos an. Der Vizepräsident? Ich traute meinen Ohren nicht. Ich dachte, das hätte er nicht ernst gemeint, aber er hatte!

Das ist doch absurd. Das ist doch lächerlich. Das ist doch eine ungeheuerliche Beleidigung. Sogar Botswana wurde vom Präsidenten empfangen. *[Botswana hatte auch keine »Trident«-Bestellung gestrichen d.H.]*

Humphrey versuchte, mir das mit dem Vizepräsidenten so schonend wie möglich beizubringen. »Ich bin sicher, die werden das sehr taktvoll machen und erklären, der Präsident hat Schnupfen oder sich den Daumen gequetscht; oder daß er ein kleines Nikkerchen machen muß.«

Humphrey wußte genausogut wie ich, daß der springende Punkt meines Besuches in den Staaten der PR-Wert der Berichterstattung über meine Begegnung mit dem Präsidenten war. Ich fragte ihn, welche Wahl ich denn, um Himmels willen, hätte. Er wies mich darauf hin, daß ich praktisch *keine* Wahl habe. Und daß ich, wenn ich vom Präsidenten empfangen werden will, die »Trident« von der Tagesordnung streichen müßte.

Das ist ein furchtbarer Schlag ins Kontor. Aber ich werde mir die Vereinigten Staaten irgendwann noch mal zur Brust nehmen. Warum eigentlich nicht sofort, wenn ich sowieso schon drüben bin? Aber was sein muß, muß sein.

Es blieb immer noch die Frage, ob ich das Trident-Problem im Kabinett zur Sprache bringen sollte. Humphrey riet mir, das erst nach meiner Rückkehr aus Washington zu tun, um zu verhindern, daß Einzelheiten der Diskussion eventuell an den US-Botschafter durchsickern. Da könnte er recht haben. An den hat ja zu dem Thema ganz offensichtlich schon irgend jemand was durchsikkern lassen. Ich wüßte wirklich gern, wer das war.

»Wie immer dem auch sei, Humphrey«, sagte ich ein wenig

traurig, aber bestimmt, »ein neuer Premierminister muß zeigen, daß in ›Nummer 10‹ mit neuem Geist und fester Hand regiert wird. Jeder muß sehen, daß der neue Premierminister Zeichen setzt.«

Und dann offenbarte mir Humphrey die Freudenbotschaft. Ich habe allem Anschein nach etwas durchgesetzt, was durchzusetzen keiner meiner Vorgänger in der Lage war. Wir kriegen eine Köchin, nichts Geringeres als eine Köchin! Abgestellt von der Kabinettsamtskantine, um oben in der Wohnung, wenn nötig, das Mittagessen für uns zu kochen. Natürlich nicht an Wochenenden und Bankfeiertagen.[30]

Das empfand ich als überaus befriedigend. Ein Platz in den Geschichtsbüchern! Ich glaube, das beweist, daß ich auf dem Weg, den ich beschreiten will, einen Schritt vorangekommen bin. Denen habe ich gezeigt, wer hier der Chef ist, und der Civil Service hat jetzt bestimmt kapiert, daß in »Nummer 10« mit fester Hand und neuem Geist regiert wird. Ich sagte Humphrey, daß ich, was die »Trident« angeht, fest entschlossen bin, weder meine Politik noch meine Meinung zu ändern. Zu gegebener Zeit werde ich auf sie verzichten. *[Wir mutmaßen, daß Hacker wahrscheinlich die »Trident«, nicht seine Meinung, meinte – d. H.]* Ich wüßte nicht, warum wir die Trident-Diskussion nicht verschieben sollten, bis ich wieder aus Amerika zurück bin. Also gab ich Humphrey klar und unmißverständlich die Anweisung, die Trident-Diskussion nicht auf die Tagesordnung für die morgige Kabinettssitzung zu setzen.

Er nahm meine Weisung sanft lächelnd wie ein Lamm entgegen. »Ja, Premierminister«, antwortete er ehrerbietig.

3 Die Fernsehansprache

6. Februar

Ich kann mich so gut wie überhaupt nicht an das erinnern, was heute passiert ist. Ich bin zwar erst mitten in der Nacht aus Amerika zurückgekommen, saß aber trotzdem, nach einer so gut wie schlaflosen Nacht, morgens pünktlich hinter meinem Schreibtisch. Das wäre eigentlich gar nicht nötig gewesen.
Ich wollte mit Humphrey irgend etwas besprechen, aber der war offenbar nirgendwo zu erreichen. Bernard sagte mir, daß während meiner Abwesenheit nichts Wesentliches passiert sei und daß ich heute auch keine wichtigen Termine wahrzunehmen hätte. Wir konnten uns also ein paar Minuten ausführlich dem Studium der Zeitungsberichte über meinen Amerika-Trip widmen und beglückwünschten uns immer wieder zu dem Erfolg meiner Reise. Mehr ist heute nicht passiert, wirklich nicht.

Sir Bernard Woolley erinnert sich[31]
Die Erinnerung des Premierministers an den Tag, als er aus den Vereinigten Staaten zurückkam waren, fürchte ich, irgendwie ein wenig Jet-lag[32]-umwölkt. Er war total übermüdet.
Ampelrot strahlten in seinem leichenblassen Gesicht die Augäpfel, als er die Treppen von seiner Wohnung heruntertaumelte und in sein Arbeitszimmer torkelte. Er behauptete zwar, er litte nicht unter dem Jet-lag, äußerte aber trotzdem die Befürchtung, er könne sich an nichts, worüber er mit dem Präsidenten im Weißen Haus gesprochen hatte, erinnern. Das muß aber nicht unbedingt am Jet-lag gelegen haben – der Präsident hatte wirklich so gut wie nichts gesagt. Vielleicht lag das daran, daß der Präsident auch total übermüdet war. Hacker gähnte ununterbrochen und bat mich, Sir Humphrey Appleby kommen zu lassen, der ihn nicht nach Washington begleitet hatte und dieserhalb frisch und voller Spannkraft in Hackers Arbeitszimmer

stürmte. Hacker, sich seiner jetlegigen Erschöpfung durchaus bewußt, bemerkte, er fände es ein bißchen beunruhigend, daß Staatsmänner *[Diesen Begriff pflegen Politiker permanent für sich in Anspruch zu nehmen – d. H.]* heutzutage andauernd zu wichtigen Gesprächen, die sich auf die Zukunft der Menschheit auswirken könnten, um die Welt jetten und total, ich zitiere ihn wörtlich, »geschafft« sind. Sir Humphrey bemerkte, das sei auch der Grund, daß solche Art Verhandlungen so gut wie immer im voraus von so bescheidenen Dienern – wie er einer sei – abgeschlossen werden. Das könne man ja wohl kaum denen überlassen, die »total geschafft« sind.

Glücklicherweise drang Sir Humphreys Kommentar nicht ins Bewußtsein des Premierministers, denn der war, während Sir Humphrey sprach, selig lächelnd eingeschlafen. Das mag auch der Grund gewesen sein, daß sich der Premierminister fälschlicherweise zu erinnern glaubte, Sir Humphrey sei an diesem Tag unabkömmlich gewesen.

Wir bemühten uns gemeinsam, den Premierminister zu wecken. Das gelang uns nach einiger Zeit. Er öffnete die Augen, versuchte, sich kerzengerade aufzusetzen und sagte: »Ah, Humphrey, guten Morgen.«

Leider wußte Hacker nicht mehr, daß er mich gebeten hatte, Sir Humphrey kommen zu lassen und worüber er mit ihm sprechen wollte. Das wußte ich auch nicht, denn Hacker war eingeschlafen, bevor er es mir sagen konnte. Also ließ Sir Humphrey uns beide allein. Noch, als er auf dem Weg zur Tür war, nickte der Premierminister wieder ein und begann zu schnarchen. Ich ließ den sanft Entschlummerten in Frieden ruhen.

Ein paar Stunden später schnarrte er mich über die Gegensprechanlage dröhnend an, ich möge bitte sofort in sein Büro kommen, um mit ihm den riesigen – er irrte sich – Berg Arbeit, der sich seiner Meinung nach in seiner Abwesenheit aufgehäuft hatte, vom Tisch zu schaffen.

Ich war gezwungen, ihm klarzumachen, daß er – im Gegensatz zu dem, was die Öffentlichkeit glaubte – als Premierminister viel weniger zu tun hatte als zu der Zeit, als er noch ein eigenes Ministerium führen mußte. Alles was die Presse darüber schrieb, wie hart der Premierminister arbeiten müßte, war doch im Grunde genommen ein Märchen, das vom Pressesprecher in »Nummer 10« verbreitet wurde. Ich listete dem Premierminister auf, wie wenig er eigentlich zu tun hatte:

1. Kabinettssitzungen: ... Zweieinhalb Stunden in der Woche
2. Vorsitz bei drei Kabinettsausschüssen: ... Vier Stunden pro Woche
3. Parlamentarische Anfragen im Unterhaus beantworten: ... eine halbe Stunde pro Woche.
4. Audienz bei der Queen: ... maximal eine Stunde (wenn es ihr nicht schon nach fünf Minuten zu langweilig wird).

Das sind also maximal acht Stunden pro Woche. Abgesehen davon muß der Premierminister aber ständig Informationsmaterial, Memos, Vorlagen und Dokumente vom Außenministerium und so weiter lesen. Außerdem sorgt das Privatsekretariat dafür, daß der Premierminister ständig zum »Händchen-Schütteln-mit-dem-Bürger« unterwegs ist. Aber alles in allem gibt es, obwohl es vieles gibt, wovon man erwartet, daß er es tut, vieles, was er tun sollte und sehr viel, was er tun könnte, nur wenig, was er tun muß. Aber wie immer dem auch sei, der Premierminister ist der Boß.

[In der Tat spricht vieles für dieses System, im Grunde genommen nichts zu tun, das ein Präsident der Vereinigten Staaten von Amerika Mitte der 1980er Jahre eingeführt hatte. So blieb ihm viel Zeit zum Denken, wenn er Lust zum Denken hatte; oder zum Schlafen, wenn er keine Lust zum Denken hatte – d. H.]

In Ermangelung des erwarteten Arbeitsüberhanges wollte der Premierminister sich mit mir ansehen, was die Presse über seinen Besuch in Washington berichtet hatte.

Er freute sich wie ein Kind über den Bericht, den Malcolm Warren, der Pressesprecher in »Nummer 10«, für ihn zusammengestellt hatte. Offensichtlich war der Premierminister während unserer Abwesenheit an drei Abenden in allen Fernsehnachrichten zu bewundern. In »Panorama« gab es sogar einen Sonderbericht. Die Gesamtlänge aller Zeitungsspalten betrug zweiunddreißig Meter, und die Zeitungen hatten einunddreißig Fotos abgedruckt. Außerdem gab es sechzehn Rundfunkberichte.

Ich fragte den Premierminister, ob die Reise nach Washington seiner Meinung nach etwas bewirkt hatte. Er verstand meine Frage nicht – seiner Ansicht nach war die Reise sehr erfolgreich, weil sie diese immense Publicity bewirkt hatte.

Meine Frage bezog sich eigentlich auf eventuell mögliche Abkommen und so weiter mit den Amerikanern. Aber diesbezüglich hatte es anscheinend so gut wie keine Fortschritte gegeben.

[Am Nachmittag desselben Tages bat Sir Humphrey Appleby Bernard Woolley zu einem Gespräch in sein Büro. Sir Humphrey hat dieses Gespräch detailliert in seinem Tagebuch festgehalten – d. H.]

BW erstattete mir Bericht über die Washington-Reise des Premierministers und bestätigte, daß er in den Gesprächen mit dem Präsidenten seine neue Verteidigungspolitik mit keinem Wort erwähnt hatte. Das war eine große Erleichterung.
Nichtsdestotrotz müssen wir uns immer noch mit einem schwerwiegenden Problem auseinandersetzen. Mit »wir« meine ich uns im Kabinettsamt, im Schatzamt, im Verteidigungsministerium, im Außenministerium und in diversen weniger bedeutenden Ministerien. Der Premierminister möchte nach wie vor die »Trident« und die Marschflugkörper streichen, die »Polaris« behalten und die Wehrpflicht wieder einführen, um eine große konventionelle Armee aufzubauen.
BW, seiner Rolle als Erster Persönlicher Referent absolut gerecht werdend, verteidigte die Verteidigungsphantasien des Premierministers. Er argumentierte, Geld zu sparen, die Arbeitslosigkeit zu verringern und unsere Verteidigung glaubwürdig zu machen, sei ein ehrenwertes Ziel. Ich gab ihm eine Eins Plus für Loyalität, aber eine Sechs Minus für gesunden Menschenverstand.
Wie sich herausstellte, glaubt er, Sinn unserer Verteidigungspolitik sei, Großbritannien zu verteidigen. Dies ist in der modernen Welt, in der wir leben, zweifellos unmöglich. Deshalb dient unsere Verteidigungspolitik nur dem Zweck, Leute glauben zu machen, daß Großbritannien verteidigt wird.
Einige Befürworter der Abschreckungstheorie begreifen das, aber sie gehen leider davon aus, daß unsere Verteidigungspolitik betrieben wird, um die Russen glauben zu machen, daß wir verteidigt werden. Das ist absurd. Diese Politik gibt es, um die *Briten* glauben zu machen, daß Großbritannien verteidigt wird – die Russen wissen, daß es nicht wahr ist. Daraus folgert, daß unsere Verteidigungspolitik betrieben wird, um all den simplen, unwissenden Mitmenschen, die in Bussen, Häusern, Büros, Fabriken und im Kabinett rumsitzen, zu imponieren.

Wir versuchen, ihnen ein Gefühl der Sicherheit zu vermitteln.
BW und der PM suchen eine bessere Methode, was unzweifelhaft in höchstem Maße lobenswert ist. Aber die nämlichen bösen Worte »bessere Methode« beinhalten Veränderungen, wie immer im Falle verrückter Ideen dieser Art.
Wir haben zur Zeit einen Zauberstab. Den nennen wir »Trident«. Kein Mensch weiß, was das ist; man weiß nur, sie kostet 15 Milliarden Pfund und muß deshalb wundervoll sein. Ein Traum. Wir müssen nur einen Scheck ausfüllen und können ruhig schlafen. Aber wenn die im Kabinett anfangen darüber zu sprechen, fangen sie noch an, darüber nachzudenken. Dann werden ihnen die Probleme bewußt, die Fehler in der Argumentation. Und das Ergebnis: die Nation wird beunruhigt.
BW war sich dieser Gefahr voll und ganz bewußt, nachdem ich sie ihm detailliert erläutert hatte. Aber dann kam er unvermittelt auf die Frage der ersten Fernsehansprache des PM's zu sprechen. Er äußerte die Besorgnis, daß der PM die Gelegenheit nutzen würde, um über seine neue Politik zu sprechen, unmittelbar nachdem er sie dem Kabinett zur Diskussion vorgelegt und das Parlament damit vertraut gemacht hatte. BW meinte, der PM könnte diesen Fernsehauftritt möglicherweise nutzen, um sich einfach an den Bürger zu wenden. Das wäre ein übler Präzedensfall – niemand sollte sich an den Bürger wenden, bevor Kabinett und Parlament Zeit genug hatten, um sich eine Meinung zu bilden.
BW geht davon aus, daß der PM sich eine Meinung gebildet hat. Wenn das der Fall sein sollte, muß er umdenken. Ich wies BW an, sofort dafür zu sorgen.
BW war nicht sicher, ob er meinem Wunsch entsprechen könnte und wies loyal darauf hin, daß der PM der PM sei und als solcher über gewisse Rechte und Machtbefugnisse verfüge.
Der PM kommt offenkundig in den Genuß überaus großzügiger Rechte. Er hat einen eigenen Wagen, ein Haus in London, auf dem Land ein Häuschen, permanent Publicity und eine Pension, bis er stirbt. Ich fragte BW: »Was will der Mann mehr!?«
»Ich glaube, er will Großbritannien regieren«, erwiderte er.
Das muß verhindert werden! Er verfügt nicht über die geringste Qualifikation.
[Appleby Papiere WB/CAA/400]

[Und nun wieder zu Hackers Tagebuch – d. H.]

7. Februar

Heute stürmte ich wieder voller Energie und Tatkraft in mein Arbeitszimmer; und ich habe auch, was sehr erfreulich war, zum erstenmal nach meiner Rückkehr aus Washington mit Humphrey gesprochen.

Aber der Tag begann erstmal mit einem Gespräch mit Malcolm, in dem es um meine erste Fernsehansprache als Premierminister ging. Während dieses Gesprächs wurden viele interessante Fragen und Probleme aufgeworfen, mit denen ich als einfacher Kabinettsminister nie konfrontiert worden war. Malcolm fragte mich unter anderem, ob ich Erfahrung mit solchen Fernsehansprachen hätte. Als ich sagte, meist wären das Interviews und sowas alles gewesen, erwiderte er, dann wäre es wohl besser, wenn man das üben würde – eine hervorragende Idee.

Dann stellte er mir eine, wie ich es empfand, etwas merkwürdige Frage: »Worum geht es bei der Ansprache?«

Im ersten Moment begriff ich nicht, was er meinte. Selbstverständlich geht es bei der Fernsehansprache um mich. Das sagte ich ihm, und er hatte anscheinend auch sofort kapiert. Trotzdem wollte er über ein winziges, nebensächliches Detail aufgeklärt werden; er wollte genau wissen, worüber ich sprechen werde.

Mir war nicht klar, warum das eine so große Rolle spielen sollte, aber er wollte unbedingt wissen, welche politischen Aussagen ich machen würde. Ich erklärte ihm, daß ich das übliche sagen würde: Gemeinsam voran, ein besseres Morgen, Gürtel enger schnallen, alle zusammenreißen, die Wunden heilen und sowas alles.

Damit gab er sich zufrieden, forderte mich aber eindringlich auf, darüber nachzudenken, was ich *speziell* sagen will. Ich antwortete spontan, ich würde sagen, wir alle müßten *speziell* unseren Gürtel ein bißchen enger schnallen und speziell die ganz speziellen Wunden der Gesellschaft heilen.

Aber Malcolm blieb stur und zwang mich geradezu dazu, darüber nachzudenken, etwas *Neues* zu sagen. Daran hatte ich überhaupt noch nicht gedacht. Aber dann wurde mir schlagartig bewußt, welche Gelegenheit sich hier bietet: Ich werde über meinen »Großen Plan« sprechen. Ich sagte Malcolm, daß er das Manuskript meiner Ansprache zu gegebener Zeit bekommen wird. Er verabschiedete sich und sagte, er würde sich bemühen, einen geeigneten Produzenten für die Sendung zu finden und einen Termin für die Probe zu bekommen. Das sieht alles sehr vielversprechend aus.

8. Februar

Hatte heute ein spannungsgeladenes Gespräch mit Humphrey. Er hatte darum gebeten, es so früh wie möglich zu machen. Gleich nachdem ich mich hinter meinen Schreibtisch gesetzt hatte, ließ ich ihn kommen. Er war sofort da. Er muß unten auf mich gewartet haben.
»Ah, Humphrey«, sagte ich, »das ging aber schnell!«
»Ja. Ich hörte, Sie möchten einen Fernsehauftritt diskutieren.«
Ich war überrascht, daß er darüber mit mir sprechen wollte.
»Aber das ist doch nicht so überaus dringend, oder?« fragte ich.
»Nein, selbstverständlich nicht«, stimmte er mir zu, »aber bestimmt auch nicht wichtig.«
Es gefiel mir überhaupt nicht, daß meine erste Fernsehansprache als Premierminister von Humphrey als »bestimmt nicht wichtig« bezeichnet wurde. Das muß er mir angesehen haben, denn er fügte, sich verbal überschlagend, hinzu, daß sie furchtbar wichtig sei, wir aber keine Krise hätten und, äh, also nicht in Panik geraten sollten.
Es war ganz klar, daß er per se keinen Schiß vor meiner Fernsehansprache, sondern vor meinem »Großen Plan« hatte. Er will nicht, daß ich im Fernsehen darüber spreche.
Ich sagte ihm, daß ich genau das tun und die Nation mit meiner neuen Verteidigungspolitik vertraut machen werde und bat ihn um seine Meinung.
»Nein! Das sollten Sie überdenken, Premierminister.«
»Die Politik?« fragte ich und amüsierte mich innerlich wie ein Schneekönig.

»Nein, nein, ich meine, im Fernsehen darüber zu sprechen. Das wäre überstürzt, überindividuell, überdosiert.« Er entwickelt zweifellos ein Talent, sich stabreimig zu äußern, wenn er unter Druck gesetzt wird. Ich spielte mein kleines Spielchen weiter. »Sie... lehnen meine Politik also ab!?«

Er saß in der Falle. Er konnte ja nicht zugeben, daß er sowohl gegen meine neue Verteidigungspolitik als auch gegen meine Fernsehansprache war. Beamte haben doch überhaupt nicht das Recht, für oder gegen eine Politik zu sein. Er zögerte. Ich sah ihn milde lächelnd abwartend an. Aber es hatte ihm natürlich nicht für immer die Sprache verschlagen. »Ich... äh... ich glaube, diese Ihre Politik ist, äh, höchst interessant... kreativ... stimulierend. Eine überaus belebende Möglichkeit. Diese erfrischende neue Beurteilung des Problems ist natürlich in höchstem Maße erfrischend; das Attackieren der alten Ansichten, das Anzweifeln der Basis der britischen Regierungspolitik von dreißig Jahren.«

Was er damit meinte, war klar wie Kloßbrühe. Wenn ich vorhatte, die Regierungspolitik der vergangenen dreißig Jahre in Frage zu stellen, mußte ich ein absolut wahnsinniger Vollidiot sein.

Also bot ich ihm Gelegenheit, seine Ansicht näher zu erläutern. »Sie billigen meine neue Verteidigungspolitik nicht?«

Wie üblich sonderte er als Antwort sein weder offenes noch ehrliches Beamtengeschwafel ab. »Auf gar keinen Fall billige ich Ihre Politik nicht, Premierminister. Aber es käme zu Implikationen, Nach- und Rückwirkungen, Begleiterscheinungen! In Ruhe sollte man das Für und Wider abwägen; prüfen, beraten, untersuchen, durchleuchten.« Einen größeren Gefallen, als ihm diese Frage zu stellen, hätte ich mir gar nicht tun können; jetzt wußte ich mit hundertprozentiger Sicherheit, was er davon hielt. Ich sagte ihm, er könnte ja emsig durchleuchten, untersuchen, prüfen, das Für und Wider abwägen und so weiter, während ich in meiner Fernsehansprache den britischen Bürger mit meiner neuen Politik vertraut mache.

»Nein!« kreischte er, »das können Sie nicht, noch nicht.«

»Warum nicht?« wollte ich wissen. Er hatte mir bis jetzt noch kein stichhaltiges Argument geliefert.

»Na ja ... wir werden die Amerikaner informieren müssen.« Ich wurde langsam sauer. Das war doch nun wirklich der Gipfel. In der vergangenen Woche, vor meiner Abreise nach Amerika, hatte er mir den Rat gegeben, die Amerikaner *nicht* zu informieren. Deshalb habe ich denen auch nichts davon gesagt, als ich drüben war. Ich konfrontierte ihn mit dieser Tatsache.

»Äh ...«, erwiderte er verkrampft lächelnd nach einer Ausrede suchend, »ja, aber das war doch vor Ihrem Besuch. Das wäre der falsche Moment gewesen, mit denen darüber zu sprechen.«

»Ach, sieh mal einer an, und jetzt, nachdem ich zurück bin«, fragte ich unnachgiebig mit triefender Ironie, »ist der richtige Moment plötzlich gekommen, um mit denen darüber zu sprechen?«

Er reagierte trotzig. »Ja. Aber die werden schwerwiegende Einwände geltend machen. Dazu bracht man Monate beharrlichster Diplomatie. So heikle Vorschläge erfordern höchste Sorgfalt.«

Jetzt hielt ich es für angebracht, Humphrey daran zu erinnern, wer Chef im Ring ist. »Humphrey, wer hat das letzte Wort, wenn es um Großbritanniens Politik geht? Das britische Kabinett oder der amerikanische Präsident?«

Er lehnte sich zurück, schlug die Beine übereinander und dachte einen Moment angestrengt nach. »Wissen Sie, das ist eine faszinierende Frage, Premierminister. Wir diskutieren sie oft.«

»Und zu welchem Schluß sind Sie gekommen?«

»Tja«, erwiderte er, »ich muß zugeben, ich bin ein bißchen ein Ketzer. Ich denke, das britische Kabinett. Aber ich weiß, ich bin in der Minderheit.«

Ich sagte Humphrey, ich hätte eine Überraschung für ihn, denn ab sofort sei er in der Mehrheit.

Er starrte mich fassungslos an. »Aber Sie haben sich doch mit dem Präsidenten hervorragend verstanden.« Da hat er recht. Ja, ja, das stimmt wirklich. Zu Beginn der Gespräche las ich dem Präsidenten erst meine Papiere vor, und er las mir seine Papiere vor; dann wollten wir Zeit sparen und haben die Papiere ausgetauscht, um sie selber zu lesen. Danach haben wir bloß noch die Franzosen mies gemacht. Fabelhaft!

Aber jetzt sind die Flitterwochen zu Ende. Ich sagte Humphrey

in nicht mißverständlichen klaren Worten, daß Großbritannien von jetzt an zum Wohle der Briten und nicht zum Nutzen der Amerikaner regiert wird.
Humphrey protestierte natürlich wieder. »Premierminister, sind Sie sicher, Sie werden diesen gravierenden Kurswechsel ohne Billigung der Amerikaner durchführen können?«
Ich fegte seine Einwände vom Tisch. Ich sagte ihm, mein »Großer Plan« sei der erste Schritt, unseren Anspruch auf Unabhängigkeit geltend zu machen.
»Gut, gut«, sagte er. Er hing angeschlagen in den Seilen. »Hervorragend ... aber ... doch noch nicht jetzt! Es ist meine vornehmste Pflicht, auf die verfassungsmäßig verbrieften Rechte des Kabinetts hinzuweisen. Ich bin der Kabinettsstaatssekretär, der demütige Diener der Minister.«
Eine lächerliche Masche. »Diesen Hinweis können Sie sich sparen«, sagte ich von oben herab. »Ich habe die Minister ernannt. Die sind meine Regierung.«
»Mit Verlaub, Premierminister, das Kabinett ist die Regierung Ihrer Majestät.« Oh, diese nervende Haarspalterei!
»Mit allem Ihnen gebührenden Respekt, Humphrey«, verwies ich ihn mit fester Stimme in seine Schranken. »Ich bringe meinen ›Großen Plan‹ formell im ÜFA[33] zur Sprache; und dann kommt er ins Kabinett. Die meisten habe ich schon unter vier Augen abgeklopft. Die sind alle der Meinung, das ist ein bedeutender Beitrag zur Verteidigung des Landes und als solcher überaus populär.« *[d.h. er wird Stimmen bringen – d.H.]*
»Mit größtmöglicher Hochachtung, Premierminister«, sagte er überheblich-unverblümt, »mit dieser Angelegenheit muß sich nicht nur das Kabinett befassen. Wie Sie wissen, müssen Sie Ihren Plan erst dem Parlament vorlegen. Sie sind trotz allem immer noch ein Mitglied des Unterhauses.«
Daran muß mich nun wirklich niemand erinnern, schon gar nicht Humphrey. »Mit größtmöglicher Hochachtung, Humphrey«, erwiderte ich gehässig, »nachmittags lege ich meinen ›Großen Plan‹ dem Parlament vor, und abends verkünde ich ihn im Fernsehen.«
»Mit aller Ihnen letztlich zu erweisenden Ehre und Wertschät-

zung, Premierminister ...«
Er dachte wohl, ich hatte seine unverschämte Anspielung von wegen »letzte Ehre erweisen« nicht mitgekriegt. »Diese Bemerkung wird Ihnen vielleicht noch einmal leid tun«, unterbrach ich ihn barsch.

10. Februar

Heute haben wir für meine Fernsehansprache geprobt. Es war ein harter, und ehrlich gesagt, hin und wieder unangenehmer Tag für mich.
Zu Beginn der Probe saß ich hinter einem Tisch und sprach direkt in die Kamera. Den Text meiner Rede konnte ich von so einem Teleprompter-Dings[34] ablesen.
Erstmal klappte so gut wie überhaupt nichts. Ich fing an zu sprechen. Es war das übliche Gefasel. »Da dürfen wir uns aber jetzt nichts vormachen. Wir können uns nicht immer mehr bezahlen, als wir verdienen. Wir können nicht ewig auf Kosten der anderen leben. Wir müssen immer bereit sein, immer wieder Opfer zu bringen.« Und so weiter. Ein Klischee jagte das nächste.
Ich fragte energisch, wer diesen Mist geschrieben hatte, und Bernard sagte mir, in Gegenwart all dieser Leute, das sei ich gewesen. Das wollte ich erst nicht glauben, aber dann stellte sich heraus, daß das eine uralte Rede war, die ich geschrieben hatte, als ich noch nicht über soviel politische Erfahrung wie heute verfügte.
Jetzt war ich gezwungen, denen klarzumachen, daß ich das nicht unbedingt für Mist hielt (es war aber, füchte ich, Mist) und sagte, wir könnten ja mit dem Entwurf für die richtige Ansprache probieren.
Bernard hatte offensichtlich etwas dagegen, weil es eben nur ein Entwurf war. Ich sah nicht ein, warum das eine Rolle spielen sollte, denn wir probierten ja auch nur. Bernard sagte, das sei streng vertraulich, denn es ging ja um meinen »Großen Plan«, das Stornieren des »Trident«-Auftrags, die Wiedereinführung der Wehrpflicht und so weiter. Mir war immer noch nicht klar, warum das ein Problem sein sollte – alle, außer uns an der Probe

Beteiligten, waren vorher vom MI5 überprüft und für unbedenklich erklärt worden. Also bestand ich darauf, daß sie den Entwurf meiner richtigen Ansprache in das Teleprompter-Dings eingeben sollten. Mir war wirklich nicht klar, warum Bernard sich in jeder Beziehung so wenig hilfreich verhielt.

Malcolm hatte einen ehemaligen BBC-Produzenten namens Godfrey Essex engagiert, der mich in der Kunst der Fernsehansprachen unterweisen sollte. 'n unheimlich netter Kerl, dachte ich. Klein, schlank, etwas grauhaarig, vornehm-zurückhaltend, sehr fernseherfahren, mit liebenswürdiger, intelligenter Ausstrahlung und einem Halstuch. Während Bernard und Malcolm den neuen Text in das Teleprompter-Dings eingaben, fragte ich ihn, wie ich denn so sei. Er machte mir unheimlich Mut und sagte, ich sei großartig.

Aber dann kam er auf einen interessanten Punkt zu sprechen. Das war der erste von vielen interessanten Punkten, auf die er zu sprechen kam. Er fragte mich, ob ich meine Brille tragen würde.

Ich bat ihn um seine Meinung.

»Das müssen Sie selbst entscheiden«, antwortete er vorsichtig. »Mit Brille sehen Sie respekteinflößend und gebieterisch aus; ohne – redlich und offen. Wie hätten Sie's gern?«

Das war die erste von vielen unvorhersehbaren quälenden Fragen, zu denen mir eine Entscheidung abverlangt wurde. Ich hatte nicht gewußt, daß solche Sachen eine Rolle spielen. Ich sagte Godfrey, ich möchte respekteinflößend und redlich aussehen.

»Es geht nur eins von beiden, wirklich«, behauptete er.

»Angenommen ...«, ich dachte einen Moment nach, »angenommen, ich fange mit ohne-Brille an und setze sie später auf!?«

»Das würde einen unentschlossenen Eindruck machen.«

Also, einen unentschlossenen Eindruck will ich unter gar keinen Umständen machen. Das wäre ja auch ein Zerrbild der Wahrheit. Ich wägte das Für und Wider ab, kam aber zu keiner Entscheidung.

»Wie wäre es mit einem Monokel?« schlug Bernard vor. Ich nehme an, das war wieder eines seiner üblichen dummen Witzchen.

Ich werde mich erst am Tag der Aufzeichnung entscheiden, ob ich eine Brille trage oder nicht.
Das Teleprompter-Dings war fertig, der neue Text erschien auf dem Bildschirm, und ich begann. Godfrey, Malcolm, Bernard und Fiona – eine charmante Maskenbildnerin – standen dichtgedrängt vor einem Monitor und betrachteten kritisch mein Fernsehbild. Ich kam mir vor wie ein Bazillus unter einem Mikroskop. Es ist schon ein merkwürdiges Gefühl, wenn man sieht, daß man so peinlich genau gemustert wird.
Der Anfang der Rede gefiel mir sehr gut. »Das ›Trident-Programm‹ ist zu teuer. Wenn wir es streichen, sparen wir Milliarden Pfund. Damit lösen wir wohlüberlegt und kompromißlos unsere nationalen Probleme.«
Godfrey unterbrach mich. Er sagte, das sei hervorragend, aber ich konnte ihm ansehen, daß ihm irgend etwas nicht gefiel. Während er mit mir sprach, fing auch noch Bernard an, auf mich einzureden, ich bat ihn, für einen Moment den Mund zu halten.
Godfrey sagte, ich würde mich zu weit nach vorn beugen, und dann sähe ich aus, als ob ich Hausratversicherungen verkaufen und den Kunden zur Unterschrift drängen möchte. Ich probierte einige Sitzpositionen, das Vor- und Zurücklehnen und einige Mimikvarianten aus. Godfrey war, ehrlich gesagt, mit nichts von dem, was ich ihm da anbot, hundertprozentig zufrieden. Bernard und Malcolm, die in einer Ecke gestanden und vor sich hin gemurmelt hatten, legten mir eine leicht veränderte Fassung der Rede vor: ›Wir werden eine breite Alternativenskala prüfen, im gesamten Bereich der Ausgabenpolitik.‹
»Bernard«, stieß ich immer wütender werdend hervor, »das sagt doch überhaupt nichts aus.«
»Oh, vielen Dank, Premierminister.«
Er hatte wieder mal nichts kapiert. »Das hat kein bißchen Schlagkraft«, zischte ich ihn sauer an.
»Sie sind zu freundlich, Premierminister«, erwiderte er voller Stolz schamhaft errötend.
»Nein, Bernard ... *das gefällt mir nicht*!«
Das überraschte ihn, aber gehorsam sah er sich den Text noch einmal an und suchte nach den passenden Worten, um ihm mehr

Schlagkraft zu verleihen: »Wie wäre es denn mit *umgehend* prüfen‹?«
Ich strafte ihn mit durchbohrenden Blicken. Er wurde zwar ein wenig nervös, ließ sich aber nicht aus dem Konzept bringen. »Ich bin wirklich der Ansicht, Premierminister, wir sollten das ein wenig abschwächen.«
Ich fragte Malcolm, ob *ihm* inzwischen etwas Schlagkräftigeres eingefallen sei. Er schlug vor: »Das ›Trident-Programm‹ ist für sie eine ziemlich hohe steuerliche Belastung; fünfzehn Milliarden Pfund sind viel Geld. Und deshalb prüfen wir sorgfältig, ob es auch wert ist, was es kostet.«
Das verwässerte ganz offensichtlich den Inhalt, aber ich akzeptierte den Kompromiß. Ich fragte Godfrey, ob man Zahlen erwähnen darf.
»Ja.« Er war sogar begeistert davon, daß ich Zahlen nennen wollte. »Wissen Sie, die kriegt sowieso keiner mit, und wenn, dann glaubt er sie bestimmt nicht. Aber dann meint man, Sie wissen genau, worüber Sie sprechen. Die Zuschauer wissen ja nicht, daß Sie das alles vom Teleprompter ablesen.«
Ein gutes Argument. Ich fragte ihn, ob ich ansonsten gut gewesen sei.
»Äh, ja, Sie waren nur ein bißchen langsam.«
Das stimmte – aber ich hatte nur so langsam gesprochen, weil sich der Text auf diesem Teleprompter-Dings so langsam nach oben bewegte. Aber deswegen muß ich mir keine Sorgen machen. Er erklärte mir, daß der sich meinem Rhythmus anpaßt – egal, ob man schnell oder langsam spricht, das Ding gehorcht einem aufs Wort.
Ich versuchte es. Ich sagte sehr langsam:
»Das ... ›Tri ... dent‹ ... pro ... gra ... mmm ... ist ... für ... Sie ...« und dann sprach ich plötzlich, so schnell ich konnte: »... eine-ziemlich-hohe-steuerliche-Belastung-fünfzehn-Milliarden-Pfund-sind ... viel ... Geld ... und ... des ... halb ... prüfen ... wir ...« Jetzt sprach ich wieder mit Grabesstimme, so langsam ich konnte. Das funktionierte tatsächlich! Eine tolle Erfindung; man kann völlig frei reden, aber es ist unheimlich schwer, dabei einen ganz natürlichen, ungezwungenen Eindruck

zu machen, damit keiner merkt, daß man abliest. Ich glaube, ich habe trotzdem ziemlich schnell kapiert, wie das läuft.
Spitzmündig pickte sich Godfrey ein Wort aus dem ersten Absatz meiner Rede raus. »Premierminister, bitte, sagen Sie nicht für ›Sie‹ eine ziemlich hohe steuerliche Belastung. Man denkt dann, Sie gehören nicht zum Volk; so spricht der Herrscher zu den Untertanen. Wir hier oben, ihr da unten.«
Schon wieder ein stichhaltiges Argument. Ich wollte wirklich für »uns« eine ziemlich hohe steuerliche Belastung sagen. Ich bezahle ja schließlich auch Steuern!
Bernard hatte immer noch Angst, daß dieser Teil der Rede etwas zu direkt war. Das sah ich nicht so, bis er mich darauf hinwies, daß viele Arbeitsplätze in diesem Land von der »Trident« abhängig sind. Er meinte, bevor wir nicht mit den Gewerkschaften gesprochen hätten, sollten wir die Katze lieber nicht aus dem Sack lassen.
Nach einigem Nachdenken gelangte ich zu der Ansicht, er könnte vielleicht recht haben. Malcolm präsentierte mir eine andere Alternative: »Die Verteidigungsausgaben sind einer der Bereiche, die sorgfältig geprüft werden; wir wollen die gleiche Verteidigungsbereitschaft geringkostig erzielen.«
Ich fand, das klang sehr vernünftig. Aber Godfrey sagte, das sei zu lang; wir sollten lieber zwei Sätze daraus machen. »Premierminister, wir haben festgestellt, wenn ein Satz aus mehr als drei Zeilen besteht, haben, bevor er beendet ist, die meisten vergessen, wie er begann. Den eingeschlossen, der ihn spricht.«
Also machten wir aus einem langen zwei kurze knappe Sätze.
Godfrey machte sich schon wieder Gedanken wegen meiner Haltung. Es gefiel ihnen offensichtlich immer noch nicht, wie ich hinter dem Tisch saß. Er sagte mir, ich hätte wieder angefangen, mich nach vorn zu beugen.
Das konnte und wollte ich wirklich nicht ändern. »Das mache ich«, erklärte ich ihm, »wenn ich aufrichtig aussehen will.«
»Das Problem ist nur«, antwortete er, »wenn Sie das machen, sehen Sie aus wie jemand, der aufrichtig aussehen will. Wenn Sie sich mehr zurücklehnen, sehen sie locker und souverän aus.«
Ich lehnte mich sofort zurück. »Nein, nicht zu weit«, protestierte

Godfrey sofort, »sonst sehen Sie aus wie jemand, der zu Mittag nur etwas Flüssiges zu sich genommen hat.«
Der Eindruck darf ja nun auf gar keinen Fall entstehen! Ich setzte mich kerzengerade auf und fragte erst mich und dann Godfrey, was ich tun soll, wenn ich aufrichtig aussehen will, mich aber nicht nach vorn beugen darf.
Godfrey hatte eine Lösung: »Wir markieren selbstverständlich gern die Stellen, wo Sie aufrichtig aussehen wollen; dann runzeln Sie die Stirn ein wenig und sprechen nicht mehr so schnell, hm!?«
Soweit, so gut. Aber dann fing er auch noch an, mir Schauspielunterricht zu geben. Er sagte mir, mein Gesicht wirke ein wenig hölzern und ausdruckslos! So etwas hatte mir noch nie jemand zu sagen gewagt. Ich wußte nicht genau, was ich davon halten und wie ich darauf reagieren sollte.
Er erklärte mir, daß man in einem normalen Gespräch Kopf, Augenbrauen, Wangenmuskeln und so weiter bewegt und fügte hinzu, ich sollte mich vom Teleprompter nicht zu einem Zombie machen lassen.
Ich versuchte es noch einmal. Meine Bemühungen, meine Gesichtsmuskeln spielen zu lassen, provozierten in der äußersten Ecke des Studios, wo die Techniker rumlungerten, albernes Gekicher. Godfrey war der Ansicht, ich hätte ein ganz kleines bißchen übertrieben.
Bernard machte sich schon wieder Gedanken wegen des Absatzes der Rede, den Malcolm schon zweimal geändert hatte; da hieß es nach wie vor: »Verteidigungsausgaben sind für uns einer der Bereiche, die wir überaus sorgsam prüfen werden.« Er war immer noch der Ansicht, das sei auf eine geradezu gefährliche Art und Weise direkt. »Wenn Sie klar und unmißverständlich von ›Verteidigungsausgaben‹ sprechen, wird das in Städten wie Devonport, Portsmouth, Rosyth, Aldershot und Bristol unweigerlich Angst und Besorgnis zur Folge haben.«
Mir war sofort klar, was er meinte. In all diesen Städten geht es um unheimlich knappe Wahlkreise. Ich bat ihn, das abschwächend umzuschreiben. Wir probten inzwischen mit einem anderen Teil der Rede weiter.
Da hieß es: »Sie kennen dieses dumme Gerede von der Opposi-

tion. Die sagen, wir verschwenden Millionen. Die sagen, wir verkaufen uns an die Vereinigten Staaten. Ich sage: als die an der Macht waren, gab es nur Chaos, da ging es bergab mit der Wirtschaft Großbritanniens.«
Diesmal hatte Godfrey etwas gegen den Inhalt der Rede einzuwenden.
»Premierminister, darf ich bitte etwas vorschlagen ... attackieren Sie die Opposition nicht.«
Ich war ein wenig enttäuscht von ihm; eine solche, mir völlig unverständliche Reaktion, hätte ich ihm nicht zugetraut. Das ist doch genau das, was die Partei hören möchte.
Aber Godfrey vertrat einen überaus interessanten Standpunkt. Er argumentierte, daß die Partei mich sowieso wählen wird. Wenn ich die Opposition attackiere, werde ich für die Wechselwähler zu einer negativen, Zwietracht säenden Figur. Wenn er recht hat, müssen wir natürlich versuchen, das um jeden Preis zu vermeiden. Godfrey gab mir auch den Rat, niemals auf Vorwürfe, die irgendwelche Leute gegen mich vorbringen, zu reagieren. Damit verschaffe ich den Kritikern nur noch mehr Publicity. Er ist auch der Meinung, daß die Leute glauben werden, ich mache mir ernsthaft Sorgen um die Opposition, wenn ich darauf verzichte, sie zu attackieren.
Jetzt wußte ich wirklich nicht mehr, was ich über die sagen sollte. Er gab mir eine ganz simple Antwort: »Erwähnen Sie die überhaupt nicht. Alles, was Sie sagen, muß warmherzig und freundlich klingen, natürlich respekteinflößend, aber überaus gütig. Der ›Vater der Nation‹. Könnten Sie versuchen, Ihre Stimme ein bißchen zu senken!?«
Es fiel mir wahnsinnig schwer, mit tieferer Stimme zu sprechen. Es hörte sich unheimlich aufgesetzt und verlogen an; wie eine Paul-Robeson-Parodie.[35] Ich mußte mir sagen lassen, ich müßte Sprechunterricht bei jemandem von der RSC[36] nehmen, wenn ich das richtig in den Griff kriegen wollte. Na ja, was soll's, ich überhörte diese Bemerkung, und sprach das nächste Stückchen meiner Rede mit der schwärzesten Baßstimme, die ich meinen Stimmbändern zumuten konnte. Sie haben unsere Goldreserven wie Butter in der Sonne zum Schmelzen gebracht, sie haben

unseren Export kaputtgemacht, sie haben uns niederträchtige, sittenwidrige Verträge aufgezwungen...« Noch während ich sprach wurde mir klar, daß ich auch auf diese brillante, knallharte Formulierung würde verzichten müssen. Welch ein Jammer!
Godfrey wechselte ein paar Worte mit Malcolm, und sie fügten statt dessen eine optimistische, positive Passage über mich und die Zukunft ein. Ich glaube, er hat vielleicht recht, daß das besser ist, als negative Dinge über die Vergangenheit zu sagen: »Wir versprechen eine bessere Zukunft für unsere Kinder. Wir versprechen ein friedliebendes und blühendes Großbritannien. Ein Großbritannien, das inmitten der Gemeinschaft der Nationen dieser Erde, glücklich und stolz erhobenen Hauptes dasteht.«
Das fand ich wahnsinnig gut. Ich fragte die beiden, wo sie das her hatten. Ich mußte erfahren, daß der Text aus der letzten Parteisendung des Oppositionsführers stammte. Na ja, also, das müssen wir unbedingt umschreiben.
Godfrey wollte nochmal auf mein äußeres Erscheinungsbild zurückkommen. Ich bereitete mich innerlich darauf vor, daß er wieder an meiner Gestik und meiner Mimik und an meiner Stimme herumkritisieren würde, aber er wollte erst mal nur über meine Kleidung mit mir sprechen.
»Was möchten Sie tragen?«
»Was schlagen Sie vor?«
»Ein dunkler Anzug steht für traditionelle Werte.«
Ich sagte, ich werde einen dunklen Anzug tragen.
»Andererseits steht ein heller Anzug für Modernität, Weltoffenheit und Aufgeschlossenheit.«
Schon wieder saß ich in der Klemme. Traditionelle Werte oder Weltoffenheit. Und wieder wollte ich natürlich beides ausstrahlen. »Wie wär's mit einem helleren Jackett und einer dunkleren Weste!?«
»Nein, Premierminister, das würde aussehen, als hätten Sie ein Identitätsproblem. Sie könnten es natürlich mit einem Tweed-Anzug versuchen, der eine innige Beziehung zu den ländlichen Gebieten Großbritanniens suggeriert. Umwelt, Erhaltung, Bewahrung und so weiter.«
Das klang nun wieder sehr gut. Aber Godfrey konnte mir noch

andere Möglichkeiten anbieten. »Ein Sportsakko wäre vielleicht nicht schlecht ... das macht einen ungezwungenen, zugänglichen Eindruck.«

Ich machte Godfrey klar, daß ich all das bin und über all diese Qualitäten verfüge.

Er reagierte fabelhaft. Er sagte mir, das müßte ich nicht sofort entscheiden und gab mir eine Liste mit den wesentlichen Anhaltspunkten, damit ich in Ruhe darüber nachdenken kann. »Wenn Sie all das sind, beziehungsweise vorhaben, eine dementsprechende Politik zu verfolgen, sollten Sie besonders sorgfältig über das nachdenken, was Sie nicht sind, beziehungsweise nicht vorhaben. Oder wovon der Zuschauer unter Umständen meinen könnte, daß Sie es nicht sind, beziehungsweise nicht vorhaben. Das heißt, wenn sie vorhaben, in Großbritannien vieles zu verändern, müssen Dekoration und Kleidung für traditionelle Werte stehen und auf den Zuschauer beruhigend wirken. Also: dunkler Anzug, Eichentäfelung, Lederbände und schöne alte Gemälde. Aber wenn Sie absolut keine neuen Ideen anbieten, nehmen wir einen sehr modernen Anzug, moderne High-Tech-Möbel, eine knallgelbe Tapete und ein paar abstrakte Gemälde.«

Fiona zog Godfrey beiseite, um mit ihm kurz über mein Make-up zu sprechen. Ich beobachtete die beiden mit gemischten Gefühlen. Es ist ja, ehrlich gesagt, irgendwie ganz schön, wenn man bemuttert und verhätschelt wird, aber ich konnte alles, was sie sich zuflüsterten und was garantiert nicht für meine Ohren bestimmt war, genau hören.

»Godfrey, sind Sie eigentlich mit dem grauen Haar glücklich, oder färben wir es ein!?«

»Nein, nein, ich find's ganz gut.«

»Und was ist mit der Stirnglatze?«

»Was, wieso Fratze!?« sagte ich, um ihnen zu verstehen zu geben, daß ich alles, was sie sich zuflüsterten, genau verstehen konnte.

Godfrey drehte sich zu mir um. »Äh, die hohe Stirn meint sie«, sagte er.

»Äh, ja, die hohe Stirn, ja«, sagte sie.

Das, was ich als nächstes zufällig zu hören bekam, war auch nicht unbedingt erfreulich; aber Godfrey hatte mich, als er den

Job angenommen hatte, darauf hingewiesen, daß er mir nur behilflich sein könnte, wenn er zu allem und jedem offen und ehrlich seine Meinung sagen dürfte. Er und Fiona starrten mich an, dann glotzten sie wieder auf mein großaufnahmiges Konterfei auf dem Monitor, starrten mich noch mal an und wandten sich wieder der Mattscheibe zu. »Ähm, Fiona ... können wir da was machen, ähm ... ich meine, mit den Augen, äh ... damit sie nicht so eng zusammenstehend aussehen?«

»Ja, natürlich.« Sie sah da offenbar kein Problem. Ich auch nicht.

»Soll ich auch die Tränensäcke ein bißchen heller und die blassen Wangen ein bißchen dunkler schminken?« Er nickte.

»Aber das größte Problem ist die Nase.«

Jetzt reichte es mir. »Die Nase!?« schaltete ich mich in ihre Flüsterei ein.

Godfrey versicherte mir, meine Nase als solche sei kein Problem. Es ginge nur um ein Beleuchtungsproblem. Aus irgendeinem unerfindlichen Grund würde meine Nase einen langen Schatten auf meine linke Gesichtshälfte werfen, sagte er.

Jetzt hatte ich endgültig die Schnauze voll. Ich sagte ihnen, ich würde ganz gern weiterproben. Aber Godfrey fragte Fiona, ob sie noch ein anderes Problem sähe und versicherte mir nochmals, daß das alles in meinem Interesse läge: Je besser ich im Fernsehen aussehe, um so größer sind meine Chancen, die nächste Parlamentswahl zu gewinnen. Da hat er natürlich wieder recht.

»Das allergrößte Problem sind die Zähne«, sagte Fiona und wandte sich mir zu.

»Würden Sie bitte mal lächeln, Premierminister?«

Ich lächelte. Sie starrten mich mit traurigen Augen an. Godfrey seufzte. »Ja«, sagte er mit abgrundtiefer Melancholie in der Stimme. Und dann schlenderte er locker mit den Händen in den Hosentaschen zu mir an den Tisch. »Premierminister, wie wäre es mit einer kleinen Zahnkorrektur!?«

Das empfand ich, gelinde gesagt, als Unverschämtheit. »Können wir jetzt bitte endlich weiterproben!?« zischte ich wütend durch meine zusammengepreßten Lippen. Aber Godfrey ließ nicht locker. »Ihre Zähne müßten ja nur ein bißchen ›geradegebogen‹ werden. Wissen Sie, der wahlberechtigte Bürger stochert gern in so kleinen Schwächen herum. Und bei Harold Wilson hat der Gang zum Zahnarzt Wunder gewirkt. Hier, sehen Sie mal.« Fiona legte mir zwei Fotos von Harold Wilson auf den Tisch, vor und nach seiner Zahnkorrektur.

Nächste Woche gehe ich zum Zahnarzt.

[Wir hatten das große Glück, diese beiden Fotos unter Hackers privaten Papieren zu finden, wo er sie zusammen mit der Kassette dieser Passage seines Tagebuchs aufbewahrt hat. Wir sind also in der glücklichen Lage, diese beiden Fotos abdrucken zu können – d.H.]

Also ging das ganze Theater noch mal von vorn los. Ich lehnte mich zurück, natürlich nicht zu weit. Ich sprach mit tiefer Stimme, ließ dezent meine Gesichtmuskeln spielen, bewegte meine Augenbrauen und las mit wechselndem Tempo folgenden Text vom Teleprompter ab: »Wir werden natürlich eine breite Alternative prüfen, im gesamten Bereich der Ausgabenpolitik ...« Dann fiel mir auf, daß das genau der Text war, mit dem wir angefangen hatten!

Jetzt wurde ich nun wirklich allmählich richtig wütend. Ich sagte Bernard, daß wir uns offenbar im Kreise drehen würden.

»Premierminister«, sagte er, »ich halte das wirklich für das Geeignetste, das paßt am besten ...«

»Ach was, das ist doch absolut nichtssagend«, unterbrach ich ihn. Er wollte unbedingt anderer Meinung sein als ich und mit mir streiten. »Nicht unbedingt nichtssagend, Premierminister, ich würde eher sagen unverbindlich.«

Ich gab allmählich die Hoffnung auf, daß wir uns jemals auf einen vernünftigen Text einigen würden. Ich bat Godfrey um seine Meinung.

Aber der dachte natürlich nicht daran, mir zu sagen, was er dachte, und zog sich geschickt aus der Affäre. Ich mache ihm deswegen keinen Vorwurf. Das ist ja auch nicht sein Problem.

»Es bleibt natürlich Ihnen überlassen, Premierminister, ich kann dazu nur sagen, wenn Sie *das* sagen wollen; dann nehmen wir einen sehr modernen Anzug, moderne High-Tech-Möbel, eine knallgelbe Tapete und ein paar abstrakte Gemälde. Um zu kaschieren, daß Sie absolut keine neuen Ideen anbieten.«

Ich sagte ihm, dann würde ich doch lieber meine ursprüngliche, dynamische Ansprache über den »Großen Plan« halten.

»Dann«, sagte Godfrey liebenswürdig, »nehmen wir den traditionellen Hintergrund, den beruhigenden: dunkler Anzug, Lederbände, Eichentäfelung und schöne alte Gemälde.«

Bernard drehte beinahe durch, als er hörte, daß ich vielleicht über meinen »Großen Plan« sprechen will. »Premierminister, ich bitte Sie inständig, sich das noch einmal in aller Ruhe gründlich zu überlegen.«

Jetzt hielt ich den Moment für gekommen, meine Position klar zu umreißen. Ich sagte ihm und den anderen, daß ich mich in meiner ersten Fernsehansprache als Premierminister unbedingt mit einem Thema von Belang klar und unmißverständlich ausein-

andersetzen muß. Ich kann mich doch nicht einfach vor die Kameras setzen und vor mich hin schwafeln. Meine Rede muß Biß haben.
Bernard sagte, da würde er voll und ganz mit mir übereinstimmen (was übrigens nicht der Fall war), fragte mich aber, ob ich nicht ein weniger kontroverses Thema wählen könnte.
Ich machte ihm klar, daß ein weniger kontroverses Thema logischerweise auch weniger Biß haben würde als ein in höchstem Maße kontroverses Thema.
»Aber einige weniger kontroverse Themen können durchaus auch Biß haben, oder!?«
»Zum Beispiel?« Ich wartete gespannt auf seine Vorschläge.
»Na ja, äh ... Müll!« Wollte er mich auf den Arm nehmen? »Eine kompromißlose Attacke gegen die Leute, die ihren Müll überall abladen und die Umwelt verschmutzen. Oder ›vorsichtigeres Autofahren‹. Oder ›Energiesparen‹. Da gibt es doch jede Menge Themen.«
Ich machte ihm einen Gegenvorschlag. Ich bat ihn, seine eigene Energie zu sparen.
Godfrey kam auf den letzten wichtigen Punkt zu sprechen. Die Eröffnungsmusik. Da gilt offenbar dasselbe wie für alle anderen Sachen: Bach: neue Ideen, Strawinsky: nichts Neues.
Ich wies Godfrey darauf hin, es wäre vielleicht angebracht, sich für Musik eines britischen Komponisten zu entscheiden. Für Musik, die meinem Image entspricht. Diese Idee schien ihm zu gefallen. »Vielleicht ... Elgar?«
»Ja«, sagte ich, »aber auf keinen Fall diesen nationalistischen Marsch ... ›Land of Hope and Glory‹.«
»Wie wäre es denn mit den ›Variationen über ein Rätsel‹ ... Opus 36?« schlug Bernard vor. Ich brachte ihn mit einem eiskalten Blick zum Schweigen.
[Drei Tage später schickte Bernard Woolley eine Hackers Fernsehansprache betreffende Notiz an Sir Humphrey Appleby. Glücklicherweise gelangte sie mit den Dokumenten, die nach Ablauf der dreißigjährigen Sperrfrist freigegeben wurden, ans Licht der Öffentlichkeit. Wir drucken sie im Folgenden ab – d.H.]

10 DOWNING STREET

From the Principal Private Secretary

13. Februar

Lieber Humphrey,

Ich befürchte, die Fernsehansprache sieht alles andere als vielversprechend aus.

Der Premierminister hat sich für einen dunklen Anzug und Eichentäfelung entschieden. Das bedeutet, er hat vor, in seiner Ansprache etwas fundamental Neues zu sagen, sonst würde er wohl kaum auf traditioneller, konventioneller, beruhigender Ausstattung bestehen.

Ich weiß, daß das einige Probleme für Sie mit sich bringt, aber ihm liegt sehr viel daran.

Viele Grüße

B. W.

...

[Am nächsten Tag erhielt Bernard Woolley folgende Antwort – d. H.]

70 WHITEHALL, LONDON SW1A 2AS

From the Secretary of the Cabinet and Head of the Home Civil Service

14. Februar

Lieber Bernhard,

des Premierministers Intention, im Fernsehen über seinen sogenannten „Großen Plan" zu sprechen, ist ein bestürzender Anlaß zu äußerster Besorgnis.

Die Tatsache, daß ihm sehr viel daran liegt, ist doch – ganz gleich von welcher Warte aus gesehen – nicht von geringster Relevanz. Noch nie wurde etwas realisiert, bloß weil Premierministern sehr viel daran lag. Neville Chamberlain lag sehr viel am Frieden.

Wir hatten gehofft, daß Sie eben dieses zu vermeiden in der Lage sein würden.

Wie ist es dazu gekommen?

Viele Grüße

AA

[Bernard Woolley antwortete umgehend – d.H.]

10 DOWNING STREET

From the Principal Private Secretary

14. Februar

Lieber Humphrey,
Die Erklärung für das hartnäckige Verhalten des Premierministers in dieser Angelegenheit ist in seiner Ansicht, daß diese Politik Stimmen bringt, begründet.
Seine Partei hat eine Meinungsumfrage durchführen lassen. Offenbar ist die Mehrheit der Wähler für die Wiedereinführung der Wehrpflicht.

Viele Grüße
B. W.

Sir Bernard Wolley erinnert sich:[37]
Ja, ich erinnere mich sehr gut an diesen Schriftwechsel. Humphrey Appleby war alles andere als erfreut, daß es mir trotz größter Anstren-

gung nicht gelungen war, Hackers Rede zu entschärfen.
Er bat mich, im Kabinettsamt vorbeizukommen, weil er mit mir über die schreckliche Situation, in die wir geraten waren, sprechen wollte. Sein Interesse galt vor allem der von der Partei in Auftrag gegebenen Meinungsumfrage, die mir in meinem Bestreben, den Premierminister zu einer anderen Meinung zu bringen, als unüberwindbares Hindernis erschienen war. Er hatte eine unglaublich einfache Lösung parat: eine andere Meinungsumfrage! Eine, die beweisen würde, daß die Mehrheit der Bürger gegen die Wiedereinführung der Wehrpflicht war.
Ich war damals zugegebenermaßen noch ein bißchen naiv. Mir war nicht klar, wie die Wähler dafür *und* dagegen sein konnten. Aber der gute alte Humphrey erklärte mir, wie so etwas gemacht wird.
Das Geheimnis ist, daß der »Mann auf der Straße« von einer netten attraktiven jungen Dame mit Kugelschreiber und Schreibblock angesprochen wird, die ihm *mehrere* Fragen stellt. Der »Mann auf der Straße« will natürlich einen guten Eindruck machen und nicht als Trottel dastehen. Also stellt die nette junge Dame Fragen, die so formuliert sind, daß sie nur von vornherein feststehende Antworten zulassen.
Humphrey spielte die »nette, attraktive junge Dame« und ich mußte als »Mann auf der Straße« agieren. »Mr. Woolley, sind Sie beunruhigt wegen der vielen jungen Menschen, die keine Arbeit haben?«
»Ja«, sagte ich.
»Auch wegen der immer mehr ansteigenden Jugendkriminalität?«
»Ja.«
»Glauben Sie, daß es an unseren Gesamtschulen an Disziplin fehlt?«
»Ja.«
»Glauben Sie, daß junge Menschen ein bißchen Autorität und Führung begrüßen würden?«
»Ja.«
»Glauben Sie, die jungen Menschen würden sich großen Aufgaben stellen?«
»Ja.«
»Würden Sie befürworten, daß die Wehrpflicht wieder eingeführt wird?«
»Ja.« Ich habe natürlich auch die letzte Frage mit »Ja« beantwortet. Wenn man nicht einen inkonsequenten Eindruck machen wollte, hätte

man ja wohl auch kaum mit »Nein« antworten können. Dann streichen die Meinungsforschungsinstitute die ersten fünf Fragen und publizieren nur die letzte.

Die seriösen Institute haben das natürlich nicht gemacht, aber davon gab es nicht eben viele. Humphrey schlug vor, eine Meinungsumfrage durchzuspielen, die nicht von der Partei, sondern vom Verteidigungsministerium in Auftrag gegeben worden war. Das taten wir. Er stellte mir folgende Fragen: »Mr. Woolley, sind Sie in Sorge wegen der Gefahr eines Krieges?«

»Ja«, antwortete ich offen und ehrlich.

»Sind Sie in Sorge wegen der ständigen Aufrüstung?«

»Ja.«

»Halten Sie es für gefährlich, jungen Leuten Waffen zu geben, und ihnen das Töten beizubringen?«

»Ja.«

»Halten Sie es für falsch, daß man Menschen zwingt, Waffen in die Hand zu nehmen?«

»Ja.«

»Lehnen Sie es ab, daß wir in Großbritannien die Wehrpflicht wieder einführen?«

Ich sagte »Ja«, ohne mir dessen bewußt zu sein; verstehen Sie!?

Humphrey strahlte vor Freude. »Tja, da haben Sie's, Bernard«, sagte er, »immer so, wie man's gerade braucht.«

Humphrey war wirklich ein brillanter Kopf und sprühte vor Einfallsreichtum. Es war ein Vergnügen, so eng mit ihm zusammenarbeiten zu dürfen.

Er gab mir noch ein paar wertvolle Tips. Der Premierminister wollte seine Fernsehansprache in drei oder vier Wochen halten. Der Kabinettsstaatssekretär forderte mich auf, Hacker zu sagen, er solle sie schon in elf Tagen halten.

Ich wies darauf hin, daß der Premierminister vielleicht dagegen sein würde. Denn da blieb ihm ja nicht mehr viel Zeit. Humphrey hatte mit meiner Reaktion gerechnet. Er riet mir, Hacker zu sagen, ich hätte gerade vom Paritätischen Rundfunkrat erfahren, daß die Oppositionen in *achtzehn* Tagen mit einer parteipolitischen Sendung im Fernsehen sei und daß er zwar das Recht habe, seine Ansprache vorher zu halten, die erste politische Ansprache seiner Amtszeit aber der Opposition

überließe, wenn er dieses Recht nicht wahrnehmen würde.
Ich war nicht sicher, ob Humphrey mir die Wahrheit sagte und stellte ihm diesbezüglich eine überaus direkte Frage.
»Ja, es wird wahr sein«, sagte er lächelnd, »wenn Sie es ihm erst morgen früh sagen.«
Der Wunsch, Hackers Fernsehansprache früher als von ihm geplant über die Bildschirme flimmern zu lassen, war schlicht und einfach ein Versuch, ihn auszutricksen. Dann würde er nicht über seine neue Politik sprechen können, denn innerhalb der ihm noch verbleibenden elf Tage konnte er den Übersee- und Verteidigungsausschuß nur noch einmal einberufen – in einer einzigen Sitzung würde er seine Kabinettskollegen nicht dazu bewegen können, einer so fundamentalen Änderung der politischen Richtung zuzustimmen.
Zu diesem Zeitpunkt waren seine Kollegen weitgehend für diese Politik. Aber nur persönlich. Nur politisch. Nicht *offiziell*!
Ihre offizielle Meinung in ihrer Eigenschaft als verantwortliche Minister mußten sie sich selbstverständlich auf der Basis der Meinungen ihrer Berater bilden.

[In Whitehall wurden Konferenzen ausnahmslos protokolliert. Interministerielle Konferenzen waren da keine Ausnahme. Alles mußte zu Papier gebracht werden; als Urkunde dessen, was entschieden worden war, und wie die getroffenen Entscheidungen ausgeführt werden sollten. Es herrschte Übereinstimmung, daß Protokolle die essentielle Grundlage kontinuierlichen, verläßlichen Regierens seien. Aber eine Konferenz wurde trotzdem nie protokolliert: das wöchentliche Treffen der Ständigen Staatssekretäre, das jeweils mittwochs – einen Tag vor der Kabinettssitzung – im Büro des Kabinettsstaatssekretärs stattfand. Hierbei handelte es sich um inoffizielle »auf-Tuchfühlung-bleiben-Gespräche« ohne Tagesordnung.
Zur Freude vieler Historiker hat Sir Humphrey aus naheliegenden selbstzweckdienlichen Gründen private Aufzeichnungen zu einigen dieser Gespräche gemacht. Er hat sie bis zu seinem Tode argwöhnisch gehütet – Lady Appleby war so liebenswürdig, uns den Zugang zu diesen Aufzeichnungen zu ermöglichen. Unter ihnen befindet sich auch ein Protokoll der »Ständigen-Staatssekretärs-Gedankenaustauschs-Konferenz« vom Mittwoch d. 15. Februar – d.H.]

Überaus nützliche Plauderei heute vormittag. Anwesend waren neben anderen Dick, Norman, Giles und David. *[Sir Richard Wharton, Ständiger Staatssekretär im Außenministerium; Sir Norman Coppit, Ständiger Staatssekretär im Verteidigungsministerium; Sir Giles Bretherton, Ständiger Staatssekretär im Ministerium für Bildung und Wissenschaft; und Sir David Smith, Ständiger Staatssekretär im Arbeitsministerium – d. H.]*
Wir diskutierten den sogenannten »Großen Plan« des Premierministers. Wir waren uns von vornherein einig, daß die Idee, auf »Trident« und Marschflugkörper zu verzichten und die Wehrpflicht wieder einzuführen, um die konventionellen Streitkräfte zu verstärken, sowohl ein neuartiges als auch ein einfallsreiches Ansinnen sei.
[Diese beiden Adjektive offenbaren, in welch hohem Maße die anwesenden Beamten von Verachtung und Animosität bezüglich Hackers Politik bestimmt waren – d. H.]
Wir stimmten darin überein, daß wir als loyale Ständige Staatssekretäre die Pflicht haben, alles in unserer Macht Liegende dazu beizutragen, damit diese Politik realisiert werden kann.
Nichtsdestotrotz bemächtigte sich unser der Verdacht, daß unsere politischen Herren und Meister die gesamte Bandbreite denkbarer Auswirkungen unter Umständen nicht global gewürdigt hatten. Folglich sahen wir uns veranlaßt, diesen Bereich überaus intensiv zu analysieren, um die Minister morgen wohlpräpariert in die Kabinettsausschußsitzung schicken zu können, in der der PM mit ihnen über sein Vorhaben beraten will.
Dick sagte, aus der Sicht des Außenministeriums sähe er einige Probleme. Die Amerikaner werden auf gar keinen Fall dafür sein. Nicht, daß die britische Politik von den Amerikanern bestimmt wird – gütiger Himmel, nein! – aber in der Praxis, wie wir alle wissen, gebietet es die Vernunft, hinsichtlich neuer Initiativen mit Washington zu einem Konsens zu kommen. Als wir uns vor dreißig Jahren einmal nicht darum bemühten, hatte das verhängnisvolle Folgen. Ich wies Dick darauf hin, daß der Premierminister sich möglicherweise nur vage an die Ereignisse am Suez-Kanal[38] erinnern kann und dieses Argument ihn vielleicht nicht beunruhigen wird. Er wird auch nicht unbedingt den Eindruck erwecken wollen, als würde er vor den Amerikanern einen Kotau machen.
Dick brachte ein weiteres Argument vor: gleich zu Beginn seiner

Amtszeit die »Trident« zu streichen, könnte eventuell als Schwäche interpretiert werden. Ein Zugeständnis an die Russen. Kein Mut, keine Entschlußkraft. Wir vereinbarten, daß dies die Basis der Außenministeriums-Argumentation sein sollte. Der Premierminister schätzt mutiges Handeln – aus sicherer Entfernung. Ich fragte Dick, ob er uns eben mit der schon feststehenden Ansicht des Außenministers vertraut gemacht hatte. Dick äußerte sich zuversichtlich, daß dies morgen die Ansicht des Außenministers sein wird.

Am meisten war Norman wegen der neuen Politik beunruhigt, denn als Ständiger Staatssekretär im Verteidigungsministerium wird er deswegen am häufigsten in Mitleidenschaft gezogen. Der Verteidigungsminister ist im Moment völlig verwirrt – sein größtes Problem ist, daß die Ratschläge, die er von Navy, Army und RAF erhält, nicht immer identisch sind. Es besteht selbstverständlich eine grundsätzliche Übereinstimmung, aber die haben nun mal leider außer sich selbst niemanden, an dem sie ihre kriegerischen Instinkte abreagieren können. Wie immer dem auch sei, das, was die drei Waffengattungen wie eine verschworene Gemeinschaft zusammenhält, ist ihre unnachgiebige Opposition gegen die Wehrpflicht. Sie haben nichts gegen die jungen Menschen in diesem Land, aber sie wollen um jeden Preis verhindern, daß ihre hervorragend ausgebildeten Elitetruppen vom Pöbel unterwandert werden. Innerhalb der NATO genießen die britischen Offiziere den Ruf, über die höchste Qualifikation hinsichtlich Menschenführung zu verfügen. Es ist allgemein bekannt und entspricht den Tatsachen, daß es in der NATO kaum Menschen, die es zu führen gilt, gibt, was aber möglicherweise der Grund dafür sein mag, daß die britischen Offiziere über so hohe Führungsqualitäten verfügen.

Ich ließ Norman gegenüber durchblicken, daß der Premierminister die Opposition der Generalstabs-Chefs vielleicht nicht als das zwingende Argument akzeptieren wird.

Norman war der Meinung, die Argumentation des Verteidigungsministeriums sollte auf einen ganz simplen Nenner gebracht werden: Die »Trident« ist das Beste, und Großbritannien muß das Beste haben. Dies ist ein Argument, zu dem der Verteidigungsminister Zugang zu finden unter Umständen in der Lage sein müßte. Er ist selbst ein etwas simpler Mensch und wird es dieserhalb permanent mit Nachdruck vertreten können. Wir vereinbarten, daß Norman ihm ein wenig Schüt-

zenhilfe leisten soll.
Wir wandten uns dem Problemkreis des Ministeriums für Bildung und Wissenschaft zu. Giles meinte, aus bildungspolitischer Sicht könnte es mit der Wehrpflicht Schwierigkeiten geben. Unser Bildungssystem hat nachgerade triumphierend erfolgreich sozial integrierte, sich ihrer schöpferischen Schaffenskraft bewußte Kinder hervorgebracht, die meisterhaft Kunst und Methoden der Selbstverwirklichung beherrschen. Das MBW hat ausgezeichnete Arbeit geleistet und kann mit Recht stolz auf die Ergebnisse sein. Giles fürchtet, durch die Wehrpflicht würde nun zwangsläufig öffentlich bekannt werden, daß viele Schulabgänger im Grunde genommen nicht lesen, schreiben oder rechnen können. Also wird sich der DEPP[39] mit Händen und Füßen gegen die Wiedereinführung zur Wehr setzen.
Darüber hinaus wäre damit eventuell die Gefahr verbunden, daß die Streitkräfte die meisten der weiterbildenden Schulen übernehmen und sie zu Unterrichtszwecken benutzen. Wir waren uns alle einig, daß ein solcher, absolut überflüssiger, Eingriff in die Kompetenzen des MBW in kaum vorstellbarem Maße empörend wäre – eine Zweckentfremdung dieser Schulen.
Da die Wehrpflicht nicht unbedingt dem Bildungsbereich zuzuordnen ist, äußerte ich die Besorgnis, es könnte Giles' Minister möglicherweise schwerfallen, mit dem Veto des DEPP zu argumentieren. Giles war der gegenteiligen Ansicht und meinte, der DEPP und die Lehrergewerkschaften werden womöglich gegen seinen Minister vorgehen und ihm so lange das Leben zur Hölle machen, bis er damit argumentiert.
Ich fragte Giles, was er seinem politischen Herrn und Meister vorzuschlagen gedenke. Giles antwortete, die Wehrpflicht werde zwar vom MBW nicht als bildungsrelevant eingestuft, böte aber andererseits unbestreitbar den jungen eingezogenen Mitbürgern hervorragende Möglichkeiten, etwas zu lernen. Deshalb sei es schwer, dagegen zu opponieren. Als ob jemals einer von uns dagegen opponieren wollen würde.
Norman stellte zur Diskussion, ob man nicht argumentieren sollte, für intensive Beratungen dieses delikaten Themas hätte kein angemessener Zeitraum zur Verfügung gestanden. Es ist tödlich, Dinge durchpeitschen zu müssen.
Ich wies anregend darauf hin, daß es möglicherweise bildungsbezügli-

che Fragezeichen hinsichtlich der Referenzen des Mannes, der diese Idee vorangetrieben hat, geben könnte: Professor Rosenblum.[40] Giles stimmte begeistert zu. Er fand, man könnte argumentieren, Rosenblums Schlußfolgerungen würden eine peinlich-genaue, wissenschaftlich-fundierte Untersuchung als unabdingbar notwendig erscheinen lassen; oder, daß dieser Mann als Wissenschaftler suspekt sei. Er glaubt, sein Minister wird diese Ansicht vertreten, wenn sein Minister erst einmal die Fakten kennt. Giles fiel in der Tat plötzlich wieder ein, daß ein Papier, das sich äußerst kritisch mit dem Denkansatz der Rosenblumschen Überlegungen auseinandersetzt, vorgelegt werden wird. Es wird morgen früh vorgelegt. *[Diese Technik wird im Civil-Service-Kreisen, so wie beim Football, »nimm den Mann und nicht den Ball« genannt – d. H.]*

Zufällig wird dieses Papier von einem der Professoren geschrieben werden *[Hier unterlief Sir Humphrey ein grammatikalischer Flüchtigkeitsfehler. Er hätte formulieren sollen »war geschrieben worden« – d. H.]* der, als die Position des wissenschaftlichen Chefberaters der Regierung besetzt wurde, übergangen worden war. Mißgunst kann man ihm jedoch auf gar keinen Fall unterstellen – er ist lediglich der Meinung, Rosenblums Einfluß sei nicht unbedingt umfassend dem Wohle Großbritanniens dienlich.

Wir kamen überein, der vermutlich beste Weg, um Rosenblums Gefühle nicht zu verletzen, sei, ihn nicht von dem Papier und dessen Autor in Kenntnis setzen. Es wird von Giles in Form eines von ihm erarbeiteten Vorschlags zur Verteidigungspolitik dem Minister vorgelegt. *[Wenn man »den Mann und nicht den Ball nimmt« kommt es vor allem darauf an, so vorzugehen, daß der Mann, der genommen wird, nicht vorzeitig bemerkt, daß er genommen wird – d. H.]*

Abschließend beschäftigten wir uns mit den Auswirkungen auf das Arbeitsministerium. Wesentlicher Bestandteil des Hackerschen Rosenblum-Planes ist, daß der Dienst für die Nation beinhalten sollte, unsere jungen Mitbürger im Dienste der Allgemeinheit mit der Verrichtung nützlicher Aufgaben zu betrauen.

David meinte, das sei auf den ersten Blick eine hervorragende Idee. Es käme dann aber zu schwersten Auseinandersetzungen mit den Gewerkschaften. Man begibt sich unweigerlich aufs Glatteis, wenn man anfängt, Nicht-Gewerkschaftsmitgliedern Arbeit zu geben.

Das Vorhaben, ein paar Jugendliche die Wohnungen und Häuser älterer Mitbürger renovieren zu lassen, hätte einen landesweiten Aufschrei aller Maurer, Stukkateure, Maler, Klempner, Elektriker und Tischler, die das eigentlich tun sollten, zur Folge.
Wir waren uns einig, daß der Allgemeinheit zu dienen, überaus schädlich für die Allgemeinheit sein kann. Aber der Premierminister wird wahrscheinlich argumentieren, es sei doch sehr erfreulich, wenn die jungen Leute ihren Lebensunterhalt selbst verdienen, und die älteren Mitbürger mit ihrer Arbeit zufrieden sind. Dieses Argument ist natürlich eine grobe Vereinfachung, aber der Premierminister schreckt ja leider offenbar nie vor groben Vereinfachungen zurück.
David hatte eine brillante Idee. Er sagte, der Arbeitsminister könnte vielleicht damit argumentieren, daß die arbeitslosen Jugendlichen zur Zeit unfähig, gewerkschaftlich nicht organisiert, undiszipliniert und nicht ausgebildet seien. Sie stellen ein Problem dar – aber keine Bedrohung! Die Wiedereinführung der Wehrpflicht könnte unter Umständen zur Folge haben, daß die Armee in zwei Jahren eine Million geschulte, zum Töten ausgebildete Kämpfer entläßt, die dann wieder arbeitslos sind und unsere Straßen unsicher machen.
Wir stimmten einmütig darin überein, daß dies ein weitsichtiger und verantwortungsbewußter Standpunkt sei und ermutigten David, dafür zu sorgen, daß sich sein Minister diese Argumentation bis morgen früh zu eigen macht.
Zusammenfassend kann ich rückblickend sagen, wir waren uns ausnahmslos einig, daß wir nie versuchen würden, gegen die Politik des Premierministers, die, wie wir meinen, neuartig und einfallsreich sein muß, zu opponieren. Wir opponieren lediglich gegen die von ihm heraufbeschworene Hast.
[Appleby Papiere PA/121/LAX]

[Und nun wieder zu Hackers Tagebuch – d. H.]

16. Februar

Heute nachmittag Kabinettsausschußsitzung; meine Kollegen reagierten auf meinen »Großen Plan« ganz anders, als ich es erwartet hatte.

Er war der letzte Punkt der Tagesordnung. Ich sagte ihnen, ich hätte vor, die Öffentlichkeit in meiner Fernsehansprache am Freitag damit vertraut zu machen und ihn – wenn der Ausschuß zustimmen würde – am Donnerstag vormittag dem gesamten Kabinett und am Nachmittag dem Parlament vorzulegen.

Es herrschte Totenstille. Die interpretierte ich als allgemeine Zustimmung. Ich wollte noch ein paar abschließende Sätze sagen, als Duncan[41] das Wort ergriff.

»Premierminister, ich halte Ihren ›Großen Plan‹ für excellent«, begann er.

»Gut«, sagte ich.

»Ich gebe jedoch zu bedenken ... wenn Sie gleich zu Beginn Ihrer Amtszeit die ›Trident‹ streichen, könnte das von den Russen eventuell als Schwäche interpretiert werden.«

Humphrey reagierte mit mürrischem Brummen, nickte nachdenklich und sah mich kritisch-fragend an.

Ich war ein bißchen überrascht. Als ich das letzte Mal mit Duncan darüber gesprochen hatte, war er noch absolut dafür.

»Ich dachte, Sie sind für meinen ›Großen Plan‹. Er würde es uns ermöglichen, der NATO mit unseren verstärkten, zuverlässigen konventionellen Streitkräften den Rücken zu stärken.«

Duncan nickte, stimmte mir aber nicht zu. »Ja ... aber das könnte wie Feigheit aussehen. Das hätte womöglich einen beschwichtigungspolitischen Beigeschmack.«

Ich erklärte Duncan, ich würde seine Ansicht zur Kenntnis nehmen, obwohl er damit mutterseelenallein dastände. Man soll den Tag nicht vor dem Abend loben.

Hugh[42] machte den Mund auf und quälte mich und mein Gehör mit seiner nörgeligen Piepsstimme.

»Wissen Sie, Premierminister, obwohl ich auch der Meinung bin, daß Ihr ›Großer Plan‹ ein brillantes politisches Vorhaben ist, kommt man doch an der Tatsache nicht vorbei, daß die ›Trident‹ das Beste ist, und Großbritannien muß das Beste haben.«

Ich sah ihn erstaunt an. »Aber, Hugh«, sagte ich, »ich dachte, Sie wollten die ›Trident‹ unbedingt loswerden. Sie sagten, das sei eine völlig sinnlose Geldverschwendung.« Hugh geriet offensichtlich ein bißchen ins Schleudern. »Na ja ... ja, das sagte ich, aber inzwischen bin ich da nicht mehr so sicher. Ich habe die Papiere noch einmal gründlich durchgearbeitet. Da gibt es doch viel mehr, was sorgfältig abwägend überdacht werden müßte, als ich glaubte.« Ich starrte ihn eiskalt an. »Ähm ... ich bin lediglich dagegen, damit zu früh an die Öffentlichkeit zu treten, weiter nichts.«

»Ja, ich bin genau derselben Ansicht, Premierminister.«

Jetzt schlug sich auch noch Patrick[43] auf die Seite von Duncan und Hugh. Ich war sprachlos, also fragte ich ihn, warum.

»Weil der gesamte Plan auf Professor Rosenblums Schlußfolgerungen basiert. Ich habe Informationen, denen zufolge dieser Mann als Wissenschaftler suspekt ist. Mir ist gerade erst ein höchst brisantes Papier vorgelegt worden, das sich äußerst kritisch mit dem Denkansatz der Rosenblumschen Überlegungen auseinandersetzt.«

»Aber, Patrick«, sagte ich mit wachsender Unruhe, »wir waren uns doch einig, daß wir mit der Wiedereinführung der Wehrpflicht sowohl unser Problem der Jugendarbeitslosigkeit als auch unsere Verteidigungsprobleme lösen und gleichzeitig unsere Verteidigungsbereitschaft beträchtlich erhöhen können.«

Statt Patrick antwortete Tom.[44] »Ja, aber kurz nach unserem Gespräch kam mir der Gedanke, die Wiedereinführung der Wehrpflicht könnte eventuell zur Folge haben, daß die Armee in zwei Jahren eine Million disziplinierte junge Menschen entläßt, die dann wieder arbeitslos, aber inzwischen zum Töten ausgebildet wären.«

Ich starrte ihn ungläubig an. »Sie sind also auch dagegen?« Er gab mir eine ausweichende Antwort. »Ich bin dagegen, sich überstürzt an die Öffentlichkeit zu wenden. Ich glaube, wir brauchen noch einige Zeit, um intensiv über alle Details nachden-

ken zu können.«
Diese Diskussion brachte mich völlig durcheinander. Vor einer Woche waren die noch alle der Meinung, diese Politik würde uns wahnsinnig viel Stimmen bringen. Ich muß sehr sorgfältig über meine nächsten Schritte nachdenken.
Humphrey flüsterte mir zu, er würde den weiteren Verlauf der Ausschußsitzung protokollieren, um mir alle Möglichkeiten offen zu halten. Unheimlich hilfreich von ihm.

20. Februar

Heute bekam ich aus dem Verteidigungsministerium ein Memo von Hugh. Die haben eine Meinungsumfrage durchführen lassen. Daraus geht hervor, daß 73% der Bevölkerung gegen die Wiedereinführung der Wehrpflicht sind.
Ich blickte da ehrlich gesagt nicht mehr durch. Aus der Meinungsumfrage, die die Partei in Auftrag gegeben hatte, ging hervor, daß 64% dafür sind!
Kurz darauf bekam ich Humphreys Protokoll.
[Sir Humphrey Applebys Protokoll gelangte – vom Zahn der Zeit nicht angenagt – in unseren Besitz. Wir drucken es im Folgendem ab – d. H.]

[Und nun wieder zu Hackers Tagebuch – d. H.]

Diese Passage habe ich mehrmals überaus sorgfältig gelesen. Ich glaube, das heißt schlicht und einfach, der Ausschuß möchte nicht, daß ich am Freitag in meiner Fernsehansprache über meinen »Großen Plan« spreche.
Ich denke nicht im Traum daran, meine Politik aufzugeben. Aber mir ist klar, daß das ein langer harter Kampf werden wird.
Ich sagte Bernard, ich hätte mich für meinen Fernsehauftritt für einen hellen Anzug, High-Tech-Möbel, eine knallgelbe Tapete und abstrakte Gemälde entschieden – und für Strawinsky.

Punkt 7, "Großer Plan" 4.

Der Kabinettsausschuß war offensichtlich einstimmig der Ansicht, daß die neue Politik ein hervorragender Plan sei. Aber aufgrund der Zweifel, die zum Ausdruck kamen, muß unbedingt festgehalten werden, daß man, nach sorgfältigem Erwägen, der wohldurchdachten Ansicht war, daß - trotz der Meinung, der Vorschlag stieße prinzipiell auf überaus breite Zustimmung - einige der gegebenen Prinzipien befriedigend fundamental-prinzipiell, andere mehr vielschichtig und in Praxisnähe abgestimmt seien, so daß man im Prinzip vorschlug, es wäre eine sensibel-umsichtige Praxis, wenn man den Plan a priori zum eingehenderen Erwägen weiterreicht und dabei Wert legt auf Übereinstimmung mit bestehenden Prinzipien und dem Prinzip prinzipieller Argumente, die der Vorschlag im Prinzip prinzipiell zur Zustimmung vorschlägt.

4 Der Schlüssel

27. Februar

Dorothy Wainwright, meine Politische Chefberaterin, kam heute vormittag zu einem Gespräch zu mir ins Kabinettszimmer. Sie ist eine sehr attraktive Blondine, so um die Vierzig, schlank, sehr tüchtig, nicht auf den Mund gefallen und unheimlich dickköpfig. Wenn ich sage, *meine* politische Chefberaterin, dann stimmt das eigentlich nicht ganz. Sie hat in dieser Funktion auch schon für meinen Vorgänger, den ehemaligen Premierminister, gearbeitet, und ich hielt es für klug, sie zu übernehmen.

Humphrey Appleby hatte angedeutet, sie sei »bezüglich politischer Entscheidungshilfe nicht in dem von ihr eigentlich zu erwartenden Maße hilfreich« – dieses hinterlistig diskriminierende Gelaber bestätigte mir, daß ich sogar eine *überaus* kluge Entscheidung getroffen hatte! Ich brauche wenigstens ein paar Leute, die Humphrey nicht total unter der Fuchtel hat. Aber seit ich hier eingezogen bin und sie gebeten habe, auch für mich zu arbeiten, habe ich sie kaum noch gesehen. Also war ich nicht nur ziemlich überrascht, als sie wie aus heiterem Himmel mit großen Schritten selbstbewußt in das Kabinettszimmer, wo ich allein beim Aktenstudium saß, stürmte, sondern auch wegen der herzerfrischenden Worte, mit denen sie das Gespräch eröffnete.

»Hören Sie, Jim, wenn Sie mich nicht als Politische Beraterin haben wollen, dann müssen Sie mir das unverblümt sagen.«

Jetzt war das Maß meiner Überraschung voll. Was dachte sie denn, warum ich sie gebeten hatte, zu bleiben? Sie war der einzige Mensch gewesen, der meinen Vorgänger davor bewahrt hatte, völlig den Kontakt zu dem, was außerhalb der Mauern von »Nummer 10« vor sich ging, zu verlieren. Aber sie hatte offenbar den Eindruck gewonnen, daß man sie auf meinen Wunsch hin aus ihrem Büro hinausgeworfen und in ein Dienst-

botenzimmer verbannt hatte.
»Früher habe ich immer im Büro gleich nebenan gesessen, oder?«
War das eine rhetorische Frage oder erforderte sie eine Antwort? Ich ging auf Nummer sicher. »Ja.«
»Aber seit Sie hier Premier sind, sitze ich im Vordergebäude, drei Stockwerke rauf, den Gang lang, zwei Stufen runter, um die Ecke, und dann ist es schon die fünfte Tür rechts. Gleich hinter dem Fotokopierer.«
Das war mir neu. Ich hatte keine Ahnung, warum ich sie so lange nicht gesehen hatte. »Ich habe gedacht, Sie würden Urlaub machen«, verteidigte ich mich. Ich bin, seit ich Premier bin, so mit Arbeit überlastet, daß es mir, ehrlich gesagt, eigentlich gar nicht aufgefallen war, wie selten sie in Erscheinung trat. *[Dies war kein Zufall – d. H.]*
»Ja, das wäre gar nicht aufgefallen«, sagte sie spitz. »Ich kam nach dem ersten Wochenende, seit Sie hier sind, morgens her, und mein Büro war plötzlich ein Wartezimmer. Meinen Schreibtisch hatte man unters Dach verfrachtet. Humphrey sagte mir, Sie hätten das angeordnet. Stimmt das?«
Ich dachte angestrengt nach. Hatte ich das wirklich angeordnet? Nein, das hatte ich nicht. Aber andererseits ... *hatte* ich es angeordnet! »Wissen Sie, Dorothy, Humphrey kam mit einem Plan für Rationalisierungen zu mir. Zur besseren Raumausnutzung.«
Sie schüttelte in stillem Erstaunen den Kopf. »Aber wissen Sie denn nicht, daß die Verwaltung mich seit drei Jahren aus meinem Büro rauskriegen will?«
Wie hätte ich das wissen können? »Warum?«
»Weil es geographisch gesehen von höchster strategischer Bedeutung ist. Es gibt keinen besseren Raum im Haus.«
»Aber es ist doch ganz egal, wo Sie Ihr Büro haben«, sagte ich, »Sie sitzen doch immer noch in ›Nummer 10‹.«
»Ja, gerade noch«, sagte sie schmallippig.
»Sie bekommen alle Papiere, Dokumente und Unterlagen.«
»Einige«, sagte sie mit gelinder Dankbarkeit.
»Und wir können miteinander telefonieren«, erinnerte ich sie an die gegebenen Kommunikationsmöglichkeiten.

»Wenn die mich durchstellen«, entgegnete sie verbittert.
Ich hatte den Eindruck, daß sie ein wenig unter Verfolgungswahn litt, und sagte ihr das auch. Dann fing sie plötzlich an, über Albanien und Kuba zu sprechen. Sie sagte, Albanien hat im Gegensatz zu Kuba nur sehr geringen Einfluß auf die Politik der Vereinigten Staaten. Warum? Weil Albanien aus Washingtoner Sicht gesehen weit weg ist und Kuba direkt vor der Haustür liegt. Sie ist der Meinung, daß auch in »Nummer 10«, wie überall auf der Welt, der Einfluß mit zunehmender Distanz geringer wird. »Und ich bin weit weg von allem«, kam sie mit bösartigen Blicken zum Schluß.
»Sie haben Ihr Büro doch nicht in Albanien«, hielt ich dagegen.
»Nein, ich sitze in diesem verdammten Dachgeschoß«, schnappte sie. »Hier, sehen Sie mal!« Sie fing an, alles, was auf meinem Tisch stand und lag, hin und her zu schieben. »Der Tisch ist jetzt mal ein Grundriß von ›Nummer 10‹. Diese Akte ist das Kabinettszimmer, hier sind wir. Hinter diesen Türen hier« – sie legte ein Buch neben die Oberseite der Akte – »liegt Ihr Privatsekretariat. Dieses Lineal hier ist der Gang zur Vordertür ... hier. Und dieser Gang hier« – sie griff sich einen Brieföffner und legte ihn neben Akte und Buch – »führt vom Kabinettszimmer zu der immer verschlossenen, grünbespannten Tür, hinter der das Kabinettsamt liegt, dafür nehmen wir mal dieses Notizbuch, wo Sir Humphrey arbeitet. Diese Kaffeetasse ist die Treppe zu Ihrem Arbeitszimmer. Und diese Untertasse ist das Herrenklo ... hier. Und das hier ist ... war ... mein Büro.« Sie stellte einen Aschenbecher neben die Akte, die das Kabinettszimmer darstellte. »Und mein Schreibtisch stand in Richtung Lobby, und die Tür habe ich niemals zugemacht. Was konnte ich sehen?«
Ich ließ meine Blicke über den Schreibtisch wandern. »Tja, was konnten Sie sehen!?« sagte ich nachdenklich, »äh, da sieht man alle, die entweder durch die Vordertür ... oder vom Kabinettsamt reinkommen; ... oder vom Kabinettszimmer, dem Privatbüro, und die, die die Treppe raufkommen.«
Sie unterbrach mich nicht, als ich mir das bedächtig zusammenreimte. Dann hob sie plötzlich die Untertasse hoch, knallte sie sofort wieder auf den Tisch und machte mich nachdrücklich auf

den springenden Punkt aufmerksam. »Und ich saß gegenüber dem Herrenklo. Ich *muß* gegenüber dem Herrenklo sitzen.«
Ich fragte sie, ob sie deswegen schon beim Urologen gewesen sei, aber ich hatte sie offenbar falsch verstanden.
»Gegenüber dem *Herren*klo«, sagte sie bissig mit giftigen Blikken. »Im Kabinett sind doch fast nur Männer. Ich konnte alles hören, was sie untereinander besprachen, wenn sie während einer Kabinettssitzung schnell mal pinkeln gingen. Deshalb konnte ich den letzten Premierminister immer über ihre kleinen ... ›Schwächen‹ informieren.«
»Hätte er das denn wissen müssen?« fragte ich.
»Wenn sie ein Komplott gegen ihn geschmiedet haben, natürlich!«
Diese Frau ist unbezahlbar! Kein Wunder, daß Humphrey aus ihrem Büro einen Warteraum gemacht und sie unters Dach verbannt hat.
Ich rief Bernard über die Gegensprechanlage. Er stürzte, kaum daß ich ausgesprochen hatte, vom Privatsekretariat durch die große weiße Flügeltür ins Kabinettszimmer.
»Äh, Bernard«, sagte ich, »ich möchte, daß Sie Dorothy wieder in ihr Büro umsetzen.«
»Sie meinen, ich soll sie da rauftragen?« Er zeigte in Richtung Dachgeschoß.
»Nein«, sagte ich. »Ich meine, sie soll in den Warteraum, hier vor der Tür.«
Bernard war völlig durcheinander. »*Bevor* sie wieder in ihr Büro rauf soll, meinen Sie?«
Ich blieb ruhig. »Nein, Bernard. Ich meine, der Warteraum, der ihr Büro war, wird wieder ihr Büro.«
»Aber was wird denn dann mit dem Warteraum?« fragte er.
Ich bat ihn, sich zu konzentrieren, mir aufmerksam zuzuhören und auf meine Lippen zu schauen.
»Der-Warte-raum-«, sagte ich langsam und mit fester Stimme, »wird-wieder-Dorothys-Büro.«
Jetzt schien er endlich kapiert zu haben, gab aber immer noch keine Ruhe. »Ja, Premierminister, aber wie ist denn diesbezüglich Ihre Ansicht zum Thema Warten?«

Jetzt riß mir der Geduldsfaden, und ich schrie ihn an. *»Nein, Bernard, sofort!«*
Aber nein, er hatte immer noch nicht kapiert. Verzweifelt versuchte er, seinen Standpunkt durchzusetzen. »Ja, Premierminister, mir ist klar, daß Sie ›sofort‹ meinen, ohne zu warten, aber ich meinte, wo sollen denn die Leute warten, wenn wir nicht mit einem Warteraum zum Warten aufwarten können?«
Jetzt verstand ich, was er meinte. Es handelte sich lediglich um ein kleines Mißverständnis. Aber ich empfand seine Frage trotzdem mehr als dümmlich. »Hier gibt es doch überall im Haus auf Leute wartende Warteräume«, machte ich ihm klar. »Die Staatszimmer da oben werden doch kaum benutzt. Und abgesehen davon, gibt es hier ja auch eine Lobby ... hier!« Ich zeigte auf meinen Schreibtisch.
Bernard starrte mich verständnislos an. »Wo?«
»Da«, sagte ich. »Hier, sehen Sie ... zwischen dem Aschenbecher, der Kaffeetasse und der Untertasse.«
Er starrte abwechselnd das Geschirr auf meinem Schreibtisch und mich verwirrt, mit weitaufgerissenen Augen an. »Zwischen der Kaffeetasse und der Untertasse?«
Er ist manchmal wirklich wahnsinnig begriffstutzig. »Die Untertasse ist das Herrenklo, Bernard«, erklärte ich ihm. »Kapieren Sie das nicht!«
Ich frage mich hin und wieder, ob Bernard seiner Aufgabe wirklich geistig gewachsen ist.

SIR BERNARD WOOLLEY ERINNERT SICH:[45]
Selbstverständlich wurde ich sofort, der Weisung des Premierministers entsprechend, aktiv. Sie tangierte kein persönliches Interesse meinerseits, denn Mrs. Wainwright war ja auf ausdrücklichen Wunsch von Sir Humphrey aus ihrer strategischen Stellung, von der sie die Lobby vor dem Kabinettszimmer im Auge hatte, entfernt worden.
Am nächsten Tag rief Humphrey mich an und forderte mich auf, mich zu erklären oder die Anweisung zurückzunehmen. Ich sagte ihm, da gäbe es nichts zu erklären, und ich mäße dieser Angelegenheit nur geringere Bedeutung bei. Eine Stunde später erhielt ich einen kurzen, handgeschriebenen Brief von ihm.

[Sir Bernard war so liebenswürdig, uns Sir Humphreys Brief leihweise zu überlassen. Wir drucken ihn im Folgenden ab – d. H.]

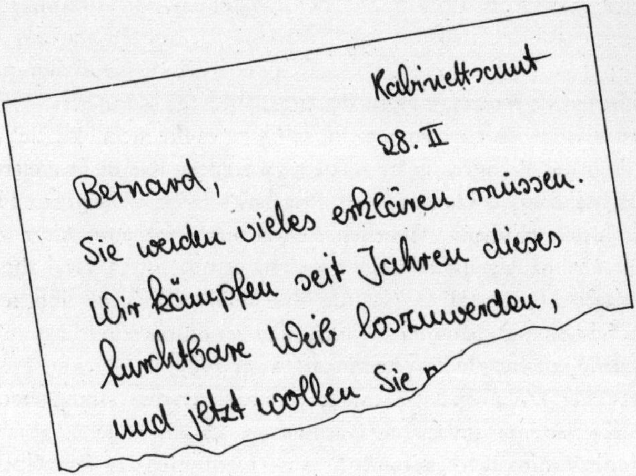

Kabinettsamt 28.II

Bernard,
Sie werden vieles erklären müssen. Wir kämpfen seit Jahren, um dieses furchtbare Weib loszuwerden, und jetzt wollen Sie den Triumph unseren Fängen entwinden.
Die Tatsache, daß der Premierminister darum ersucht hat, ist weder so noch so gesehen von Relevanz. Sie müssen nicht jeder kleinen Bitte des Premierministers entsprechen. Sie müssen ihm erklären, daß die Erfüllung einiger seiner Wünsche nicht in seinem Interesse liegen kann. Der meisten nicht, genauer gesagt.
Unsere Aufgabe ist es, dafür zu sorgen, daß der Premierminister nicht in Verwirrung gerät. Politiker sind schlichte, simple Menschen. Sie mögen auch nur simple Alternativen und klare Anleitungen. Sie mögen keine Zweifel und Konflikte. Doch dieses furchtbare Weib läßt ihn an allem zweifeln, was wir sagen.

H. A.

P. S. Bitte, vernichten Sie diesen Brief unmittelbar nach Kenntnisnahme.

[Zur Freude vieler Historiker entsprach Sir Bernard der Anweisung Sir Humphreys, den Brief zu vernichten, nicht. Genausowenig nahm er die Anweisung, Mrs. Wainwright wieder in ihr altes Büro umzusetzen, zurück – d. H.]

SIR BERNARD WOOLLEY ERINNERT SICH:[46]
Nein, das tat ich allerdings nicht. Ich hielt es für meine Pflicht, dem Wunsch des Premierministers Folge zu leisten. Wie nicht anders zu erwarten, kam Sir Humphrey im Privatsekretariat vorbei, um mit mir ausführlich darüber zu sprechen. Er war nicht gerade erfreut, daß ich einen unabhängigen Standpunkt vertrat.
Ich sagte ihm, Mr. Hacker würde Mrs. Wainwright ganz einfach mögen. Dieses Argument machte nicht den geringsten Eindruck auf ihn. »Samson mochte Delila«, kommentierte er zynisch. Glücklicherweise war außer uns niemand sonst im Privatsekretariat. Humphrey war klugerweise erst am späten Nachmittag, als alle anderen gegangen waren, zu mir rübergekommen.
Ich machte ihm energisch klar, daß Mrs. Wainwright, meiner Meinung nach, keine Gefahr darstellen würde, denn sie wüßte doch so gut wie gar nicht, was in »Nummer 10« vor sich ging; wir hatten immer peinlich genau darauf geachtet, daß sie keine wichtigen Dokumente in die Hände bekam.
Damit gab Humphrey sich nicht zufrieden. Er wies mich, den Tatsachen entsprechend, darauf hin, daß wir im Civil Service pflichtgemäß dafür zu sorgen haben, daß Großbritannien reibungslos und zuverlässig regiert wird, wohingegen Mrs. Wainwrights einzige Aufgabe darin besteht, dafür zu sorgen, daß Mr. Hacker wiedergewählt wird.
Ich sagte ihm, ich sei davon überzeugt, daß Hacker, wenn er Großbritannien reibungslos und zuverlässig regiert, sowieso wiedergewählt werden würde und daß dies der springende Punkt unserer Meinungsverschiedenheit sei. Appleby beharrte bis zu seinem Tode darauf, daß richtige Entscheidungen und populäre Entscheidungen nicht nur nicht notwendigerweise dasselbe sind, sondern darüber hinaus so gut wie nie identisch seien. Er meinte, wenn Hacker »richtige« oder notwendige Entscheidungen träfe, würde er eine vernichtende Wahlniederlage erleiden. Und deshalb würde Mrs. Wainwright jedesmal, wenn wir uns

bemühten, Hacker behutsam zu einer »richtigen« Entscheidung zu bringen, zwangsläufig dergestalt reagieren, ihn auf potentielle Stimmenverluste hinweisen würde und damit unsere Arbeit unmöglich machen.

Ausgehend davon vertrat Appleby, kurz gesagt, die These, es sei unabdingbar notwendig, die Politik aus der Regierungsarbeit herauszuhalten. Woraus sich logischerweise ergäbe, daß Dorothy Wainwright unter dem Dach bleiben müßte.

Während er versuchte, mir den letzten Punkt seines Vortrags besonders intensiv nahezubringen, öffnete sich hinter ihm die Flügeltür, und Dorothy Wainwright kam aus dem Kabinettszimmer. Sir Humphrey hatte die Situation sofort mit der üblichen Souveränität im Griff.

»Ah, guten Tag, gnädige Frau«, sagte er, während er sich zu ihr umdrehte, »ich bin überaus erfreut, Sie zu sehen.«

Das machte keinen Eindruck auf sie. »Hallo, Humphrey. Warten Sie darauf, zum Premierminister vorgelassen zu werden?«

»In der Tat, gnädige Frau.«

»Warum warten Sie nicht im Warteraum?«

Er starrte sie verkrampft lächelnd sprachlos an. Ich fand das wahnsinnig komisch, durfte mir aber wie immer meine Freude nicht anmerken lassen.

Humphrey wandte sich mir zu, fest entschlossen, seine Autorität auf eine andere Art und Weise unter Beweis zu stellen. Er wies mich darauf hin, daß am Tag zuvor ein »Exot« ungehindert »Nummer 10« betreten hatte und zum Premierminister vorgelassen worden war. Der »Exot« war, wie sich herausstellte, der Wahlkreisleiter des Premierministers, den man ohne Passierschein hereingelassen hatte.

Eine Bagatelle! Die Polizisten vor der Tür kennen den Mann. Da bestand keine Gefahr. Aber nichtsdestotrotz wies Humphrey mich – in einem ein wenig demütigenden Ton – darauf hin, es sei meine Pflicht, dafür zu sorgen, daß jeder, der »Nummer 10« durch den Haupteingang betreten will, einen Passierschein oder einen Termin haben muß.

Mrs. Wainwright lauschte unserem Gespräch, das sicher nicht zur Verbesserung ihrer Meinung über Sir Humphrey beitrug. »Verzeihen Sie bitte, wenn ich unterbreche, Bernard«, sagte sie, »aber der Premierminister will, daß ich mit Ihnen alles für den Umzug in mein altes Büro vorbereite.«

Ich war peinlich berührt. Humphrey warf mir einen durchbohrenden, giftigen Blick zu und lauerte darauf, daß ich das ablehnen würde. Aber wie hätte ich das ablehnen können, wenn der Premierminister darum gebeten hatte.
Ich versuchte mich aus der Affäre zu ziehen, indem ich ihr sagte, ich müßte erst noch Sir Humphreys Wunsch entsprechend die Passierscheinfrage regeln. Sie sagte, das hätte Zeit. Er sagte, das hätte es nicht. Sie sagte, das hätte es doch!
Humphrey drehte ihr abrupt den Rücken zu und stolzierte zum PM ins Kabinettszimmer.
Ich habe ehrlich gesagt in all den Jahren in Whitehall nie einen so rüden Ton, eine so unverhohlene Unhöflichkeit konstatieren müssen, wie in dem Moment, als Sir Humphrey Mrs. Wainwright gegenüberstand. Ich weiß nicht, ob er sich dazu hinreißen ließ, weil sie so selbstbewußt und direkt war – wie Hackers Tagebücher zu entnehmen ist, hat sie wirklich nie ein Blatt vor den Mund genommen. Humphrey empfand ganz offensichtlich unüberseh- und unüberhörbar eine tiefsitzende Abneigung gegen sie – wenn er anfänglich keinen Grund dazu gehabt hatte, so hatte sie ihm den an diesem Tag selbst geliefert.

[Und nun wieder zu Hackers Tagebuch – d.H.]

28. Februar

Nach einem Gespräch mit Dorothy saß ich im Kabinettszimmer und diktierte Briefe. Sie war ein bißchen sauer, daß der Umzug vom Dachgeschoß nach unten immer noch nicht über die Bühne gegangen war, dabei wußte sie doch ganz genau, daß ich das gestern erst angeordnet hatte. Sie hatte das Gefühl, der Civil Service würde das sabotieren, und ich hatte wieder mal das Gefühl, daß sie an Verfolgungswahn leidet.
Sie hatte kaum die Tür hinter sich zugemacht, als ich aus dem Privatsekretariat laute, erregte Stimmen hörte. Dann tauchte Humphrey auf. »Premierminister, wie ich zufällig höre, haben Sie sich das mit unserem Plan für die Büro-Neuordnung anders überlegt«, sagte er.
»Nein«, antwortete ich. »Ich habe nur entschieden, daß Mrs.

Wainwright ihr Büro wiederkriegt.«
»Das ist leider nicht möglich.«
»Ach was, Unsinn«, fertigte ich ihn ab und schaltete mein Diktiergerät ein, um einen Brief zu diktieren.
Auf diesen überdeutlichen Wink mit dem Zaunpfahl reagierte er nicht und blieb. »Nein, Premierminister, die gesamte Neuordnung hängt davon ab, daß Mrs. Wainwright auszieht.«
Mir war nicht klar, warum. Ich sagte ihm, das sei doch jetzt nur ein Wartezimmer.
»Ich bitte Sie, es ist doch nicht nur ein Wartezimmer«, widersprach er bestimmt und schlich langsam von der Tür auf meinen Schreibtisch zu. »Das ist ein wichtiges Feld auf dem Schachbrett.«
»Besucher können in der Lobby warten«, sagte ich und vergaß, daß ich mein Diktiergerät eingeschaltet hatte, das nun unser Gespräch aufzeichnete. »Oder in den Staatszimmern.«
»Aber unter Umständen nur manche Besucher«, antwortete Sir Humphrey. »Denn manchmal müssen manche warten, wo manche nicht bemerken können, daß sie warten. Und manchmal müssen manche warten, wo sie manche, die nach ihnen kommen, aber manchmal vor ihnen vorgelassen werden, nicht bemerken können. Und manchmal müssen manche Fremden warten, wo sie diejenigen Beamten, die Ihnen sagen wollen, worüber die Fremden sprechen wollen, nicht bemerken können. Und manche, die kommen, wenn Sie mit manchen sprechen, von denen aber die Kommenden nicht wissen sollen, daß sie bei Ihnen waren, müssen, bis die, die bei Ihnen sind, aber nicht sein sollten, bei Ihnen waren, irgendwo warten.«
Das hätte ich unmöglich rekonstruieren können, wenn das Diktiergerät nicht eingeschaltet gewesen wäre, aber trotzdem fiel es mir heute abend unheimlich schwer, dahinterzukommen, was er damit gemeint hatte. Aber was im Grunde genommen dahintersteckte, war mir sofort klar, als er seinen Vortrag beendet hatte:
»Sie meinen, während ich hier im Kabinettszimmer friedlich und konzentriert arbeite, findet da draußen eine Verwaltungsklamotte, so eine Art Whitehall-Farce[47] statt!?«
»Premierminister, ›Nummer 10‹ ist ein Eisenbahnknotenpunkt.

Der funktioniert ohne gewisse Prämissen aber nicht. Da gibt es Fahrpläne, Schuppen, Rangiergeleise und Drehscheiben. Mrs. Wainwrights Büro ist ein wichtiger Schuppen.«

»Sie wollen sie sich vom Hals schaffen!«

»Gütiger Himmel, nein, Premierminister!«

»Sie ist Ihnen lästig. Sie halten sie für eine Landplage. Seien Sie ehrlich.«

»Nein, nein. Hervorragende Frau, diese Mrs. Wainwright. Offnes Wesen. Sehr belesen. Redlich. Ehrlich. Unentbehrlich.«

Manchmal sattelt Humphrey urplötzlich vom Amtsschimmel auf Pegasus um. »Aber sie ist eine Landplage?« fragte ich noch mal.

»Na ja«, gab er vorsichtig taktierend zu, »es gab Situationen, in denen sie ihre Kritik an der Verwaltung, wie mir schien, ein wenig zu erfrischend-freimütig äußerte. Und ihre Gespräche mit Journalisten waren auf eine geradezu atemberaubende Art und Weise offen und ehrlich. Und hin und wieder hätten ihre Bitten um Informationen und Unterstützung ein wenig weniger schroff und hartnäckig-fordernd formuliert sein können. Aber die meisten meiner Mitarbeiter, die während der vergangenen drei Jahre Nervenzusammenbrüche erlitten haben, wären ohnehin vermutlich sowieso zusammengebrochen.«

»Aber ihr Rat ist wertvoll für mich«, holte ich ihn auf den Boden der Tatsachen zurück.

»Ja, aber natürlich, Premierminister«, stimmte Humphrey mir verständnisvoll zu, »den bekommen Sie ja auch. Aber lieber schriftlich.«

»Damit Sie das alles lesen können, nicht wahr!?« provozierte ich ihn.

Mir wurde sofort klar, daß ich mich verplappert hatte.

»Aber warum sollte ich das denn nicht lesen?« fragte er, »sollte mir das etwa verborgen bleiben?«

Ich wußte natürlich nicht, was ich darauf antworten sollte. Also kam ich sofort wieder auf das eigentliche Thema unseres Gespräches zurück. »Sie muß in meiner Nähe sein, sie muß ihr Büro da haben, wo Politik gemacht wird.«

»Verzeihen Sie, Premierminister, ich wage zu äußern, daß Sie

eventuell darüber nachdenken sollten. Ist das ihr gegenüber fair?«
Ich wußte nicht, worauf er hinauswollte. »Bis auf Mrs. Wainwright arbeiten in diesem Bereich von ›Nummer 10‹ nur Berufsbeamte. Die sind loyal, haben sich bewährt und sind zuverlässig. Seit vielen Jahren haben wir unsere Besonnenheit, unsere Umsicht unter Beweis gestellt. Sollte es hier zu Problemen im Bereich von Sicherheitsfragen kommen, würde sich der Verdacht doch sofort und unvermeidbar gegen denjenigen richten, der zeitweilig nur das hohe Recht genießt, als Beamter tätig sein zu dürfen. Mit einer derartigen Belastung leben und arbeiten zu müssen, scheint mir für eine einzelne Dame, ganz gleich wie kultiviert, intelligent und charmant sie sein mag, auf Dauer nicht im Bereich des guten Gewissens Akzeptablen zu liegen.«
War da irgend etwas Wahres dran? Das klingt ganz plausibel. Die würden Dorothy natürlich sofort zur Minna machen, wenn sie Gelegenheit dazu hätten! Also versuchte ich abzuwiegeln und sagte Humphrey, daß sie für mich wegen ihrer *politischen* Ratschläge so wertvoll sei.
»Premierminister«, antwortete er, »Sie haben doch das ganze Kabinett, das Sie politisch berät.«
»Ach was, die raten mir immer nur, ich soll ihren Ministerien mehr Geld geben. Ich brauche jemanden, der auf *meiner* Seite ist.«
Humphrey sah mich mit strahlenden Augen lieblich lächelnd an. »Aber, *ich* bin doch auf Ihrer Seite. Der gesamte Civil Service ist auf Ihrer Seite. Wir sind sechshundertundachtzigtausend; und auf jeden einzelnen kann man sich verlassen, das müßte doch eigentlich genügen, Premierminister.« Er war offenbar im Begriff, diese Auseinandersetzung für sich zu entscheiden. Hätte ich mich bloß nicht auf dieses Gespräch eingelassen. Ich hätte einfach an meiner Entscheidung festhalten sollen. Aber jetzt war es zu spät. Er hatte mich auf eine ganz linke Tour in eine Diskussion verwickelt, die ich nie gewinnen konnte. »Aber ihr gebt mir doch alle denselben Rat«, sagte ich resignierend.
»Was beweist«, antwortete Humphrey triumphierend, »daß er bestimmt immer richtig ist! Können wir bitte wieder zurückgreifen auf den ursprünglichen Neuordnungsplan!?«
Wenn ich merke, daß ich verloren habe, füge ich mich in mein

Schicksal. Ich nickte.

Humphrey versuchte, mir die bittere Pille mit einem Kompliment zu versüßen. »Nichts ist beglückender als ein standhafter Premier, der eine eigene Meinung hat.«

Ich bat Bernard, Dorothy kommen zu lassen. Zu meiner Überraschung wartete sie schon nebenan im Privatsekretariat. Sie kam sofort rein. Ich wartete darauf, daß Humphrey verschwinden würde. Aber das tat er nicht. Also sagte ich ihm, ich würde mit Dorothy ein paar private Worte wechseln wollen.

Er verschwand immer noch nicht. »Aber, Sie können sich doch in meiner Gegenwart rückhaltlos über alles unterhalten, tun Sie sich da keinen Zwang an«, lächelte er.

Dorothy wußte natürlich sofort, aus welcher Ecke der Wind wehte. »Das mag vielleicht für den Premierminister gelten«, zischte sie, »aber nicht für mich.«

»Ich bin sicher, daß Sie dazu durchaus auch in der Lage wären«, erwiderte Humphrey herablassend.

Eine gräßliche Situation, unheimlich peinlich, und es war einzig und allein meine Schuld, weil ich nicht den Mumm hatte, Humphrey einfach rauszuschmeißen. Dorothy machte auf den hochhackigen Absätzen kehrt und ging wieder zur Tür. »Bernard, Sie könnten mich ja eventuell wissen lassen, wenn der Premierminister mal Zeit für mich hat.«

Ich rief ihr nach, wieder zurückzukommen und bat Humphrey, uns allein zu lassen.

Er rührte sich nicht von der Stelle. »Wenn Sie das unbedingt für erforderlich halten, Premierminister, bitte. Aber ich habe eben den Eindruck gewonnen, daß Sie nur ein paar kurze Worte miteinander wechseln möchten, wohingegen wir beide intensiv gravierende Angelegenheiten ausführlich zu besprechen hätten.«

Ich wußte nicht, was er damit meinte. Er war doch nur fest entschlossen, um jeden Preis zu verhindern, daß Dorothy wieder in ihr altes Büro einziehen konnte. Während ich verzagt und unentschlossen in meinem Sessel zusammensackte, wandte sich Dorothy an Humphrey.

»Tut mir leid, Humphrey«, sagte sie mit eiskalter Stimme, »aber mir war eben so, als hätte ich gehört, daß der *Premierminister*

Sie gebeten hatte, zu verschwinden.«
Ich schwieg still vor mich hin. Humphrey sah ein, daß er jetzt keine Alternative mehr hatte, drehte sich um und verließ das Zimmer. Ich signalisierte Bernard, ihm zu folgen.
Die Tür fiel ins Schloß. Dorothy saß mir gegenüber. Sie wußte ganz genau, was hier gespielt wurde. Sie kam sofort zur Sache.
»Wissen Sie, ich frage mich, woher nimmt dieser Mensch eigentlich das Recht, sich so zu benehmen.«
Ich versuchte, wenigstens ein bißchen das Gesicht zu wahren und fragte sie, was sie damit meinen würde. Sie antwortete, sie fände es skandalös, daß er hier ein und aus geht, als würde ihm »Nummer 10« gehören, und daß er mir Vorschriften macht, wie lange ich mit ihr sprechen darf.
»Er ist der Kabinettsstaatssekretär«, ermahnte ich sie.
»Ja, genau. Er ist ein Sekretär.«
Jetzt sah ich mich veranlaßt, Humphreys Gesicht zu wahren.
»Er ist der höchste Beamte Großbritanniens.«
Sie lächelte sarkastisch. »Es ist schon bemerkenswert, mit welcher Hartnäckigkeit die Leute auch heutzutage noch jemanden für einen Beamten halten, wenn er sich wie ein arroganter Herr und Gebieter benimmt.«
Jetzt mußte ich wieder *mein* Gesicht wahren. »Hier bin ich der Herr und Gebieter«, sagte ich mit allem mir zu Gebote stehendem Nachdruck in der Stimme.
»Ja, genau!« sagte sie bekräftigend.
Das ermutigte mich, ihr zu sagen, daß ich der Premierminister bin und daß ich auch in Zukunft mit fester Hand, neuem Geist und eigener Meinung regieren werde. Ich sagte, ich müßte mit ihr über ihr Büro sprechen, und ich hätte es mir anders überlegt.
Sie fragte mich impertinenterweise, ob ich das mit fester Hand, neuem Geist und eigener Meinung getan hätte.
So eine Frechheit, ich wurde langsam wütend. Ich bat sie, mir genau zu erklären, was sie mit ihrer Frage gemeint hatte. Das tat sie leider. »Haben Sie es sich selbst anders überlegt, oder hat es sich jemand anders für Sie anders überlegt?«
Ich erwiderte, daß wir hier unten unbedingt einen Warteraum brauchen. Sie fragte, warum.

»Wissen Sie«, begann ich, und im selben Moment wurde mir klar, daß es mir nicht gelingen würde, Humphreys brillante Argumentation wortgetreu wiederzugeben. Ich fürchte, meine Version hörte sich ganz anders an. »Äh ... na, ja, weil, wenn manchmal manche kämen, manche aber nicht wüßten, daß manche kommen würden ... äh, ich meine, das heißt ... wenn manchmal manche kämen, bevor manchmal manche bei manchen waren ... äh, bemerken manche vielleicht; ... und der Dampfer ... äh, würde entgleisen.«
Peinlich berührt von meinem eigenen Gestammel schwieg ich. Sie starrte mich mit ihren eiskalten blauen Augen abschätzend an. »Ist Ihnen das alles selbst eingefallen?« fragte sie bohrend.
»Dorothy, seien Sie bitte fair!« Ich verteidigte mich, so gut ich konnte. »Ich kann mich doch nicht um alles selbst kümmern. Ich muß mich auf den Rat der Beamten verlassen.«
»Ja, Sie müssen sich auf Ratschläge verlassen«, stimmte sie mir zu. Aber sie ist der Meinung, daß ich mich nicht nur auf Ratschläge von Beamten verlassen müßte. Sie glaubt, Humphrey versucht, den Civil Service zu meiner einzigen Informationsquelle zu machen. Darüber hinaus ist sie davon überzeugt, daß er vorhat, sich zum Sprachrohr der Verwaltung aufzuschwingen, um immer alles zu wissen, was ich weiß.
Das halte ich für ein bißchen unrealistisch. Aber andererseits hat sie in »Nummer 10« mehr Erfahrungen gemacht als ich, und ich weiß, daß sie auf meiner Seite ist – zumindest ist sie nicht auf Humphreys Seite, was möglicherweise nicht dasselbe ist.
Aber wie könnte Humphrey sich je zum einzigen, unentbehrlichen Ratgeber machen, wo ich doch in vielen Kabinettsausschüssen und jeden Donnerstag in der Kabinettssitzung mit meinen Kollegen alle politischen Fragen diskutiere und berate?
Diese Frage kann ich selbst beantworten. Die meisten meiner Minister sondern nur das ab, womit der Civil Service sie präpariert hat. Das fiel mir jedenfalls an mir selbst auf, als ich noch Minister für Verwaltungsangelegenheiten war. Und Humphrey trifft sich immer einen Tag vor der Kabinettssitzung mit den Ständigen Staatssekretären meiner Minister – vermutlich stimmen sie da die Ratschläge, die sie ihnen geben, aufeinander ab.

Darum habe ich ja auch so viel Ärger mit meinem »Großen Plan« – der Civil Service ist dagegen.

Aber Gott sei Dank gibt es ja immer noch den Think Tank.[48] Ich wies Dorothy darauf hin, daß die mir Bericht erstatten.
Sie sah mich skeptisch an. »Es würde mich nicht überraschen, wenn Humphrey anregt, daß die ihm und nicht Ihnen Bericht erstatten. Das heißt, er wird versuchen, seinen Einflußbereich in ›Nummer 10‹ räumlich zu erweitern.«
»Warum?« fragte ich. »Der Think Tank tritt doch immer im Kabinettsamt zusammen. *[Das Kabinettsamt befand sich in einem separaten Gebäude Mauer an Mauer mit Downing Street 10. Der Eingang befand sich auf der Whitehall-Seite – d. H.]*
»Er wird sagen«, prophezeite Dorothy, »daß die mehr Räumlichkeiten brauchen. Er wird nach und nach in Ihr Territorium eindringen. Warum? Weil er, wenn die *hier* zusammenkommen, das Recht hat, sowohl im Kabinettsamt als auch in ›Nummer 10‹ den großen Civil-Service-Guru zu spielen. Und wiesen Sie, was er dann machen wird? Er wird versuchen, Sie aus dem Weg zu räumen.«
Allmählich frage ich mich, ob Dorothy eine weniger als alle Tassen im Schrank hat. »Wollen Sie damit andeuten«, fragte ich, »daß er Premierminister werden will?«
»Nein, nein«, sagte sie unduldsam. »Der ist doch nicht scharf auf den Titel und die Verantwortung. Der will nur die Macht. Wenn er es geschafft hat, daß alle Informationen und Vorschläge bei ihm landen, wird er Sie zu längeren Überseereisen ermuntern. Während Ihrer Abwesenheit wird er natürlich einige Entscheidungen treffen müssen – Verzeihung, sie dem Kabinett empfehlen –, und da Sie weit weg und nicht bei den Sitzungen dabei sind, bleibt Ihnen gar nichts anderes übrig, als seinem Rat zu folgen. Und das Kabinett wird seinen Empfehlungen Folge leisten, weil die ja alle von ihren Ständigen Staatssekretären genau dieselben Empfehlungen bekommen haben.«
Da hat Dorothy ja einen höllischen Humphrey an die Wand gemalt. Nein, nein, das kann ich mir einfach nicht vorstellen. Aber trotzdem glaube ich, es ist vielleicht besser, wenn man ihn

ein bißchen an die Kandare nimmt; und deshalb werde ich, nach reiflichem Überlegen, morgen dafür sorgen, daß Dorothy wieder in ihr altes Büro einziehen kann.

1. März

Heute habe ich mit fester Hand meine eigene Meinung durchgesetzt. Welch ein Gefühl! Ich habe meiner Autorität wirklich und wahrhaftig Geltung verschafft.
Als erstes ließ ich Dorothy herbeizitieren. Ich sagte ihr, fest entschlossen und mit aller Entschiedenheit, daß ich es mir noch einmal anders überlegt hatte! Sie würde ihr Büro wiederbekommen.
Dann fragte ich sie, welchen Rat sie mir bezüglich Humphrey geben würde. Was nicht heißt, daß ich dem gefolgt wäre! Aber ich wollte wissen, ob sie mir empfehlen würde, ihn rauszuschmeißen.
Ich konnte ihr ansehen, daß sie nur widerwillig auf eine dementsprechende Antwort verzichtete. Aber sie meinte, man könnte ihm vielleicht ein bißchen die Flügel stutzen. Und sie machte mir auch einen ausgezeichneten Vorschlag, wo man die Geflügelschere ansetzen sollte. Neben seinen anderen Aufgaben ist Humphrey Chef der Binnenverwaltung. Er ist zuständig für Ernennungen und Beförderungen und so weiter. Für Spesen und Gehälter ist der Leiter des Schatzamtes, Sir Frank Gordon, verantwortlich. Die Leitung des Civil Service obliegt demnach eigentlich zwei Beamten: Sir Humphrey und Sir Frank.
Dorothys Vorschlag, faszinierend einfach, ist, Humphrey seine Hälfte wegzunehmen und alles Sir Frank machen zu lassen!
Da besteht natürlich die Gefahr, daß Sir Frank so mächtig wird, wie Sir Humphrey es jetzt ist. Wäre mir damit geholfen? Schwer zu sagen. Ich kenne Sir Frank kaum. Aber, ich muß mich ja noch nicht auf irgendwas festlegen. Heute ging es erst mal nur darum, Humphrey etwas Angst einzujagen! Und das habe ich garantiert geschafft!
Ich ließ ihn kommen. Dorothy war immer noch bei mir, als er kam. Er hatte kaum Platz genommen, da sagte ich ihm, ich hätte

endgültigst entschieden, daß Dorothy ihr altes Büro wiederbekommt.
Er wollte anfangen zu protestieren, aber ich ließ ihn nicht zu Wort kommen. Dann bat er mich um ein Gespräch unter vier Augen. Dorothy lächelte unfreundlich und sagte, er könne in ihrer Gegenwart selbstverständlich offen und ehrlich über alles sprechen.
Dazu schien er nur wenig Neigung zu verspüren. Ich fragte ihn, ob er vorhätte, sich wegen meiner Entscheidung mit mir zu streiten.
»Nicht, wenn es eine Entscheidung *ist*, nein«, erwiderte er vorsichtig.
»Gut«, sagte ich, und damit war die Sache für mich erledigt.
»Also, ich muß über eine andere wichtige Angelegenheit mit Ihnen reden.« Ich gab Dorothy zu verstehen, daß sie uns alleinlassen sollte. Sie lächelte mich lieblich an und verschwand triumphierend.
Bevor ich meine Drohung, seine Binnenverwaltungsaufgaben Sir Frank zu übertragen, vom Stapel lassen konnte, schwafelte er los. Ich traute meinen Ohren nicht.
»Ich glaube, wir sollten über den Think Tank nachdenken«, begann er. Mein Gott, hatte Dorothy *gewußt*, daß er damit kommen würde? Oder hatte sie es nur, weil sie ihn genau kannte, instinktiv geahnt? Wie immer dem auch sei, mir wurde in diesem Moment klar, daß ich es nicht länger riskieren konnte, ihre Ängste als Verfolgungswahn abzutun.
»Kann der Think Tank nicht selbst über sich nachdenken?« fragte ich beiläufig.
»Ich fürchte, deren Kommunikationskanäle sind ein wenig unklar definiert«, sagte er.
Ich sah ihn überrascht an. »Ach ja, ist das wahr? Aber die erstatten mir doch Bericht.«
»Strategiebezogen, ja. Aber verwaltungsbezogen erstatten Sie mir Bericht.«
Humphrey behauptete steif und fest, das sei eine schwerwiegende Anomalie. Also tat ich so, als hätte ich ihn mißverstanden. »Ich verstehe«, sagte ich. »Sie möchten also, daß die mir auch verwal-

tungsbezogenen Bericht erstatten.«

Mit dieser Interpretation hatte er nicht gerechnet. »Nein, nein!« antwortete er hastig. »Es käme einer überaus gravierenden Fehlentscheidung gleich, Ihnen verwaltungsbezogene Lasten aufzubürden. Nein. Ich schlage vor, daß der Think Tank mir auch strategiebezogenen Bericht erstattet.«

Ich tat so, als würde mich sein neuer Plan interessieren, kochte aber innerlich vor Wut.

»Die sollen also in Zukunft ihre Berichte nur noch bei Ihnen abliefern?«

Humphrey hatte unübersehbar das Gefühl, die Schlacht gewonnen zu haben. »Ja, ich meine natürlich nur zum Zwecke der Vorprüfung und so weiter«, erwiderte er und lehnte sich dezent aufatmend, die Beine übereinanderschlagend, zurück. »Um dafür zu sorgen, daß sie Ihnen in einer akzeptablen Form vorgelegt werden.«

»Humphrey«, sagte ich, mein unschuldigstes Lächeln lächelnd, »das ist wirklich überaus entgegenkommend und *in höchstem Maße* edelmütig von Ihnen. Aber würde das nicht bedeuten, daß Sie einen riesigen Haufen zusätzlicher Arbeit auf sich nehmen müßten?«

Als nächste Waffe setzte er seinen tapferen, britischen »das-Meer-kennt-keine-Gnade-Blick« ein. »Man muß seine Pflicht tun«, seufzte er.

Ich entschloß mich, Dorothys Theorie auf die Probe zu stellen. »Aber ... ach du dickes Ei, Humphrey ...«, sagte ich naiv lächelnd, »wie wollen Sie das denn bloß räumlich, bürobezogen, in den Griff kriegen?«

»Darauf wollte ich gerade zu sprechen kommen«, meinte er. »Wir werden wohl kaum in der Lage sein, das zusätzliche Personal im Kabinettsamt unterzubringen. Ich glaube jedoch, daß wir vermutlich hier in ›Nummer 10‹ ein paar geeignete Räume finden könnten.«

Sie hatte schon wieder recht, verdammt noch mal!

»Hier?« fragte ich.

»Tja, hier wären, wie ich meine, durchaus die erforderlichen Unterbringungsmöglichkeiten vorhanden«, erläuterte er mir.

»Warum mußte denn dann«, fragte ich, »wenn das wirklich der Fall sein sollte, Dorothy ins Dachgeschoß umziehen?«
Diese meine Frage irritierte ihn leider nur für den Bruchteil einer Sekunde. »Na ja, wissen Sie ... wenn sie hier unten bleibt, könnten ein oder zwei Beamte in ihrem neuen Büro arbeiten. In ihrem alten Büro. In ihrem alten neuen Büro.«
»Ja, weiter«, sagte ich und spielte mit ihm wie eine Katze, die mit einer Maus spielt, bevor sie zubeißt.
»Sind Sie damit einverstanden?« wollte er wissen.
»Nein, das bin ich nicht«, antwortete ich liebenswürdig, »aber das, was Sie da sagen, finde ich ungeheuer interessant. Wollen Sie mir außerdem noch irgend etwas vorschlagen?«
»Lediglich einige, wie mir scheint, absolut notwendige Reisen nach Übersee«, sagte er und zauberte ein paar Papierchen aus seinem albernen Mäppchen, das er mitgebracht hatte. Ich fiel fast vom Hocker. »Ich finde, Sie sollten wirklich in Betracht ziehen, diese Reisen anzutreten.«
Ich warf einen Blick auf die Liste, die er mir mit eleganter Geste überreichte. Eine Nato-Konferenz, Generalversammlung der Vereinten Nationen, Parlamentssitzung der EG, Verhandlungen in Hongkong wegen der Zukunft unserer Kronkolonie, Commonwealth-Gespräche in Ottawa und Gipfeltreffen in Peking und Moskau. Ich staunte, wie gut Dorothy über diese Civil-Service-Typen und ihre Tricks Bescheid weiß.
Aber zu Humphrey sagte ich: »Würden Sie denn nicht noch einen riesigen Haufen zusätzlicher Arbeit bewältigen müssen, wenn ich andauernd um die Welt jette?«
»Premierminister, ich finde, es ist überaus wichtig für Sie, daß Sie Ihren Platz auf der Weltbühne einnehmen und behaupten.«
»Ja, genau«, sagte ich enthusiastisch, »aber das ginge alles auf Ihre Kosten, das wäre wirklich zuviel verlangt. Ich sollte doch wohl, glaube ich, eher bemüht sein, Sie zu entlasten.«
Er beäugte mich mißtrauisch. »O nein, das ist nicht nötig.«
Ich heuchelte tiefempfundenes Mitgefühl. »Aber ja, Humphrey, natürlich! Ich habe nämlich auch nachgedacht, wissen Sie. Abgesehen von allem anderen, sind Sie doch auch Leiter der Verwaltung, nicht wahr?«

Er wich meiner Frage aus. »Äh, das Schatzamt ist für Spesen und Gehälter zuständig.«
»Ja, aber für Ernennungen und Beförderungen und so weiter sind Sie verantwortlich. Ist das nicht ein bißchen viel?«
Das hielt er offensichtlich für absolut abwegig und lachte laut. »Nein, nein, nein, nein, ganz und gar nicht. Das kostet kaum Zeit. Ein Klacks.«
Ich genoß es, daß ich ihn so ins Schwitzen gebracht hatte. »Ernennungen und Beförderungen von 680 000 Mitarbeitern, ein Klacks!?«
»Wissen Sie, ich meine, da wird ja vieles delegiert«, versuchte er mir behutsam zu erklären.
Ich lächelte vergnügt. »Ach, wie schön«, sagte ich. »Wenn da sowieso schon vieles delegiert wird, wäre es doch überhaupt kein Problem, wenn man die ganze Sache ans Schatzamt gibt.«
Jetzt geriet er aus der Fassung. »Nein, das wäre absolut nicht machbar«, antwortete er mit affenartiger Geschwindigkeit. »Das Schatzamt hat schon viel zu viel Macht ... äh, Arbeit.«
Ich ließ nicht locker. »Ja, aber sehen Sie, wenn Sie Beförderungen und Ernennungen bearbeiten, die bearbeiten Spesen und Gehälter und so weiter, sind die Zuständigkeiten unklar. Das ist ein bißchen unbefriedigend und überaus anomal.«
Humphrey sah einen Ausweg. Seine Augen leuchteten auf. »Premierminister, wenn Sie das so sehen, könnte ich doch Spesen und Gehälter übernehmen.«
Das könnte dir so passen, Humphrey, dachte ich. Ich schüttelte sorgenvoll den Kopf. »Neben Ihren anderen Belastungen? Zusätzlich zu dem, was sie in Zukunft ohnehin schon übernehmen wollen? Nein, Humphrey, ich könnte nie zulassen, daß Sie ein solches Opfer bringen.«
Er sah mich verzweifelt an. »Aber, ich bitte Sie, das wäre doch kein Opfer!«
Da hatte er wohl zum ersten und letzten Mal in seinem Leben die Wahrheit gesagt. »Humphrey, Sie sind zu nobel«, erwiderte ich. »Aber ich durchschaue Ihre Argumente.«
Er starrte mich an wie ein zu Tode erschrockenes Frettchen. »Ach, ja?«

»Ja, Sie wollen sich doch nur opfern«, sagte ich sanft, »weil Sie mir Probleme ersparen wollen, nicht wahr?«
Er war völlig verwirrt. Ihm fiel die richtige Antwort einfach nicht ein, die Antwort, mit der er erreichen würde, was er wollte.
»Oh, äh«, stammelte er, »äh ... ja. Ähm, nein«, fuhr er fort. »Das ist überhaupt kein Opfer«, sagte er schließlich.
Jetzt machte mir das Spielchen, das ich mit ihm spielte, keinen Spaß mehr. »Nein, und ein für allemal und endgültig, nein«, sagte ich mit strengem Blick und fester Stimme.
Humphrey schluckte, räusperte sich und meinte dann, er müßte unbedingt sofort meine Meinung zu seinen anderen Vorschlägen wissen, vor allem zum Thema Think Tank.
»Je intensiver ich darüber nachdenke, Humphrey«, sagte ich, »um so klarer wird mir, daß Sie viel zu viel am Hals haben. Ich finde auch, ich sollte Sie nicht länger aufhalten. Sie müssen in *Ihrem* Büro doch wahnsinnig viel zu tun haben.«
Er traute seinen Ohren nicht. Hieß das, er sollte wegtreten? »Nein ... Premierminister, ich äh ... ich versichere Ihnen, daß, äh ... Sie meinen, äh ...«
Ich entschloß mich, ihm unmißverständlich klarzumachen, wo er hingehört und unterbrach sein Gestammel. »Ich meine, Sie sollten jetzt gehen! Falls Sie in ›Nummer 10‹ gebraucht werden, wird man Sie kommen lassen.«
Er erhob sich widerwillig, wandte sich zum Gehen, blieb stehen und korrigierte mich. »Sie meinen *wenn*!«
Ich lächelte entschuldigend. »Ich meine, wenn«, bestätigte ich. Er ging zur Tür. »Und *falls*«, fügte ich bösartig hinzu.
Er blieb einen Moment wie erstarrt stehen und ging dann weiter zur Tür. Bevor er draußen war, bat ich Bernard über die Gegensprechanlage, so laut, daß Humphrey es auf jeden Fall hören konnte, dafür zu sorgen, daß Sir Frank Gordon vom Schatzamt so bald wie möglich zu mir kommt.

2. März

Da Sir Frank gestern nicht zu mir kommen konnte, habe ich mit ihm telefoniert.

»Frank«, sagte ich, »ich möchte nur ein Sondierungsgespräch mit Ihnen führen. Es geht um Humphrey. Ich frage mich, ob er nicht doch vielleicht viel zu viel am Hals hat.«
Wie nicht anders zu erwarten, versicherte Frank mir, Humphrey würde seine Aufgaben hervorragend bewältigen, sei überaus fähig, nicht überbelastet, hätte alles absolut unter Kontrolle, und er sähe da keine Probleme.
Dann deutete ich an, ich hätte ihn um seine Meinung gebeten, weil ich über Humphreys Position als Leiter des Civil Service nachdenken und mich fragen würde, ob er nicht einen Teil von Humphreys Aufgaben übernehmen könnte.
Es wird den Leser nicht überraschen, daß Frank keine einzige Silbe mehr über Humphreys bewundernswerte Fähigkeiten verlor. Statt dessen bemerkte er, ein solcher Vorschlag wäre vielleicht überaus sinnvoll.
Ich bat ihn, morgen zu mir zu kommen und mir möglichst umgehend seine detailliert zu Papier gebrachten Ansichten, ob Humphrey überlastet ist oder nicht, zukommen zu lassen.
Er tat seine Pflicht, und eine Stunde später lagen seine respektvoll formulierten Ansichten auf meinem Schreibtisch. Sie finden sie auf der folgenden Seite.
Ich habe das ein paarmal sehr sorgfältig gelesen. Meine logische Schlußfolgerung: Er könnte auf jeden Fall Humphrey ein bißchen entlasten.

3. März

Heute kam Frank zu mir. Aber es kam nicht zu unserem Gespräch.
Nachdem er erschienen war, wies ich Bernard an, dafür zu sorgen, daß Humphrey uns nicht stören würde. Ich wollte das absolut vertraulich behandeln.
Bernard sagte: »Ich werde mein Bestes tun.«
»Ihr Bestes wird vielleicht nicht genügen«, antwortete ich. Oh, meine prophetischen Gaben!
Ich hatte vorher mit Dorothy gesprochen. Sie wies mich darauf hin, daß Humphrey theoretisch dazu verpflichtet ist, uns vorher

H M Treasury

Permanent Secretary

2. März

Sehr geehrter Herr Premierminister,

Wenn ich sagte, Humphrey sei nicht überlastet, dann meinte ich das natürlich im Sinne einer Gesamtbelastung aus globaler Sicht; es war nicht im Hinblick auf gewisse individuelle, im Grunde anomale Pflichten gemeint, die, logisch gesehen, nicht im Einklang stehen oder harmonieren mit dem breiten Spektrum übergreifender und untrennbarer Pflichten, und die für das Amt immer eine exzessiv-übergebührliche Belastung darstellen; in Relation zu den verhältnismäßig geringen Verwaltungsvorteilen ihrer allgemeinen Zentralisierung.

Hochachtungsvoll

Frank

aus dem Kabinettsamt anzurufen, bevor er durch die grünbespannte Tür nach »Nummer 10« rüberkommt.
Ich fragte Bernard, ob das stimmt. Er antwortete mir zögernd. »Das mag theoretisch gesehen unter Umständen vielleicht richtig sein, Premierminister, aber realistisch gesehen ist es nur eine Formalität.«
»Gut«, sagte ich, »Humphrey mag Formalitäten.«
Bernard pflichtete mir bei, allerdings nur widerwillig. »Ja, Premierminister, aber wie es heißt ... ›it is a custom more honoured in the breach than in the observance‹[49].«
Ich habe wirklich endgültig die Nase voll von Bernard, Humphrey, Frank und diesem ganzen Haufen. Warum müssen die ihr sowieso schon widerliches Geschwafel auch noch auf eine so umständliche und schwülstige Art und Weise von sich geben? Dieses Gesülze von wegen ... ›... customs being honoured in the breach‹ ... warum verdrehen, vergewaltigen und verhunzen die die schönste Sprache der Welt, die Sprache Shakespeares *[Hacker war sich offensichtlich nicht bewußt, daß Bernard Shakespeare zitiert hatte: Hamlet, Erster Aufzug, Vierter Auftritt – d. H.]*

Sir Bernard Woolley erinnert sich:[50]
Dieser Tag war ein Wendepunkt in meinem Leben und in meiner Laufbahn. Mir war noch nicht klargeworden, daß meine neue Position als Erster Persönlicher Referent des Premierministers mir die Möglichkeit bot, meinem altem Chef gegenüber meine Autorität und Unabhängigkeit geltend zu machen. Diese Erkenntnis traf mich wie eine Offenbarung, wie ein greller Blitz aus heiterem Himmel auf dem Weg nach Damaskus[51]! *[Trotz eifrigen Bemühens, fanden wir in den Archiven der Personalabteilung des Civil Service keinen Hinweis darauf, daß Bernard Woolley während der folgenden drei Tage einen Augenarzt aufgesucht oder unbezahlten Urlaub zum Fasten genommen hat – d. H.]*
Ich hatte gerade Sir Frank Gordon in das Kabinettszimmer geführt und saß wieder im Privatsekretariat hinter meinem Schreibtisch.
Ich nahm den Telefonhörer ab und wählte Humphreys Nummer.
Ich hörte Humphreys Stimme, laut und deutlich. »Ja?«
»Ah, Sir Humphrey«, sagte ich.
»Ja«, sagte er noch einmal, und da begriff ich plötzlich, daß ich seine

Stimme so laut und deutlich hören konnte, weil er hinter mir stand. Ich hatte nicht bemerkt, daß er mein Büro betreten hatte.
»Hier ist Bernard«, sagte ich; etwas Dümmeres hätte mir wirklich nicht einfallen können. Ich war völlig perplex und starrte wie hypnotisiert auf den Telefonapparat.
»Das sehe ich«, antwortete er. Ich legte den Hörer auf. »Sir Humphrey, ich wollte eben mit Ihnen telefonieren«, sagte ich und geriet ins Schwitzen, weil er genau vor der Tür stand, hinter der das Geheimgespräch zwischen Mr. Hacker und Sir Frank stattfand.
»Und hier bin ich in persona, Sie haben Glück«, sagte er.
Ich plapperte ohne Punkt und Komma wie ein Wilder drauflos und sagte ihm, ich hätte ihn angerufen, weil ich mit ihm etwas besprechen müßte – warum sonst ruft man jemanden an? Schließlich brachte ich es fertig, ihm zu sagen, daß der Premierminister mich gebeten hatte, ihn darauf hinzuweisen, es wäre womöglich bequemer, wenn er vom Kabinettsamt bei uns anruft, bevor er nach »Nummer 10« rüberkommt.
Humphrey versicherte mir, es sei, so wie es sei, nicht unbequem.
»Doch, das ist es«, sagte ich.
»Nein, ist es nicht«, sagte er.
Und, ein bißchen zu energisch, sagte ich: »Doch, ist es doch!«
Er starrte mich an. Dann besaß er die Unverfrorenheit, mich kühl und gelassen zu fragen, ob der PM beschäftigt sei. Ich mußte sagen, das sei er. Humphrey wollte wissen womit. Ich versuchte, ihm eine ausweichende Antwort zu geben und murmelte, er würde Akten durcharbeiten. Zu der Zeit hatte ich noch schreckliche Angst vor Humphrey. Humphrey sagte, wenn es darum ginge, könne er ja reingehen und ein paar Worte mit dem PM wechseln. Ich war gezwungen, zuzugeben, daß jemand dem PM beim Aktenstudium behilflich war.
Humphrey beäugte mich mißtrauisch. Ihm war klar, daß ich ihm etwas verschwieg oder vielleicht sogar log. »Sie meinen, er spricht mit irgendwem über irgend etwas?« Ich nickte.
»Mit wem, Bernard?« krächzte er.
Ich glaube, er wußte bereits, wer beim PM war. Das hatte ja schon seit zwei Tagen in der Luft gelegen. Ich hatte kaum zugegeben, daß der PM mit dem Ständigen Staatssekretär vom Schatzamt sprach, da war Sir Humphrey auch schon, flink wie ein Wiesel im Hühnerstall,

im Kabinettszimmer verschwunden. Auch wenn ich es versucht hätte, ich hätte ihn nicht aufhalten können – wer kann schon mit bloßen Händen ein Wiesel fangen.

[Und nun wieder zu Hackers Tagebuch – d. H.]

»Angenommen, Sie werden Chef der Binnenverwaltung ...« sagte ich gerade zu Sir Frank Gordon, als Humphrey hereinplatzte.
»Was wollen Sie denn hier!?« fauchte ich ihn an.
»Ich woll-wollte nur fragen, ob ich vielleicht behilflich sein könnte.«
Ich fragte ihn, ob Bernard ihm nicht gesagt hätte, daß ich Besuch habe. Bernard stand hinten in der Tür und nickte wie ein Wilder. Humphrey gab zu, daß Bernard es ihm gesagt hatte.
»Also ... was wollen Sie?« fragte ich unwirsch.
Ich konnte ihm ansehen, daß er nicht gekommen war, um mit mir über irgend etwas zu sprechen. Der wollte nur hinter mir herspionieren. »Wissen Sie«, sagte er, »ich dachte, da Ihr Gast ja offensichtlich zu meinem Kollegenkreis gehört, könnte ich bestimmt – oh, guten Tag, Frank – bestimmt, einen Beitrag zu Ihrem Gespräch leisten.«
Er lächelte Frank überschwenglich an, der aber, wie mir auffiel, so gut wie überhaupt nicht zurücklächelte.
»Ich verstehe«, sagte ich. »Nein, danke.«
Ich wartete darauf, daß er verschwand. Er rührte sich nicht von der Stelle.
»Danke«, sagte ich unmißverständlich.
»Ich danke Ihnen, Premierminister«, antwortete er und blieb weiter wie angewurzelt stehen. Er wartete, schaute uns abwechselnd lauernd an und wollte uns ganz offensichtlich daran hindern, zu entscheiden, welcher seiner Verantwortlichkeiten wir ihn berauben konnten.
»Humphrey«, sagte ich und spürte, wie mir allmählich der Kamm schwoll, »das ist ein privates Gespräch.«
»Ah«, sagte er. »Soll ich die Tür schließen?«
»Ja, bitte«, sagte ich.

»Sehr wohl.«
Ich glaube, jeder kann sich vorstellen, wie verblüfft ich war, als er sich umdrehte und die Tür von innen schloß. »Nein, Humphrey, ich meine von der anderen Seite, ja, bitte.«
Wütend und herausfordernd fragte er: »Darf man erfahren, warum?«
Frank wurde unübersehbar immer nervöser. Er erhob sich und wollte gehen. Ich bat ihn, wieder Platz zu nehmen und sagte Humphrey, er möge uns verlassen.
Humphrey war es anscheinend lieber, den Dorftrottel zu spielen, als zu gehen. »In welchem Sinn des Wortes meinen Sie ›verlassen‹?« fragte er und tat so, als ob das eine überaus wichtige und vernünftige Frage sei.
»Raus!« schrie ich. Ich bat Frank, auch zu gehen – ich war zu aufgeregt und zu wütend, um jetzt noch mit ihm ein vernünftiges Gespräch führen zu können.
Bernard wollte sich aus dem Staub machen. »Kommen Sie sofort zurück«, schrie ich ihm nach. Schlotternd schloß er die Tür und schlich auf mich zu. Wir waren beide allein.
Ich fragte ihn: »Warum haben Sie Sir Humphrey reingelassen, ich hatte es Ihnen ausdrücklich verboten?«
»Aber ich konnte nichts machen, ich, äh . . .«, erwiderte er, hilflos mit den Schultern zuckend.
»Warum nicht?«
»Sir Humphrey ist stärker als ich.«
»Aber Sie sind doch jünger!«
»Ja, aber äh, ich, äh . . .«
»Dann«, sagte ich, zu allem entschlossen, »muß man ihn im Kabinettsamt einsperren.«
»Aber wie denn?« fragte er.
Das war ja wohl klar! »Schließen Sie die Verbindungstür ab«, befahl ich.
»Aber er hat doch auch einen Schlüssel«, wimmerte Bernard.
»Den werden Sie ihm abnehmen«, sagte ich.
Bernard traute seinen Ohren nicht. »Den werde ich ihm abnehmen!?« fragte er ungläubig.
»Ja, den werden Sie ihm abnehmen«, wiederholte ich.

»Den werden *Sie* ihm abnehmen!« sagte Bernard.
Eine solche Unverschämtheit war mir noch nie zu Ohren gekommen, das war ja offener Widerstand. *»Was!«* schrie ich ihn an.
Bernard atmete ein paarmal tief durch, hielt die Luft an und versuchte es dann auf eine andere Tour. »Äh, entschuldigen Sie, bitte, Premierminister, aber das liegt, glaube ich, nicht in meiner Macht.«
Bernard hat unter anderem auch Philosophie studiert und ist sehr gebildet, andererseits ist er aber unheimlich gehemmt und beschränkt und hat sich dazu abrichten lassen, alles was er macht, so zu machen, wie es schon immer gemacht wurde, so daß er manchmal den Wald vor Bäumen nicht sieht.
»Ich gebe Ihnen die Macht«, sagte ich. »Ich ermächtige Sie.«
Er fing an zu zittern, und ich hatte Angst, er würde gleich körperlich und seelisch zusammenbrechen. »Aber ... ich weiß nicht, ob ich ... ich meine ... ach du dickes Ei, da wird er aber bestimmt total ausflippen.«
Ich lächelte ihn an. Er lächelte zurück. Dann erstarb sein Lächeln, und er fing an, sich hektisch die Lippen zu lecken. Ich konnte ihm ansehen, daß er immer noch die Hosen voll hatte. »Es liegt in Ihrer Macht, Bernard«, sagte ich liebenswürdig.
»Aber ...«
»›Freiheit‹, Bernard«, sagte ich sanft.
»Aber ...«
»Ich ermächtige Sie, Bernard«, wiederholte ich väterlich.
»Aber ...«
»Sie allein, Bernard, haben künftig Zugang zum Premierminister«, ermutigte ich ihn listig wie ein Fuchs. Aber auch das schien ihn nicht zu überzeugen.
»Aber ... aber ...« Er war nicht in der Lage, seine Einwände zu formulieren. In seiner kleinen Beamtenwelt stand alles Kopf.
»Aber, aber, aber'n Sie mir kein Aber, Bernard. Shakespeare.« Ich hielt die Situation für geeignet, auch mal mit ein bißchen Bildung zu protzen.
Aber ein bißchen Bildung kann unheimlich gefährlich sein. Bernard versuchte nämlich sofort, mit dem üblichen, absolut sinnlosen, nicht zur Sache gehörenden, pedantischen Geschwafel sei-

nen Kopf aus der Schlinge zu ziehen. »Nein, Premierminister, das ist ein Zitat aus dem neunzehnten Jahrhundert, cirka 1820, Mrs. Centlivre benutzte diese Redewendung 1708, glaube ich, aber populär wurde sie, nachdem Scott sich ihrer in ›The Antiquary‹ bedient hatte.«

Ich dankte Bernard für seine Ausführungen und fragte ihn, ob wir nicht beim springenden Punkt unseres Gesprächs bleiben könnten. Er mißverstand mich – ich glaube mit Absicht – und unternahm einen weiteren Versuch, der nach wie vor im Raum schwebenden Tatsache, daß Humphrey in Zukunft keinen freien Zugang mehr zu mir haben würde, auszuweichen. »Ja ... der springende Punkt ist, Premierminister, daß Sie, wie ich meine, möglicherweise Mrs. Centlivre mit dem Alten Capulet in ›Romeo und Julia‹, Dritter Aufzug, Fünfte Szene, wo er, ich zitiere, sagt:... ›Hör, Fräulein Spröde! Dank keinen Dank und stolz mir keinen Stolz![52]‹«

Ich dankte Bernard nochmals für seine Ausführungen und sagte ihm, das möge er doch bitte Sir Humphrey sagen.

Er starrte mich verständnislos an. »Was soll ich sagen?«

»Hör, Fräulein Spröde! Dank keinen Dank und stolz mir keinen Stolz, Sir Humphrey.« *[Bezüglich des zweiten Wortes dieses Zitats war Sir Humphrey über jeden Verdacht erhaben. Er führte bis zu seinem Tode eine glückliche Ehe mit Lady Appleby, die uns, wie der Leser weiß, liebenswürdigerweise den Zugang zu Sir Humphreys privaten Aufzeichnungen ermöglichte – d. H.]*

»Ja, Premierminister.« Er sah alles andere als glücklich aus. »Ähm ... wenn ich ihm also seinen Schlüssel abnehmen soll, welchen Grund kann ich ihm denn bloß dafür nennen?«

Jetzt riß mir der Geduldsfaden. Er ist der geborene Beamte – dieser Mensch sieht überall nur Probleme. Aber für jedes Problem gibt es, wie jeder weiß, eine Lösung.

»Verdammt noch mal, Bernard«, schnauzte ich ihn an, »denken Sie sich was aus!«

Er kniff den Schwanz ein. »Ja, Premierminister. Vielen Dank, Premierminister.«

Ich sah ihn über den Rand meiner Brille hinweg strahlend lächelnd an. »Danken Sie keinen Dank mir, Bernard«, sagte ich.

[Dorothy Wainwrights Memoiren ICH, OHR DES PREMIERMINISTERS waren zwei oder drei Jahre nach den hier beschriebenen Ereignissen ein Bestseller. Dem folgenden Auszug können wir, aus ihrer Sicht gesehen, entnehmen, was im weiteren Verlauf dieses Tages geschah, als Bernard begann, die ihm gerade von Hacker übertragene Macht auszuüben – d. H.]

Ich dachte voller Zufriedenheit über meinen lange sehnlichst erhofften Umzug in mein altes Büro nach, als ich aus dem Privatsekretariat auf der gegenüberliegenden Seite der Lobby plötzlich Bernard mit lauter Stimme sprechen hörte. »Ich sagte *nein*, Sir Humphrey«, sagte er – und wiederholte es gleich noch einmal.

Ein wenig neugierig geworden, ging ich ins Privatsekretariat. Bernard telefonierte. Sein Gesicht war rot angelaufen, und er war sehr erregt. »Ich *sagte* nein«, wiederholte er.

»Der Premierminister ist beschäftigt.«

Jetzt muß Sir Humphrey am anderen Ende der Leitung geäußert haben, er würde rüberkommen, um mit Bernard zu sprechen, denn Bernard sagte: »Ich bin auch beschäftigt.« Jetzt schien offenbar eine Flut wüster Beschimpfungen und Beleidigungen durch die Leitung zu rauschen. Dann richtete sich Bernard zu seiner ganzen Größe von einssiebenundsiebzigkommaneun auf, atmete tief ein und sagte: »Sir Humphrey, Sie dürfen nicht rüberkommen. Sie haben weder Termin noch Erlaubnis.«

Humphrey schrie: »Ich komme trotzdem!« – das konnte man auch an der Tür noch hören – und knallte den Hörer auf die Gabel. Bernard legte auf und sackte in seinem Schreibtischsessel zusammen, halb erleichtert, halb entsetzt. Er sah mich verwirrt lächelnd an. »Er traute seinen Ohren nicht, er ist unheimlich sauer«, sagte er vergnügt.

»Was hat er gesagt?«

»Er will trotzdem kommen.«

»Fühlen Sie sich stark genug?« fragte ich voller Mitgefühl. Bernard richtete sich auf, lehnte sich zurück und entspannte sich. »Keine Angst, er kommt hier nicht rein. Ich habe den Sicherheitsdienst angewiesen, den Schlüssel aus seinem Büro zu holen.«

In diesem Augenblick flog die Tür auf. Sir Humphrey stürmte herein. Ich hatte ihn noch nie so wütend gesehen. Ihm zischte im wahrsten

Sinne des Wortes Dampf aus Nase und Ohren. *[Das kann im wahrsten Sinne des Wortes nicht möglich gewesen sein – d. H.]*

Bernard sprang auf. »O mein Gott!«

»Nein, Bernard«, fauchte Humphrey, »es ist nur Ihr Boß.«

[Theoretisch mag »Boß« richtig gewesen sein, denn Sir Humphrey war Leiter der Binnenverwaltung des Civil Service. Trotzdem war Bernard Woolley nach dem Einzug in »Nummer 10« nicht mehr Sir Humphrey unterstellt. Als Erster Persönlicher Referent des Premierministers verfügte er jetzt faktisch über ebensoviel Macht und Einfluß wie Sir Humphrey als Kabinettsstaatssekretär – deshalb gab es Krach – d. H.]

»Wie kommen Sie denn durch eine massive Tür?« fragte Bernard.

»Wo ist mein Schlüssel geblieben?« fragte Sir Humphrey.

»Sie müssen zwei haben!« schlußfolgerte Bernard.

»Wo ist mein Schlüssel?« fauchte Sir Humphrey.

Bernard nahm sein Herz in beide Hände. »Der Premierminister sagte mir, daß er entfernt werden müßte.«

Ich hielt es für angebracht, Bernard aus der Patsche zu helfen. »Ja, so ist es«, fügte ich hinzu.

Humphrey drehte sich ruckartig zu mir um. »Ich darf doch bitten, *gnädige Frau*«, giftete er tückisch, »das geht Sie nichts an.« Er wandte sich wieder an Bernard. »Der Premierminister ist nicht dazu ermächtigt, mich meines Schlüssels zu berauben.«

»Es ist sein Haus«, sagte Bernard tapfer.

»Nein, das ist ein Regierungsgebäude«, sagte Sir Humphrey.

Bernard verlor weder die Nerven noch geriet er in Panik. »Ich glaube, der Premierminister entscheidet selbst, wer hier rein darf. Ich gebe meiner Schwiegermutter ja auch nicht meinen Schlüssel.«

Ich hätte beinah laut losgelacht. Humphrey schluckte, zitterte, bebte, und ich dachte, er würde jeden Moment explodieren.

»Ich bin nicht die Schwiegermutter des Premierministers, Bernard.«

Bernard sagte nichts. Er hatte ja schon alles gesagt, was zu sagen war. Er stand aufrecht hinter seinem Schreibtisch und schaute ihn schweigend an. Nach einem kurzen Moment ging Humphrey zum Fenster und atmete ein paarmal tief durch, um sich zu beruhigen. Dann kam er verlogen lächelnd zu Bernard zurück.

»Hören Sie, Bernard, ich will nicht, daß wir uns deswegen zerstreiten. Das ist so *billig* vom Premierminister. Wir werden noch Jahre zusammenarbeiten müssen, aber Premierminister kommen und gehen. Wohingegen Ihre Laufbahn-Perspektiven mit Sicherheit von denen abhängen, die die Macht haben, über Beförderungen und Ernennungen zu befinden.«

»Bleiben wir doch bei der Sache«, sagte ich schroff, und schon wieder blitzten Humphreys Augen mich tückisch, bösartig und giftig an. Wenn Blicke töten könnten!

Bernard, Ehre wem Ehre gebührt, blieb bei der Sache. »Ich muß darauf bestehn, daß Sie mir sagen, wie Sie hier reingekommen sind.«

Humphrey schürzte die Lippen. Das war seine übliche »Meine-Lippen-sind-versiegelt-Mimik«.

»Sie haben einen Privatschlüssel«, stellte Bernard fest. Humphrey schwieg.

»Wollen Sie mir etwa erzählen, daß Sie keinen haben?« fragte Bernard.

Humphrey lächelte leicht. »Ich sage Ihnen nicht, daß ich keinen habe. Ich sage Ihnen nur nicht, daß ich einen habe.«

Bernard streckte die Hand aus. »Den werden Sie mir jetzt geben!«

Humphrey starrte Bernard einige Augenblicke an, machte auf dem Absatz kehrt und ging. Bernard ließ sich in seinen Schreibtischsessel fallen und japste nach Luft.

»Gut gemacht, Bernard«, lobte ich.

Er nickte. Dann griff er zum Telefonhörer und rief den Sicherheitsdienst an. »Sie wechseln die Schlösser der Verbindungstür zwischen ›Nummer 10‹ und Kabinettsamt aus und bringen mir alle Schlüssel! . . . Ja, alle Schlüssel! . . . Sofort!«

Alle Achtung!

[Am Nachmittag dieses 3. März fand die wöchentliche Konferenz der Ständigen Staatssekretäre in Sir Humphrey Applebys Büro statt. Erst vor kurzem stießen wir bei Durchsicht von Sir Frank Gordons privaten Aufzeichnungen auf eine überaus aufschlußreiche Notiz bezüglich eines flüchtigen Gedankenaustauschs, zu dem es – inoffiziell – unmittelbar nach der Konferenz gekommen war – d. H.]

Als ich im Begriff war zu gehen, wollte Humphrey von mir Einzelheiten über mein Gespräch mit dem PM wissen. Habe ihm natürlich nicht gesagt, daß wir es nach seinem unwillkommenen Auftritt nicht mehr fortgesetzt haben. Sagte ihm statt dessen, es sei sehr interessant gewesen. Er fragte mich, ob ein bestimmtes Thema angesprochen worden sei. Ich fragte ihn, ob er ein bestimmtes, ihn interessierendes, Thema meinen würde. Er fragte mich, ob der PM Ernennungen und so weiter angesprochen oder etwas von Neuordnung der Kompetenzen angedeutet hätte. Da der Premier weder etwas angesprochen noch angedeutet hatte, ließ ich nur durchblicken, diese Themen seien möglicherweise zur Sprache gekommen, und wir hätten sie weitreichend diskutiert. Interessanterweise fragte er, ob man zur Entscheidungsreife gelangt sei. Er muß sehr beunruhigt sein. Sagte ihm, es hätte Argumente auf beiden Seiten gegeben, gleichmäßig gewichtet, selbstverständlich, aber möglicherweise etwas mehr in die eine als in die andere Richtung tendierend, aber *ich* sähe keinen Grund zur Besorgnis.

[Und nun wieder zu Hackers Tagebuch – d. H.]

6. März

Mein Plan war ein Volltreffer. Humphrey hat jetzt endlich kapiert, wo er hingehört. Es wurde ja auch wirklich höchste Zeit, wie ich es Dorothy vor ein oder zwei Tagen vorgeschlagen hatte, Humphrey die Flügel zu stutzen. *[Aufmerksame Leser werden sich erinnern, daß Hacker in seiner Tagebucheintragung vom 1. März zugegeben hat, daß der Vorschlag, Applebys Flügel zu stutzen, von Dorothy Wainwright gekommen war – d. H.]*
Bernard hat offenbar die Schlösser der Verbindungstür zwischen »Nummer 10« und Kabinettsamt auswechseln lassen, so daß Humphrey in Zukunft um Erlaubnis bitten *muß*, wenn er zu uns rüberkommen will. Als er heute vormittag um Erlaubnis bat, lehnte Bernard seine Bitte ab.
Kurz darauf hörten er und Dorothy, wie jemand auf der anderen Seite gegen die Tür hämmerte, daran rüttelte und mühsam einen Tobsuchtsanfall unterdrückend schrie: »Öffnen Sie die Tür! ... Aufmachen! ... Sie sollen diese verdammte Tür öffnen!«
Humphrey rannte durch das Kabinettsamt, spurtete die Whitehall hinunter, bog um die Ecke und stand dann atemlos vor der Tür von Downing Street 10.
Die beiden Polizisten ließen ihn nicht herein, denn er hatte ja

weder einen Termin noch einen Passierschein – nur seinen Kabinettsamtsausweis.

Bernard hatte in der vergangenen Woche neue Sicherheitsbestimmungen erlassen, offenbar auf Weisung von Humphrey selbst: ab sofort darf niemand mehr ohne einen »Nummer-10-Passierschein« vorgelassen werden, es sei denn, sein Name steht auf einer Tagesliste oder Bernard gibt seine Erlaubnis.

Der Polizist kennt Humphrey natürlich und wollte sich anscheinend vom Privatsekretariat diese Erlaubnis geben lassen. Aber Bernard und Dorothy waren inzwischen zu einem Gespräch zu mir ins Kabinettszimmer gekommen.

Jetzt ist Humphrey offenbar in sein Büro zurückgerast, aus dem Fenster in den Garten von »Nummer 10« gesprungen, über den Rasen und durch die Blumenbeete gedüst, hingefallen, und wie ein Einbrecher an der Fassade hoch auf den Balkon vor dem Kabinettszimmer geklettert.

Das dachte ich mir jedenfalls, als ich einen atemlosen, verdreckten, zerzausten Sir Humphrey hinter den Scheiben der Balkontür mit unsicheren, müden Schritten herumtapern sah. Ich winkte ihm lächelnd zu.

Er griff zur Klinke der Balkontür, wollte sie öffnen ... und löste damit ein infernalisches, ohrenbetäubendes Geklingel und Sirengedröhn und Getute aus. Sofort stürzten uniformierte Polizisten mit Hunden und Sicherheitsbeamte in Zivil ins Kabinettszimmer.

Wir schrien ihnen immer wieder zu, sie müßten uns nicht vor dem Kabinettsstaatssekretär beschützen, auch wenn der aussah wie ein tiefgekränkter, zu Tode beleidigter, bösartiger Amokläufer.

Die Sirenen verstummten.

Sir Humphrey wankte ins Kabinettszimmer und übergab mir einen handgeschriebenen Brief.

»Humphrey«, fragte ich, »was ist das?«

Er starrte mich sprachlos an, kochte vor Wut, konnte nur mit Mühe die Tränen zurückhalten und versuchte seine Würde zu wahren. Er konnte nicht sprechen – mit zitternder Hand deutete er auf das Stück Papier. Ich las es.

Kabinettsamt

Sehr geehrter Premierminister,

Ich muß meinen tiefempfundenen Widerspruch
zum Ausdruck bringen und mit aller Schärfe
protestieren gegen eine neu eingeführte Praxis,
die in bestürzendem Maße intolerable Restriktio-
nen im Ein- und Ausgangsrecht höherer Be-
amter der Hierarchie zur Folge hat. Sie führt,
wie man vermuten darf, falls diese höchst be-
klagenswerte Innovation beibehalten wird, zur
beschleunigten Einengung vorhandener Kommu-
nikationskanäle und gipfelt im Zustand organi-
satorischer Atrophie und administrativer Para-
lyse. Was heißt, es wäre effektiv nicht mach-
bar, kohärent und koordiniert der Regierung
zu dienen; in Ihrer Majestät United Kingdom
of Great Britain and Northern Island.

Ihr gehorsamer und demütiger Diener

Humphrey Appleby

Das las ich sehr sorgfältig. Dann schaute ich Humphrey von unten von oben herab an.
»Sie meinen, Sie sind Ihren Schlüssel los?« fragte ich.
»Premierminister«, sagte er verzweifelt, »ich muß auf einem neuen bestehen.«
Ich schäme mich, zugeben zu müssen, daß ich ein übles Spielchen mit ihm spielte. »Wenn es soweit ist, Humphrey«, erwiderte ich. »Nach reiflichem Abwägen. Wenn der Zeitpunkt gekommen ist. Erst mal müssen wir etwas anderes zum Abschluß bringen. Etwas Wichtiges zum Thema ... ›Dorothys Büro‹.«
»Ja, und ob!« sagte Dorothy aggressiv.
Darauf wollte Humphrey natürlich auf die gewohnte Art und Weise nicht eingehen und sagte: »Das kann doch sicher warten, das muß man erst ...«
Ich unterbrach ihn sofort. »Nein, Humphrey«, machte ich ihm in aller Ruhe, geduldig lächelnd, klar, »das muß man sofort irgendwie klären. Das ist so wichtig wie die ›Schlüssel-Frage‹.«
Ich konnte ihm ansehen, daß ihm endlich ein Licht aufgegangen war. Während er noch mit sich kämpfte, versuchte ich ihm eine Möglichkeit zu geben, sein Gesicht zu wahren. »Es würde mich interessieren, Ihre Meinung zu hören, die ist wirklich der Schlüssel zum Problem. Also, was meinen Sie?«
Er hoffte, seine Antwort würde bei mir den Eindruck erwecken, er sei nach sorgfältigem Nachdenken bereit, einen würdevollen Kompromiß in Erwägung zu ziehen. »Wissen Sie, ich finde ... nach reiflichem Überlegen ... daß Mrs. Wainwright vielleicht *doch* in der Nähe dieses Raumes sein sollte«, sagte er.
Wir waren alle erleichtert. »Also bekommt sie ihr Büro wieder, hm!?« Er nickte. »Sofort?« Er nickte noch einmal.
Ich sagte Bernard, er möge ihm den neuen Schlüssel geben, dankte Humphrey für seine Hilfe und seine Kooperationsbereitschaft und bat alle drei, sich ihrer Arbeit zu widmen.
Ein wenig später sagte Bernard mir, Sir Humphrey hätte angerufen und gefragt, ob er mich privat sprechen dürfte. Ich sagte »aber natürlich!«. Bernard forderte ihn edelmütig auf, zu uns herüberzukommen. Ehrerbietig betrat Humphrey mein Arbeitszimmer und fragte mich, ob ich bezüglich der anderen Angele-

genheit zu einer Entscheidung gelangt sei.
Welche andere Angelegenheit? Ich wußte nicht, was er meinte.
Er räusperte sich. »Darf man, äh, fragen, wem die Leitung der Binnenverwaltung in Zukunft obliegt!?«
»Na, Ihnen ... vielleicht«, sagte ich. Er lächelte. »Aber unter Umständen auch Sir Frank«, fügte ich hinzu. Sein Lächeln erstarb. »Oder möglicherweise ... Ihnen beiden. Ich habe mich da noch nicht entschieden. Aber wie auch immer: ... es ist *meine* Entscheidung, nicht wahr, Humphrey?«
»Ja, Premierminister«, antwortete er; ein zutiefst betrübter, bedauernswerter, aber kluger Mann.

5 Echte Partnerschaft

9. März

Heute mittag taumelte ich zum Essen die Treppe hinauf in unsere Wohnung. Zum Glück war Annie zu Hause. Sie warf mir einen kurzen Blick zu und fragte mich, ob die Kabinettssitzung unerfreulich gewesen sei.

»Hast du irgend 'n Mittel, mit dem man Blutlachen von Teppichen entfernen kann?« stöhnte ich, als ich mich in meinen geblümten Chintz-Sessel mit dem tiefsten Seufzer der Verzweiflung fallenließ. *[Wir nehmen an, daß der tiefste Seufzer der Verzweiflung nicht Bestandteil des geblümten Chintz-Sessels war – d. H.]*

»Wessen Blut?« fragte Annie, während sie zur Karaffe griff.

»Das vom gesamten Kabinett«, sagte ich depremiert. Sie fragte mich, ob ich einen einfachen oder einen doppelten Whisky haben wollte. Ich entschied mich für einen Dreifachen.

Der Grund für meine Verzweiflung war ein Papier, das uns das Schatzamt kurz vor der Kabinettssitzung vorgelegt hatte. Offenbar ist die Finanzkrise viel schlimmer, als wir dachten. Das hatte keiner kommen sehen – ich schon gar nicht – bis auf einen: meinen Vorgänger, den letzten Premierminister. Kein Wunder, daß der überraschend und unerwartet zurückgetreten ist!

Annie war ein bißchen überrascht. »Es kam mir schon immer komisch vor«, sagte sie nachdenklich, »daß der seinen Sessel für einen älteren Mann freigemacht hat.«

Ich wurde leicht sauer. »Ich bin nicht älter als der«, protestierte ich.

»Oh.« Sie starrte mich mitleidsvoll an. »Vielleicht siehst du nur älter aus als er.«

Ja, dachte ich, jetzt sehe ich bestimmt älter aus als er, weil ich im Kabinett wegen der Finanzkrise alt aussehe! Ich weiß im Moment wirklich noch nicht, wie ich meine Minister dazu brin-

gen kann, ihre Ausgabenpläne zu kürzen. Die haben genausowenig wie ich damit gerechnet. Die haben alle ehrgeizige Pläne, um die Wirtschaft anzukurbeln, weil ich sie darum gebeten habe.
Wir hörten, wie sich jemand mit schweren Schritten die Treppe heraufquälte. Bernard erschien in der Tür zum Wohnzimmer. Annie bot ihm einen Scotch an.
»Einen Dreifachen, bitte«, sagte er düster.
Annie nickte mitfühlend und hielt klugerweise den Mund.
»Bernard«, sagte ich, »Humphrey hätte das wissen und mich warnen müssen.«
Er setzte sich aufs Sofa und süffelte an seinem Whisky rum. »Sir Humphrey wird wohl von Volkswirtschaft nichts verstehen, Premierminister, er hat Altphilologie studiert.«
»Und was ist mit Sir Frank? Er ist Leiter des Schatzamts.«
Bernard schüttelte den Kopf. »Ich fürchte, ihm fällt es noch schwerer, Volkswirtschaft zu verstehen, Premierminister. Er ist Volkswirtschaftler.«
Annie setzte sich mit einem Glas Perrier in der Hand zu uns. »Jim, sehen die Minister denn nicht ein, daß sie in einer Wirtschaftskrise ihren Etat kürzen müssen?«
»Die sagen immer, die anderen müßten kürzen, sie könnten's nicht.«
»Das ist aber ganz schön egoistisch«, bemerkte sie. Annie scheint wirklich immer noch zu glauben, daß es im Kabinett so etwas wie Teamgeist gibt. Ha, wenn die wüßte! Da geht es doch jedem einzelnen von morgens bis abends nur darum, seine Popularitätskurve nach oben zu peitschen. Und der schnellste und erfolgversprechendste Weg, sich beliebt zu machen ist, Geld auszugeben. Geld des Bürger! Wenn sie da aus dem Vollen schöpfen, machen sie sich beliebt in ihren Ministerien, in der Partei, im Parlament und bei der Presse. Wenn man Ausgaben kürzt, macht man sich unbeliebt. Annie verstand nicht, warum. Bernard versuchte, es ihr zu erklären, sonderte aber nur minutenlang ein absolut unverständliches Geschwafel über Hüte und sowas alles ab, so daß die Zusammenhänge so transparent wurden wie Porridge.

Sir Bernard Woolley erinnert sich:[53]
Zufälligerweise waren meine Erklärungen auch in diesem Fall glasklar und unmißverständlich formuliert. Wenn ich mich recht erinnere, war Mrs. Hacker der Ansicht, die Öffentlichkeit würde Ausgabenkürzungen *begrüßen*, weil die Öffentlichkeit doch die Steuerzahler sind. Ich sagte ihr, das war und sei eine Hutfrage. Der Wähler ist immer, wenn er seinen Wählerhut trägt, in höchstem Maße erfreut, wenn die Regierung irgend etwas bezahlt, weil er glaubt, das bekäme er umsonst! Ihm ist nicht klar, daß er, wenn er seinen Steuerzahlerhut trägt, das bezahlt, was er bekommt, wenn er seinen Wählerhut trägt. Und die Kabinettsminister liegen, wenn sie ihre Ministeriumsführerhüte tragen, in ständigem Wettstreit miteinander, weil sie, wenn sie ihre Regierungsmitgliedshüte tragen, ökonomische Erfolge aus dem Hut zaubern und trotzdem dem Steuerzahler, wenn er seinen Wählerhut trägt, das Gefühl vermitteln müssen, daß die Regierung das Geld von jemand anderem ausgibt, denn sonst würde ja der den Wählerhut tragende Steuerzahler, wenn er den Steuerzahlerhut aufsetzen würde, bemerken, daß die Regierung *sein* Geld ausgibt; und deshalb müssen die Kabinettsminister darum bemüht sein, sich diesen Sachverhalt nicht vom wählerhuttragenden Steuerzahler oder vom steuerzahlenden Wählerhutträger aus dem Ministeriumsführerhut oder dem Kabinettsmitgliedshut zaubern zu lassen.

[Und nun wieder zu Hackers Tagebuch – d. H.]

»Kann es sein, daß du deine Minister dazu ermuntert hast, diese Ausgabenpläne zu entwerfen, weil du deine eigene Popularitätskurve nach oben peitschen willst?« fragte Annie.
Die einzige mögliche Antwort war »Ja und Nein«. Natürlich möchte ich beliebt sein – dagegen kann doch keiner was haben, nur wenn man beliebt ist, wird man gewählt, in einer Demokratie geht es doch letztendlich nur um Popularität. Aber ich hatte wirklich gedacht, wir können uns das leisten. Ich hatte keine Ahnung – und kein Mensch hat mich darauf hingewiesen – von den drohenden Inflationsproblemen, von der Sterlingskrise und von niedrigen Ertragsraten.
Annie wollte wissen, was ich denn nun machen werde. »Hast

du heute vormittag *befohlen*, daß die diese Kürzungen vornehmen?«

»Ich kann doch nichts ›befehlen‹, Liebling«, meinte ich traurig.

Sie starrte mich und Bernard verständnislos an. »Er ist doch nur der Premierminister, Mrs. Hacker«, sagte Bernard. »Er hat ja noch nicht mal ein eigenes Ministerium, dem er etwas befehlen könnte.«

Annie glaubt – und soweit ich weiß, glaubt sie das immer noch – daß der Premierminister der Chef ist. Sie irrt sich grundlegend. Ein Führer kann nur in gegenseitigem Einvernehmen führen.

»Aber wer ist denn nun der Chef, wenn du's nicht bist?« fragte Annie völlig perplex. Ich war perplex, weil sie mir diese Frage gestellt hat. Darauf gibt es im Grunde genommen keine Antwort. Ich dachte einen Moment nach. »Im Grunde genommen keiner«, sagte ich schließlich.

»Und das funktioniert?« fragte sie und geriet immer mehr in Verwirrung.

»Offenbar ja«, antwortete ich resignierend. »Das ist nun mal das Wesen der Demokratie.«

»Das hat Großbritannien zu dem gemacht, was es heute ist«, fügte Bernard, allen Ernstes davon überzeugt, hinzu. Annie dachte über das, was sie gerade gehört hatte, nach. »Also regiert das Kabinett Großbritannien und nicht du.«

Sie hatte alles völlig falsch verstanden! »Nein!« sagte ich. »Denk doch mal zurück, Annie! Als ich damals noch ein einfacher Minister war, habe ich doch auch nicht regiert, stimmt's?«

»Ja«, sagte sie, »aber ich dachte immer, du warst der einzige, der nicht mitregiert hat.«

Annie reitet andauernd, genau wie die Presse und die Medien, darauf rum, daß »regiert« werden muß. Dabei kann in Großbritannien kein Mensch regieren. Eine Menge Leute haben die Macht, etwas zu verhindern – aber so gut wie keiner hat die Macht, etwas durchzusetzen. Unser Regierungssystem hat den Motor eines Rasenmähers und die Bremsen eines Rolls-Royce. Sowas würde ich natürlich nie in der Öffentlichkeit sagen. Die Wähler würden das für Defätismus halten. Das ist es aber trotzdem nicht! Es ist die Wahrheit! Und ich werde dagegen kämpfen.

[Wir neigen nicht zu der Ansicht, daß Hacker seine Leser glauben machen wollte, er hätte vor, die Wahrheit zu bekämpfen – d. H.]
Wir sprachen darüber, welche Folgen diese Finanzkatastrophe noch haben wird. Morgen kommt eine Abordnung von Abgeordneten zu mir; denen habe ich mehr Gehalt versprochen. Ich werde ihnen natürlich klarmachen müssen, daß da im Moment nichts zu machen ist. Sie werden durchdrehen. Sie werden argumentieren:

1. Daß ich mich an ein gegebenes Versprechen halten muß.
2. Daß sie in erschreckendem Maße unterbezahlt sind.
3. Daß ich auch davon profitiere, denn dann bekomme ich runde fünfzigtausend Pfund pro Jahr.
4. Daß es nicht ums Geld, sondern ums Prinzip geht.
5. Daß sie es nicht für sich persönlich fordern.
6. Daß ich den geheiligten Grundsätzen parlamentarischer Demokratie einen Schlag versetze.

Woher ich weiß, daß die das sagen werden? Das habe ich als einfacher Abgeordneter auch immer gesagt.

Darauf kann man nur mit Lügen antworten. Ich werde sagen:
1. Daß sie mit mir rechnen können – was nicht stimmt!
2. Daß sie wirklich mehr Geld verdient haben – was nicht wahr ist!
3. Daß ich mich bestimmt dafür einsetze, wenn die Krise vorüber ist – was ich nicht tun werde!
4. Und daß es nicht unbedingt der Würde des Parlaments dienlich ist, wenn Abgeordnete sich selbst mehr Gehalt bewilligen, den anderen aber sagen, sie müßten damit noch warten – was es wirklich nicht ist!

Ich werde es mir verkneifen müssen, wenn einer sagt »es geht nicht ums Geld, es geht nur ums Prinzip« zu antworten, daß es ausschließlich ums Geld geht!
Ich dachte, jetzt hätte Annie begriffen, was gespielt wurde. Aber zu meiner Überraschung sympathisierte sie mit diesen Typen.

»Sind Abgeordnete denn nicht wirklich unterbezahlt, Liebling?«
Mir fiel fast das Glas aus der Hand. Unterbezahlt? Abgeordnete? Ich machte Annie klar, daß man als Abgeordneter doch nur auf einem gewaltigen, subventionierten Egotrip ist. Für den Job braucht man keine Qualifikation, und es gibt keine Pflichtarbeitszeiten, man muß niemals Leistungsnormen erfüllen, sitzt in geheizten Räumen und futtert subventionierte Mahlzeiten; und das alles für ein paar eingebildete Schaumschläger und überhebliche Wichtigtuer, die plötzlich glauben, daß sie ernst genommen werden, nur weil ›MP‹[54] hinter ihrem Namen steht. Wie können diese Typen unterbezahlt sein? Es gibt zweihundert Bewerber für jeden freien Sitz, man könnte jeden Sitz zwanzigmal besetzen, auch wenn die für den Job noch was bezahlen müßten.
»Aber bis vor fünf Jahren warst du noch selbst ein einfacher Abgeordneter«, sagte Annie.
»Ich war eine Ausnahme«, antwortete ich. »Ich war die Creme. Deshalb habe ich auch den Gipfel erreicht.«
Annie wollte wissen, ob ich glaube, daß ich ihnen mit meinen Antworten das Maul stopfen kann. Das kann ich mir nicht vorstellen. Ich habe mir damals auch nie das Maul stopfen lassen. »Aber«, sagte ich achselzuckend zu ihr, »ich habe keine Wahl. Was meinst du, was in Großbritannien los ist, wenn Abgeordnete mehr Geld kriegen, die Gehälter von Krankenschwestern und Lehrern aber gekürzt werden.«
»Krankenschwestern und Lehrer sollen weniger kriegen?« fragte Annie entsetzt, »das ist bestimmt ein viel ernsteres Problem, nicht wahr?«
Manchmal habe ich das Gefühl, Annie hat immer noch nicht kapiert, worum es in der Politik geht. »Nein, Annie«, sagte ich müde seufzend, »das ist ein viel weniger ernstes Problem. Krankenschwestern und Lehrer stimmen erst bei der nächsten Wahl gegen mich, aber Abgeordnete tun das womöglich schon heute abend um zehn.«

10. März

Wie nicht anders zu erwarten, hatte ich heute eine stürmische Diskussion mit meinen Abgeordneten. Sie sagten genau das, wovon ich gesagt hatte, daß sie es sagen würden und ich sagte genau das, wovon ich gesagt hatte, daß ich es sagen würde, und sie sagten, ich soll nicht vergessen, daß ich, wenn ich weiter das sagen würde, was ich gesagt hatte, und meine Abgeordneten nicht mehr hinter mir stehen würden, niemandem mehr etwas sagen könnte.

Gleich nachdem sie weg waren, ließ ich Humphrey antanzen. Ich sagte ihm, wenn ich rechtzeitig informiert und das Papier vom Schatzamt nicht erst gestern vorgelegt worden wäre, hätte ich noch Zeit gehabt, die vor dem Gespräch ein bißchen einzuseifen.

»Ja, Premierminister, der etwas stockende Informationsfluß ist in der Tat überaus bedauerlich.«

Er wollte mir wie immer wieder mal ausweichen. »Das ist Ihre Aufgabe, Humphrey«, ermahnte ich ihn in scharfem Ton. »Sie sind Kabinettsstaatssekretär. Sie müssen darauf bestehen, daß wir die Papiere früher kriegen.«

Humphrey ließ resignierend den Kopf hängen. »Ich sehe leider ein schwerwiegendes Problem beim Verteilen von Papieren, bevor sie geschrieben sind.«

Wenn die Papiere nicht rechtzeitig geschrieben worden waren, warum waren sie nicht geschrieben worden? Ich starrte Humphrey finster an. »Jetzt haben wir plötzlich eine Krise, das Schatzamt hätte das kommen sehen müssen.«

»Premierminister«, erwiderte Sir Humphrey achselzuckend, »ich bin nicht Ständiger Staatssekretär im Schatzamt. Da müssen Sie Sir Frank fragen.«

»Und was würde der sagen?« fragte ich.

Humphrey achselzuckte wieder. »Ein gewöhnlicher Sterblicher wie ich hat nicht das Recht, zu spekulieren über die erhabenen und vielschichtigen Überlegungen der Mächtigen. Aber vielleicht wird Sir Frank glauben, daß, wenn das Schatzamt weiß, man müßte etwas tun, dem Kabinett nicht allzuviel Zeit bleiben sollte,

darüber zu befinden.«
Ich wurde wütend: »Das ist ja ein haarsträubender Standpunkt.«
»Ja«, sagte er lächelnd, »das versteht man unter Schatzamtspolitik.«
»Aber angenommen«, fragte ich, »das Kabinett hat Fragen?«
»Sir Frank wird wohl der Ansicht sein«, sagte Humphrey vorsichtig formulierend, »daß, wenn das Schatzamt, was nicht häufig geschieht, die Fragen versteht, das Kabinett die Antworten nicht versteht.«
Ich wurde immer wütender. »Und Sie sind derselben Meinung, Humphrey?« fragte ich mit schonungsloser Offenheit.
Humphrey schaute mich mit aufrichtigem Erstaunen an. »Ich, Premierminister? Ich stelle mich stets in den Dienst der Wünsche von Premierminister und Kabinett.«
»Gut, ich wünsche, daß künftig alle Kabinettspapiere spätestens achtundvierzig Stunden vor einer Sitzung verteilt werden müssen.« Ich sagte ihm, das soll er Sir Frank sagen.
Humphrey meinte, er täte nichts lieber als das, und würde sofort um eine Audienz bei Sir Frank nachsuchen. Er verschwand.
Seine »königliche« Ausdrucksweise war mir natürlich nicht entgangen. Er hält Frank offensichtlich für unheimlich eingebildet und arrogant. Es sei denn ... er hat immer noch Schiß, weil ich ihm letzte Woche damit gedroht habe, Sir Frank zum Leiter der Binnenverwaltung zu machen. Aber natürlich! Deshalb verhält er sich zur Zeit Frank gegenüber so illoyal.
Ich frage mich, ob ich Humphrey von seinen Qualen erlösen sollte. Habe ich etwas davon, wenn ich sie beide im Ungewissen lasse? Ja, dann habe ich einen ängstlichen und kooperationsbereiten Kabinettsstaatssekretär.

[Etwas später an diesem Tag kam es zu einem Gespräch zwischen Sir Humphrey Appleby und Sir Frank Gordon, Ständiger Staatssekretär im Schatzamt, im Reform Club in der Pall Mall. In Sir Humphreys privatem Tagebuch fanden wir einige Anmerkungen zu diesem Gespräch – d. H.]

Frank und ich sprachen darüber, warum dem Kabinett in dieser Woche die Schatzamtspapiere zu spät und die Informationen bezüglich der Wirtschaftskrise so kurzfristig zur Kenntnis gebracht worden waren. Frank äußerte, ich hätte hoffentlich darauf hingewiesen, daß die kurzfristige Vorlage dieser Informationen auf eine unvermittelte Änderung der amerikanischen Zinspolitik zurückzuführen sei. Ich versicherte Frank, daß ich ihn heldenhaft verteidigt und im Gespräch mit dem Premierminister jegliche Zweifel bezüglich des eigentlichen Verursachers der durch die kurzfristige Vorlage der Informationen entstandenen Hektik ausgeräumt hatte.

Frank gab sich hocherfreut mit dieser Antwort zufrieden. Er scheint mir viel weniger geschickt zu sein, als ich je zu denken gewagt hätte. Er meinte besorgt, wir dürften zu diesem Zeitpunkt das Wohlwollen des PM's auf gar keinen Fall aufs Spiel setzen. Aufgrund der Finanzkrise werden wir jetzt offensichtlich irgendeine Art von Gehaltsstopp vorschlagen müssen. Unglücklicherweise ist die von den Abgeordneten erwartete Erhöhung der Bezüge ausgerechnet jetzt, wo Sir Frank dazu verpflichtet ist, die beabsichtigten Besoldungserhöhungen für den Civil Service voranzutreiben, abgelehnt worden.

Dies ist in der Tat überaus unangenehm. Selbstverständlich ist niemand aus Eigennutz an einer Erhöhung der Bezüge interessiert. An Geld denken Ständige Staatssekretäre zu allerletzt. Wir hätten alle ein Vermögen machen können, wenn wir in die Industrie gegangen wären. Geld ist Geld, und Dienst ist Dienst.

Trotzdem stimmen Frank und ich absolut darin überein, daß wir es unseren jungen Kollegen schuldig sind, für sie zu tun, was wir für sie tun können.

Es entbehrt nicht einer gewissen Ironie, daß wir in unserem Bestreben, ihnen zu helfen, auch unsere eigenen Bezüge erhöhen müssen – woran uns überhaupt nichts liegt – und setzen uns damit auch noch dem Vorwurf aus, wir wollten unser Schäfchen ins trockene bringen. Aber auch dieses Kreuz werden wir tragen müssen.

[Diese Passage aus Sir Humphreys Tagebuch ist höchst interessant. Konnte er sich wirklich so lange, bis er es selbst glaubte, einreden, er würde, indem er sich eine erhebliche Erhöhung der Beamtenbezüge, wovon er und Sir Frank am meisten profitieren würden, stark machte, aus christlicher Nächstenliebe handeln? Oder war er nur so vorsichtig, daß er alles,

was er schrieb, selbst in seinem privaten Tagebuch, so formulierte, daß seine Aufzeichnungen, falls sie gestohlen wurden und in fremde Hände gerieten, jeder dann eventuell möglichen Untersuchung standhalten konnten? – d. H.]

Ich forderte Frank auf, unseren Besoldungsvorschlag so schnell wie möglich, bevor Gehaltsstopp-Vorschläge ausgearbeitet sind, vorzulegen. Das muß natürlich am Abend vor der nächsten Kabinettssitzung am Donnerstag geschehen – wenn die Minister zwei Tage Zeit hätten, darüber mit Abgeordneten und politischen Beratern zu sprechen, kämen sie uns bestimmt mit irgendwelchen albernen Einwänden.

Frank fragte mich ein wenig beunruhigt, ob man das Kabinett wirklich einmal pro Woche auflaufen lassen kann. Ich überzeugte ihn davon, daß es keine Alternative gibt.

Dann bemühte Frank sich, mir nahezubringen, es sei besser, wenn wir den Vorschlag gemeinsam dem Kabinett vorlegen würden. Ich weiß natürlich warum – mit wachsender Zahl der Beteiligten sinkt das Risiko für den einzelnen. Wie immer dem auch sei, er begründete seine Anregung damit, daß wir ja auch letzten Endes den Civil Service gemeinsam leiten würden.

Unnötig zu sagen, daß ich eine solche Interpretation der Gegebenheiten letzten Endes nicht akzeptiere. Der Kabinettsstaatssekretär ist der *de jure* Leiter des Civil Service. Frank hat sich eigenartigerweise zu der Annahme hinreißen lassen, daß, da er für das Finanzielle und ich für Personalbelange verantwortlich sei, wir beide *de facto* Leiter des Civil Service seien.

Er schien erpicht darauf, dieses Thema weiter zu diskutieren, offenbar um irgend etwas zu beweisen. Das wußte ich zu vermeiden, indem ich ihn darauf hinwies, daß ich, meiner Ansicht nach, in Sachen Civil-Service-Besoldungen unparteiisch Distanz wahren muß. Ich sagte ihm, es würde fatale Folgen für die Verwaltung haben, wenn ich das Vertrauen des PM's verlöre. *[Fatale Folgen auch für Sir Humphrey; dessen war er sich durchaus bewußt – d. H.]*

Ich konnte Frank davon überzeugen, daß *er* tonangebend sein muß und versicherte ihm, ich würde mich nach reiflichem Überlegen und Erwägen zu gegebener Zeit auf seine Seite schlagen.

Frank machte sich – diesmal berechtigterweise – Sorgen wegen eines weiteren Punktes. Er hat absolut recht, wenn er sagt, er möchte nicht,

daß das Kabinett über die Gehaltsforderung entscheidet.
Wir kamen zu dem Schluß, daß die Vorlage wie üblich an einen unparteiischen Ausschuß überwiesen werden sollte. Die Frage war: Wer sollte den Vorsitz führen? Wir entschieden uns erst für Arnold[55], waren dann aber der Meinung, es sei wenig wahrscheinlich, daß das Kabinett einen ehemaligen Beamten als unparteiischen Vorsitzenden eines Ausschusses, der über Civil-Service-Besoldungen zu befinden hat, akzeptieren würde. Ich schlug Professor Welsh vor. Frank hat gehört, der Professor sei eine alte dumme Nuß. Wie immer dem auch sei, Welsh hat mich gebeten, seinen Namen für den zur Wahl anstehenden Vorsitz im Universitätenausschuß vorzuschlagen. Und da er diesen Posten gern haben will, weiß er, was man von ihm erwartet.
Frank war wie ich der Meinung, daß Professor Welsh eine exzellente Wahl wäre.
[Appleby Papiere BA/281/282]

[Und nun wieder zu Hackers Tagebuch – d.H.]

15. März

Erst fünf Tage sind vergangen, seit ich Humphrey angewiesen habe, dafür zu sorgen, daß das Kabinett nicht noch einmal aufläuft, weil ihm wichtige Papiere erst in letzter Minute vorgelegt werden. An eben dem Tag haben wir entschieden, daß die Abgeordnetenbezüge nicht erhöht werden, und daß das Schatzamt unsere Ausgabenpläne um die Hälfte kürzt.
Und was finde ich heute auf meinem Schreibtisch? Einen Plan für Gehaltserhöhungen im Bereich der Verwaltung!
Humphrey besaß die Unverschämtheit, mir einreden zu wollen, die beabsichtigten Ausgabenkürzungen würden eine so gravierende Mehrbelastung der Beamten zur Folge haben, daß sie schon, weil sie diese Aufgabe meistern müssen, eine Gehaltserhöhung verdient hätten.
Lächerlich! Und selbst wenn ihre Forderungen berechtigt wären, wie hatte er es wagen können, zu versuchen, das morgen durchs Kabinett zu peitschen, nachdem ich ihm gesagt hatte, er soll dafür sorgen, daß alle Kabinettspapiere achtundvierzig Stunden

vorher vorliegen müssen?
Humphrey behauptete, das sei nicht seine Schuld. »Premierminister, es steht mir nicht zu, für Sir Frank zu sprechen.«
»Sprechen Sie für sich«, schnauzte ich ihn an. »Sie sind Kabinettsstaatssekretär. Und auch Leiter des Civil Service.«
»Ja, bin ich das?« lächelte Humphrey, »wie erfreulich.«
»Ja, im Moment noch«, sagte ich vielsagend und hätte mir am liebsten vor Wut auf die Zunge gebissen, weil mir das so rausgerutscht war.
»Als Kabinettsstaatssekretär«, erklärte Humphrey, »möchte man öffentliche Ausgaben minimieren, aber als Leiter des Civil Service trägt man die Verantwortung für die realen Gefahren, die sich administrativ zwangsläufig ergeben, wenn nicht bald Gehaltserhöhungen bewilligt werden. Diese Situation stellt eine große Belastung für mich dar, denn ich muß immer zwei Hüte tragen.«
»Ist das nicht sehr unangenehm für Sie?« wollte ich wissen.
»Nein, nicht wenn man zwei Meinungen hat«, antwortete er aalglatt lächelnd.
»Oder wenn man zwei Gesichter hat!?« warf Bernard ein, und ich konnte ihm ansehen, daß er sich jetzt auch am liebsten vor Wut auf die Zunge gebissen hätte.
»Man müßte Ihnen vielleicht Erleichterung verschaffen«, regte ich an.
Humphrey geriet in Panik. »Oh, nein. Nein. Ich bin überaus zufrieden mit *beiden*.«
»Gesichtern?« fragte ich vergnügt.
»Hüten«, zischte er wütend.
»Aber«, erinnerte ich ihn, »Sie wollten doch über schwerwiegende Probleme mit mir sprechen.«
»Ein Problem ist die sinkende Arbeitsmoral, wodurch unvermeidbar die Gefahr eines Streiks heraufbeschworen wird. Überdenken Sie doch bitte bloß einmal die Auswirkungen eines Streiks der Computerfachleute in den Sozialbehörden. Abgesehen davon, haben wir konstatieren müssen, daß wir Schwierigkeiten haben, Nachwuchs zu finden.«
Das war mir neu. »Ich dachte, Sie haben für jede freie Stelle zehn Bewerber.«

»Ja«, gab er widerwillig zu, »aber diese Bewerber bewegen sich auf einem sehr niedrigen Niveau, so gut wie keiner hat einen ersten Grad. Die meisten haben untere Zweite.«

Lächerlicher intellektueller Snobismus! »Ich habe nur einen Dritten«, sagte ich.

Humphrey, sich dessen bewußt, daß er sich ziemlich taktlos benommen hatte, verstummte.

Bernard versuchte, ihn in Schutz zu nehmen. »Für einen Premierminister genügt ein Dritter, aber Sir Humphrey spricht von Beamten.«

Humphrey ließ nicht locker. »Schon allein passiver Widerstand seitens der Civil-Service-Gewerkschaften bringt die Regierungsgeschäfte zum Stillstand.« Ich nehme an, er geht wohl davon aus, daß die wie geschmiert laufen. »Die FDA[56] verfügt jetzt über eine beachtenswert starke Mitgliederschaft.«

»Sind Sie auch da drin?« fragte ich.

Humphrey versicherte mir, daß er, obwohl er Mitglied der Gewerkschaft sei, immer mit mir in vollem Umfang und in gewohnter Weise zusammenarbeiten wird.

Darauf bin ich ja nun wirklich nicht unbedingt scharf. Ich sagte ihm noch einmal, daß ich das bestimmt nicht durchkriegen werde, *selbst wenn ich wollte, nicht*. Aufgrund des drohenden Hinterbänkler-Aufstandes werden die Abgeordneten, weil sie selber nicht mehr kriegen, den Gehaltserhöhungen für Beamte auf keinen Fall zustimmen, und das Kabinett kann gar nicht anders, als abzulehnen.

Humphrey sah sofort einen Ausweg. Er schlug vor, wir sollten das Kabinett bitten, nur prinzipiell, nach Kenntnisnahme, einzuwilligen. Dann könnte man die Angelegenheit unabhängigen Sachverständigen übergeben, die über die Forderung im Detail befinden sollten.

Das scheint ein vernünftiger Kompromiß zu sein. Das einzige, was mir an der Sache komisch vorkommt ist, daß Humphrey als Vorsitzenden Professor Welsh vorgeschlagen hat. Ich habe gehört, das ist eine alte dumme Nuß!

[Am folgenden Tag beschloß das Kabinett, die Vorlage zur prinzipiellen Beratung anzunehmen, legte sich aber ansonsten in keiner Weise

fest. Es geschah nichts mehr in dieser Angelegenheit, bis die Gehaltsforderungen im Detail ausgearbeitet worden waren. Dies geschah in beachtenswerter Eile, und nur elf Tage später erhielt Sir Humphrey Appleby den folgenden Brief von Sir Frank Gordon. Sir Frank war bezüglich dessen, was er willens war, zu Papier zu bringen, ein wenig sorgloser als Sir Humphrey. Wir haben diesen persönlichen, handgeschriebenen Brief selbst im Kabinettsamt gefunden. Sir Humphrey hat ihn dort vermutlich für den Fall, daß er ihm in seinem Kampf mit Sir Frank um die alleinige Führung des Civil Service von Nutzen sein könnte, sorgfältigst aufbewahrt. Hacker hat ihn jedenfalls nie zu Gesicht bekommen, aber er gewährt tiefen Einblick in die Methoden, die anzuwenden der Civil Service Ende des Zwanzigsten Jahrhunderts bereit war, um Gehaltsforderungen durchzusetzen. Der vollständige Brief wird im Folgenden abgedruckt. – d.H.]

H. M. Treasury 27. März

Lieber Humphrey,

beiliegend die Arbeitspapiere. Ich bin sicher, daß Sie mit mir dahingehend übereinstimmen, daß die höheren Ränge des Civil Service, die in dieser Schlacht nun mal den Kopf hinhalten müssen, gerechterweise in den Genuß der höchsten Erhöhungen kommen sollten.
Diese überaus faire Regelung bringt eine signifikante prozentuale Erhöhung für Unterstaatssekretäre, Stellvertretende Staatssekretäre, Staatssekretäre und die beiden Staatsdiener, die von allen die schwerste Last zu tragen verpflichtet sind, mit sich[57]. Hier wurden ungefähr 43 % errechnet, leider!
Die beigefügten Unterlagen sind nicht zur Vorlage bestimmt. Die zur Vorlage bestimmten Papiere, die Ihnen in Kürze vorliegen werden, umfassen unter anderem einen Anhangsbereich von ›A‹ bis ›Q‹, so daß wohl kaum die Gefahr besteht, daß das Kabinett das alles durchackern wird. Die einseitige Zusammenfassung für das Kabinett[58] enthält mehr oder weniger dasselbe wie letztesmal. Sie trägt die Überschrift »Vergleichbare Aufgaben in der Industrie« und befindet sich ebenfalls bei den Anlagen zu diesem Brief.

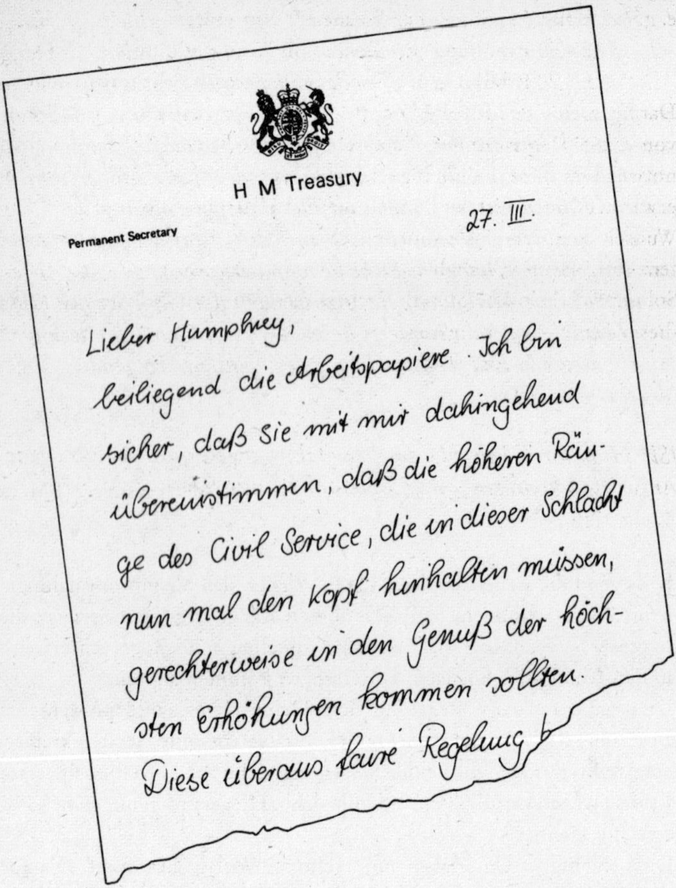
H M Treasury

Permanent Secretary

27. III.

Lieber Humphrey,
beiliegend die Arbeitspapiere. Ich bin sicher, daß Sie mit mir dahingehend übereinstimmen, daß die höheren Ränge des Civil Service, die in dieser Schlacht nun mal den Kopf hinhalten müssen, gerechterweise in den Genuß der höchsten Erhöhungen kommen sollten.
Diese überaus faire Regelung b

Ihrer Aufmerksamkeit wird sicher nicht entgehen, daß der Vergleich auf Gehältern von BP- und IBM-Direktoren basiert. Es besteht nicht die Gefahr, daß sich jemand im Detail damit beschäftigen und Erkundigungen einholen kann. Unserer in solchen Fällen üblichen Praxis folgend, werden wir keine Firmennamen nennen.
Sie werden bezeichnet als »typische Industriefirmen«.

Bezüglich der von uns vorzulegenden Erhöhungsbeispiele beschränken wir uns auf die untersten Bereiche der Zuwachsstaffelungsskala.

e. g.[59]: £ 3.50 Erhöhung pro Woche für Büroboten

£ 4.20 Erhöhung pro Woche für Standesbeamte

£ 8.20 Erhöhung pro Woche für Wissenschaftliche Assistenten

Daraus ergibt sich für die höchste Besoldungsgruppe eine Erhöhung von £ 26.000 per annum. Es erscheint wohl kaum als unabdingbar notwendig, diese Erhöhung auf dem idiotensicheren Blättchen zu erwähnen, denn erstens können die Kabinettsminister, wenn sie den Wunsch dazu verspüren sollten, sich das selbst ausrechnen, und zweitens sind davon ja lediglich die beiden Spitzenpositionen betroffen[60]. Sollten sich kritische Stimmen erheben, werden wir, wie gesagt, auch dieses Kreuz tragen müssen.

Herzlichst,

FG

[Sir Humphrey ließ FG eine sorgfältig abgewägte, ausgewogene Antwort zukommen – d.H.] Siehe folgende Seite.

70 WHITEHALL, LONDON SW1A 2AS

From the Secretary of the Cabinet and Head of the Home Civil Service

27. März

Lieber Frank,

Mit Freude habe ich Ihre Vorschläge bezüglich der Gehaltsforderungen des Civil Service zur Kenntnis genommen. Danke, daß Sie mich auf dem laufenden halten.

Danke auch dafür, daß Sie mich nicht umfassend ins Bild gesetzt haben. Da Besoldungsfragen Ihren Zuständigkeitsbereich tangieren, hielte ich es für überaus unangebracht, wenn ich detailliert informiert würde. Meinen Sie, wir selbst sollten freiwillig auf einen gewissen Betrag bestimmter Erhöhung verzichten? Sie haben leider die Pensionsfrage nicht angesprochen.

Sind Sie wirklich sicher, daß das Kabinett sich mit den Vorschlägen nicht sehr viel intensiver als mit der Zusammenfassung beschäftigen möchte?

Gruß

JHA

[Umgehend antwortete Sir Frank Sir Humphrey – d. H.]

27. März

Lieber Humphrey,
Wenn unsere eigenen Erhöhungen zur Sprache gebracht werden, können wir uns freiwillig zu einer *Zurückstellung* bereiterklären. Wenn sich die Aufregung gelegt hat, können wir darauf selbstverständlich wieder verzichten.
Ja, Pensionen habe ich nicht erwähnt. Ich halte das nicht für angebracht, denn wir haben ja gerade erst die Dynamisierung derselben durchgesetzt. Das würde nur Animositäten hervorrufen, den Sachverhalt komplizieren und Pensionen realistisch zu bewerten ist, abgesehen davon, mit größten Schwierigkeiten verbunden.
Ich halte es nicht für wahrscheinlich, daß die Kabinettsmitglieder sich eingehender mit diese Angelegenheit befassen werden. Minister werden von ihren Beamten instruiert, und wir wissen doch, in welchem Bereich die ihre Loyalitätsprioritäten anzusiedeln pflegen.

Frank

[Und wieder antwortete Sir Humphrey Sir Frank – d. H.]

28. März

Lieber Frank,
Ich werde diese Angelegenheit als letzten Punkt vor der Mittagspause auf die Tagesordnung setzen. Die Tagesordnung ist sehr umfangreich, so daß bei umsichtiger Gesprächsführung dafür nicht einmal fünf Minuten bleiben werden.
Es wird alles wie geschmiert laufen. Abgesehen von der genauen Prüfung durch Professor Welsh!

Gruß,
H. A.

[Und nun wieder zu Hackers Tagebuch – d. H.]

29. März

Ich führte heute vormittag ein wahnsinnig interessantes Telefongespräch mit Dorothy Wainwright. Ich hatte sie gebeten, die Gehaltsforderung des Civil Service zu prüfen. Kurz darauf rief sie mich an und wollte mir sofort etwas dazu sagen.
Ich fragte sie, welche Antwort wir denen verpassen.
»Ich habe keine Antwort, aber ein paar Fragen«, sagte sie. »Nicht an Sie, sondern an Humphrey. Die Forderung ist überaus eigennützig, unangemessen und bezeichnend für die Fragen, die sie unbeantwortet läßt. Aber, bitte, das müssen Sie höchst vertraulich behandeln, denn sonst erwischen Sie Humphrey nicht.«
Ich schrieb mir ihre Fragen auf, legte die Liste in eine Schreibtischschublade, schloß ab und steckte den Schlüssel ein. Deshalb kann ich sie nicht in meinem Tagebuch festhalten, aber das werde ich morgen nachholen.

[Zum Glück für Sir Humphrey Appleby hatte Bernard Woolley dieses Telefongespräch mitgehört. Aber das war kein Lauschangriff. Der Erste Persönliche Referent ist dazu verpflichtet, alle Telefongespräche, die der Premierminister führt, mitzuhören, sie als Ohrenzeuge zu protokollieren und dem Premierminister ein Aide-mémoire vorzulegen, um ihn vor späteren falschen Darstellungen der Gesprächsinhalte zu schützen. Dorothy Wainwright war in diesem Fall ein taktischer Fehler unterlaufen, indem sie Mr. Hacker nicht auf seinem Privatapparat angerufen hatte. Es wäre noch besser gewesen, wenn sie mit ihm persönlich gesprochen hätte.
Unnötig zu sagen, daß Bernard Wooley auch dazu verpflichtet war, Stillschweigen über dieses vertrauliche Gespräch zu bewahren. Man könnte unter Umständen geltend machen, daß er peinlich genau nach dem Buchstaben des Gesetzes gehandelt hat – dem folgenden Eintrag in Sir Humphreys Tagebuch ist jedoch unschwer zu entnehmen, daß Bernard Woolley sich nicht in ebensolchem Maße dem Geist der Vertraulichkeit verpflichtet fühlte. Aber andererseits mußte er sich, wie alle Persönlichen Referenten, ständig mit dem

schwerwiegenden Problem, seine Loyalität an zwei Fronten aufrechtzuerhalten, auseinandersetzen – d. H.]

Auf dem Weg durch das Privatsekretariat zum Kabinettszimmer wurde ich von einem verängstigten BW[61] aufgehalten.
Er sagte mir aufgeregt, es hätte Entwicklungen gegeben. Vor allem in einem Bereich, von dem die Verwaltung hofft, daß sich da nichts entwickeln würde.
Ich nahm davon Abstand, ihn darauf hinzuweisen, daß der Civil Service generell hofft, es möge sich in keinem Bereich etwas entwikkeln.
Ich hatte den Eindruck, BW konnte oder wollte sich nicht so klar ausdrücken, wie man das von ihm gewohnt war. Er stotterte, das, worum es ging, würde einen Bereich, der normalerweise ausschließlich vom Civil Service kontrolliert wird, tangieren, und daß es da sich entwickelnde Entwicklungen gäbe. Ich sagte ihm, er spräche in Rätseln. Er bedankte sich bei mir.
Ich war, ungewöhnlich für mich, etwas schwer von Begriff. Aber allmählich wurde mir klar, daß er schweigen mußte, weil es um ein von ihm pflichtgemäß protokolliertes vertrauliches Gespräch zwischen dem Premierminister und einem seiner engsten Berater ging.
Ich fragte ihn, ob dem so sei. Er nickte bestätigend.
Ich fragte nach dem Namen dieses engsten Beraters. Er sagte, es täte ihm leid, aber er dürfe ihren Namen nicht preisgeben. Überaus hilfreich.
Ich nahm ihn fragend in die Zange, um herauszufinden, ob der vertrauliche Rat entweder mit der Finanzkrise oder mit der dummen Nuklearstrategie des PM's zu tun hatte. BW deutete an, es würde um etwas wesentlich Wichtigeres gehen.
Mir wurde schlagartig bewußt, daß er die Gehaltsforderung der Beamtenschaft meinen mußte. Ich fragte ihn, aber er weigerte sich zu antworten und wollte das weder bestätigen noch bestreiten. Absolut korrekt. *[Man könnte unterstellen, Bernard Woolleys Weigerung, das weder zu bestätigen noch zu bestreiten, sei alles andere als korrekt gewesen, denn alle anderen Fragen von Sir Humphrey hatte er unmißverständlich verneinend beantwortet. Die Schlußfolgerung lag also klar auf der Hand – d. H.]*

Ich bat BW um seinen Rat. Er riet mir, meine Situation überaus sorgfältig zu überdenken, vielleicht vorübergehend eine gemäßigtere Haltung einzunehmen, Augen und Ohren offenzuhalten, für Rückzugsmöglichkeiten zu sorgen und meinen Hintern in Sicherheit zu bringen. Ein wenig würdelos, aber ich schlug seine Warnung nicht in den Wind.

Ich dankte ihm für seine Hilfe. Er antwortete, er hätte mir doch überhaupt nichts gesagt. Dem konnte ich nur beipflichten, denn es wäre ja auch überaus unschicklich gewesen, wenn er sich dazu hätte hinreißen lassen.

[Appleby Papiere 638/T/RJC]

[Und nun wieder zu Hackers Tagebuch – d.H.]

30. März

Ich stand heute in aller Herrgottsfrühe auf, studierte sorgfältig die Gehaltsforderung des Civil Service und bereitete mich, bewaffnet mit Dorothys hervorragenden Fragen, innerlich darauf vor, Humphrey in die Pfanne zu hauen. Ich bin ja so froh, daß Dorothy mir ihre Meinung zu dem Thema in einem vertraulichen Telefongespräch mitgeteilt hat, denn heute ist mir an Humphrey etwas aufgefallen, was ich nie für möglich gehalten hätte: er steht nicht immer auf der Seite des Civil Service. Ohne vorher ahnen zu können, was für unangenehme Fragen ich ihm stellen würde, erwies er sich als vernünftig und hilfsbereit und hat mich ungemein beeindruckt.

Als er Platz genommen hatte, gab ich ihm den prallgefüllten Gehaltsforderungsordner. Ein paar hundert Blatt wortreich und langatmig beschriebenes Papier – geht sogar bis Anhang »Q«, glaube ich. Gott sei Dank, daß Dorothy eine so geduldige Leserin ist. Und eine schnelle.

Ich fragte Humphrey, was er davon halten würde. Er sagte, für eine sofortige Beurteilung sei es ein zu umfangreiches Dokument. Ich erklärte ihm, er müßte nur die einseitige Zusammenfassung, die vorn drin lag, lesen.

Das tat er, dann schaute er mich an und sagte, ich würde ihn in

eine sehr schwierige Lage bringen.
Ich nahm ihn mir sofort vor. »Hören Sie, Humphrey«, sagte ich streng, »ich verstehe, Sie müssen sich Ihren Kollegen gegenüber loyal verhalten; aber weit mehr noch gegenüber dem Kabinett und seiner Politik.«
»Da stimme ich zu«, sagte er.
Ich war verwirrt. »Sie stimmen mir zu?«
»Ja«, sagte er.
Das wollte ich genau wissen. »Sie meinen, Sie stimmen mir zu?« fragte ich.
»Ja, ich stimme Ihnen zu«, wiederholte er.
Ich hatte immer noch den Verdacht, daß er irgendein albernes, verbales oder linguistisches Spielchen mit mir spielte. Ich wollte ganz genau wissen, woran ich war. »Wem, präzise bitte, stimmen Sie zu?«
»Ihnen«, erwiderte er.
Ich wollte mir absolute Gewißheit verschaffen. »Nicht Sir Frank?«
»Nein«, sagte er.
Ich faßte zusammen. »Das heißt ... Sie wollen jetzt nicht mit mir streiten?«
»Nein«, antwortete er. »Ich habe mich womöglich nicht klar ausgedrückt, Premierminister ... ich stimme Ihnen zu.«
O Mann, jeder, der Humphrey kennt, kann sich sicher vorstellen, daß ich völlig von den Socken war, und mir die Spucke wegblieb. Also konnte ich ihn ja jetzt um *seine* Meinung zu dieser eigennützigen, unangemessenen, übertriebenen Gehaltsforderung bitten.
»Wissen Sie, sie ist als solche nicht exzessiv«, erwiderte er, »aber in Zeiträumen nationaler Geldverknappung ist sie weder klug noch liegt sie im nationalen Interesse. Ich übe wirklich nicht gern Kritik an meinen Kollegen, aber ich bin der Ansicht, Sir Frank, zweifellos handelt er bestimmt aus besten Motiven, hätte hier das Gemeinwohl der Nation über die engeren partikularen Interessen der Verwaltung stellen müssen. Diese Gehaltsforderung birgt sehr schwerwiegende Fragen in sich.«
Ich freute mich unheimlich, daß er mir mit seinem letzten Satz

das Stichwort geliefert hatte. Ich sagte ihm, ich hätte mir auch ein paar Fragen aufgeschrieben, und gab ihm Dorothys Liste.
Er starrte sie an. »Gute Fragen«, entgegnete er ruhig. »Wo sind die hergekommen?«
Ich überhörte die versteckte Andeutung, die in seiner Frage mitschwang.
»Die ... fragte ich mich«, sagte ich.
Er schaute wieder auf das Blatt Papier. »Ja. Das sind *wahnsinnig* gute Fragen.«
Das war genau das, was ich – und Dorothy – auch gedacht hatten. Da er schon wieder mit mir übereinstimmte, fragte ich ihn, was wir mit den Fragen machen sollten. Er sagte, wir sollten sie stellen. Ich dachte, daß ich schon dabei sei, sie zu stellen, aber er war der Ansicht, ich sollte sie Sir Frank stellen. »Ich glaube, Sie sollten ihn herbitten, um das zu erörtern. Unter Umständen weiß er vielleicht die Antworten. Eigentlich sollte er sie wissen. Das ist ja schließlich seine Aufgabe.«
Ich sah ein, daß er recht hatte. Ich bat ihn, Bernard zu bitten, mit Sir Frank einen Termin zu vereinbaren und sagte ihm, daß ich ihm aus tiefstem Herzen für seine Unparteilichkeit dankbar sei. Immerhin würde für ihn ja auch ganz schön was dabei rausspringen, wenn diese Gehaltsforderung durchkäme.
Humphrey dankte mir höflich und sagte, für ihn sei der Lohn für die Erfüllung seiner Aufgaben das Wissen darum, daß man nicht sich selbst, sondern dem Gemeinwohl der Nation gedient habe und fragte mich, ob ich ihm da zustimmen würde.
Ich stimmte ihm zu. Ich bin überzeugt davon, daß er die Wahrheit gesagt hat. Und was meinen Lohn angeht, sehe ich das natürlich in genau demselben Licht. Egal was mal war – Ehre wem Ehre gebührt – Humphrey hat sich heute als einsichtig, gerecht und absolut aufrichtig erwiesen.
Als er weg war, fragte ich Bernard, wie das eigentlich bei dieser FDA[62] so läuft. Wie können die, da sie ja alle in der Gewerkschaft sind, mit sich selber über ihre eigenen Gehälter verhandeln?
Die Antwort hätte mir schon vorher klar sein müssen – Bernard sagte, das sei kein Problem, weil sie alle schlicht und einfach zwei Hüte tragen würden.

»Na ja, das ist ja alles gut und schön«, sagte ich, »aber was passiert, wenn es zu einem Arbeitskampf kommt?«

»Das kann sehr unangenehm werden«, antwortete Bernard. »Der Sekretär unserer Gewerkschaft gehörte einerseits dem Rat der Civil-Service-Gewerkschaften an, der Pläne zur Spaltung unserer Gewerkschaft schmiedete, und war andererseits in seiner Eigenschaft als Leiter der Kfz-Zulassungsstelle in Swansea dazu verpflichtet, vorsorglich Ausweichpläne zur Vereitelung der vom Gewerkschaftsrat geplanten Spaltung unserer Gewerkschaft zu entwickeln.«

Ich fragte, was der in dieser Situation gemacht hatte.

Bernard sagte, der Mann hätte sich mit großem Erfolg durchgesetzt.

Mir war nicht klar wie. »Aber der muß doch die Pläne der anderen Seite gekannt haben«, wandte ich ein.

»Welcher anderen Seite?« fragte Bernard.

»Die von *beiden* anderen Seiten«, antwortete ich folgerichtig. »Ganz gleich, auf welcher Seite er auch immer, wann auch immer, nicht war, er war auf der *anderen* Seite.«

Dies schien für Bernard kein Problem darzustellen. »Ja«, stimmte er zu, »aber er hat die Pläne der anderen Seite nie enthüllt.«

»Wem nicht?« Ich wurde langsam nervös.

»Seiner eigenen Seite nicht.«

»Welcher eigenen Seite nicht?« fragte ich.

»Ganz gleich«, erklärte mir Bernhard geduldig, »auf welcher Seite er auch immer, wann auch immer war, er war nicht auf der *anderen* Seite.«

Jetzt tappte ich in dieser nebulösen Logik absolut im dunkeln. »Ja, aber auch wenn er die Pläne der anderen Seite seiner eigenen Seite nie enthüllt hat, so kannte er doch die Pläne der anderen Seite, denn er war ja auch auf der anderen Seite!«

Darüber dachte Bernard einen Moment nach. »Ich könnte mir vorstellen«, erwiderte er, »daß er sich deshalb nie selbst enthüllt hat, was er wußte.«

Ich fragte Bernard, ob so etwas überhaupt möglich sei. Aber auch hier schien er kein Problem zu sehen. »Dieser Kollege ist ein Paradebeispiel für praktizierte Diskretion«, sagte er.

Für mich ist dieser Kfz-Zulassungstyp in Swansea ein Paradebeispiel für institutionalisierte Schizophrenie. Aber eine überlebenswichtige Frage war noch offen. »Auf welcher Seite wird der Civil Service stehen, wenn es zu einem ernsthaften Interessenkonflikt kommt, Bernard?«
Diesmal antwortete er ohne zu zögern. »Auf der Seite der Sieger, Premierminister«, sagte er mit strahlenden Augen und bedachte mich mit einem gewinnenden Lächeln.

[Sir Humphrey, aufgrund der Ereignisse dazu gezwungen, gegen die Gehaltsforderung, die Sir Frank vorgeschlagen hatte, Stellung zu beziehen, war in ein arges Dilemma geraten. Es hatte seinen Interessen gedient, einen loyaleren Eindruck als Sir Frank zu machen, und da die Forderung auf jeden Fall, nachdem dem Premierminister einige Schlüsselfragen eingefallen »worden« waren, zwangsläufig zum Scheitern verurteilt war, hätte jeder kluge Mann sich sofort davon distanziert. Trotzdem sah er sich genötigt, darüber nachzudenken, wie die Gehaltsforderung des Civil Service in eine akzeptable Form gebracht werden konnte – weil das einerseits seine Stellung an der Seite des Premierministers und im Kreis seiner Kollegen festigen würde, und weil er andererseits das Geld haben wollte.
Folglich konsultierte er seinen berühmten Vorgänger Sir Arnold Robinson. Eine der vielen Aufgaben, die Sir Arnold bei seiner Pensionierung übernommen hatte, war die Präsidentschaft der Kampagne für Informationsfreiheit. Merkwürdig, daß Sir Arnold trotzdem weder die Presse noch die Kampagne von den in diesem Kapitel beschriebenen Ereignissen in Kenntnis setzte. So gelangten seine diesbzüglichen privaten Aufzeichnungen erst vor verhältnismäßig kurzer Zeit ans Licht der Öffentlichkeit; als seine privaten Papiere, seinem testamentarischen Wunsch entsprechend, dreißig Jahre nach seinem Tode von seiner Bank in Woking[63] dem Tresorraum entnommen und freigegeben wurden – d. H.]

Wir trafen uns im Athenaeum zum Mittagessen. Humphrey meinte, er empfände es als überaus schmerzlich, daß es ihm nicht möglich gewesen war, seinen Kollegen Frank zu unterstützen. Zweifellos sehr

betrüblich, aber niemand kann Vorschläge befürworten, von denen von vornherein feststeht, daß sie abgelehnt werden.
Diese Dame Wainwright hatte Hacker eine Liste mit Fragen gegeben und ihm darüber hinaus vorgeschlagen, der Civil Service sollte seine Gehaltsforderungen nicht selbst abwickeln, sondern ein Parlamentsausschuß sollte darüber entscheiden. Ein *bestürzender* Vorschlag! Demnächst werden wir uns wohl noch mit Politikern auseinandersetzen müssen, die Beamte wegen angeblicher Inkompetenz aus dem Amt jagen. Das ist der Anfang vom Ende.
Es liegt zweifellos im Bereich des Möglichen, daß einige Beamte inkompetent sind, aber gewiß nicht inkompetent genug, daß einem Politiker das auffallen würde. Es wäre vielleicht besser, wenn Beamte Politiker wegen Inkompetenz aus dem Amt jagen könnten, doch das wird betrüblicherweise wohl kaum durchzusetzen sein, denn dann würde das Unterhaus leerstehen und das Kabinett verschwinden; es wäre das Ende der Demokratie und der Beginn einer Ära verantwortungsbewußten, verläßlichen Regierens.
Ich erfuhr, daß Frank die normale Formel benutzt hatte – vergleichbare Aufgaben in der Industrie. Sie brauchen eine Erhöhung von 43 %. Ich schlug folgendes vor:

1. Da praktisch alle in Frage Kommenden in London arbeiten, sollte die London-Zulage kräftig erhöht werden. Zulagen gelten als Aufwandsentschädigungen. Da sie nicht als Erhöhung gelten, erscheinen sie auch nicht in der Prozentrechnung.

2. Es könnte auch ein spezieller Akademikerzuschuß eingeführt werden; für die mit Erstem oder Oberem Zweiten Grad. (Da Oxford keinen Oberen Zweiten vergibt, sollte ein Zweiter in Oxford wie ein Oberer Zweiter eingestuft werden)

3. Verdoppelung der Leistungsprämien; die bekommt *jeder.* Sie gelten als Sondervergütungen und, wie Zulagen, nicht als Gehaltserhöhung.

4. Nach Inanspruchnahme der Punkte 1–3 hat sich die Forderung im Bereich der höchsten Besoldungsgruppe auf ungefähr 18 % verringert. Deshalb sollte man nicht vom letzten Mal, sondern von 1973 ausgehen,

das war, prozentual gesehen, der Höhepunkt *[Nicht einkommensmäßig gesehen – d. H.]* Und dann muß man nicht nur für dieses Jahr, sondern für zwei Jahre, bis zum Ende des Zeitraumes der Forderung, nicht vom Beginn rechnen.

Mit diesen vier Maßnahmen reduziert man die prozentuale Erhöhung auf ungefähr 6 %. Aber die Civil-Service-Gehaltsabrechnung wird trotzdem immer noch zu hoch sein. Da bleibt keine andere Wahl, als den Civil Service abzuspecken. Denn dann wären bemerkenswerte Erhöhungen für einzelne insgesamt gesehen kaum bemerkenswert.
Natürlich wäre eine *echte* Umfangsverringerung des Civil Service, wie wir alle wissen, das Ende der Zivilisation. Doch es besteht kein Anlaß zur Besorgnis: Man nennt einige Beamte einfach nicht mehr Beamte.
E.g.[64] Man macht aus unseren Museen unabhängige Stiftungen. Dann werden die Leute, die da Dienst tun, nicht mehr als Beamte eingestuft. Es sind noch dieselben Leute, sie machen dieselbe Arbeit und werden immer noch aus Subventionen bezahlt. Aber Subventionen für unabhängige Stiftungen tauchen in den Gehaltsstatistiken genausowenig auf wie Zulagen und Sondervergütungen. Das wird wie eine Einsparung aussehen, wie eine überaus bemerkenswerte Einsparung, wenn das nicht jemand genau untersucht.[65] Da gibt es nur ein Problem. Kann man rechtzeitig eine ausreichende Zahl von Stiftungen einrichten? Aber das muß man vielleicht gar nicht. Um die erwünschte Auswirkung auf die Statistiken zu erzielen genügt es, wenn man *plant*, die Stiftungen innerhalb der kommenden zwei Jahre einzurichten. Wenn dann aber nichts daraus wird, trifft niemanden die Schuld.
Appleby bedankte sich überschwenglich. Ich deutete an, ich sei immer gern zu Diensten. *[Vor allem weil, argwöhnen wir, die Ordensverleihung anläßlich des Geburtstages der Queen vor der Tür stand. Sir Arnold wurde im Juni der GCB[66] verliehen – d. H.]*
Ich erbot mich, diese Angelegenheit auch mit Frank Gordon vom Schatzamt zu diskutieren. Humphrey war absolut dagegen. Offenbar hat Frank Gordon einige Probleme am Hals. Davon hat er mir gegenüber aber nichts erwähnt. *[Weil Sir Frank noch nicht wußte, was er da am Hals hatte – d. H.]*
Abschließend schlug ich Humphrey eine bedeutende Reform vor: Parlamentsmitglieder können sich bezüglich Civil-Service-Besoldun-

gen als im weitesten Sinne engstirnig erweisen, und es ist oft mit aufreibenden Kämpfen verbunden, eine Erhöhung durchzuboxen. Aber wenn die Abgeordnetenbezüge mit einem Civil-Service-Rang verknüpft würden, müßten die sich nicht immer selbst mehr bewilligen, denn jedesmal, wenn der Civil Service mehr bekommt, bekämen sie automatisch auch mehr. Und dementsprechend könnte man auch ihre Pensionen dynamisieren. So würde allen Beteiligten viel Ärger erspart bleiben.[67]

Während meiner Zeit im Kabinettsamt war diese Vereinbarung leider nicht zustande gekommen, da Mr. Hackers Vorgänger als PM der Ansicht war, dann würde das Parlament unter Umständen motiviert werden, die Staatsausgaben in inflatorische Höhen zu treiben. Ich wünschte, Abgeordnete wären nicht so selbstsüchtig, aber Politiker waren und sind nun mal ein schlimmer, käuflicher Haufen, und wir im Civil Service sollten darauf verzichten, Hinz und Kunz an unserem hohen Niveau zu messen.

[Und nun wieder zu Hackers Tagebuch – d.H.]

3. April

Heute kam es zu einem wahnsinnig aufregenden Gespräch. Anwesend waren Sir Humphrey, Bernard, Sir Frank und Dorothy Wainwright. Ach ja, und ich natürlich auch. Ich habe festgestellt, daß Humphrey ein loyaler uneigennützig dienender Beamter ist. Bei Frank bin ich mir da nicht so sicher.

Frank eröffnete das Gespräch, indem er behauptete, die Gehälter im Civil Service lägen weit unter dem Niveau vergleichbarer Posten in der Industrie. Als ich ihn fragte, welche vergleichbaren Posten er meinen würde, vermied er es, mir eine klare Antwort zu geben und sagte, das sei eine sehr komplexe Formel, die schon seit langem allgemein akzeptiert wird.

Ich konfrontierte ihn mit Fakten. »Meinen Unterlagen zufolge«, belehrte ich ihn, »bekommt ein Ständiger Staatssekretär jetzt schon etwas mehr als fünfundvierzigtausend Pfund jährlich. Und der Kabinettsstaatssekretär und der Ständige Staatssekretär im Schatzamt verdienen sogar über einundfünfzigtausend Pfund.«

Frank wollte sich nicht festnageln lassen. »Das stimmt möglicherweise«, sagte er schwach lächelnd.
Ha, lachhaft! Weiß der nicht, was er pro Jahr verdient? Oder ist ihm das vielleicht vorübergehend entfallen?
Ich wandte mich an Humphrey, der zu meiner Rechten am Kabinettstisch saß, und bat ihn um seine Meinung.
Er war auf der Hut. Mit recht. »Es steht mir wirklich nicht zu, dazu etwas zu sagen, mir sind die Hände gebunden, Premierminister. Hier geht es auch um meine Interessen, und Sir Frank ist innerhalb des Civil Service für Gehälter zuständig. Nicht wahr, Frank?«
Zumindest Humphrey verfügte über soviel Anstand, auf seine eigenen Interessen hinzuweisen. Dorothy, zu meiner Linken sitzend, ergriff das Wort.
»Darf ich eine Frage stellen, Premierminister?« Ich nickte. Wie ein Racheengel starrte sie ihn über den Tisch hinweg eiskalt an. »Sir Frank, was würden Sie dafür abziehen, daß Ihr Arbeitsplatz gesichert ist?«
Er kriegte einen unheimlichen Schreck und lächelte verkrampft. Das war ganz offensichtlich eine Frage, die ihm noch niemand gestellt und mit der er nicht gerechnet hatte.
Dorothy ging noch direkter auf diesen Punkt ein. »In der Industrie passiert es Führungskräften, daß man sie hinausdrängt oder feuert, und ihre Firmen können Pleite gehen, aber das kann Ihnen nicht passieren.«
Er versuchte schon wieder auszuweichen. »Aber das hat ein Für und Wider.«
»Ach, ja, tatsächlich? Und was ist das ›Wider‹?« fragte Dorothy ätzend.
Frank sagte, die Arbeitsplätze der Spitzenbeamten des Civil Service seien zwar gesichert, aber man stände ständig unter Streß und müßte viele Überstunden machen.
»Und in der Industrie gibt's sowas nicht!?« wollte Dorothy wissen.
Dann schaute sie mich an und fügte hinzu: »Und Industrieführer müssen Entscheidungen treffen und zu denselben stehen.«
Das war ein Volltreffer, Frank wurde wütend. Auf seinen Wangen

leuchteten kleine rötliche Flecke auf. »Das müssen Beamte auch«, entgegnete er scharf.
Dorothy machte ihn weiter unbarmherzig zur Schnecke. »Ach, wirklich? Ich dachte immer, Minister treffen die Entscheidungen.«
»Und die trifft auch immer die Schuld«, mischte ich mich ein. »So läuft's doch, oder?«
Frank war verunsichert und wußte nicht recht, ob er diese rhetorischen Fragen beantworten sollte. »Ja ... wissen Sie ... Minister treffen natürlich die Entscheidungen«, gab er zu, »aber Beamte müssen entscheiden, wie sie ausgeführt werden.«
Dorothy bohrte weiter in der offenen Wunde. »Wie eine Sekretärin über die Ausführung eines Schriftstückes entscheidet?«
»Ja«, sagte Frank spontan. »Nein«, verbesserte er sich sofort hektisch und flehte um Hilfe: »Ich denke, Sir Humphrey weiß, was ich meine.«
Humphreys Augen waren starr auf das weiße Blatt Papier, das vor ihm auf dem Tisch lag, gerichtet. »Tja, Frank, das wissen Sie besser, Sie sind für den Bereich Gehälter zuständig.«
Dorothy schob mir einen Zettel zu. Darauf stand »Was ist mit dem Element des Dienens?«
Ich starrte Frank frostig an. »Was ist mit dem Element des Dienens?« fragte ich.
»Dem Element des Dienens?« wiederholte er. »Was meinen Sie mit dem Element des Dienens?«
Ich war mir nicht ganz sicher, ob ich wußte, was ich meinte oder was Dorothy meinte. Aber ich bin sicher, das konnte man mir nicht anmerken. Gelassen wandte ich mich Dorothy zu und deutete mit einem flüchtigen Kopfnicken an, daß sie für mich sprechen durfte.
»Der Beruf des Staatsdieners beinhaltet elementar das Element des Dienens«, begann sie frisch und munter, »wofür Beamte mit Titeln, Orden und Auszeichnungen belohnt werden – CB's[68], KCMG's[69], Ritterwürden.«
»In eng gestecktem Rahmen«, konzidierte Frank vorsichtshalber.
Dorothy wandte sich wieder an mich. »Wissen Sie, Premierminister, ich frage mich, ob wir Beamte nicht eher mit im wahrsten

Sinne des Wortes dienenden Direktoren von Wohlfahrtsinstituten und nicht mit Industrieführern vergleichen sollten. Ich glaube«, sie blätterte suchend in ihren raschelnden Papieren, »die kriegen so ungefähr siebzehntausend Pfund im Jahr.«
Ich lächelte. »Das ist ein sehr interessanter Vorschlag.«
Das sollte man ernsthaft in Erwägung ziehen. Frank geriet in Panik. Humphrey schien das auch nicht gerade als erfreulich zu empfinden.
»Ich glaube nicht, äh ... wissen Sie, äh ... dann würden wir wohl kaum noch Nachwuchs finden«, sagte Frank mit einer Stimme, die jetzt unüberhörbar eine halbe Oktave höher vibrierte. »Die Arbeitsmoral würde auf den Nullpunkt sinken, äh ... ich bin sicher, Sir Humphrey wird das auch so sehen.«
Humphrey schwieg.
Ich sah ihn an. »Humphrey?« forderte ich ihn auf, zu antworten.
»Wissen Sie, Premierminister, ich neige zu der Ansicht, daß ...« Er schaute Frank mit einem mitnichten um Unterstützung verheißenden Blick an, »Sir Frank ist für den Bereich Gehälter zuständig. Ich meine jedoch, Frank, der Premierminister hat ein Recht auf Antwort.«
Frank fiel vor Schreck fast vom Hocker. Er versuchte wieder, schwach zu lächeln. Außer ihm lächelte keiner am Tisch.
Auf Dorothys Zettel stand als nächstes »dynamische Pensionen«. Ich fragte Frank. Er versuchte, das als völlig belanglos abzutun.
»Das ist alles schon vor langer Zeit vereinbart worden.«
»Aber die stellen doch einen beachtlichen Wert dar«, nahm ich ihn in die Zange.
»Einen Wert, ja, aber einen bescheidenen«, meinte er geringschätzig.
Ich blätterte in dem hervorragenden Informationsmaterial, das Dorothy mir für dieses Gespräch zusammengestellt hatte. »Ich habe hier eine Schätzung, nach der kostet es 650 000 Pfund, wenn man höhere Beamte auszahlen müßte.«
Frank lächelte wieder. »Das ist absurd!«
»Was würden Sie denn schätzen?« fragte Dorothy.
Frank nannte dummerweise eine Zahl. »Äh, so um die 100 000.«
Ich schlug gnadenlos zu. »Wenn Sie das so sehen, Frank, mach

ich Ihnen einen Vorschlag. Diesen Betrag bekommen Sie von der Regierung – Sie und jeder, der sofort Geld sehen will –, denn das würde ja Ihrem Schätzwert entsprechen. Sie bekommen einhunderttausend in bar für Ihren Pensionsanspruch. Alles klar?«

Ich hatte ins Schwarze getroffen! Er fing an, wie ein aufgescheuchtes Huhn hysterisch wirres Zeug zu gackern. »Ich war wohl nicht ganz, äh, ich habe spontan geantwortet, ich, äh, äh, äh, es könnte aber, ich meine, ähm, ähm, ähm, die Zahl ist nicht von mir, wissen Sie, äh ...«

Dorothy schoß sofort noch einen Giftpfeil ab. »Die Zahl von 650 000 Pfund kommt von der Gesellschaft für Versicherungs- und Pensionsstatistiken.«

»Ja, aber, aber als das vereinbart wurde«, winselte Frank hilflos, »war es nicht entfernt so viel.«

Dorothy ließ nicht locker. Sie hatte noch ein paar Pfeile im Köcher. »Wie wäre es dann mit dieser Idee: ›Eine dynamische Pension als Alternative zu Auszeichnungen‹? Jeder Beamte könnte sich aussuchen, was ihm als ›Belohnung‹ für seine ›Leistungen‹ lieber wäre: ... Auszeichnungen oder Bargeld!«

»Aber das wäre im höchsten Maße grotesk!« kreischte Frank.

»Warum?« fragte Dorothy.

Diese Frage wollte ich natürlich auch beantwortet haben. Ich hielt das nämlich für eine unheimlich gute Idee. Zu meiner Rechten schwieg Humphrey mit zusammengepreßten Lippen verbissen vor sich hin. Selbst Bernard wurde blaß. Ich grinste innerlich wie ein liebenswürdiger, weiser Chinese, der ein neues Fahrrad bekommen hat.

Frank blieb es überlassen, die längst verlorene Festung zu verteidigen. »Äh, warum!?« krächzte er.

»Ja, warum!« lächelte Dorothy.

»Weil, äh, da, da, da, da, das bringt, ähm, äh, uns, ich meine, äh, den Beamten unlösbare Probleme, und was machen die, die schon Auszeichnungen haben?«

Dorothy hatte natürlich auch darauf die passende Antwort. Sie hatte wirklich an alles gedacht. »Aber, ich bitte Sie, das ist lösbar! Die können wählen, ob sie auf die Auszeichnungen oder auf die

Pensionsdynamisierung verzichten wollen.« Sie beugte sich vor, ich lehnte mich zurück, und sie strahlte unter meinen Augen Humphrey vergnügt lächelnd an. »Was meinen Sie, Sir Humphrey – oder wären Sie lieber *Mr.* Appleby?«
Humphrey fand das überhaupt nicht überaus amüsant. Er hatte erwartet, daß sich Frank besser aus der Affäre ziehen würde –, und jetzt wurde plötzlich auf seine eigene Gehaltserhöhung und seine Titel, Ehren und Orden das Feuer eröffnet. »Ich bin sicher, Sir Frank hat sich damit eingehend beschäftigt«, sagte er.
»Offenbar nicht eingehend genug«, entgegnete ich kalt. »Frank, Sie würden doch ganz schön davon profitieren, wenn das durchkäme, nicht wahr?«
Frank sah mich empört an. »Premierminister, das ist doch nicht von Relevanz«, zischte er. Was wahrscheinlich heißt, daß es das bestimmt ist.
Dorothy bedachte Frank wieder mit einem Lächeln. »Damit meinen Sie sicher, Sie persönlich verzichten lieber auf die Gehaltserhöhung?«
Frank war sprachlos. Dorothy schaute Humphrey an. »Und das meint der Kabinettsstaatssekretär bestimmt auch, nicht wahr, Humphrey?«
Humphrey tat mir leid, er steckte wirklich in einer sehr unangenehmen Situation.
Er stammelte und stotterte irgendwas von Präzedenzfällen, man müßte den Civil Service insgesamt sehen, vom Prinzip ausgehen, langfristige Überlegungen anstellen und so weiter. Dann hatte er plötzlich einen brillanten Ausweg gefunden. »Ja!« sagte er urplötzlich und sehr bestimmt. »Ich wäre grundsätzlich damit einverstanden; doch nur, nur *wenn* das Kabinett der Meinung ist, daß niedere Beamte mehr bekommen als ihre Übergeordneten und das Prinzip auf Kabinettsminister und untergeordnete Minister ausgedehnt wird.«
An so etwas hatte ich eigentlich nicht gedacht. Aber da ich nicht vorgehabt hatte, Humphrey in die Pfanne zu hauen, ging ich darauf nicht ein. Das wäre unfair gewesen, denn er hatte sich ja in dieser Angelegenheit wirklich voll und ganz hinter mich gestellt. Also dankte ich allen für das Gespräch und entließ sie.

Bis auf Humphrey, den bat ich um ein Gespräch unter vier Augen. Ich fragte ihn, ob wir Frank nicht ein bißchen zu hart angefaßt hatten. »Ganz im Gegenteil«, sagte er. »Das waren zweckmäßige und überaus scharfsinnige Fragen, wenn ich das sagen darf, auch wenn ich mich nur ungern meinen Kollegen gegenüber illoyal verhalte.«
Tja, er war eben noch nie Kabinettsminister.

5. April

Heute kam Humphrey endlich zur Besinnung. Er hatte hart an einer neuen, viel vernünftigeren Gehaltsforderung des Civil Service gearbeitet. Er wollte mir erklären, warum er das nicht schon längst getan hatte.
»Wissen Sie, Premierminister, ich hatte, ehrlich gesagt, immer das Gefühl, die Forderung vom Schatzamt ist in Zeiten der Geldverknappung zu hoch, nicht im nationalen Interesse, erfreulich für die Beamten; aber das kann unmöglich der Kabinettsstaatssekretär, mit seiner weit höheren Loyalität, empfehlen. Und eben deshalb, Premierminister, machen wir den Ständigen Staatssekretär im Schatzamt nicht zum Leiter des Civil Service.« Das leuchtete mir ein.
»Darum habe ich mir erlaubt, eine Eingabe für Sie zu entwerfen. Hier sind es nur 11 % für zwei Jahre, die oberen Ränge würden bloß um den Durchschnittswert steigen, und beim Verwaltungsgesamtgehaltsaufkommen sind es nur 6 %, jährlich, über denselben Zeitraum.«
Das sieht erheblich vernünftiger aus, und ich bin fest entschlossen, dafür zu sein. Er bat mich nicht sofort um meine Zustimmung.
»Und für die unteren Ränge«, sagte er, »gilt selbstverständlich das normale Verfahren. Aber man sollte vielleicht die Forderungen der höchsten Gruppe umgehend und mit äußerster Vertraulichkeit behandeln.«
»Vertraulichkeit, warum?«
»Wenn es zu weitgefächerten Diskussionen käme, könnte das nach hinten losgehen. Eine Gruppe unserer Beamten würde

erheblich mehr fordern. Ich glaube, besser wäre in dem Fall ein ›Fait accompli‹, verstehen Sie. Ich möchte Ihnen jedoch, wenn Sie gestatten, den Rat geben, Ratgeber den Entwurf nicht sehen zu lassen.«

Ich meine, ich täte nichts lieber als das, wenn er seine Kollegen dazu bringen kann, sich mit einer so geringen Erhöhung von lediglich 6 % zufriedenzugeben. Er sagte, das würde er schon schaukeln, wenn er meine Unterstützung hätte, und ich hinsichtlich der Vertraulichkeit kooperieren würde. Das versprach ich ihm. Da habe ich doch einen tollen Handel gemacht!

Aber es gab leider noch ein Problem: Das Parlament. Abgeordnete sind immer dagegen, wenn Beamte mehr Geld haben wollen. Humphrey hatte eine Lösung – ein brillante Lösung. Sie beinhaltet eine bedeutende Reform, die universal populär sein wird. *[Bei »universal populär« dachte Hacker an das Parlament und den Civil Service, nicht an die britische Öffentlichkeit. Für ihn besteht das Universum aus Westminster und Whitehall – d. H.]*

»Premierminister, wenn Abgeordnetengehälter mit einem Rang in der Verwaltung verknüpft würden, dann müßten die sich nicht immer *selbst* mehr bewilligen. Jedesmal, wenn die Beamten mehr bekommen, bekämen sie automatisch auch mehr. Und wenn dementsprechend ihre Pensionen dynamisiert würden, stünden sie bestimmt den Forderungen des Civil Service nicht so ablehnend gegenüber.«

»Ja, da ist was dran«, stimmte ich ihm zu. »Hervorragend. Danke.« Humphrey ist wirklich eine unbezahlbare Stütze und durch und durch aufopferungsvoll.

»Zu welchem Rang passen Hinterbänkler, was meinen Sie?« fragte ich ihn.

»Ich denke, der vom Ersten Referenten müßte eigentlich passen, hm?«

Das wunderte mich. »Ist das nicht 'n bißchen niedrig?«

»Aber das entspricht ihrem Niveau«, sagte er mit einem schelmischen Glitzern in den Augen.

»Und welchem Rang sollten Kabinettsmitglieder entsprechen?« fragte ich.

»Unterstaatssekretären?« schlug Humphrey vor.

»Und der Premierminister?«
»Tja«, sagte Humphrey, »wissen Sie, da Sie im Moment sogar noch weniger als ich verdienen, würde ich sagen, Sie sollten sich am besten als Ständiger Staatssekretär einstufen. Und Sie könnten, wie ich, in den Genuß einer dynamisierten Pension kommen. Und bei der Berechnung würde man vielleicht nicht von Ihrer realen Amtszeit als Premierminister ausgehen, sondern könnte zugrunde legen, daß Sie Ihr Leben lang Premierminister waren, und dies Ihr wohlverdientes Altersruhegeld ist.«[70]
Ein sehr faires Angebot. Ich dankte ihm. Er ging mit einem Achselzucken über meine Dankbarkeit hinweg. »Ich bitte Sie, Premierminister, immerhin verbindet uns doch eine Partnerschaft.«
»Ja«, stimmte ich zu. »Eine echte Partnerschaft.«
»Ja, Premierminister«, sagte Humphrey. Was für ein netter Mensch er doch im Grunde seines Herzens ist.

6 Ein Sieg für die Demokratie

10. April

Heute abend gaben wir in »Nummer 10« einen feucht-fröhlichen Empfang. Unter den vielen Gästen war auch der amerikanische Botschafter. Er stand in dem Raum mit den gelben Säulen urplötzlich vor mir und brachte mich in eine unangenehme Lage, indem er mich gegen eine der Säulen drängte.
»Na, wie läuft's denn so im Weißen Haus?« fragte ich vergnügt.
Er ist ein sehr großer, stämmiger, friedlicher, gutmütiger Bursche. Man kann sich eigentlich kaum vorstellen, daß er mir drohen wollte. Aber andererseits ... »Da hat man zufällig etwas von Plänen gehört, die ›Trident‹ zu streichen; und das mitten in der heißesten Phase des Nahrungsmittelkriegs ... tja, wissen Sie, genau an dieser Art freundschaftlicher Rivalität unserer europäischen Freunde[71] könnte unter Umständen das Nordatlantische Bündnis zerbrechen.«
Eine dieser gemütlichen, sorgenfreien Damen mittleren Alters kam mit einem dieser kleinen silbernen Tabletts voller Drinks auf uns zu. Sie kam mir gerade recht, und ich entschied mich dankbar für einen Scotch: Der US-Botschafter verscheuchte sie mit einer Handbewegung sofort wieder. »Und das ist natürlich nur ein Gerücht«, fuhr er fort. »Ich persönlich kann mir nicht vorstellen, daß die britische Regierung jemals die ›Trident‹ streichen würde. Aber ich weiß, daß deswegen Druck auf Sie ausgeübt wird, Premierminister.«
Dabei bin ich der einzige, der wegen des Streichens der »Trident« Druck ausübt. Aber ich habe eigentlich nicht gelogen, als ich tapfer erwiderte: »Ja, ach, wissen Sie, Druck gehört nun mal zum Geschäft, nicht wahr?«
»Richtig, aber das Weiße Haus hat mich gebeten, Sie wissen zu

lassen – inoffiziell natürlich, nicht in meiner offiziellen Rolle als Botschafter – daß da eventuell Probleme auf Sie zukommen könnten. Sehen Sie, die amerikanische Verteidigungsindustrie unterstützt die Partei des Präsidenten mit hohen Beträgen, Sie verstehen, was ich meine.«

Das war genau eine der möglichen amerikanischen Reaktionen, die Humphrey an die Wand gemalt hatte. Also war es mir nichts Neues. »Ach, ja, wirklich?« fragte ich so, als wäre mir das völlig neu.

Jetzt drängte mich der Botschafter, soweit das überhaupt noch möglich war, noch dichter an die Säule. Ich bin überzeugt davon, er wollte nur verhindern, daß uns jemand zuhören konnte, aber ich fühlte mich bedroht. »Dem Weißen Haus würde einiges einfallen, um das Stornieren der Tridentverträge zu verhindern. Sehr viel sogar!«

Und schon wieder schenkte mir das Schicksal ein paar Sekunden zum Nachdenken; diesmal kam eine dieser liebenswürdigen Damen mit einem Appetithäppchentablett auf uns zu. Ich nahm ein Stückchen Schwarzbrot mit einer Scheibe Räucherlachs, die um ein Stück Spargelspitze gewickelt war.

»Vorzüglich«, sagte ich und gab dem Botschafter zu verstehen, er möge sich keinen Zwang antun und die Gastfreundschaft der britischen Regierung in vollen Zügen genießen. Aber er wollte nichts.

»Sie können dem Weißen Haus ausrichten, inoffiziell«, sagte ich mutig, »daß Sie es mich haben wissen lassen.«

»Inoffiziell?« stimmte er zu, um den fiktiven Charakter des Gesprächs zu wahren. »Gut. Aber das Außenministerium und das Verteidigungsministerium sind auch wegen einiger anderer Dinge beunruhigt.«

»Ach, ja, und die wären?« Mir fiel nichts ein, womit ich den Amerikanern außerdem noch nahegetreten sein konnte.

Der Botschafter schlürfte einen Schluck Mineralwasser. »Tja, Sie kennen doch das Ostjemen-Problem?«

Davon hatte ich noch nie etwas gehört. »Aber ja, selbstverständlich«, sagte ich. »'n ziemliches Problem.«

Diese Antwort schien den Botschafter zu überraschen. »So,

meinen Sie, aber im Moment doch eigentlich nicht, oder?«
»Nein, im Moment natürlicht nicht«, stimmte ich sofort zu, »aber ... potentiell.«
»Richtig!« Er erwärmte sich immer mehr für sein Thema. »Und Sie wissen auch über St. Georges Island Bescheid?«
Ich wußte weder, wo das liegt noch was da vor sich geht. »St. Georges Island?« wiederholte ich und tat so, als würde ich mir von ihm nicht in die Karten sehen lassen wollen.
Aber darauf fiel der Botschafter nicht rein. »Sie ist Mitglied Ihres Commonwealth«, erklärte er mir.
»Oh, *dieses* St. Georges Island«, sagte ich in einem Ton, als würde jeder gebildete Mensch wissen, daß es zwei gibt.
»Wissen Sie ...«, der Botschafter sah mich grimmig an, »es sieht ganz so aus, als ob die Kommunisten sich die Insel womöglich schnappen wollen.«
Das war ja wirklich ein ziemliches Problem. »Ach, wirklich?« sagte ich. »Ich werde sofort mit dem Außenminister sprechen.«
Der Botschafter lachte ein bißchen gequält. »Glauben Sie, damit wäre es getan, und Ihr Außenministerium würde auf den richtigen Dreh kommen?« fragt er zweifelnd.
Ich konnte ehrlich gesagt weder das eine noch das andere glauben, oder? Zum einen wußte ich nicht, welcher »Dreh« denen einfallen mußte, und zum anderen kommt bei Gesprächen mit Duncan sowieso so gut wie nie etwas Vernünftiges heraus. Ich versuchte, ihm, Ausflüchte suchend, auszuweichen. »Wissen Sie, die Problematik als solche an sich betrachtet unter Umständen vielleicht nicht ... aber ...«
»Das Weiße Haus«, unterbrach mich der Botschafter, »fürchtet, daß Ihr Außenministerium sich vielleicht nicht intensiv genug mit dieser Problematik auseinandersetzt. Es könnte sein, daß die die Hände in den Schoß legen und abwarten. Das Weiße Haus ist der Ansicht, Ihr Außenministerium sei voll von verkappten Roten und Verrätern.«
Ich lachte. »Die haben wohl zu viel Zeitung gelesen ... äh, ich meine, zu viel schlechte Kriminalromane.« Freudsche Fehlleistung.
»Das sage ich denen ja auch immer«, stimmte der Botschafter

mir seufzend zu. »Aber das Pentagon sagt, die haben in russischen Akten schon zu viele NATO-Geheimnisse gelesen. Premierminister, das Weiße Haus wäre überaus verärgert, wenn es den Roten gelingt, einen strategischen Stützpunkt wie St. Georges Island an sich zu reißen.« Aha, hier geht's um einen strategischen Stützpunkt! »Es ist die Rede von Importzöllen auf britische Automobilexporte. Keine Jaguarverkäufe mehr in die Vereinigten Staaten.« Er drohte mir tatsächlich!
Ich versuchte ihn zu unterbrechen, aber er war nicht mehr zu bremsen. »Ich wäre natürlich absolut dagegen. Aber wer bin ich denn? Und das Weiße Haus besteuert vielleicht die US-Investitionen, die in Großbritannien getätigt werden. Dadurch würde ein Run auf das Pfund angeheizt werden. Sie könnten das militärische Gewicht des GCHQ[72] auf den Funkhorchposten in Spanien verlagern. Sie könnten Großbritannien sogar bei Europabesuchen des Präsidenten überfliegend übersehen.«
Das waren alles unglaublich demütigende Drohungen, aber wenn die letzte wahr gemacht würde, käme das einer Katastrophe gleich.
[Weil es für Jim Hacker persönlich demütigend gewesen wäre – d. H.] Diese unverschämte Attacke hatte mir absolut die Sprache verschlagen.
»Aber wie gesagt«, fuhr der Botschafter fort, mein Schweigen hoffentlich fälschlicherweise als Gegendrohung auslegend *[Hakker war immer ein brillanter Wunschdenker – d. H.]*, »ich würde gewiß nicht empfehlen, derartige Repressalien gegen einen Freund und alten Verbündeten zu ergreifen.«
Ich wußte nicht, wen er meinte. »Wen meinen Sie?« fragte ich.
»Sie«, sagte er.
Ich wollte mich verkrümeln und mich einem anderen meiner zweihundert Gäste widmen, als der Botschafter mich am Arm festhielt. »Ach, übrigens, ich habe gehört, Ihr UNO-Vertreter wird die arabische Resolution, in der das Vorgehen Israels mißbilligt wird, nicht unterstützen? Sollte das wahr sein, würde dem Weißen Haus wirklich und endgültig der Kragen platzen. Freiheit und Demokratie müssen verteidigt werden.«
Ich bin selbstverständlich auch der Meinung, daß Freiheit und

Demokratie verteidigt werden müssen. So wie jeder vernünftige Mensch. Aber ob eine UN-Resolution von so großer Bedeutung für die Zukunft von Freiheit und Demokratie ist, kann jeder selbst entscheiden. Auf jeden Fall war dieses Gespräch ganz schön beunruhigend und alarmierend. Ich werde morgen mit Duncan reden.

11. April

Ich habe heute nacht ziemlich schlecht geschlafen. Der amerikanische Botschafter hat mir richtig angst gemacht. Heute morgen hab' ich das sofort alles Bernard erzählt. Ich fragte Bernard, was wir denn für ein schwerwiegendes Problem im Ostjemen haben.
»Ähm«, sagte er. Er fügte hinzu, er wird versuchen, es herauszufinden. Ich erzählte ihm auch, daß die USA wegen St. Georges Island beunruhigt sind und daß die USA meinen, das Außenministerium würde da keinen Dreh finden, weil es voll von verkappten Roten und Verrätern sei.
»Das ist es nicht«, sagte Bernard empört. »Jedenfalls nicht voll.«
Bernard sagte, er würde für heute nachmittag ein Gespräch mit dem Außenminister vereinbaren. »Sie können ihn sicher dazu veranlassen, das Problem zu lösen«, sagte er beruhigend. »Immerhin sind die auf unserer Seite.«
»Wen meinen Sie?« fragte ich.
»Die Amerikaner«, sagte Bernard.
»Oh! Ach, ja, *die*, ja«, sagte ich. »Einen Moment habe ich gedacht, Sie meinen das Außenministerium.«

[Es scheint, daß Duncan Short, der Außenminister, an diesem Tage außerstande war, den Premierminister aufzusuchen. Es wurde ein Gespräch für den nächsten Vormittag in Downing Street 10 vereinbart. Wie immer dem auch sei, unmittelbar nachdem Bernard Woolley das Außenministerium von der dringenden Bitte des Premierministers um ein Gespräch mit dem Außenminister in Kenntnis gesetzt hatte, wurde für denselben Nachmittag ein Gespräch zwischen Sir Richard Wharton, dem neuen Ständigen Staatssekretär im AM und Sir Humphrey Appleby vereinbart. Sir Humphrey hat in

seinem Tagebuch Aufzeichnungen zu diesem Gespräch hinterlassen – d.H.]

Dick Wharton vom AM kam auf eine kurze Plauderei zu mir ins Kabinettsamt. Er zeigte sich beunruhigt. Ich verstand nicht, warum. Ich hatte gehört, er hätte den Außenminister dazu erzogen, ihm aus der Hand zu fressen.

Dick bestätigte, daß der Außenminister vollkommen abgerichtet sei. Das Problem liegt offenbar darin, daß der Premierminister anfängt, dem Rat des AM zu mißtrauen, wenn der Außenminister ihm den gibt. Allem Anschein nach beginnt der PM sogar die Politik des Außenministers in Frage zu stellen.

Dick meint, darüber hinaus bestünde die Gefahr, daß das Kabinett seine eigene Außenpolitik zu verfolgen bestrebt sein könnte. Das wäre absurd! Großbritannien kann nicht zwei Arten von Außenpolitik verfolgen!

Es stimmt leider, daß der PM immer häufiger dem entspricht, was das Weiße Haus möchte. Aber nicht im Falle der »Trident«, dabei ist dies der einzige Punkt, in dem er den Washingtoner Wünschen vorbehaltlos Folge leisten sollte!

Dick informierte mich über zwei sich am Horizont abzeichnende Probleme, wo der PM in die richtige Richtung gelenkt werden müßte.

1. *St. Georges Island.* Dick mußte mir auf die Sprünge helfen: es ist eine der wenigen Inseln im Indischen Ozean, die nach der Unabhängigkeit im Commonwealth verblieben sind. Sie ist demokratisch, da gibt es freie Wahlen und sowas, aber irgendwo in den Bergen halten sich ein paar marxistische Guerillas versteckt und tragen sich mit der Absicht zu putschen.

   Tja, so etwas kommt natürlich hin und wieder einmal vor. Aber Dick zufolge werden die Guerillas Hilfe vom Ostjemen bekommen; oder – um den Ostjemen beim Namen zu nennen – von der Demokratischen Volksrepublik Ostjemen. Wie bei allen demokratischen Volksrepubliken handelt es sich also um eine kommunistische Diktatur.

   Diese ostjeminitischen Guerillas werden von Moskau und von Libyen unterstützt.

   Das AM geht für Großbritannien davon aus, daß man sich da

tunlichst raushalten sollte:
a) Wenn wir uns da einmischen, würden wir nur eine ganze Reihe afrikanischer Frontstaaten verärgern.
b) Wir wollen zur Zeit auf gar keinen Fall die Sowjets gegen uns aufbringen.
c) Wir haben gerade einen voluminösen Vertrag für den Bau der neuen Flugplatz- und Hafenanlagen auf St. Georges Island unterzeichnet. Wenn wir den Falschen helfen, sind wir ihn wieder los.
d) Es kommt nicht darauf an, ob die Demokraten oder die Marxisten gewinnen. Da ist für uns kein Unterschied erkennbar, das ist für uns nicht von Relevanz.

Das potentielle Problem mit dem PM: Es liegt im Bereich des Möglichen, daß er – wieder einmal – einen seiner schrecklichen, schwülstigen, patriotischen Churchill-Anfälle erleidet, womöglich eingreifen will und sein – in solchen Phasen übliches – »pro-britisches-Verteidigung-der-Demokratie-Geschwafel« zum besten gibt.

Die Außenministeriums-Lösung: Der PM muß begreifen, daß man sich, wenn man sich in die internen Streitereien fremder Länder einmischt, unweigerlich aufs Glatteis begibt. Zu dieser Einsicht ist inzwischen selbst der Außenminister gelangt.

2. Die Israelis haben den Libanon bombardiert. Das war eine Vergeltungsmaßnahme für ein einziges Bombenattentat der PLO in Tel Aviv. Die Araber haben bei der UN beantragt, das Vorgehen Israels zu mißbilligen. Wir werden natürlich für die Araber stimmen. Aber offenbar hat der PM angedeutet, er möchte, daß wir uns der Stimme enthalten. Seine Argumente sind – in der Form, in der sie dem Außenminister vorab übermittelt wurden – im Bereich des Nebulösen angesiedelt. Sie lauten in etwa:
a) dieses Mal hat die PLO angefangen;
b) beide Seiten haben Fehler gemacht;
c) Beunruhigung wegen der Amerikaner;
d) Besorgnis wegen der heiligen Stätten.
Das AM ist der Ansicht, die Punkte a) und b) sind sentimentaler Unfug. Bezüglich Punkt c) scheint der PM gefährdet, den Amerika-

nern um jeden Preis – wie Dick es formulierte – in den..... kriechen zu wollen. Und zu Punkt d) ist zu sagen, daß der PM eher wegen der ölquellenden als wegen der heiligen Stätten Besorgnis äußern sollte.

Das potentielle Problem mit dem PM: Wie alle Bewohner von Downing Street 10, will er seinen Platz auf der Weltbühne einnehmen. Aber Leute, die auf Bühnen agieren, nennt man Schauspieler. Von denen erwartet man nur, daß sie glaubwürdig erscheinen, nüchtern auftreten und den Text, den man ihnen anvertraut hat, in der richtigen Abfolge, ohne zu stottern über die Rampe bringen. Jene, die versuchen, selbstverfaßte Texte von sich zu geben, verlieren für gewöhnlich ziemlich schnell ihr Engagement und verschwinden auf Nimmerwiedersehen in der Versenkung.

Die Außenministeriums-Lösung: Der PM muß begreifen, daß er, was die Außenpolitik angeht, seine Aufgabe ausschließlich im Bereich des Gastgeberischen und Zeremoniellen zu suchen hat.

[Appleby Papiere FO/RW/JHO]

[Und nun wieder zu Hackers Tagebuch – d.H.]

12. April

Mein für gestern geplantes Gespräch mit Duncan war mysteriöserweise verschoben worden. Er kam erst heute vormittag nach »Nummer 10« rüber.
Ich sagte ihm, daß der amerikanische Botschafter während des Empfangs am Zehnten ein paar »inoffizielle« Worte mit mir gewechselt hatte.
»Ach so, ja, äh, worum ging's denn da?« fragte er nervös.
Ich lehnte mich locker auf meinem Stuhl zurück und beobachtete ihn kritisch. »Was wissen Sie über St. Georges Island?«
Duncans Augen wanderten unstet und hinterlistig auf dem Tisch hin und her. »Was wissen *Sie* über St. Georges Island?« fragte er.
Ich wußte nicht, ob er irgend etwas darüber wußte oder ob er,

genau wie ich, nicht im Traum daran dachte zuzugeben, daß er keine Ahnung hatte.
»Ich bitte Sie, Sie sind der Außenminister, nicht ich.« Ich nahm mir die Freiheit, ein bißchen Empörung anklingen zu lassen. »Könnte da die Gefahr einer kommunistischen Machtübernahme bestehen?«
Er sah immer noch wie ein verängstigtes Kaninchen aus. »Wie, äh, ist er der Meinung, äh, die Gefahr könnte bestehen?«
»Er deutete so etwas an«, informierte ich ihn und wartete auf seine Antwort.
Duncan entschloß sich mit fester Stimme, eine positive Ansicht zu vertreten. »Nein. Auf keinen Fall. Nein, keine Gefahr.«
»Sind Sie sicher?«
Ich wollte mir absolute Gewißheit verschaffen. Ich bekam zwar eine dementsprechende Antwort, aber beruhigt hat die mich überhaupt nicht. »Natürlich. Meine Beamten im Außenministerium hätten es mir gesagt.«
»Sind Sie sicher«, fragte ich bohrend, »daß Ihnen Ihre Beamten alles sagen?«
»Aber ja, alles, was ich ihrer Meinung nach wissen sollte, schon, ja, ja ...« sagte er selbstbewußt lächelnd.
»Genau das habe ich immer befürchtet«, erwiderte ich seufzend. »Aber das Weiße Haus ist wegen St. Georges Island offenbar beunruhigt. Und die dürfen wir im Moment auf gar keinen Fall verärgern.«
»Ich bin sicher, wir haben das alles unter Kontrolle«, sagte Duncan im Brustton der Überzeugung.
»Chamberlain dachte, er hat Hitler unter Kontrolle«, erinnerte ich ihn. »Und Eden[73] dachte, er hat Nasser unter Kontrolle.«
Duncan verteidigte das Außenministerium sofort streitlustig. Für Duncan, von Natur aus ein Schlägertyp, ist Angriff immer die beste Form der Verteidigung.
»Deuten Sie an, das Außenministerium weiß nicht, was es tut?«
»Nein« erwiderte ich vorsichtig, »ich möchte nur andeuten, daß die uns nicht sagen, was sie tun.«
Duncan meinte, das sei ein absurder Vorwurf. »Die geben mir immer vollständige Antworten auf meine Fragen.«

»Und was ist mit den Fragen, die Sie nicht stellen?« konterte ich.
»Zum Beispiel?«
»Na, zum Beispiel über St. Georges Island!«
Er zuckte mit den Schultern. »Ach, äh ... wissen Sie, solche Fragen stelle ich nicht.«
»Bitte, stellen Sie sie«, bat ich ihn. »Für mich. Alles klar?«
Als ob der jemals etwas für mich tun würde. Der wird mir doch nie vergeben. *[Daß Hacker Premierminister geworden war – d. H.]*
Ich konnte ihm ansehen, daß er sich innerlich sträubte, das Außenministerium zu fragen, trotzdem sagte er, er würde fragen. Aber er warnte mich. »Vergessen Sie nicht, wenn man sich in die inneren Streitereien fremder Länder einmischt, wird man sich unweigerlich aufs Glatteis begeben.«
Ich kam auf die andere Geschichte, die der amerikanische Botschafter erwähnt hatte, zu sprechen. Ich fragte ihn, ob es stimmt, daß wir heute abend in der UNO gegen Israel stimmen wollen.
»Natürlich«, sagte er mit gelinder Überraschung, daß ich eine solche Frage stellen konnte.
»Warum?«
»Die haben die PLO bombardiert«, sagte er.
»Die PLO hat Israel bombardiert«, sagte ich.
»Ja, aber die Israelis haben mehr Bomben als die PLO geworfen«, sagte er.
»Aber die PLO hat angefangen«, sagte ich.
Darauf wollte er wieder was erwidern, aber ich brachte ihn mit einer Handbewegung zum Schweigen. Das ging mir langsam auf die Nerven. »Ach, was soll's«, sagte ich, »offenbar sind wieder beide Seiten schuld.«
»Nein, nicht nach dem, was man mir sagte«, entgegnete Duncan mit Bestimmtheit.
»Egal, ob die oder die angefangen haben«, sagte ich, weil ich die Nase von diesem Pro-und-Contra-Gerede voll hatte und endlich die unbestreitbaren Fakten auf den Tisch legen wollte, »die Amerikaner setzen mich deswegen ganz schön unter Druck. Ich will, daß wir uns heute abend der Stimme enthalten.«
Jetzt bekam Duncan das große Muffensausen. Er schwitzte Blut und Wasser, aber ihm fiel eine neue Ausrede ein. »Ich glaube

nicht, daß wir das machen können. Das wird das Außenministerium nicht schlucken.«
Mir riß der Geduldsfaden. »Sind die dazu da, unsere Weisungen auszuführen oder sind wir dazu da, ihre auszuführen?«
»Aber wie können Sie denn nur so etwas Dummes denken, ich bitte Sie?« erwiderte Duncan.
Das war offensichtlich eine Frage, die er denen auch nicht stellt. Und sich schon gar nicht.

14. April

Zwei Tage sind seitdem vergangen. Ich habe immer noch keine Antwort von Duncan bekommen. Ich werde langsam sauer. Nach dem Mittagessen ließ ich Humphrey kommen, um mit ihm über Außenpolitik zu sprechen –, darüber hatten wir bis jetzt noch nie gesprochen.
Wir saßen in meinem Arbeitszimmer, in den Sesseln vor dem Kamin, und tranken Kaffee, während wir uns unterhielten. Wir hatten keine Tagesordnung – ich wollte eigentlich nur zwanglos mit ihm plaudern. Aber heute nachmittag sind mir ein paar Lichter aufgegangen.
»Ach, wissen Sie, Humphrey, Außenpolitik ist unheimlich kompliziert, nicht wahr?« begann ich.
»In der Tat, Premierminister.« Er nahm sich mit spitzen Fingern ein verdauungsförderndes Schokoladenkekschen und knabberte vornehm daran rum.
»Darum überlassen wir die Außenpolitik auch dem Außenministerium.«
Ich habe natürlich sofort den Braten gerochen!
»Ach so, ja, richtig ... wissen die eigentlich, was sie tun?« fragte ich nebenher.
Er lächelte selbstbewußt. »Wer sonst sollte es wissen, wenn die es nicht wüßten?«
Das war ja wohl kaum eine Antwort auf meine Frage. Ich sagte Humphrey, ich sei über die Amerikaner beunruhigt. Das schien ihn überhaupt nicht zu beeindrucken.
»Ja, ach, wissen Sie, wir sind alle beunruhigt über die Amerika-

ner«, bemerkte er mit einem müden Lächeln.
In meinungsbildenden Kreisen in London – vor allem in Whitehall – macht sich immer mehr ein Anti-Amerikanismus breit, der mir Kopfschmerzen bereitet. Aber Humphrey kann doch meine Besorgnis nicht einfach so vom Tisch fegen, er weiß doch ganz genau, daß ich die Amis noch ein paar Monate bei Laune halten muß, wenn ich unseren großen Rüstungsauftrag stornieren will.
Natürlich! Ich wußte genau, was er mir vorschlagen würde: »Streichen Sie die ›Trident‹ nicht!« Er hat mir mehr als einmal klar und unmißverständlich erklärt, was er davon hält, und ich habe langsam den Verdacht, er versucht hinter meinem Rücken, mit allen Mitteln meinen Plan zu durchkreuzen. Das könnte auch der Grund dafür sein, daß er mich nur widerwillig bei der Lösung dieses neuen amerikanischen Problems unterstützt.
Ich bin und bleibe trotzdem fest entschlossen, die »Trident« zu streichen, und deshalb muß ich absolut sicher sein, daß wir die Amerikaner nicht noch zusätzlich wegen irgendeiner anderen Geschichte verärgern.
Ich kam sofort zur Sache. »Der amerikanische Botschafter sprach mit mir auch über St. Georges Island«, sagte ich.
Er sah mich überrascht an. »Wirklich?«
»Humphrey ... wissen Sie, was in diesem Teil der Welt vor sich geht?«
»In welchem Teil der Welt?« fragte er frech und starrte mich mit seinen blauen Augen überheblich an. So ein Mist, der hatte gemerkt, daß ich nicht genau wußte, wo die liegt!
Aber ich dachte natürlich auch jetzt nicht daran, das zuzugeben.
»In diesem Teil!« sagte ich verbissen. »In dem Teil, wo St. Georges Island liegt.«
»Und welcher Teil ist das?«
Ich bluffte bis zum Gehtnichtmehr und zog mich geschickt aus der Affäre. »Wenn Sie es nicht wissen, Humphrey, gebe ich Ihnen den Rat, vielleicht mal einen Blick auf die Karte zu werfen.«
»Ich weiß, wo sie liegt, Premierminister.«
»Gut. Dann wissen wir es ja beide«, entgegnete ich. Ich bin nicht ganz sicher, ob er mir das abgenommen hat. Ich sagte ihm, die

Amerikaner würden befürchten, daß auf der Insel marxistische Guerillas die Macht übernehmen werden. Auch das schien ihn überhaupt nicht zu beeindrucken. Ich frage mich, ob er es schon wußte.

»Die meinen, wir sollten da irgend etwas unternehmen«, fuhr ich fort.

Jetzt lachte Humphrey sogar arrogant und schüttelte melancholisch den Kopf.

Ich rief ihn zur Ordnung: »Ich finde das nicht komisch, Humphrey.«

»Aber nein, Premierminister. Das ist höchst bedauerlich. Es geht mir an die Nieren. Wirklich.« Der tut manchmal so überlegen und ist so überheblich, daß ich ihm eines Tages garantiert den Hals umdrehen werde!

»Ich finde das *nicht komisch!*« fauchte ich gereizt.

Sofort verschwand das Lächeln von seiner blasierten Visage. »Das ist es gewiß nicht«, gab er mir nachdrücklich recht.

»St. Georges Island gehört zum Commonwealth. Und es ist eine Demokratie.«

»Ja, Premierminister, aber wenn man sich in die inneren Streitereien anderer Länder einmischt, wird man sich unweigerlich aufs Glatteis begeben.«

Das war der hundertprozentige Beweis, daß er vorher gewußt hatte, worüber ich mit ihm sprechen wollte. Der Außenminister hatte genau dasselbe gesagt, wörtlich! Ich brachte das Thema Israel zu Sprache. Ich wies ihn darauf hin, daß beide Seiten schuld sind, daß die Situation im Nahen Osten eine Tragödie ist, die wir der Geschichte zu verdanken haben, und daß wir, wenn wir das, was da passiert, verurteilen, immer nur beide Seiten verurteilen sollten.

Dem stimmte Humphrey nicht zu, was mich natürlich überhaupt nicht überraschte. »Wichtig ist doch wohl nur«, argumentierte er, »der Fortbestand des guten Einvernehmens mit den Arabern. Die Macht des Islam. Es geht ums Öl.«

Ich versuchte, ihm ein für allemal klarzumachen, worum es *mir* ging. »Humphrey, ich spreche von dem, was richtig und was falsch ist!«

Er war entsetzt. »Das mag ja sein, aber sagen Sie das nie im Außenministerium«, riet er mir, auf einmal leidenschaftlich um meine politische Zukunft besorgt.
Jetzt hielt ich es für angebracht, ihm eine elementare Lektion in Geschichte zu verpassen. Ich erinnerte ihn daran, daß wir in Großbritannien die Bannerträger der Demokratie sind. Wir sorgen dafür, daß die Fackel der Freiheit ihr Licht in den entlegensten Winkel der Welt wirft. Unsere vornehmste Pflicht, nein, unsere Bestimmung ist, Aggressoren und Tyrannen Widerstand zu leisten, wo auch immer sie auftreten mögen und beharrlich dem Wort des Gesetzes und der Unantastbarkeit der Gerechtigkeit Geltung zu verschaffen. Wir sind die Sachwalter der Zivilisation. *[Das war vermutlich der churchillianische Ausbruch, den Sir Humphrey befürchtet hatte – d.H.]*
Humphrey pflichtete mir bei. Das mußte er ja wohl auch! Und schon schlug er mir einen Kompromiß vor: Wenn ich darauf bestehen will, stimmt das Außenministerium einer Stimmenthaltung im Falle Israel vielleicht zu, wenn unser UNO-Vertreter im Plenum den Zionismus scharf angreifen darf.
Auch das hielt ich nicht unbedingt für eine gute Idee. »Nein, benutzen wir die Debatte lieber, um Frieden, Harmonie und Goodwill zu fördern.«
»Das wäre überaus ungewöhnlich«, erwiderte Humphrey mit hochgezogenen Augenbrauen. »Die UNO ist das anerkannte Forum für Verbreitung internationalen Hasses.«
Das hält er anscheinend für richtig. Dabei geht er vermutlich davon aus, daß wir vielleicht alle übereinander herfallen würden, wenn wir nicht die Möglichkeit hätten, in einer kontrollierten Umgebung unseren Haß loszuwerden. Aber da zur Zeit in den verschiedensten Teilen der Welt sechzig oder siebzig Kriege von Mitgliedern der UNO ausgefochten werden, bin ich überzeugt davon, daß es Frieden und Harmonie durchaus zuträglich sein könnte, wenn man für weniger Haß eintritt.
Humphrey war nicht von seinen Ansichten bezüglich Verteidigen der Demokratie und St. Georges Island abzubringen. Er gab ein paar vernichtende, geradezu beleidigende Äußerungen zu, wie er es zynisch nannte, »Hurrapatriotismus und Fackeltragen« von

sich. Er argumentierte hartnäckig und sich ereifernd, das Verteidigen der Demokratie sei nicht vorrangig, wenn es britischen Interessen schadet, indem man die verärgert, die Freunde bleiben sollten.
Ich war entsetzt. Genauso hatten die Leute geredet, die Hitler beschwichtigen wollten. Genau dasselbe Außenministerium, jetzt wird mir langsam einiges klar.
Mir klappte vor Überraschung der Unterkiefer runter, und ich starrte ihn mit offenem Mund und weit aufgerissenen Augen ungläubig an, als er diese Beschwichtigungspolitiker auch noch verteidigte. »Die hatten absolut recht. Alles, was wir nach sechs Jahren Krieg erreicht hatten war, daß Osteuropa nicht mehr von einem faschistischen Diktator, sondern von einem kommunistischen Diktator ersetzt wurde. Und dafür haben viele Millionen Menschen ihr Leben lassen müssen, und halb Europa war zerstört worden. Das kommt davon, wenn man nicht auf den Rat des Außenministeriums hört.«
Ich glaube, das gehört mit zum Schockierendsten, was Humphrey mir jemals zu sagen gewagt hat. Ich meine, er hat möglicherweise recht, aber das geht doch an die Wurzeln dessen, was uns lieb und teuer ist und was wir bewahren müssen.
Ich provozierte ihn. »Humphrey, wollen Sie damit sagen, Großbritannien sollte nicht für Recht und Gesetz kämpfen?«
»Nein, nein, natürlich sollten wir das«, antwortete er mit Nachdruck. »Wir sollten nur darauf achten, daß das unserer Außenpolitik nicht schadet.« Dieser Mensch ist durch und durch amoralisch. »Wir sollten immer für die Schwachen gegen die Starken kämpfen.«
»Ach ja, tatsächlich?« sagte er mit höhnischer Stimme.
»Warum schicken wir dann nicht Truppen nach Afghanistan, die gegen die Russen kämpfen?«
Das war nun wirklich ein ganz übler Schlag unter die Gürtellinie. Ich verzichtete darauf, ihm zu antworten. Jeder weiß doch, daß die Russen *zu* stark sind. Ich war der Ansicht, das würde an der Stichhaltigkeit meiner Argumente grundsätzlich überhaupt nichts ändern, und sagte ihm das auch. »Noch heute«, wies ich ihn an, »geht die Zusicherung an den demokratisch gewählten

Premierminister dieser Insel raus, daß Großbritannien zu ihm steht.«
Humphrey erhob sich. »Vielleicht möchten Sie das gern mit dem Außenminister besprechen.«
»Ich werde ihm sagen, daß er dafür zu sorgen hat, wenn Sie das meinen«, erwiderte ich kühl und bedeutete ihm, daß er gehen sollte. Er hatte sich wieder einmal als nicht gerade hilfreich erwiesen. Ich ließ Bernard kommen und war gezwungen, ihm eine sehr unangenehme Frage zu stellen.
»Wo liegt St. Georges Island?«
Zu meiner großen Erleichterung und noch größeren Überraschung bemerkte ich, daß er es auch nicht wußte.
»Ähm ... wollen wir mal einen Blick auf den Globus werfen?« sagte er. »In Ihrem Privatsekretariat steht einer.«
Wir sausten die große Treppe, vorbei an den Fotos früherer Premierminister, hinunter, stürmten durch den Raum, in dem die tickernden Fernschreiber stehen, und waren im Handumdrehen im Privatsekretariat. Da saßen ein paar Sekretärinnen und Beamte bei der Arbeit. Bis auf Luke war keiner der anderen Persönlichen Referenten da. Luke ist der Persönliche Referent für Außenpolitik. Er ist der arischste Typ, den ich je kennengelernt habe – groß, schlank, blond – eigentlich eine sehr attraktive Erscheinung, wenn er sich nicht so unheimlich souverän und herablassend aufführen würde. So etwas paßt wirklich nicht zu einem Mann, der erst Ende Dreißig ist.
Als ich hereinkam, stand er auf, wie immer mit einem perfekt gebügelten, zweireihigen grauen Flanellanzug bekleidet. Ich wünschte ihm einen guten Tag. Er erwiderte meinen Gruß.
Bernard und ich eilten sofort zum Globus, und Bernard zeigte auf einen kleinen Fleck mitten im Arabischen Meer – das ist der Teil des Indischen Ozeans in der Nähe des Persischen Golfs.
»Der Persische Golf ist die Lebensader des Westens«, sagte Bernard. »Hier, sehen Sie«, fuhr er fort und deutete auf die Landmasse nördlich des Arabischen Meeres, »da liegt Afghanistan, das jetzt von den Sowjets kontrolliert wird. Würden die Sowjets mal in Pakistan einmarschieren ...«
»Was sie nicht tun würden«, unterbrach Luke mit sanfter Stimme.

Ich merkte plötzlich, daß er uns zum Globus gefolgt war, und genau hinter uns stand.
»Aber wenn sie es täten«, erklärte Bernard unbeirrt und hartnäkkig weiter und zeigte auf Pakistan, das an der Küste liegt, südlich von Afghanistan und nördlich des Arabischen Meeres, »dann beherrschen sie den Persischen Golf, das Arabische Meer und den Indischen Ozean. Und die Sowjets wollten schon immer einen, wie sie es nennen, Warmwasserhafen haben.«

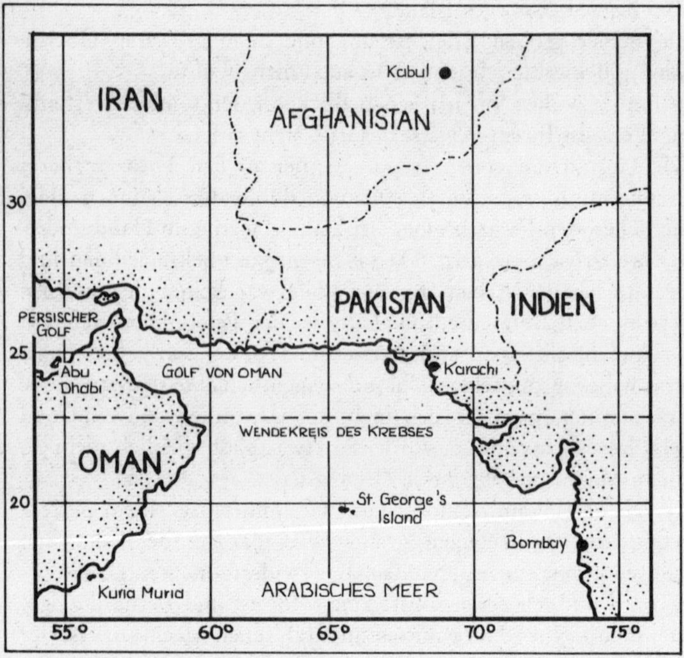

Luke lächelte sein überhebliches Lächeln. »Da besteht keine Gefahr, die marschieren nie in Pakistan ein. Und die Amerikaner haben hier permanent eine Flotte stationiert.« Er deutete auf den Indischen Ozean.
Ich drehte mich zu Luke um und bat ihn, mir mit seinem

politischen Sachverstand zu erklären, warum die Amerikaner denn dann wegen St. Georges in so großer Sorge sind. Halten sie es für eine Bedrohung, daß die Guerillas von Libyen und den Sowjets unterstützt werden?
Luke sagte, wir dürfen nicht vergessen, daß die afrikanischen Frontstaaten – er zeigte auf die ostafrikanische Küste, die ebenfalls an den Indischen Ozean grenzt – zweifellos in höchstem Maße verstimmt wären, wenn wir uns da einmischen würden.
»Mögen die kommunistische Guerillas?« fragte ich.
»Die haben nichts gegen sie«, erklärte Luke mir. »Die meisten Regierungen dieses Staates haben als kommunistische Guerillas angefangen. Man kann damit argumentieren, die Guerillas werden von der Bevölkerung von St. Georges Island unterstützt.«
»Wen meinen Sie mit man?« fragte ich.
»Die Guerillas«, sagte Bernard trocken.
Luke wies mich eindringlich darauf hin, daß uns enge Handelsbeziehungen mit den afrikanischen Frontstaaten verbinden, und wir sie deshalb nicht verärgern sollten. Als ich ihm klarmachte, daß wir auf St. Georges Island für Freiheit und Demokratie kämpfen sollten, kicherte er und sagte hochnäsig, diese Angelegenheit sei sehr viel komplizierter, als ich sie sähe, und das Außenministerium würde die Ansicht vertreten, wir sollten nichts tun. Aber das Außenministerium vertritt immer die Ansicht, wir sollten nichts tun.
Dann besaß er die Frechheit, mir einen Vortrag über friedliche Koexistenz zu halten. Er sagte, die Amerikaner könnten sich als zu aggressiv erweisen – ach, sieh mal einer an, das ist ja wohl nichts Neues. Und er zitierte seinen Ständigen Staatssekretär, der meint, das Gegenteil von friedlicher Koexistenz sei kriegerische Nicht-Existenz. Da schimmert doch schon wieder unüberhörbar die hinlänglich bekannte Beschwichtigungspolitik des AM durch.
Dann sagte Bernard plötzlich zu meiner Überraschung, daß wir uns unbedingt sofort über Personalfragen unterhalten müßten. Ich sagte ihm, das hätte noch Zeit, aber er fing an, Grimassen zu ziehen, mit den Augen zu rollen und stumm die Lippen zu bewegen. Erst dachte ich, daß er neuerdings an nervösen Zuckungen leidet, aber dann bemerkte ich, daß er mit dem Rücken zu

Luke stand und mich gesichtspantomimisch um ein Gespräch unter vier Augen bat.
Wir gingen nach nebenan ins Kabinettszimmer, und Bernard schloß sorgfältig die Tür hinter uns.
»Ich möchte mich nicht illoyal verhalten«, sagte er so gut wie flüsternd, »aber ich hielt es nicht für sinnvoll, unser Gespräch in Gegenwart von Luke fortzusetzen.«
»Äh, Luke? Warum nicht?«
»Sicherheitsrisiko«, flüsterte Bernard.
Das wunderte mich. »Aber er ist Ihr Kollege. Einer meiner Persönlichen Referenten. Was hat sich der M15 dabei gedacht?«
Bernad schüttelte den Kopf und klärte mich sofort hektisch flüsternd auf. »Nein, Premierminister, so meinte ich das nicht, er ist ein Sicherheitsrisiko, weil er für das Außenministerium arbeitet.«
Bernard hatte mir schlagartig die Augen geöffnet! Ich hatte immer gedacht, Luke würde für *mich* arbeiten. Aber wie ich jetzt erfahren mußte, ist er nicht nur mein Mann vom Außenministerium, er ist auch deren Mann in »Nummer 10«. Mit anderen Worten, er ist ein trojanisches Ohr!
Das leuchtete mir ein. Aber die Auswirkungen waren beträchtlich. Und beunruhigend. Das bestätigte endlich meinen Verdacht, den ich schon so lange gehabt hatte. »Bernard«, sagte ich und schlich vorsichtig auf Zehenspitzen, für den Fall daß Luke lauschen würde, Bernard am Ärmel hinter mir herziehend, von der Tür weg, »wollen Sie damit sagen, daß das Außenministerium mir etwas verheimlicht?«
»Ja«, antwortete er ohne zu zögern.
»Was?« fragte ich.
»Das weiß ich nicht«, sagte er hilflos. »Sie verheimlichen's auch vor mir.«
»Wie können Sie es dann wissen?«
Bernard schaute mich verwirrt an. »Ich weiß es nicht.«
Ich blickte langsam nicht mehr durch. »Sie sagten gerade, Sie wüßten es.«
»Nein, ich sagte gerade, ich wüßte es nicht.«
Verdammt nochmal, wovon sprach der eigentlich? Jetzt kochte

ich vor Frustration. »Sie sagten, daß die mir etwas verheimlichen – *wie können Sie das wissen, wenn Sie nichts wissen??«*

Bernard geriet völlig ins Schwimmen. »Ich weiß nicht definitiv, was, Premierminister, aber ich weiß, das Außenministerium verheimlicht immer allen alles. Das ist die übliche Praxis.«

»Aber wie könnte das jemals jemand wissen?« fragte ich.

Bernard dachte einen Moment nach. Dann ließ er mich in vollem Umfang in den Genuß seiner Bildung und seiner Ausbildung kommen. »Darf ich bitte die sich hier stellende Frage detailliert und somit erhellend zusammenfassen? Sie fragen, wer wissen könnte, was es ist, das ich nicht weiß und Sie nicht wissen, wovon das Außenministerium aber weiß, daß es weiß, daß es es Ihnen verheimlicht, so daß Sie es nicht wissen, die es aber sehr wohl wissen; und alles, was wir wissen ist, daß es irgend etwas gibt, was wir nicht wissen, aber wissen möchten, aber nicht wissen, was es ist, weil wir es nicht wissen.« Ich starrte ihn schweigend an. »Darum geht's doch, oder?« fragte er.

Ich atmete ein paarmal tief durch. Ja, entweder ging's jetzt darum, oder darum, ihn an Kragen und Hosenboden zu packen und bis zur Bewußtlosigkeit durchzuschütteln. »Darf *ich* bitte die sich hier stellende Frage erhellend zusammenfassen?« fragte ich. »Wer außer dem Außenministerium kennt politische Geheimnisse?«

»Ah, das ist einfach«, sagte Bernhard. »Nur der Kreml.«

[Bernard Woolley bat in kurzen Briefen sowohl Sir Humphrey Appleby als auch Sir Richard Wharton um ein Gespräch zum Thema St. Georges Island. Sir Bernard Woolley bewahrte Whartons Antwortschreiben bei seinen persönlichen Papieren auf und überließ es uns für diesen Band der Hackerschen Tagebücher – d. H.] Siehe folgende Seite.

[Am nächsten Tag, nach dem Mittagessen, kam es zu einer Begegnung zwischen Bernard Woolley und den beiden gerissensten Mandarinen von Whitehall. Während dieses rückhaltlos offen geführten Gesprächs erfuhr Bernard Woolley zum ersten Mal im Detail, wie das Außenministerium arbeitet. Zur Freude vieler Historiker hat

Foreign and Commonwealth Office

London SW1A 2AH

18. April

Lieber Bernhard,

Ich werde mit Freuden an Ihrem morgigen Gespräch teilnehmen. Dieses Gerede wegen St. Georges nimmt allmählich unerträgliche Formen an. Erlauben Sie mir einige hintergrundinformative Bemerkungen. Ich glaube, den entscheidenden Fehler haben wir vor zwanzig Jahren gemacht, als wir denen die Unabhängigkeit schenkten. Aufgrund des damaligen politischen Klimawechsels war das natürlich unvermeidlich. Aber wir hätten diese Insel teilen sollen, wie wir es mit Indien, Zypern, Palästina und Irland gemacht haben. Das war unsere unverrückbare Praxis, wenn Kolonien unabhängig werden durften, und ich weiß bis heute nicht, warum wir in diesem Fall davon abgewichen sind. Von gewissen Leuten wurde vorgebracht, als Folge der Teilung hätte es immer Bürgerkriege gegeben. Sicher, das war der Fall in Indien, in Zypern, in Palästina und in Irland. Für Großbritannien war das durchaus von Vorteil. Dadurch waren die immer beschäftigt und

kämpften nicht gegen uns, sondern haben sich gegenseitig bekämpft. Das hieß, es war nicht länger nötig, ihnen gegenüber eine bestimmte Politik zu verfolgen.
Wie immer dem auch sei, es bringt nichts zu jammern, wenn das Kind in den Brunnen gefallen ist. Daran läßt sich wohl kaum noch etwas ändern.
Bis morgen nachmittag um Drei

Dick

Sir Humphrey Appleby zu diesem Gespräch ausführliche Aufzeichnungen gemacht, die bei seinen privaten Papieren aufbewahrt wurden. Der Durchschnittsleser kann sich somit – sicher zum ersten Mal in seinem Leben – ein Bild davon machen, wie das Außenministerium seit Anfang der dreißiger Jahre des Zwanzigsten Jahrhunderts im Falle weltbewegender Ereignisse vorging – d. H.]

Ich nahm an dem Gespräch um das BW gebeten hatte teil, nachdem ich vorher mit Dick Wharton unter vier Augen

Ich nahm an dem Gespräch, um das BW gebeten hatte, teil, nachdem ich mich vorher mit Dick Wharton unter vier Augen ins Benehmen gesetzt hatte. Wir gelangten zu der Ansicht, daß BW schließlich und endlich in die Arbeitsmethoden des Außenministeriums eingeweiht werden müßte.
BW begann das Gespräch, bei dem es theoretisch um St. Georges Island ging, mit einer subjektiven Darstellung der ihn belastenden Probleme: Vor allem bedrückte es ihn, daß der PM völlig im dunkeln tappt. Dick sagte, das sei doch sehr gut, und wir ermutigten BW, dies nicht als Problem, sondern grundsätzlich als sich bietende günstige Gelegenheit zu sehen.
BW fand nur sehr schwer Zugang zu dieser Konzeption. Er fragte, ob es vielleicht noch etwas anderes gäbe, was der PM nicht wüßte – eine durch und durch groteske Frage. Hin und wieder muß ich mich doch sehr über Bernard wundern. Dann fragte er, ob es irgend etwas Wichtiges bezüglich St. Georges Island gäbe, was der PM nicht weiß. Dick wies ihn, richtigerweise, darauf hin, der Premier möge den ordnungsgemäßen Weg beschreiten und den Außenminister bitten, ihn über alles, was er wissen möchte, zu informieren. Dann muß das AM nur noch sicherstellen, daß der Außenminister auch nicht alles weiß.
Wir kamen BW's Problem auf die Spur. Er war tatsächlich der Ansicht, der Premier sollte alles wissen, was passiert.
Oberstes Gebot, wenn man sicher und erfolgreich Außenpolitik betreiben will ist, konsequent der Gefahr zu begegnen, daß Politiker sich in diplomatische Belange einmischen. In der Diplomatie geht es darum, bis zum nächsten Jahrhundert zu überleben – in der Politik geht es darum, bis zum nächsten Freitagnachmittag zu überleben.
Es gibt 157 unabhängige Staaten auf der Welt. Das AM hat sich seit Jahrzehnten mit ihnen auseinandergesetzt. Aber es gibt wohl kaum einen Abgeordneten, der auch nur das geringste über jeden einzelnen dieser Staaten weiß. Wenn man Abgeordneten eine Weltkarte vorlegt, werden viele von ihnen Schwierigkeiten haben, die Isle of Wight zu finden.
Bernard war willens und bereit zu behaupten, Abgeordnete könnten unmöglich so ungebildet sein. Dick spielte mit ihm ein kleines Quizspielchen:

1. Wo liegt Obervolta?
2. Wie heißt die Hauptstadt des Tschad?
3. Welches ist die Staatssprache von Mali?
4. Wie heißt der Präsident von Peru?
5. Welche Staatsreligion hat Kamerun?

[Da wir wohl mit Recht davon ausgehen können, daß die überwiegende Mehrheit der Leser nicht dem erlauchten Kreis von Persönlichen Referenten, Abgeordneten, Ministern und Premierministern zuzurechnen ist, haben wir auf den Abdruck der Antworten zu den o. a. Fragen verzichtet – d. H.]

Kandidat Bernard erreichte null Punkte. Dick riet ihm, sich um einen Abgeordnetensitz zu bewerben.
BW's Problem resultiert aus einem zu intensiven Studium der Verfassungsgeschichte – zumindest daraus, daß er sich das Erlernte zu sehr zu Herzen genommen hat. Er trat dafür ein, nicht gerade fähig, sich klar auszudrücken, möchte ich mal sagen, daß »wenn man in einer Demokratie lebt, sollten da die Leute nicht, irgendwie, ein bißchen über alles reden?«
Wir stimmten darin überein, daß allumfassende Gespräche mit dem PM grundsätzlich unbedingt erforderlich sind. Deshalb, führte BW aus, sollte der PM alle Fakten kennen. Das war der Trugschluß!
BW muß sich endlich ein für allemal die folgende Beweisführung zu eigen machen:

I) Fakten komplizieren Sachverhalte.
II) Die Leute wollen keine Fakten kennen.
III) Die Presse, die Bürger und ihre gewählten Repräsentanten wollen nur wissen, »wer sind die Guten?« Und »wer sind die Bösen«?
IV) Leider beinhaltet das Wahrnehmen der Interessen Großbritanniens normalerweise, daß man mit Leuten zu tun hat, die die Öffentlichkeit für die Bösen hält.
V) Und manchmal ergibt sich aus dem Wahrnehmen der britischen Interessen, daß wir den Guten nicht helfen können.
VI) Deshalb dürfen entscheidende Gespräche nur innerhalb des Außenministeriums geführt werden. Dann entwirft das AM für den

Außenminister eine Politik, welche die wohlüberlegte Ansicht des AM's repräsentiert, für die er sich entscheiden und nach der er sich richten kann. QED[74].

BW äußerte die Besorgnis, das AM würde nur zu einer einzigen wohlüberlegten Ansicht gelangen, ließe keine Entscheidungsfreiheit und böte keine Alternativen.
Dies stellt in der Praxis kein Problem dar. Wenn das AM unter Druck gesetzt wird, bearbeitet es die Angelegenheit noch einmal, und vertritt dann genau dieselbe wohlüberlegte Ansicht. Wenn der Außenminister auf Alternativen besteht, zwingt das Außenministerium ihm die gewünschte Entscheidung auf, indem es ihm drei Möglichkeiten vorlegt, wovon zwei, genau betrachtet, identisch sind. Die dritte wird natürlich absolut unannehmbare Vorschläge enthalten, wie »Bombardieren Sie Warschau« oder »Besetzen Sie Frankreich«.
Noch besser ist es, wenn man den Außenminister gelegentlich ermuntert, seine eigene Politik zu entwickeln. Dann macht das Außenministerium ihm klar, daß die zum dritten Weltkrieg führen wird; wenn man Pech hat, schon in achtundvierzig Stunden.
BW hatte offensichtlich verstanden, worum es ging, wollte aber – durchaus verständlich und überaus korrekt, da er ja im Moment nur Persönlicher Referent ist – das Gespräch aus der Sicht der Politiker fortsetzen. Er merkte an, Minister haben, wenn sie Politik machen, dabei doch vor allem immer im Auge, wie man sie im Inland bewertet. Das sei das einzige, was sie wirklich interessiert. Und das System des Außenministeriums scheint das nicht zu berücksichtigen, sagte er abschließend.
Er hatte absolut recht. Das AM sieht in der Tat alles aus globaler Sicht. Das Außenministerium fragt: »Was ist das Beste für die Welt?« wohingegen die meisten Minister sich wohl eher fragen: »was wird im Leitartikel der *Daily Mail* stehen?« Es würde wohl kaum dem Stil des AM entsprechen, so etwas in Erwägung zu ziehen: Außenpolitik kann doch nicht von halbstarken Fleet-Street-Redakteuren, dummen Hinterbänklern und Kabinettsmitgliedern gemacht werden. Aufgabe des AM ist es, Entscheidungen zu treffen und danach andere das Politische lösen zu lassen.
Bernard machte sich auch Gedanken darüber, was passiert, wenn der

Außenminister, nachdem ihm alle denkbaren Möglichkeiten vorgelegt worden waren, die Sicht des Außenministeriums immer noch nicht akzeptieren will. Ich wies ihn darauf hin, daß wir in einem freien Land leben, und der Außenminister jederzeit zurücktreten kann.
Dann nahm unser Gespräch eine unerwartete Wendung. Dicks Sekretärin brachte ihm ein Blitztelegramm. Er las es und sagte dann, der Ostjemen würde sich auf eine Besetzung von St. Georges Island vorbereiten, um die Marxisten zu unterstützen.
BW hielt das für eine schlechte Nachricht. Es ist, natürlich, eine einigermaßen schlechte Nachricht für die Regierung von St. Georges –, aber es ist eine überaus erfreuliche Nachricht für die Guerillas.
BW wollte wissen, wie kam er ausgerechnet auf diese Frage, ob es eine gute Nachricht für die Bevölkerung sei. Ich fürchte, er ist schon zu lange Persönlicher Referent – er fängt allmählich an, wie ein Politiker zu reagieren.
Dick deutete an, und ich stimme ihm zu, daß wir nichts tun könnten, um den Insulanern zu helfen. Wenn sie uns um Hilfe bitten, werden wir ihnen jede nur denkbare Unterstützung zukommen lassen. Bis auf Hilfe. Wenn der Premierminister darauf besteht, daß wir ihnen helfen, werden wir die traditionelle Vier-Phasen-Strategie anwenden, die Standardreaktion des Außenministeriums in einer Krise:
Phase Eins
Wir sagen, es wird nichts passieren.
Phase Zwei
Wir sagen, es passiert vielleicht etwas, aber wir sollten nicht vorpreschen.
Phase Drei
Wir sagen, man müßte vielleicht etwas unternehmen, aber wir können leider nichts machen.
Phase Vier
Wir sagen, man hätte vielleicht etwas machen können, aber jetzt ist es zu spät.

[Und nun wieder zu Hackers Tagebuch – d.H.]

19. April

Heute überschlugen sich dramatische Ereignisse. Ich glaube, ich habe einen Volltreffer gelandet.
Die ganze Geschichte kam ins Rollen, als mir dieser unerträgliche junge Mensch, Luke, heute nachmittag den alten grünen Aktenkoffer mit den Informationen des Außenministeriums ins Kabinettszimmer brachte.
Bernard war aus irgendeinem Grund nicht da. Er hatte mir die Nachricht hinterlassen, er sei zu einem wichtigen Gespräch mit Sir Humphrey verabredet.
Ich fischte das erste Papierchen aus dem Koffer: da stand was von Truppenbewegungen im Ostjemen. Ich schaute Luke fragend an. Er sagte, das sei nicht signifikant.
»Aber«, sagte ich zu Luke, »in der vorigen Woche hat der amerikanische Botschafter etwas über Ostjemen gesagt.«
»Tatsächlich?« sagte Luke mit seinem üblichen widerlichen, herablassenden Lächeln. »Es überrascht mich, daß er davon weiß.«
Ich fragte Luke, warum es Truppenbewegungen im Ostjemen gibt. Er sagte, er würde annehmen, daß die sich nur auf einen ihrer häufigen Überfälle auf Westjemen vorbereiten.
»Dann besteht also kein Grund zur Besorgnis?«
»Nein, keinesfalls, Premierminister«, versicherte er mir.
Ich lehnte mich zurück und dachte nach. Dann sagte ich zu Luke: »Der amerikanische Botschafter hat mir auch irgend etwas von St. Georges Island gesagt.«
»Tatsächlich?« sagte Luke zum zweitenmal. »Ein gebildeter Mann; für einen Amerikaner.«
»Gibt's da 'n Problem?«
»Nein, Premierminister, nur die üblichen internen Kabbeleien.«
Luke verschwieg mir irgendwas. Ich wußte nicht was. In einer solchen Situation ist der Trick natürlich nicht die richtige Antwort, sondern die richtige Frage zu finden. Ich wußte nicht, welche Frage ich ihm stellen sollte, mit der ich ihn dazu zwingen konnte, mir zu sagen, was das AM vor mir geheimhielt.

»Der amerikanische Botschafter schien offenbar beunruhigt, daß die Kommunisten da die Macht übernehmen könnten«, sagte ich beiläufig.
»Die Amerikaner sind stets beunruhigt«, meinte er lächelnd.
Ich hatte anscheinend ins Schwarze getroffen. Also nahm ich das nächste Papierchen aus dem Koffer –, und ich traute meinen Augen nicht! Offenbar hatten wir gestern abend in der UN gegen Israel gestimmt. »Haben Sie das gelesen?«
Luke schwieg.
»Luke«, sagte ich, »ich habe darauf bestanden, daß wir uns der Stimme enthalten sollen.«
»Nein, ich glaube nicht, Premierminister«, sagte er mit seinem üblichen Lächeln. Wie konnte er es wagen?
»Natürlich habe ich darauf bestanden«, wiederholte ich bestimmt. »Ich habe dem Außenminister unmißverständlich gesagt, mir liegt viel daran, daß wir nicht Partei ergreifen.«
»Ja, da haben Sie absolut recht«, stimmte Luke mir zu. »Der Außenminister hat zur Kenntnis genommen, daß Ihnen viel daran liegt.«
Jetzt platzte mir vor Wut der Kragen, und ich sprang auf. »Warum hat er sich nicht danach gerichtet?« schrie ich.
»Mit Verlaub und bei allem Respekt, Premierminister«, sagte Luke offenkundig ohne jeden Respekt, »das hat er. Er hat unseren UN-Botschafter gefragt, ob wir eine Stimmenthaltung erwägen sollten.«
»Und was tat der Botschafter?« fragte ich.
»Er sagte nein«, erwiderte Luke.
Ich war entsetzt. Anscheinend meint das Außenministerium, es kann die Wünsche des Premierministers einfach ignorieren.
Luke bestritt, daß das der Fall gewesen sei. Er sagte, das Außenministerium würde meine Wünsche immer bei der Entscheidungsfindung berücksichtigen. Aber manchmal müßte man sich leider ad hoc entscheiden. »Es gab das gestern unvermittelt im Bereich unseres guten Einvernehmens mit den Arabern wichtige Faktoren, die Sie nicht gekannt haben, als Sie sich Ihre Meinung bildeten. Es war aber nun mal leider nicht möglich, Sie rechtzeitig zu erreichen.«

Absolut lächerlich! »Ich besitze ein Telefon, wissen Sie!« sagte ich.
»Es schien uns nicht so wichtig, Sie deshalb nachts um drei zu wecken.«
»Es war überaus wichtig«, brüllte ich diesen hochnäsigen Snob an. »Das Weiße Haus wird durchdrehen!«
Luke sah mich an, als ob ihn das alles überhaupt nicht interessieren würde. »Wissen Sie, ich nehme an, ich könnte dafür sorgen, daß man Sie immer vor einer Abstimmung anruft, aber das wäre dann jede Nacht zwei- oder dreimal.«
Er wollte einfach nicht auf den springenden Punkt eingehen. Zu vielen UN-Abstimmungen äußere ich mich überhaupt nicht, und das weiß der ganz genau. Aber wenn ich etwas sage, dann kann ich doch wohl erwarten, daß man sich danach richtet.
Aber es hatte ja keinen Sinn mehr, sich jetzt noch über diese Panne zu streiten. Ich mußte an die Zukunft denken. »Wie kann ich das wieder rückgängig machen?« fragte ich ihn.
»Gar nicht, Premierminister«, erwiderte er kategorisch. »Das wäre überaus peinlich. Wenn die Regierung erst mal einen politischen Schritt unternommen hat, kann sie den nicht mehr zurücknehmen.«
Vielleicht hat er recht. Aber das sollte für die eigentlich noch ein Grund mehr sein, sich nicht auf eine Politik festzulegen, die der PM nicht gebilligt hat!
Dann hatte ich eine Idee – eine phantastische Idee. Eine, davon bin ich jetzt überzeugt, die den Verlauf der Geschichte verändern wird. Als mir das einfiel, war mir noch nicht klar, welche Folgen es haben würde.
»Luke«, sagte ich, »ich will mit dem israelischen Botschafter reden.«
Er schüttelte den Kopf. »Das glaube ich nicht, Premierminister.«
Ich traute meinen Ohren nicht. Was glaubt dieser Luke eigentlich, wer er ist?
»Ich will mit dem israelischen Botschafter reden«, wiederholte ich.
»Verzeihen Sie, bitte, Premierminister«, säuselte Luke unnachgiebig, »das wäre überaus unklug.«

Ich zeigte mit einem Zeigefinger auf meine Lippen. »Luke«, sagte ich, »hören und verstehen Sie, was ich sage? Schauen Sie mir auf die Lippen. ICH-WILL-MIT-DEM-ISRAELISCHEN-BOTSCHAFTER ...«

Jetzt hatte er kapiert. Ihm war endlich klargeworden, daß ich meinte, was ich sagte.

Wer hat eigentlich das Gerücht verbreitet, daß diese Außenministeriumstypen alle unheimlich intelligent sind? Die sind für teures Geld ausgebildet worden, das ist aber auch alles ... ja!

Luke sagte, wenn das mein ausdrücklicher Wunsch wäre, würde man dem natürlich Rechnung tragen! Ich kam mir vor wie ein kleiner Junge, der von Papi verwöhnt wird. »Ich werde mit dem Außenminister und mit Sir Richard Kontakt aufnehmen und dann den israelischen Botschafter anrufen.«

»Es geht mir weder um den Außenminister noch um Sir Richard«, sagte ich und genoß es unheimlich, dieses arrogante Ei in die Pfanne zu hauen. »Es geht mir ausschließlich um den israelischen Botschafter.«

Jetzt wurde er ein bißchen nervös. »Premierminister«, sagte er zickig, »ich muß Sie darauf hinweisen, daß es höchst unpassend wäre, wenn der Außenminister bei dem von Ihnen beabsichtigten Gespräch mit dem Botschafter nicht anwesend sein würde.«

»Warum?« fragte ich. »Was meinen Sie denn, worüber ich mit dem israelischen Botschafter sprechen möchte?«

Er witterte eine Falle und dachte einen Moment nach. »Tja, wissen Sie, vermutlich über die UN-Abstimmung.«

»Aber, ich bitte Sie, Luke!« ermahnte ich ihn in unmißverständlichem Ton und log, daß sich die Balken bogen. »Das wäre aber nun wirklich höchst unpassend.«

Er zappelte in der Falle. »Oh«, sagte er kaum hörbar.

Jetzt konnte ich ihm endlich mal herablassend lächelnd eine Lektion zum Thema Anstand, Sitte und Moral in der Politik verpassen. Hat das einen Spaß gemacht! »Nein, Luke, meine Tochter Lucy möchte die nächsten Semesterferien in einem Kibbuz verbringen. Aber, um genau zu sein, da sie an der University of Sussex studiert, sollte ich wohl eher sagen in einem *anderen* Kibbuz.«

»Ich verstehe«, sagte Luke verbissen.
»Wissen Sie, der israelische Botschafter und ich haben zusammen an der LSE studiert. Annie und ich dachten, wir laden ihn auf einen Drink in unsere Wohnung ein. Er kann uns sicher einen Rat geben, in welchem Kibbuz Lucy am besten aufgehoben wäre.
»Oh«, sagte Luke wieder.
Ich sah ihn kalt lächelnd an. Ich zeigte ihm nur die Zähne, wirklich!
»Wenn ich Sie recht verstehe, ist dagegen wohl nichts einzuwenden ... oder?«
»Ähm ... nein«, sagte er wieder.
Ich streute Salz in die offene Wunde. »Brauchen wir den Außenminister oder Sir Richard, um zu entscheiden, wo Lucy ihre Ferien verbringen soll?«
»Ähm ... nein«, wiederholte er, absolut am Boden zerstört.
»Heute abend um halb sieben wär's Annie und mir recht. Rufen Sie ihn an, Luke«, sagte ich und entließ ihn mit einer eleganten, königlichen Handbewegung.
Runde eins hatte ich schon mal gewonnen. Und ich hoffte, David Bilu, mein israelischer Freund, würde mir einen Tip geben können, wie ich die im Außenministerium dazu bringen kann, in ihrem Verhalten gegenüber Israel eine Kehrtwendung zu vollziehen.
Das hat leider nicht geklappt. Aber er brachte mich auf etwas anderes, was viel wichtiger ist.
David kam pünktlich um halb sieben, und wir gingen nach oben ins Wohnzimmer. Er nahm meine Entschuldigungen wegen der UN-Abstimmung mit Gelassenheit entgegen. Er sagte, die Israelis seien daran gewöhnt, denn so etwas würde ja andauernd passieren.
Ich versicherte ihm, daß ich meinen Leuten gesagt hatte, wir sollten uns der Stimme enthalten. Er glaubte mir. Er nickte, seine großen braunen, traurigen Augen waren voller Resignation. »Jeder weiß doch«, machte er mir liebenswürdig klar, »daß im britischen Außenministerium aus einer Weisung vom Premierminister manchmal eine Bitte vom Außenminister wird, dann eine Empfehlung vom Ministerialdirigenten, und am Ende ist sie nur

noch ein Vorschlag an den Botschafter. Wenn es überhaupt dazu kommt.«

Ich wunderte mich, daß er ein absolut perfektes Englisch sprach. Dann fiel mir ein, daß er ja eigentlich Engländer ist und nach Palästina emigriert war, kurz bevor aus Palästina Israel wurde.[75]

Dankbar, daß er meine Entschuldigung so überaus taktvoll angenommen hatte, stand ich auf, um ihm noch einen Scotch einzugießen. Ich war im Begriff, ihn um Rat zu bitten, wie ich das Problem, das er gerade so brillant formuliert analysiert hatte, lösen konnte, als er die nächste Bombe platzen ließ.

»Sag mal, Jim, was wirst du wegen St. Georges Island unternehmen?«

Ich drehte mich langsam zu ihm um und schaute ihn verblüfft an. »Was, du weißt davon?«

»Ja, offenbar«, sagte er achselzuckend.

Ich ging mit den Whiskygläsern zum Couchtisch zurück und setzte mich wieder in meinen Sessel. »Das ist doch kein ernstes Problem, oder?«

Er sah mich erstaunt an. Seine buschigen Augenbrauen legten reflexartig die halbe Strecke bis zu seinem lockigen, graumelierten Haaransatz zurück. »Ach, nein? Dann müssen deine Informationen bestimmt besser sein als meine.«

»Wie kann das möglich sein?« fragte ich. »Ich habe meine vom Außenministerium.«

Er nahm einen Schluck Scotch. »Also, der isrealische Geheimdienst sagt, der Ostjemen wird innerhalb der nächsten Tage St. Georges Island besetzen.«

Aha, das ist also der Zusammenhang! Und das hatte mir keiner gesagt!

David Bilu sagte mir, mein Außenministerium hätte mit Ostjemen vereinbart, daß wir auf höchster diplomatischer Ebene protestieren, aber nichts unternehmen. Als Gegenleistung werden die Jemeniten uns den Flugplatz und die Hafenanlagen bauen lassen, nachdem sie die Macht übernommen haben.

Aber das ist noch längst nicht alles. Offensichtlich hat David vom israelischen Botschafter in Washington erfahren, daß die Amerikaner an Unterstützung für die gegenwärtige Regierung

von St. Georges denken.
»In der UNO?« fragte ich.
»Nein. Auf der Insel, im Kampf! Die haben vor, eine Luftlandedivision zusammen mit der 7. Flotte dahin zu schicken«, erwiderte David.
Wenn die Amerikaner ein Commonwealthland besetzen, um Freiheit und Demokratie zu verteidigen, wäre das eine nicht wieder gutzumachende Demütigung Großbritanniens!
Die Queen würde an die Decke gehen!« »Warum haben die Amis mir nichts gesagt?« fragte ich David. Ich dachte nicht, daß er das wissen würde. Aber er wußte es.
»Die trauen dir nicht«, antwortete er mitfühlend.
Das war mir unheimlich peinlich. »Warum nicht?«
»Weil du deinem Außenministerium traust.«
Das leuchtete mir ein. Dann kann ich's den Amis eigentlich nicht übelnehmen. David machte mir einen phantastischen Vorschlag.
»Jim, du hast doch in Deutschland ein Luftlandebataillon in Bereitschaft, das im Moment nicht für die NATO-Übungen gebraucht wird.«
»Woher weißt du das?« sagte ich.
»Ich weiß es«, sagte er. Er schien absolut davon überzeugt zu sein. »Wenn du das nach St. Georges Island schicken würdest, würde das den Ostjemen abschrecken. Dann wagen die nicht, die Insel zu besetzen. Aber es steht dem israelischen Botschafter selbstverständlich nicht zu, dem britischen Premierminister Ratschläge zu erteilen.«
Ich bemerkte die vielen Lachfalten neben seinen humorvoll strahlenden Augen. Ich grinste zurück. »Und er würde ja sowieso nicht auf dich hören«, sagte ich, während ich zum Telefon spurtete, um zu veranlassen, was er mir geraten hatte.
Ich sagte der Telefonistin, sie solle mich mit dem Außenminister und mit dem Verteidigungsminister verbinden, in dieser Reihenfolge. Während ich wartete, bis man die gefunden hatte, dachte ich darüber nach, warum das Außenministerium sich nicht abgesichert hatte. Das machen die doch immer. Und ich hatte alle meine roten Aktenkoffer heute abend schon durchgearbeitet ... bis auf einen! Ich wühlte sofort darin herum und fand ganz unten

eine ziemlich dicke Akte, auf der stand »Nördlicher Indischer Ozean, Lagebericht«. Ja, das war's vermutlich. Ich zählte die Seiten: 128. Jetzt war mir klar, daß da drin irgendwo die Zeitbombe tickt! Das muß ich bis morgen früh unbedingt mit einem ganz kleinen Hämmerchen sorgfältig Wort für Wort abklopfen.
Das Telefon klingelte. Duncan war an der Strippe. Ich wies ihn an, dafür zu sorgen, daß der Präsident von St. Georges Island eine Einladung für ein Luftlandebataillon zu einem Goodwill-Besuch ausspricht. Eine freundschaftliche Geste.
Er hatte keine Bedenken. Natürlich nicht – der kapiert doch sowieso nie, was vor sich geht. Er meinte, achthundert vollbewaffnete Fallschirmjäger seien ein bißchen viel für einen Goodwill-Besuch. Ich sagte ihm, das sei nur ein bißchen viel Goodwill!
Ich hatte kaum aufgelegt, da rief Paul[76] an. Es ist schon verblüffend, wie schnell die uns alle aufspüren können, wenn es mal ernst wird. Ich sprühte vor Einfällen und war nicht mehr zu bremsen. Ich sagte ihm, wir hätten doch in Deutschland ein Luftlandebataillon in Bereitschaft, das da nicht mehr gebraucht wird, und daß die sofort nach St. Georges Island fliegen sollten. Das war diesem Tölpel irgendwie unangenehm. Er wollte wissen, woher ich wußte, daß wir ein Luftlandebataillon in Bereitschaft haben. Eine unverschämte Frechheit! Ich sagte ihm, ich wüßte es und damit basta!
Er wollte wissen, wo St. Georges liegt. Wie kann ein Verteidigungsminister nur so ungebildet sein! Ich sagte ihm, irgendwo zwischen Afrika und Indien, und er möge vielleicht mal bei Gelegenheit einen Blick auf eine Karte werfen. Der müßte doch nun wirklich wissen, wo die Insel liegt.
Er wollte mir auch nicht abnehmen, daß das lediglich ein Goodwill-Besuch zum »Nur-mal-Flagge-Zeigen« sei. Ich versicherte ihm, daß wir eingeladen worden sind und wies ihn an, dafür zu sorgen, daß die in sechs Stunden abfliegen. Ich machte ihm noch mal klar, daß es ein dringender Goodwill-Besuch sei.
Abschließend sagte ich ihm, er soll der Presse erzählen, es sei ein Routinebesuch. Er ergänzte meinen Vorschlag und meinte, Routine-Überraschungsbesuch würde besser klingen, dagegen hatte ich nichts einzuwenden. Er fragte mich, wie er das der

Presse gegenüber begründen sollte, und ich riet ihm zu sagen, wir seien schon vor langer Zeit eingeladen worden, aber die NATO-Übungen waren leider dazwischengekommen – und da das Luftlandebataillon in Deutschland nicht gebraucht wird, fliegen die jetzt nach St. Georges Island.
Er wollte immer noch Ausflüchte machen; jetzt kam er mit dem absolut lächerlichen Argument, das sei ja alles nicht wahr. Ich wies ihn darauf hin, es wüßte ja niemand, daß es nicht wahr ist und daß man Presseerklärungen nicht unter Eid abgibt. Ich legte auf, nachdem ich ihm unmißverständlich gesagt hatte, es sei auch für ihn besser, wenn die spätestens um Mitternacht in der Luft sind.
Es ist ein Uhr nachts, und ich diktiere die Aufzeichnungen für mein Tagebuch. Das Luftlandebataillon ist vor Mitternacht gestartet – ich hab' mich vergewissert. Ich bin wahnsinnig aufgeregt, ich fühl' mich unheimlich stark, überhaupt nicht müde, quicklebendig – richtig napoleonisch, ehrlich.
Ich habe mich bei David Bilu für seine Hilfe bedankt. Er war beeindruckt, daß ich sofort gehandelt hatte. »Du wirst nicht nur die Jemeniten einschüchtern, du wirst auch dein Außenministerium in Angst und Schrecken versetzen«, sagte er, bevor er diskret durch eine Nebentür in die Nacht hinausging.
Er hat recht. Und ich freue mich schon darauf. Das Außenministerium ist eine Brutstätte für Angsthasen mit kalten Füßen.

20. April

Heute habe ich meinem Sieg die Krone aufgesetzt. Ich hab' nicht gut geschlafen, ich war zu aufgeregt. Deshalb saß ich auch schon lange an meinem Arbeitsplatz im Kabinettszimmer, als Humphrey auftauchte.
Er muß noch heute nacht vom Außenministerium erfahren haben, was vor sich ging, denn er kam sofort nach Dienstbeginn zu mir. »Ich hörte«, sagte er verbiestert mit bösartigkeitschwangerer Stimme, »daß ein Luftlandebataillon in der Luft sei.«
»Na, da gehört's ja, glaube ich, auch hin«, sagte ich grinsend.
Er starrte mich mit seinen kalten blauen Augen an. »Ich hörte,

es sei nach St. Georges Island unterwegs«, sagte er.
»Ja, die müßten eigentlich in knapp zwei Stunden landen«, bestätigte ich.
Mein gewinnendes Lächeln und meine offenherzige Art besänftigten ihn merkwürdigerweise nicht. »Genau«, sagte er tückisch. »Geschieht das nicht ziemlich übereilt?«
Ich nickte vergnügt. »Ja, ich hatte da plötzlich so einen freundschaftlichen Impuls, Humphrey«, sagte ich, »und dachte, ich verbreite 'n bißchen Goodwill.«
»Goodwill ist im Außenministerium heute nicht zu bemerken«, knurrte er.
»Ach, ist das wahr?« sagte ich und spielte den Unschuldigen. »Warum denn nicht?«
»Weil es als Provokation interpretierbar ist, ein vollbewaffnetes Luftlandebataillon in ein Problemgebiet zu schicken. Eine explosive Situation.«
Mit dem Wörtchen »explosiv« hatte er mir eine wundervolle Vorlage gegeben, und die nutzte ich natürlich sofort. »Aber Humphrey, warum denn explosiv? Sie haben mir doch gesagt, da gibt es keine Probleme.«
Er versuchte verzweifelt, sich aus seiner ausweglosen Situation, in die er sich selbst hineinmanövriert hatte, zu befreien. »Ja. Nein. Da gibt es keine Probleme. Ganz und gar nicht, nein. Aber es ist *potentiell*... explosiv.«
»Warum?«
»Ähm ... Truppen zu bewegen, ist immer potentiell explosiv.«
»Aber, aber, ich bitte Sie, Humphrey.« Ich ließ meiner Freude freien Lauf und strahlte ihn an. »Auf jedem Übungsplatz werden Truppen bewegt, ist das etwa ›potentiell explosiv‹?«
Bernard schaltete sich ein und versuchte, Humphreys Gesicht zu wahren. Glaube ich.
»Auf unseren Truppenübungsplätzen liegen viele scharfe Granaten und, äh, Minen, äh, und äh, Verzeihung ...«
Ich dankte Bernard für seinen Beitrag zu unserem Gespräch und forderte Humphrey höflich auf, mir präzise formuliert zu erklären, weswegen das Außenministerium beunruhigt sei. Ich war gespannt, was er von sich geben würde.

»Das ist ein sehr neuralgischer Punkt der Welt, sehr instabil«, begann er.
»Aber die haben mir doch gesagt, wie stabil er ist.«
Er saß schon wieder in der Klemme. »O ja, richtig. Ja, ja, allerdings.« Er kniff die Augen zusammen.
»Aber es ist eine sehr instabile Art Stabilität.«
In diesem Augenblick kam Luke mit dem grünen Aktenkoffer vom Außenministerium herein. Er hatte die Lippen so sehr zusammengepreßt, daß sie kaum noch zu sehen waren. Mit frostigen Blicken und verlogener Höflichkeit legte er den Koffer vor mir auf den Tisch. Ich öffnete ihn. »Oh, meine Güte, ganz schön was drin«, sagte ich und tat so, als würde mich das überraschen. Ich forderte Luke mit einem Blick auf, mir dazu etwas zu sagen.
»Ja, der, äh, etwas unkonventionelle Besuch auf St. Georges Island hat offenbar für Verwirrung gesorgt«, sagte er mit dünnem Stimmchen. *[»Etwas unkonventionell« war im Außenministerium der Code für »verantwortungslos und idiotisch« – d.H.]*
Auf dem ersten Telegramm, das ich mir aus dem Koffer fischte, stand die schönste Nachricht: Ostjemen war dabei, seine Truppen zurückzuziehen. »Die wollen also doch nicht in Westjemen einmarschieren?« sagte ich zu Luke, der die Lippen noch mehr zusammenpreßte und verbissen nickte. Ich wußte, daß er das wußte; und er wußte, daß ich wußte, daß er wußte, daß ich es wußte.
Dem nächsten Telegramm konnte ich entnehmen, daß das Weiße Haus über unseren Goodwill-Besuch sehr erfreut war. Ich zeigte es Humphrey.
»Und hier, sehen Sie mal«, ich zeigte auf den entscheidenden Satz, »da steht, sie halten eine Luftlandedivision in Bereitschaft, falls wir Verstärkung brauchen.«
»Verstärkung, in welchem Bereich?« fragte er provozierend.
Ich blieb absolut ruhig und lächelte. »Verstärkung im Bereich von Goodwill, Humphrey«, sagte ich charmant.
Humphrey konnte seine Wut nicht länger unterdrücken. »Premierminister«, fauchte er los, »darf man bitte nachfragen, woher der Impuls für diese kleine Eskapade kam?«

»Ja, aber natürlich darf man, Humphrey«, erwiderte ich. »Der kam von Luke.«
Humphrey wußte nicht, ob er mir glauben konnte oder nicht. Er drehte sich zu Luke um, der inzwischen aschfahl geworden war.
»Von *mir*?« stieß er von Entsetzen gepackt keuchend hervor.
Ich griff mir die einhundertachtundzwanzigseitige Akte »Nördlicher Indischer Ozean: Lagebericht« und wedelte ihm damit triumphierend vor der Nase herum. »Sie haben doch diesen meisterhaften Bericht zur Lage im Nordindischen Ozean zusammengestellt, nicht wahr?«
Luke geriet in Panik. Er schluckte. »Ja, aber er sprach sich dafür aus, daß wir nichts unternehmen müssen.«
Ich schenkte ihm ein verschwörerisches Lächeln, sagte ihm, er könne so etwas mit mir nicht machen und mich reinlegen, weil ich gelernt habe, zwischen den Zeilen zu lesen. Ich sagte ihm, aus dem einen kleinen Absatz auf Seite 107 (den er, wie ich weiß, nur reingeschrieben hat, um sich abzusichern, auf die denkbar dümmste und auffälligste Art und Weise) sei ganz klar hervorgegangen, daß St. Georges dringend unsere Hilfe brauchte. »Das hat genügt. Ich habe diesen Wink sofort verstanden«, sagte ich. »Danke. Jedenfalls gebührt Ihnen allein die Anerkennung dafür, und deshalb habe ich den Außenminister gebeten, Sir Richard zu sagen, daß Ihr Hinweis ausschlaggebend für unser militärisches Unternehmen war.«
Das war das einzige, was wahr war –, ich hatte den Außenminister gebeten, im Außenministerium zu verbreiten, daß der Vorschlag von Luke gekommen war.
Luke war verzweifelt und wußte vor Angst nicht, wie er sich verteidigen sollte, so daß er nicht mal darauf kam, den israelischen Botschafter, den wahren Tipgeber, dafür verantwortlich zu machen. »Nein, nein, mein Hinweis war nicht ausschlaggebend«, schrie er. »Nein, Sie haben dem Außenminister nichts gesagt!«
»Und ich werde bestimmt kein Geheimnis verraten, wenn ich sage, daß Sie dafür belohnt werden«, sagte ich gönnerhaft-gutmütig wie ein lieber Onkel. »Sie kommen als Botschafter in eine sehr bedeutende Botschaft. Und zwar sofort!«

Abdruck mit Genehmigung des GAURDIAN.

[Vom für seine druckfehlerteuflischen Eskapaden berühmten GUARDIAN übernommene Schreibweise vom GUARDIAN – d. H.]

»In welche Botschaft?« flüsterte Luke, das Schlimmste befürchtend.
»Nach Tel Aviv«, sagte ich vergnügt.
»Um Gottes willen«, krächzte Luke, ein gebrochener Mann.
»Nein! Bitte! Sie können mich doch nicht nach Israel schicken. Bitte denken Sie an meine Karriere!«
»Seien Sie nicht albern, Luke«, antwortete ich und wußte nur zu gut, daß das sein Untergang sein würde. »Es ist eine Ehre. Eine Beförderung.«
Luke ließ nichts unversucht, um seinen Kopf aus der Schlinge zu ziehen. »Und was ist mit den Israelis? Sie werden die verärgern, wenn Sie mich nach Tel Aviv schicken. Die mögen mich nicht, die wissen, ich bin auf der Seite der Araber!«

Ich schwieg. Ich ließ die Stille ihre eigene beredte Sprache sprechen. Er hatte sich selbst überführt und verurteilt. Wir starrten Luke an, ich hörte das Ticken der großen Standuhr. »Ich wollte damit nicht ...« sagte er flüsternd mit ersterbender Stimme und schwieg.

Bernard und Humphrey wandten die Augen von ihm ab. Es war ihnen peinlich, das Ende der Karriere eines ihrer Kollegen miterleben zu müssen.

Ich antwortete ihm. »Ich dachte, Sie sind auf unserer Seite«, sagte ich ruhig.

Luke schwieg weiter.

»Wissen Sie, wir brauchen unbedingt«, sagte ich lebhaft, mit fröhlichem Lächeln, »jemanden wie Sie in Tel Aviv, der den Israelis mal erklärt, warum wir in der UNO immer gegen sie stimmen. Nicht wahr, Humphrey?«

Humphrey sah mich, zur mir aufschauend, an. Er wußte genau, wenn ein Spiel verloren war.

»Ja, Premierminister«, sagte er demütig.

7 Blauer Dunst

[Ungefähr dreieinhalb Monate nachdem Hacker Premierminister geworden war, sah er sich unvermittelt seiner ersten Kabinettskrise gegenüber, und daß er sie unbeschadet überwand, ist sicher darauf zurückzuführen, daß die Whitehallsche Spitzenbeamtenschaft seinen sich beständig entwickelnden politischen Fähigkeit Tribut zollen mußte. Während dieser Krise hatte er sich gleichzeitig mit einer ganzen Reihe akuter Probleme auseinanderzusetzen. Er bemühte sich kämpfend, seinen »Großen Plan« zu retten; er mußte auf der Basis bedrohlicher undichter Stellen agieren; einer seiner Junior-Minister[77] *drohte mit Rücktritt, ein zweiter dachte laut über eine Rücktrittsdrohung nach, und er benutzte die mächtige Tabak-Lobby als Waffe in einem Kampf, in dem er das Schatzamt austricksen und Steuersenkungen durchsetzen wollte, um so schnell wie möglich Pluspunkte beim Wähler zu sammeln.*

Die auslösenden Momente dieser Krise kann man den Aufzeichnungen zu einem Gespräch entnehmen, das Anfang Mai zwischen Sir Humphrey Appleby, dem Kabinettsstaatssekretär, und Sir Frank Gordon, dem Ständigen Staatssekretär im Schatzamt, stattfand. Sir Humphreys Tagebuch enthält keinen Hinweis auf dieses Gespräch, aber Sir Franks Aufzeichnungen wurden kürzlich in den Archiven des Civil Service in Walthamstow entdeckt – d. H.]

Mit Appleby im Reform Club zu Mittag gegessen. Appleby gab sich besorgt, weil unser neuer Premierminister entweder Steuern senken oder öffentliche Ausgaben kürzen will.

Dagegen sollte man Widerstand leisten. Politiker sind wie Kinder – man darf ihnen nicht einfach geben, was sie wollen, das ermutigt sie nur dazu, noch mehr zu verlangen.

Im Wissen darum hätte Appleby auf gar keinen Fall zulassen dürfen, daß sich die Absichten des Premiers zu einem *formellen Vorschlag*

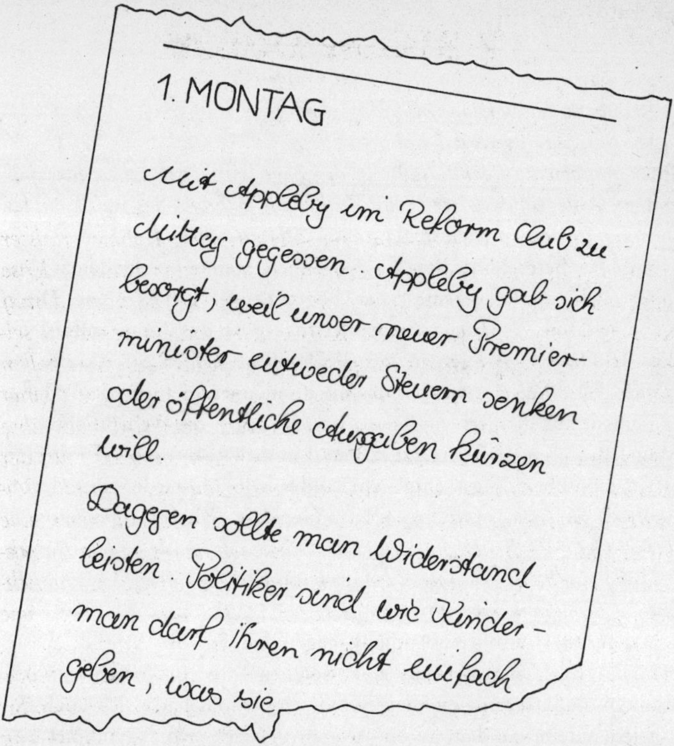

verdichten. Es hätte nicht einmal zu *informellen Gesprächen* kommen dürfen.

[Sir Frank Gordon kann nicht ernsthaft besorgt gewesen sein. Es gibt neun weitere Vorbereitungsphasen, nach den Phasen »informelle Gespräche« und »formelle Vorschläge«.

Im folgenden alle elf Phasen des Präliminarverfahrens:

1. *Informelle Gespräche*
2. *Formelle Vorschläge*
3. *Vorbereitende Untersuchungen*
4. *Diskussionspapier*
5. *eingehende Untersuchungen*
6. *überarbeiteter Vorschlag*

7. Verfahrensweise
8. Strategie
9. Durchführungsplan in Umlauf bringen
10. überarbeiteter Durchführungsplan
11. Billigung durch das Kabinett

Jeder kompetente Beamte sollte in der Lage sein, dafür zu sorgen, daß eine nicht begrüßenswerte Politik frühestens während des Wahlkampfes für die nächste Parlamentswahl Phase »Elf« erreicht – d. H.]

Humphrey betrachtete diese Angelegenheit, meiner bescheidenen Meinung nach, mit unangemessener, übertriebener Gelassenheit. Diese Steuersenkung verdanken wir dem Hirngespinst des Premierministers, die »Trident« zu streichen und die konventionellen Streitkräfte zu stärken. Die Militärs werden das nie hinnehmen, denn in dem Maße, in dem sie für die »Trident« sind, sind sie gegen die Wehrpflicht.

Meine Beamten sind entsetzt. Überall im Schatzamt schlägt mir eine Woge panischer Angst entgegen. Anderthalb Milliarden Pfund von unserem Geld zu verschenken, ist undenkbar. *[Hacker argumentierte, das sei Geld des Steuerzahlers und das Schatzamt würde es dem Bürger, im Falle von Steuersenkungen lediglich nicht wegnehmen. Diese Ansicht hat das Schatzamt nie vertreten – d. H.]*

Ich deutete Humphrey Appleby gegenüber an, Sir Arnold[78] hätte niemals zugelassen, daß aus einer solchen Idee ein Vorschlag wird. Appleby äußerte, mit einigem Recht, Sir Arnold hätte sich auch nie mit jemandem wie dem gegenwärtigen Insassen[79] von »Nummer 10« auseinandersetzen müssen.

Da Humphrey Appleby erst seit relativ kurzer Zeit Kabinettsstaatssekretär ist, sah ich mich veranlaßt, ihm die folgenden Punkte klar und deutlich vor Augen zu führen:

1) Das reibungslose Funktionieren des Civil-Service-Apparats hängt von der Voraussetzung ab, daß er den PM im Griff hat und daß ich den Schatzkanzler im Griff habe.
2) Um dieser Voraussetzung kontinuierlich Geltung zu verschaffen, muß ein entsprechendes Mißtrauensverhältnis zwischen den beiden gegeben sein.
3) Feindschaft wäre wünschenswert.
4) Steuersenkungen vereinen sie. Damit gewinnen Politiker Stimmen.
5) Selbst *vorgeschlagene* Steuersenkungen vereinen PM und Schatz-

kanzler, denn sie versprechen Stimmenzuwachs.
Appleby gab sich zuversichtlich. Man könnte fast sagen selbstsicher. Er ist davon überzeugt, PM und Schatzkanzler sind durchaus in der Lage, auch ohne unsere Hilfe eine tiefverwurzelte Feindschaft zu entwickeln. Eric[80], meint er, wird Jim nie verzeihen, daß er in »Nummer 10« eingezogen ist, und Jim wird Eric nie wieder trauen können – schließlich traut man nie jemandem, den man hinterlistig reingelegt hat.
Ich habe aber trotzdem sichergestellt, daß Eric gegen jede Art von Steuersenkungen sein wird. Ich habe ihn auf die übliche Tour geködert – sagte ihm, wir brauchen das Geld für Krankenhäuser, Schulen und die alten Mitbürger. *[Mit diesem Argument – im Schatzamt »Künstliche-Niere-Gambit« genannt – wurde die Partie eröffnet. Damit hatte man so gut wie immer Erfolg. Der nächste Zug war, dem Amtsinhaber einzureden, er würde als der »menschenfreundliche Schatzkanzler« in die Geschichte eingehen. Damit hatte man immer Erfolg – d. H.]*
Appleby war nach wie vor der Ansicht, ich würde mir wegen einer Steuererhöhung von lediglich anderthalb Milliarden Pfund zu viel Gedanken machen. Es stimmt, das ist im Grunde nicht viel Geld. Aber ich sah mich genötigt anzudeuten, einige unserer Spitzenbeamten würden sich besorgt fragen, ob er (Appleby) ihn wirklich im Griff hat. Immerhin war es Hacker schon kurze Zeit nach seiner Amtsübernahme gelungen, aus einer Idee einen formellen Vorschlag zu machen. Ist Appleby wirklich befähigt, Arnolds Tradition aufrechtzuerhalten – die eiserne Faust im eisernen Handschuh? Es wäre zweifelsohne ein schwarzer Tag für Großbritannien, wenn die Politiker anfangen würden, das Land zu regieren.

[Sir Franks Andeutungen, Ängste und versteckte Drohungen scheinen Sir Humphrey Appleby nicht über Gebühr beeindruckt zu haben. Er bringt seinen ungeschminkten Kommentar in seinem Tagebuch zu Papier.]

Frank war beunruhigt wegen der von Hacker vorgeschlagenen Steuersenkungen. Ich weiß, das sollte man durchaus ernst nehmen, aber *ich* als Staatssekretär im Schatzamt wäre eher beunruhigt wegen der britischen Wirtschaft und der niedrigen Produktivität. Doch da kann Frank natürlich nicht viel machen. Das liegt am britischen Arbeiter; der ist

im Grunde faul und möchte alles umsonst. Die Zahlen für Krankmeldungen steigen immer mehr, und kein Mensch verrichtet ein ordentliches Tagewerk.
Heute am Nachmittag war ich zum Kricket. Als ich in der Loge Platz nahm, lag England gegen Australien aussichtslos zurück. Angesichts der Pfundkrise und der Form unserer Kricketnationalmannschaft fragt man sich manchmal, ob England überhaupt noch eine Zukunft hat.
Es war trotzdem ein überaus erfreulicher Nachmittag. Sonniges, warmes Frühlingswetter, kalter Champagner und das typische klatschende Geräusch, wenn das Schlagholz die Lederkugel traf – gelegentlich traf, wenn die Aussis nicht am Schlag waren.
Ich war natürlich in Regierungsgeschäften dort, als Gast von Gerald Baron, dem Vorstandsvorsitzenden der Britisch Tobacco Group. Die BTG dient meiner Meinung nach in bewundernswertem Maße dem Wohl der Nation. Ich nutzte die Gelegenheit und bat Gerald um mehr Unterstützung für den Garden.[81] Gerald zeigte sich in erfreulichster Weise aufgeschlossen, wies mich aber trotzdem darauf hin, daß der Sportminister möglicherweise auch kommen würde und wahrscheinlich vorhatte, ihn wegen Wimbledon, Brands Hatch, Wembley oder so etwas ähnlichem in die Mangel zu nehmen. Ich weiß wirklich nicht, wo wir alle ohne die BTG wären. Mir fiel auf, daß Dr. Peter Thorn, der Fachminister für Gesundheit, wieder einmal durch Abwesenheit glänzte. Offenbar wird er von der ›Anti-Tabak-Lobby‹ beeinflußt. Gerald fragte mich, ob Dr. Thorn sehr viel Einfluß in Whitehall hätte. Ich konnte ihn diesbezüglich beruhigen. Dr. Thorn ist nur Minister und hat nicht den geringsten Einfluß.
[Appleby Papiere WHS/41/DE]

[Und nun wieder zu Hackers Tagebuch – d.H.]

3. Mai

Humphrey und ich sprachen über eine Studie zu meinem Vorhaben, die »Trident« zu streichen und die Wehrpflicht wieder einzuführen. Sie war sehr umfassend, sehr umfangreich, sehr ausführlich und absolut nicht lesenswert. Ich zeigte sie ihm. Er war beglückt. »Oh, ja, wie schön, ich glaube, zu diesem Themenkreis

können wir gar nicht genug Papiere erarbeiten«, säuselte er blasiert. »Wir müssen alle nur greifbaren Daten vielschichtig verarbeiten. Wir können doch keine öffentliche Erklärung dazu abgeben, bevor wir nicht alle nur denkbaren direkten oder indirekten Aus- und Nebenwirkungen sorgfältigst er- und abgewägt und immer wieder prüfend in kritischen Augenschein genommen haben.« Die hinlänglich bekannte Verzögerungstaktik.
»Mein ›Großer Plan‹ wird realisiert, Humphrey«, sagte ich energisch.
»Oh, ja, Premierminister.« Mit »Ja« meinte er Nein. »Natürlich wird er das, das steht außer Frage, wenn es soweit ist, nach reiflichem Abwägen, zum richtigen Zeitpunkt.«
»Nein, Humphrey«, erwiderte ich scharf. »In diesem Jahrhundert noch. Von diesem Parlament, in dieser Legislaturperiode.«
Er schüttelte traurig den Kopf. »In dieser Legislaturperiode? Ich bin nicht sicher, ob das die ersehnten Früchte tragen würde. Die Zeit ist möglicherweise nicht reif. Das könnte sich als Bananenschale herausstellen.«
Vielleicht traut er sich nur, alles mies zu machen, weil er erfahren hat, daß ich mit Eric wegen seiner merkwürdigen Halstarrigkeit aneinander geraten bin. In dem Papier steht, wenn wir die »Trident« streichen und die Wehrpflicht wieder einführen, können wir auf anderthalb Milliarden Pfund Steuereinnahmen verzichten. Und ausgerechnet der Schatzkanzler wirft mir Knüppel zwischen die Beine. Wie kann der denn nur eine so wundervolle Chance, um sich beim Wähler beliebt zu machen, torpedieren?
Humphrey meinte, die einzig mögliche Erklärung dafür sei, daß Eric vom Schatzamt beraten wird und die das Geld, das sie haben, lieber behalten.
Normale Menschen, wie unsereiner, die nicht zu diesen Schatzamtstypen gehören, werden das wohl kaum je begreifen können.
Ich wies Humphrey darauf hin, daß das Geld nicht dem Schatzamt, sondern dem Steuerzahler gehört.
»Ja, das ist *eine* Sichtweise«, räumte Humphrey ein. »Aber es ist nicht die Sichtweise, die das Schatzamt vertritt. Jedenfalls nicht, wenn die das Geld in den Fingern haben.«
»Aber wenn sie das Geld nicht brauchen, dann ...« begann ich.

Völlig verwirrt unterbrach er mich und starrte mich verdutzt an. »Verzeihung?« fragte er.
»Aber wenn sie das Geld nicht...« wiederholte ich und wurde wieder mitten im Satz unterbrochen.
»Premierminister«, sagte Humphrey überlegen lächelnd, »hier geht es doch nicht darum, wieviel Geld gebraucht wird. Das Schatzamt stellt nicht fest, was gebraucht wird und stellt dann Überlegungen an, wie man das benötigte Geld aufbringen kann. Das Schatzamt nimmt erst mal alles, was es kriegen kann und überlegt sich dann, wofür man es ausgeben kann. Wenn die Regierung anfangen würde, Geld zurückzugeben, nur weil es nicht gebraucht wird, würden wir mit jahrhundertealten Traditionen brechen. Was würde dann zum Beispiel mit unserer Navy passieren?«
Mir war nicht klar, welchen Sinn diese Frage hatte. »Die würde es immer noch geben. Wir brauchen die Navy.«
Humphrey erklärte mir, daß wir, da wir nur vier Großkampfschiffe haben, eigentlich auch nur vier Admiräle und einen Großadmiral *brauchen*. Wir haben aber insgesamt sechzig Admiräle. Und obwohl es sehr verlockend sein könnte, sechsundfünfzig davon in der Versenkung verschwinden zu lassen, hätte das zur Folge, daß man die gesamte Navy, durch alle Dienstgrade hindurch, von oben bis unten dementsprechend abspecken müßte, was wiederum zur Folge hätte, daß von der stolzen britischen Kriegsmarine so gut wie nichts mehr übrigbleiben würde.
Ich hatte den Eindruck, das war ein Ablenkungsmanöver. Der weitere Verlauf meines Gespräches mit Humphrey drehte sich im Sande verlaufend im Kreise. *[!!! – d.H.]* Zusammengefaßt, kamen wir zu folgendem Ergebnis: Das Schatzamt ist das mächtigste Ministerium, weil es seine gierigen Finger auf unserem Geld hat. Wenn man dem Schatzamt ein bißchen Geld wegnimmt, nimmt man ihm ein bißchen Macht. Deshalb leistet es Widerstand. Die einzige Möglichkeit, das Schatzamt dazu zu bringen, Steuersenkungen zuzustimmen ist, den Schatzkanzler dazu zu bringen, zuzustimmen. Aber der Schatzkanzler wird erst zustimmen, wenn das Schatzamt zugestimmt hat. Also, wie kann man das Schatzamt dazu bringen, zuzustimmen? Nur in-

dem man den Schatzkanzler dazu bringt, zuzustimmen. Und wie kann man den Schatzkanzler dazu bringen, zuzustimmen? Nur indem man das Schatzamt dazu bringt, zuzustimmen.
Humphrey schlug vor, ich soll versuchen, den Schatzkanzler dazu zu bringen, mich aktiv zu unterstützen. Er ist mein Kabinettskollege. Aber genau das ist ja, kurz gesagt, der Haken an der Sache – ich brauche Unterstützung von jemandem, der auf *meiner* Seite ist.
Das Ergebnis dieses Gesprächs war gleich Null. Wir waren voll im absoluten Nirvana gestrandet. Ich werde lange und gründlich darüber nachdenken müssen.

10. Mai

Heute ging mir das Licht auf, wie ich meine Steuersenkungen durchkriegen kann. Und die Hilfe, die ich dazu brauche, werde ich aus einer höchst ungewöhnlichen Quelle schöpfen: der Gesundheitsminister hat sich zufällig als sprudelnde Quellnymphe erwiesen. Er ist nicht nur eine ungewöhnliche Hilfsquelle, er weiß nicht mal, daß er mir helfen wird. Und daß er mir hilft, werde ich ihm bestimmt nicht auf die Nase binden!
Aber der Reihe nach. Dr. Thorn kam zu einem Gespräch zu mir. Er hatte mir offenbar ein Papier über Zigaretten und Macht und Einfluß der Tabak-Lobby in diesem Land geschickt. Aus Zeitmangel war ich leider nicht dazu gekommen, es zu lesen. Er wollte wissen, was ich davon halte, also bat ich ihn, es nochmal mit seinen eigenen Worten zusammenzufassen.
»Das waren meine eigenen Worte«, sagte er ein wenig irritiert.
Bernard glänzte wieder einmal als wahnsinnig raffinierter rettender Engel. »Ja, gewiß, Dr. Thorn, das ist dem Premierminister nicht entgangen, aber er findet, daß ein knapper Verbalabriß das Schwergewicht verdeutlicht und die wesentlichen Punkte präzisiert.«
»Äh, ja genau, die wesentlichen Punkte«, echote ich, um Dr. Thorn zum Sprechen zu bringen.
Er erklärte mir verbal knapp abgerissen, worum es ihm ging; ich war sprachlos. Er schlug vor, das Kabinett sollte aktiv werden,

damit das Rauchen ausgemerzt wird. Er hatte einen Fünf-Punkte-Plan:

1. Keine Annahme von Sponsorengeldern.
2. Absolutes Tabakwarenwerbeverbot, vor allem an den Verkaufsstellen.
3. Die Regierung bewilligt fünfzig Millionen Pfund für eine Antirauch-Kampagne.
4. Verbot des Rauchens überall im öffentlichen Leben.
5. Progressive, abschreckende Steuererhöhungen über fünf Jahre, bis ein Päckchen Zigaretten ungefähr dasselbe kostet wie eine Flasche Whisky.

Ein ganz schön drastischer Plan. Er behauptet, dadurch reduziert man das Rauchen um achtzig Prozent. Wenn es gut läuft sogar um neunzig Prozent. Er ist der Meinung, daß die Tabakfirmen dann vom Markt sind.

Ich wußte nicht, was ich sagen sollte, auf einen so radikalen Vorschlag kann man ja auch gar nicht spontan reagieren. Es wäre natürlich nützlich gewesen, wenn ich vor unserem Gespräch sein Papier gelesen hätte, aber man kann sich ja nicht um alles kümmern! Er nahm das alles sehr ernst, und ich mußte ihn bei Laune halten. Also sagte ich ihm, daß ich das selbstverständlich so sehe wie er, im Grundsätzlichen, und daß das Rauchen unterbunden werden muß. Da gäbe es ja wohl keinen Zweifel. Dann sagte ich ihm, wir würden es mit aller Konsequenz unterbinden, wenn es soweit ist, wenn der Moment gekommen ist, nach sorgfältigstem Abwägen. Aus den Augenwinkeln konnte ich sehen, wie Bernard im Hintergrund zustimmend nickte. Die Verzögerungstaktiken, die der Civil Service drauf hat, beherrsche ich inzwischen auch ganz gut.

Dr. Thorn hatte aber offensichtlich auch schon intensive Erfahrungen mit dem Civil Service gemacht. »Sie meinen, wir sollten es vergessen!?«

Ich versicherte ihm hoch und heilig, daß ich das nicht gemeint hatte. Und das hatte ich ja auch wirklich nicht! Na ja, nicht unbedingt! Aber wir müssen doch realistisch bleiben. »Schließ-

lich«, sagte ich, »sind wir doch beide nicht von gestern.«
»Nein.« Er sah mich einen Moment schweigend an. »Und wir sind auch gestern nicht gestorben.«
»Was? Was wollen Sie damit sagen?« fragte ich.
»Dreihundert unserer Mitbürger sind gestern eines viel zu frühen Todes gestorben, als Opfer des Tabaks. Es gibt jährlich mindestens einhunderttausend Todesfälle.«
Ich versuchte, Peter begreiflich zu machen, wie unrealistisch er die Sache sieht. Würde ich seinen Vorschlag dem Kabinett vorlegen, würden das Schatzamt und der Schatzkanzler garantiert sagen, daß das Rauchen pro Jahr vier Milliarden Pfund Staatseinnahmen bringt, die wir unbedingt brauchen.
Peter behauptete, er sähe das keinesfalls unrealistisch. »Ich weiß, mit wirtschaftlichen Argumenten kommt man gegen das Schatzamt nicht an. Aber das ist ein moralisches Argument.«
Und dann hatte ich meine brillante Idee! Ich sah eine Möglichkeit, das Schatzamt kleinzukriegen. Mit Dr. Peter Thorns Hilfe, aber ohne sein Wissen. Und nicht mit seinem Anti-Tabak-Plan; den benutze ich nur als Druckmittel, um die Steuersenkungen, die ich haben will, durchzukriegen.
Ich taktierte sehr vorsichtig. Ich habe Thorn nicht klipp und klar gesagt, ich würde ihn unterstützen. Aber ich sagte ihm, er hätte gute Arbeit geleistet, mich überzeugt, und wir könnten es ja mal versuchen. Ich sagte ihm, ich würde sogar sein Papier lesen. »Noch einmal lesen«, fügte ich gerade noch rechtzeitig hinzu.
Er versuchte mich festzunageln und fragte, ob das hieße, ich würde ihn unterstützen. Ich machte ihm klar, daß ich ihn nicht *öffentlich* unterstützen konnte – noch nicht. »Wenn ich Sie vom ersten Moment an unterstütze, würde das meine Position und damit Ihre Argumente untergraben. Ich sollte besser der unparteiische Richter sein, der durch die Kraft der Argumente umgestimmt wird.«
»Ja, das verstehe ich«, sagte er.
Er ist ein bißchen leichtgläubig. Daran sollte ich immer denken, das könnte gefährlich sein. Oder auch nützlich.
»Aber ganz im Vertrauen«, sagte ich abschließend, »ich will, daß da sofort was passiert. Sie sollten sofort aktiv werden. Es wäre

schön, wenn Sie ein paar Reden hielten.«
Bernard starrte mich beunruhigt an, aber Dr. Thorns Miene erhellte sich. Er strahlte vor Freude und bedankte sich überschwenglich für meine Hilfe. Ich dankte ihm für sein Zigarettenpapier. *[Dr. Thorn ging vermutlich davon aus, daß Hacker sein Papier über Zigaretten gemeint hatte – d. H.]*
Als Peter Thorn gegangen war, fragte Bernard mich, ob ich das ernst gemeint hatte. Er erklärte mir, es sei bisher üblich gewesen, Minister nicht unbedingt zu Reden zum Thema Rauchen zu ermutigen und ihre Reden weder zu drucken noch zu verbreiten, wenn sie trotzdem welche hielten. Ich fragte Bernard, ob es dafür jemals eine schriftliche Anweisung gegeben hätte. Er sagte, meine Frage sei unfair, und es gäbe diesbezüglich nur eine Vereinbarung auf Treu und Glauben.
Ich wies Bernard an, sich persönlich darum zu kümmern, daß Peter Thorns Anti-Tabak-Reden gedruckt und verbreitet werden und dafür zu sorgen, daß jeder sie bekommt. Es ist unheimlich wichtig, daß das Schatzamt so schnell wie möglich davon erfährt.
Bernard konnte natürlich nicht ahnen, was ich vorhabe und fragte mich, ob ich der Meinung sei, diese Schlacht gewinnen zu können. Ich lächelte vergnügt. »Mal gewinnt man, Bernard, mal verliert man. Diesmal werde ich auf jeden Fall verlieren.«
Jetzt blickte er überhaupt nicht mehr durch. »Das verstehe ich nicht. Wenn Sie, äh, warum, äh …?«
Ich wollte ihm und mir jedes weitere seiner Worte ersparen und unterbrach ihn. »Bernard, *wenn* ich verliere, werden die mir dafür irgend etwas anderes als Gegenleistung geben müssen. Wenn Sie das Schatzamt wären, würden Sie lieber auf anderthalb Milliarden Pfund durch Steuersenkung oder auf vier Milliarden Pfund Tabaksteuer verzichten?«
Er lächelte. »Auf die Tabaksteuer nicht.«
Ich nickte. »Ja, richtig! Genau das will ich, und das werde ich auch schaffen.«
Er schaute mich mit seinen großen treuen Hundeaugen voller Bewunderung und Hochachtung an. »Sie wollen also dem Schatzamt mit Zigaretten blauen Dunst vormachen?«
»Ja, genau«, sagte ich.

11. Mai

Heute vormittag kam Humphrey zu einem Gespräch zu mir. Er war hochgradig verkrampft und wahnsinnig nervös. Bernard hat ganz offensichtlich hervorragende Arbeit geleistet und dafür gesorgt, daß jetzt jeder in Whitehall über Dr. Thorns Anti-Tabak-Politik informiert ist.

»Premierminister«, begann er, »ich wollte nur wissen, ob Sie eine interessante Unterredung mit Dr. Thorn hatten?«

»Ja. Er möchte, daß wir das Rauchen abschaffen.«

Sir Humphrey lachte spöttisch. »Und wie, in Gottes Namen, will er das durchsetzen? Vielleicht mit einer Massenhypnose-Kampagne?«

Ich blieb ruhig. Ich lehnte mich locker in meinem Stuhl zurück und lächelte ihn selbstsicher an. »Nein. Mit einer Erhöhung der Tabaksteuern in schwindelnde Höhe und mit dem Verbot jeglicher Werbung, selbst an Verkaufsstellen.«

Humphrey lachte leise glucksend vor sich hin, sagte aber nichts.

»Finden Sie nicht«, fragte ich, »daß Peters Haltung bewundernswert moralisch ist?«

Er reagierte so blasiert und herablassend, wie nur er es fertigbringt. »Moralisch, möglicherweise, ja, aber auch überaus töricht. Niemand mit gesundem Menschenverstand würde sich ernsthaft damit befassen.«

»Ich werde mich damit befassen«, sagte ich.

»Ja, *natürlich*, Premierminister«, erwiderte er, ohne auch nur eine Sekunde zu zögern, und sein überhebliches Lächeln verschwand sofort von seinem Gesicht. »Sie dürfen mich bitte nicht falsch verstehen, es ist vollkommen richtig, daß Sie sich mit sämtlichen Vorschlägen Ihrer Mitarbeiter befassen, aber kein normaler Mensch käme jemals auf den Gedanken, das zu *unterstützen*.«

»Ich, Humphrey, unterstütze Peters Vorschlag«, sagte ich.

»Ja, da haben Sie vollkommen recht, Premierminister, wenn ich das sagen darf.« Der tänzelt mit einer phantastischen Beinarbeit so schnell durch den Ring, daß man für jeden Verständnis haben muß, dem nicht sofort auffällt, daß er mit jeder verbalen Geraden, die er schlägt, seine Meinung total ändert.

Ich gab ihm die Chance, sich auf meine Seite zu schlagen. »Das heißt also, Sie werden Peters Plan unterstützen?« fragte ich.
»Unterstützen?« Er sah mich entrüstet an und überschlug sich vor Begeisterung. »Ich unterstütze ihn aus ganzem Herzen! Eine hervorragende, ungewöhnliche, neuartige, phantasievolle, gutgemeinte, dem Gemeinwohl dienende Idee.«
Das hatte ich mir gedacht. Er war absolut dagegen! »Das Problem ist nur«, fuhr er fort, »daß es schlagkräftige Argumente gegen eine solche Politik gibt.«
»Und schlagkräftige Argumente dafür«, erwiderte ich.
»Oh, ja, *selbstverständlich*! Aber *dagegen*«, säuselte er rechthaberisch, »sind jene, die darauf hinweisen werden, daß die Tabaksteuer für die Regierung mit zu den Haupteinnahmequellen gehört.«
»Aber, es gibt auch jene, die darauf hinweisen werden, daß Tabak ein Hauptverursacher von tödlichen Krankheiten ist.«[82]
Humphrey nickte mit aufrichtigem Ernst. »Ja. In der Tat. Schrecklich. Wenn es stimmt. Aber es ist natürlich noch kein eindeutiger Kausalzusammenhang bewiesen, oder?«
»Die Statistiken sind unbestreitbar«, sagte ich.
Das schien ihn zu amüsieren. »Statistiken? Mit Statistiken kann man alles beweisen.«
»Sogar die Wahrheit«, lächelte ich trocken.
»Äh, ja – aaa«, gab er widerwillig zu. »Aber vier Milliarden Pfund Steuereinnahmen jährlich sind ein ansehnlicher Betrag. Würden die sagen«, fügte er schnell hinzu, aus Angst, daß ich denken könnte, er würde Partei ergreifen. Mit »die« hatte er natürlich seine Kumpane im Schatzamt gemeint.
Ich sagte, es käme ja schon beinahe einer entsetzlichen Seuche gleich, daß wir jährlich mindestens einhunderttausend unnötige Todesfälle zu verzeichnen haben. Er meinte zustimmend, das sei bestürzend. Ich versuchte, ihm den Todesstoß zu versetzen. »Die Behandlung der Opfer kostet den NHS[83] ein Vermögen. Das Schatzamt würde uns dankbar sein, wenn wir gegen das Rauchen vorgehen.«
Das war ein taktischer Fehler. Sir Humphrey ging sofort mit geradezu erschütternder Selbstsicherheit in die Offensive. »Nein,

ich glaube, das sehen Sie falsch, Premierminister.«
Mir war nicht klar, wie man da irgend etwas falsch sehen konnte. »Krankheiten, die mit dem Rauchen zusammenhängen«, sagte ich souverän, denn ich hatte inzwischen Dr. Thorns Papier über Zigaretten gelesen, kosten das Gesundheitswesen 165 Millionen Pfund jährlich.«
Aber Sir Humphrey war vom Schatzamt und deren Freunden in der Tabak-Lobby sehr gut auf dieses Gespräch vorbereitet worden. »Ja, aber dem sind wir nachgegangen«, erwiderte er. »Es kam zutage, wenn diese zusätzlichen 100000 Mitbürger ein längeres Leben gelebt hätten, hätten sie uns erheblich mehr an Pensionen und Sozialhilfe gekostet, als sie uns an medizinischer Versorgung gekostet haben. Finanziell betrachtet, ist es also zweifellos besser, wenn sie weiterhin in dem gegebenen Tempo sterben.«
Ich sah ihn empört an. Ich bin schon ziemlich lange in der Politik und mich kann kaum noch etwas erschüttern. Aber dieser Zynismus ist in nicht zu überbietendem Maße erschreckend und widerlich. *[Interessanterweise empörte sich Hacker über Sir Humphreys zynischen Wunsch, das Rauchen zu begünstigen, empfand es aber ganz und gar nicht als empörend, daß er selbst die Absicht hatte, das Thema Rauchen nur als willkommenes Druckmittel gegenüber dem Schatzamt zu benutzen, um seine wählerstimmenverheißenden Steuersenkungen zu erzwingen. Er dachte genausowenig wie Sir Humphrey daran, Dr. Thorns Rat zu folgen. Aber er verfügte über die Begabung, sich zeitweilig einreden zu können, er sei weniger heuchlerisch als sein Kabinettsstaatssekretär. Selbsttäuschung dieser Art ist der Stoff, aus dem große politische Führer gemacht sind. Folglich fiel es Hacker nicht schwer, sein Gespräch mit Sir Humphrey auf der Basis moralischer Kriterien zu führen – d. H.]*
»Humphrey«, sagte ich, »nachdem 1833 30000 Menschen an Cholera[84] gestorben waren, wurde der Public Health Act durchgesetzt. Nachdem 1952 der Smog 2500 Todesopfer gefordert hatte, wurde der Clean Air Act[85] verabschiedet. Wenn ein nicht ganz einwandfreies Medikament den Tod von fünfzig oder sechzig Menschen verursacht, wird es sofort aus dem Handel gezo-

gen, auch dann, wenn es vielen Patienten hilft. Aber Zigaretten verursachen jedes Jahr den Tod von 100000 Menschen, und was tut der Staat?«

»Er kassiert jedes Jahr vier Milliarden Pfund«, antwortete er wie aus der Pistole geschossen. »Abgesehen davon, sollte man an die 25000 Arbeitsplätze in der Tabakindustrie denken, an den Zigarettenexport, der ein wesentliches Element unserer Handelsbilanz darstellt. Darüber hinaus gibt es 250000 Arbeitsplätze, die indirekt etwas mit Tabak zu tun haben – Zeitungshändler, Verpakkungsfirmen, Transportunternehmen ...«

Ich unterbrach ihn. »Diese Zahlen beruhen doch nur auf Schätzungen.«

»Nein«, sagte er, »die können Sie von der Verwaltung erarbeiteten Statistiken, die die Regierung veröffentlicht hat, entnehmen.« Er bemerkte mein Lächeln und sprach sofort hektisch weiter: »Das heißt, diese Zahlen sind Fakten.«

Ich konnte der Versuchung, ihn ins Schleudern zu bringen, einfach nicht widerstehen. »Ach ja, sieh mal einer an, Sie meinen also, Ihre Statistiken sind Fakten, aber meine Fakten sind nur Statistiken?« fragte ich grinsend.

Jetzt hielt es Sir Humphrey für angebracht, noch eine kleine Unwahrheit vom Stapel zu lassen. »Aber, ich bitte Sie, Premierminister, ich bin doch auf Ihrer Seite. Ich möchte Sie nur mit der Argumentation, der Sie sich unweigerlich gegenübersehen werden, vertraut machen.«

Ich dankte ihm und sagte ihm, es würde mich glücklich machen zu wissen, daß jemand wie er mich unterstützt. Ich dachte, damit sei das Gespräch beendet ... aber nein! Er war fest entschlossen, mich mit *allen* Argumenten, denen ich mich unweigerlich gegenübersehen werde, vertraut zu machen.

»Man wird Sie auch darauf hinweisen, daß die Tabakindustrie zu den großzügigsten Sponsoren des britischen Sports gehört. Sie bereitet vielen Millionen unserer Mitbürger Tag für Tag, Wochenende für Wochenende harmlose Vergnügen, und Sie wollen dem britischen Sportfreund den Spaß verderben. Denn was würde aus den Sportsendungen der BBC werden, wenn die Zigarettenfirmen während dieser Sendungen nicht mehr werben

dürften?« *[Hier wird erkennbar, daß selbst Appleby Freudsche Fehlleistungen unterliefen. Bis zum Ende der 1980er Jahre verbreitete die BBC das Märchen, sie würde keine Werbung ausstrahlen. Appleby wollte sicher fragen, was aus den Sportsendungen der BBC werden würde, wenn die Zigarettenfirmen die Sportereignisse, von denen sie berichtete, nicht mehr »sponsern« durften – d.H.]*
Ich wies ihn noch einmal darauf hin, daß es hier um mehr als 100000 Tote jährlich geht.
Humphrey stimmte mir natürlich sofort wieder zu.
»Ja, Premierminister... aber auf einer erheblich übervölkerten Insel. Und es gibt sowieso nicht für jeden unserer Mitbürger einen Arbeitsplatz. Den Vorteilen des Rauchens ist weit größere Bedeutung zuzumessen als den Nachteilen: von der Zigarettensteuer bestreiten wir ein Drittel der Gesundheitswesengesamtkosten. Wir haben die Möglichkeit, viel mehr Leben zu retten, als es sonst möglich wäre; und das mit Hilfe der vielen Raucher, die freiwillig für ihre Freunde ihr Leben opfern. Die britischen Raucher dienen dem Gemeinwohl.«
»Ja, solange sie leben«, versuchte ich ihn verbittert zur Besinnung zu bringen.
»Ja, solange sie leben.« Er nickte. »Und wenn sie sterben, sparen wir anderen sehr viel Geld. Und abgesehen davon, gibt es doch immer mehr als genug, die an ihre Stelle treten. Es wurde auch noch kein eindeutiger Kausalzusammenhang bewiesen, wie ich schon bemerkte.«
Dieses Geschwafel von wegen »noch kein eindeutiger Kausalzusammenhang bewiesen« ging mir allmählich auf die Nerven. Ich erinnerte Humphrey daran, daß der US-Generalstabsarzt in seinem Bericht schreibt »Zigarettenrauchen ist in unserer Gesellschaft die am ehesten vermeidbare Todesursache und das schwerwiegendste Volksgesundheitsproblem unsrer Zeit«. Humphrey tat den Bericht des US-Generalstabsarztes mit einem arroganten Lächeln ab. »In *seiner* Gesellschaft vielleicht. Aber Sie wissen doch, Premierminister, daß die Amerikaner immer und überall zu Übertreibungen neigen, auch wenn es lieb gemeint ist. Wenn das Herz voll ist, dann gehet der Mund über.«
Er bat mich flehentlich, nichts zu überstürzen, das Für und

Wider sorgfältig abwägend zu prüfen und grundsätzlich sehr vorsichtig zu scin, bevor ich den ersten Schritt unternehme. Ja, ja, natürlich! Egal, worum es geht, das sagte er ja so gut wie immer.

Bernard unterbrach uns. Ich mußte zur Kabinettsausschußsitzung und danach zum Mittagessen ins Unterhaus – wo der Sportminister mich unbedingt sprechen wollte.

Die Nachricht von Dr. Thorns Vorschlag verbreitete sich wie ein Lauffeuer. Ich starrte Humphrey vorwurfsvoll an und spielte den Verärgerten.

»Wer hat dem einen Wink gegeben?« wollte ich wissen.

Humphrey und Bernard sahen sich schweigend an. Dann sahen sie mich an. Dann schwiegen sie weiter.

»Der gehört doch zur Tabak-Lobby«, sagte ich zu Humphrey.

Humphrey tat so, als wüßte er das nicht. »Ein Mitglied Ihrer Regierung?« fragte er mit schlecht gespieltem Entsetzen.

Diese Masche war seiner wirklich nicht würdig. Jeder weiß, daß ein Sportminister ein ureigenes Interesse am Tabak hat – der denkt doch nur an die Sponsoren. Abgesehen davon, hat *dieser* Sportminister *[Leslie Potts MP – d.H.]* einen Wahlkreis in Nottingham –, und in Nottingham gibt es ein paar tausend Tabakarbeiter.

Ich bat Bernard, dem Minister zu sagen, ich hätte um halb drei zehn Minuten Zeit für ihn.

»Mit Vergnügen, Premierminister.«

»Nein, nicht mit Vergnügen, Bernard«, erwiderte ich, »aber ich wollte sowieso mit ihm reden.«

Pünktlich, um 14.30 Uhr tauchte er auf. Ich habe Leslie Potts von der vorigen Regierung übernommen. Er ist eine furchtbar abstoßende, unsympathische Erscheinung. Er ist klein, 'n bißchen fett, hat hervorquellende Glotzaugen, und man hat den Eindruck, die quellen noch mehr hervor und glotzen noch glotziger als von Mutter Natur vorgesehen, weil sie von zweieinhalb Zentimeter dicken Brillengläsern unheimlich vergrößert werden. Er hustet, ächzt und keucht, seine Finger sind immer voller gelber Nikotinflecke, er raucht Kette, und wo er geht und steht, ist er, wie ein erloschener Vulkan, von Asche umgeben. Sein Haar

ist fettig, seine Zähne sind gelb, und er riecht wie ein Raucherabteil Zweiter Klasse. Ich nehme an, als mein Vorgänger den zum Sportminister gemacht hat, muß sein hinlänglich unbekannter Sinn für Humor explosionsartig zum Ausbruch gekommen sein.
»Darf ich rauchen?« krächzte Potts.
Noch während ich den Kopf schüttelte, tauchte eine brennende Zigarette, die er in der halbgeschlossenen Faust versteckt hatte, auf. Er nahm einen tiefen Zug, hustete ein bißchen, und fragte, ob ich von dem Gerücht gehört hätte, daß ich vorhabe, gegen die Tabakindustrie vorzugehen.
Ich gab ihm eine wahrheitsgemäße, aber belanglose Antwort. »Nein, ein solches Gerücht ist mir nicht zu Ohren gekommen«, sagte ich.
Er ließ sich nicht irritieren. »Ist da was dran?« fragte er unbeirrt.
»Der Gesundheitsminister hat sich damit beschäftigt, doch es gibt keine Entscheidung.«
»Wo's qualmt, ist auch Feuer«, sagte Leslie. Na ja, er muß es ja wissen!
»Selbstverständlich hätte man Sie konsultiert«, sagte ich mit konsultativ ratsuchender Stimme. »Ich weiß doch, daß Sie als Sportminister ein Interesse an diesem Plan haben.«
»Vergessen Sie mal den Sport! Es geht um knappe Wahlkreise. Ich habe viertausend Tabakarbeiter in meinem Wahlkreis. Was ist mit meinem Sitz?«
»Was ist mit Ihrer Lunge?« fragte ich.
»Meiner Lunge geht's phantastisch«, hustete er und atmete pfeifend, bevor er wieder einen Zug inhalierte.
»Keine Angst, er atmet nicht durch die Hose«, flüsterte mir Bernard überflüssigerweise zu, »es klingt nur so.«
»Äh, was haben Sie gesagt?« krächzte Potts.
»Oh, nur, daß das große, äh ...«, stotterte Bernard, »... äh, ja Ihr Sitz. Ich verstehe. Tut mir leid.«
Ich mußte mich wahnsinnig zusammennehmen, um nicht zu lachen. Ich brachte Bernard mit einer Handbewegung zum Schweigen und wandte mich wieder an Leslie.
»Ich weiß selbstverständlich, daß es in Ihrem Wahlkreis eine Zigarettenfabrik gibt. Aber manchmal muß man die Dinge von

höherer Warte aus sehen und entscheiden.«
»Ja, und da werden gewiß nicht alle Hosianna rufen«, fügte Bernard gemeinerweise hinzu. Ich wagte nicht, ihn anzusehen – ich glaube, ich hätte laut losgebrüllt vor Lachen.
Der Abgeordnete Leslie Potts fand das natürlich überhaupt nicht komisch. »Es geht nicht nur um *meinen* Sitz«, regte er sich auf. »Es gibt auch knappe Sitze in Bristol, Nottingham, Glasgow, Basildon und Nordirland, und überall Tabakarbeiter. Und in den Städten, wo die Brauereien sind, die den Tabakfirmen gehören, sieht es genauso aus.«
»Ja, Leslie, ich verstehe Ihr Problem«, beruhigte ich ihn. »Aber wenn etwas gut ist, sollte die Regierung sich dann nicht bemühen, es zu verfolgen und ohne Rücksicht auf Verluste durchsetzen?«
Aber darüber ließ Leslie Potts nicht mit sich reden. »Die Regierung muß natürlich tun, was gut ist, aber nicht, wenn dadurch knappe Wahlkreise gefährdet werden! Es gibt irgendwo 'ne Grenze.«
Ich versicherte ihm noch einmal, daß noch keine Entscheidung gefallen war. Und die Entscheidung, vor der er Angst hat, wird auch nicht fallen – ich habe ja ein ganz anderes Ziel im Auge. Aber er ließ nicht locker. Er sagte, ich müßte an die Partei denken und dürfte mich nicht in den Streit um das Rauchen einmischen.
Ich hatte unheimlich was dagegen, daß eines der rangniedrigsten Mitglieder meiner Regierung mir vorschreiben wollte, was ich tun darf und was nicht! »Es gehört sich nicht, daß man mich wie ein rauch- und feuerspeiender Drache wutschnaubend anfaucht, Leslie«, beschwerte ich mich.
»Oh, Verzeihung«, sagte er und versuchte, mit der Hand den blauen Gebrauchtqualm wegzuwedeln.
»Waren Sie nicht«, fuhr ich fort, »bezahlter Berater der Britisch Tobacco Group?«
Er richtete sich majestätisch zu seiner ganzen Größe von hundertsechzig Zentimetern auf und antwortete mir mit vor Selbstgerechtigkeit triefender Stimme. »Die Tatsache, daß BTG mir mal ein bißchen Honorar gezahlt hat, ist doch absolut unerheblich.«
Ich habe es wirklich zustande gebracht, keine Miene zu verziehen. »Die haben stets Großzügigkeit bewiesen und viel Verant-

wortungsgefühl gegenüber dem nationalen Allgemeinwohl. Denken Sie an das viele Geld für den Sport. Und jetzt versuchen Sie, es ihnen zu verbieten!«

Ich konnte sein dummes Gerede nicht mehr ertragen. »Leslie«, sagte ich energisch, »die geben doch das Geld nur, weil sie ihren Zigarettenabsatz erhöhen wollen.«

»Nein«, behauptete er verbissen, »sie tun es immer nur in dem Bestreben, der Allgemeinheit zu dienen.«

»Ach, so! Na, phantastisch«, antwortete ich, »dann können die ja, wenn sie wollen, das Geld in Zukunft anonym verteilen.«

»Äh«, sagte er und wußte erst mal nicht mehr weiter. »Tja, wissen Sie... das würden die bestimmt gern tun. Man müßte ihnen dann bloß erlauben, bekannt zu machen, daß sie's anonym tun.«

Das schien für ihn kein Problem darzustellen. »Sagen Sie mal, Jim, ist es wahr, daß Peter Thorn auch die Gesundheitswarnung auf den Päckchen ändern will?«

Darauf wollte ich nicht antworten und forderte Bernard mit einem Blick auf, etwas dazu zu sagen. Aber Bernard nahm dieses Gespräch immer noch nicht ganz ernst. »Ich glaube«, erwiderte er mit unbewegtem Gesicht, »Dr. Thorn möchte etwas haben wie ›Tod durch Lungenkrebs kann Ihrer Gesundheit ernsthaft schaden‹.«

Leslie Potts drehte durch. »Nein, das kann doch nicht wahr sein!« schrie er. Ich frage mich, ob er wirklich glaubt, daß das nicht wahr sein kann. Mittlerweile gelange ich allmählich zu der Überzeugung, daß wir wirklich etwas zur Lösung des Problems »Rauchen – und – Gesundheit« unternehmen müssen –, aber erst wenn die Zeit reif ist, glaube ich.

»Sehen Sie, Leslie«, sagte ich, »wenn wir innerhalb der nächsten zehn Jahre nichts tun, werden allein in diesem Land ungefähr eine Million Menschen vorzeitig sterben... mindestens.« Ich bekam selbst einen Schreck, als ich diese Zahl aussprach.

»Ja, da haben Sie leider recht«, antwortete er verzweifelt. »Eine Million Tote. Furchtbar. Aber gleichmäßig verteilt, nicht nur in knappen Wahlkreisen. Hören Sie, Jim, es gibt keinen schlüssigen Beweis für einen Kausalzusammenhang zwischen dem Rauchen und...«

Den Rest seines Satzes konnte ich nicht verstehen. Seine Worte gingen in einem weiteren Husten- und Erstickungsanfall unter. Aber ich glaube, das Wesentliche habe ich mitgekriegt.

[Während der folgenden Tage kam es zu einem von Besorgnis geprägten Briefwechsel zwischen Sir Humphrey Appleby und Sir Frank Gordon, seines Zeichens Ständiger Staatssekretär im Schatzamt. Kopien dieser Briefe wurden sowohl in den Akten des Kabinettsamts als auch in den Akten des Schatzamts gefunden und dürfen jetzt, nach Ablauf der dreißigjährigen Sperrfrist, veröffentlicht werden. Da beide Herren ihre Gedanken schriftlich *austauschten, waren sie sorgfältigst darauf bedacht, ihre Begeisterung für die Regierungspolitik zum Ausdruck zu bringen. Ihre wahren Ansichten muß man zwischen den Zeilen lesen – d.H.]*

70 WHITEHALL, LONDON SW1A 2AS

From the Secretary of the Cabinet and Head of the Home Civil Service

15. Mai

Lieber Frank,

Wir stimmen selbstverständlich darin überein, daß das Zigarettenrauchen in einer den höchsten Idealen gerecht werdenden Welt mißbilligt würde. Und wir stimmen auch fraglos darin überein, daß es unsere vornehmste Pflicht ist, dem Premierminister beim Erreichen seiner Ziele behilflich zu sein. Nichtsdestotrotz sollten wir bemüht sein, ihm begreiflich zu machen, daß wir nicht in einer idealen Welt leben und es unter Umständen klüger wäre, wenn er sein geistiges Augenmerk nicht auf Ziele, sondern auf Prioritäten richtete.

Unglücklicherweise wird er permanent mit Forderungen von albernen Pressure Groups und Fanatikern, wie dem Königlichen Ärztebund, konfrontiert. Diese Fanatiker erwarten von der Regierung, daß sie bezüglich des Rauchens eine klare politische Linie verfolgt.

Ich erlaube mir die Bemerkung, daß dieses Ansinnen dem Bereich des Wunschdenkens zugeordnet werden muß. Jeder Außenstehende will, daß die Regierung eine bestimmte Politik betreibt. Aber keiner von uns, die wir zu den Regierenden gehören, erachtet dies für erstrebenswert, einschließlich des Premierministers - wage ich zu äußern –, wenn er sich der Risiken und Gefahren voll und ganz bewußt ist.

Wenn man einem bestimmten politischen Kurs folgt, kann man auch von irgendwem darauf festgelegt werden. Im Gegensatz zur Anti-Tabak-Lobby, die diese Angelegenheit durch ihre subjektive Schwarz-Weiß-Brille betrachtet und nur davon redet, man müßte Todesfällen vorbeugen, wissen wir, daß wir uns hier mit einer überaus vielschichtigen Problematik auseinandersetzen müssen.

Sie werden mir sicher, wie stets in unserer gemeinsamen Regierungsarbeit, zustimmen, daß ein wohlausgewogenes Gleichgewicht gegeben sein muß. So ist zum Beispiel der Gesundheitsminister gegen das Rauchen, wohingegen der Sportminister auf die Tabakfirmen angewiesen ist.

Es wäre sehr viel einfacher, wenn alle, die Regierungsverantwortung tragen, ein Team wären. Aber hier handelt es sich ja leider nur um einen zusammengewürfelten Haufen kriegsführender Stämme, und es obliegt uns, eine gemeinsame Basis zu schaffen.

Mit der Bitte um Stellungnahme

HA

[Am folgenden Tag erhielt Sir Humphrey ein Antwortschreiben – d.H.]

H M Treasury

Permanent Secretary

16. Mai

Lieber Humphrey,

Der Gesundheitsminister will dem Problem des Rauchens mit hoher Besteuerung begegnen. Der Schatzkanzler wird nicht zulassen, daß ich die Steuern übermäßig erhöhe, er fürchtet um seine Popularität bei den Wählern.

Ich muß ihm, aus anderen Gründen, zustimmen. Der inflatorische Effekt einer so beträchtlichen Erhöhung der Tabaksteuer wäre erheblich.

Trotzdem muß man konzedieren, daß hier auch ein moralisches Prinzip involviert ist. Wir im Schatzamt begrüßen und akzeptieren die Sorge des PM's. Darüber hinaus glauben wir an das moralische Prinzip.

Aber wenn es um vier Milliarden Pfund Steuereinnahmen geht, sollten wir, glaube ich, sehr sorgfältig abwägen, ob wir dazu berechtigt sind, dem überaus selbstsüchtigen Luxus zu frönen, diesem moralischen Prinzip zu folgen.

Wie Sie sich erinnern werden, habe ich schon wegen eines formellen Vorschlags - bis zu einem solchen möge es diesmal nicht kommen - die Steuereinnahmen um

—1—

anderthalb Milliarden zu kürzen, Bedenken geäußert. Eine Kürzung um vier Milliarden käme einer Katastrophe gleich!

Ich schlage vor, wir sollten Noel um seine Meinung und um seinen Rat bitten. Ich habe ihm eine Kopie dieses Schreibens zukommen lassen.

Frank

– 2 –

[Kopien dieser Schreiben wurden dem DHSS[86] mit der Bitte um Stellungnahme durch Sir Noel Whittigton, dem Ständigen Staatssekretär, übersandt. Zwei Tage darauf erhielt Sir Frank folgenden Brief, eine Kopie ging an Sir Humphrey – d.H.]

Department of Health and Social Security

LP1

18. Mai

Lieber Frank,

Die beabsichtigte Tabaksteuererhöhung brächte eine ganze Reihe besorgniserregender Implikationen mit sich:

1. Es geht nicht nur um den Verlust von Steuereinnahmen. Hier geht es auch um Untersuchungen, Überprüfungen, Überwachung. Wenn wir die Tabakfirmen "an Bord nehmen", setzt man einen Haufen Leute auf uns an, die alles, was wir tun, überprüfen. Die würden öffentlich auf alle sachlichen Fehler, widersprüchlichen Schlußfolgerungen, publizierte, falsche und irreführende Zahlen undsoweiter hinweisen. Man geht natürlich davon aus, daß unsere Arbeit jeder Überprüfung standhalten sollte. Bitteschön, meinetwegen! Parlamentarische Untersuchungen und Nachforschungen durch die Presse sind durchaus begrüßenswert. Aber keine professionell durchgeführten Untersuchungen, die in nicht hinnehmbarem Maße die kostbare Arbeitszeit der Regierenden in Anspruch nehmen würden. Dieserhalb liegt es also nicht im öffentlichen Interesse, derartige Untersuchungen heraufzubeschwören.

2. Die Tabakfirmen könnten versuchen, uns mit der Drohung, sie würden an die Presse durchsickern lassen, wie

oft wir ihre Einladungen zum Essen und Freikarten für Wimbledon und Glyndebourne usw. angenommen haben, in Verlegenheit bringen.

3. Was würde ohne die Sponsoren aus den schönen Künsten werden?
Die wären den Kulturpolitikern ausgeliefert!

4. Vor allem, und ich spreche hier für das DHSS im besonderen, müssen wir den PM immer wieder darauf hinweisen, daß es hier auch um eine moralische Frage geht: Man muß unvoreingenommen regieren! Es entspricht nicht unseren höchsten Tugenden und schickt sich nicht, Partei zu ergreifen, wie z.B. für Gesundheit oder Zigaretten. Dies gilt ganz besonders für das DHSS, denn hier handelt es sich schließlich um das Gesundheits- und Sozialministerium. Wir tragen die Bürde doppelter Verantwortlichkeit. Was soll aus den 100.000 Menschen werden, die pro Jahr zusätzlich am Leben bleiben und Renten- und Pensionsansprüche geltend machen würden, wenn wir auf die Einnahmen aus der Tabaksteuer verzichten müßten?

Es steht außer Frage, daß wir stets um Ausgleich bemüht sein müssen. Wir wollen eine gesunde Nation, aber wir brauchen auch eine gesunde Tabakindustrie.

Wir sind zu einer unparteiischen Sichtweise verpflichtet: daß die Tabakindustrie als Sponsor auftritt, mag unsere Mitbürger womöglich zum Rauchen ermuntern, aber durch den gesponserten Sport werden sie andererseits zu Leibesübungen ermuntert.

Meiner Meinung nach ist das DHSS in dieser Anti-Raucher-Angelegenheit schon viel zu weit gegangen. Wir haben bereits ein Drittel der Arbeitszeit eines Ministerialdirektors und die Hälfte der Arbeitszeit eines Hauptverantwortlichen dem Bemühen um die Einschränkung des Rauchens geopfert. Damit sollte in einer freien Gesellschaft diesem Anliegen doch Genüge getan sein.

Zusammenfassend mache ich zwei Vorschläge:

1) Humphrey Appleby arrangiert eine Begegnung zwischen dem PM und ein paar Tabakleuten. Dann würde er sehen, was für richtig nette Burschen das sind und wie sehr ihnen die Gesundheitsrisiken am Herzen liegen. Ich neige zu der Ansicht, daß bei BTG einfach alles stimmen muß: die haben einen pensionierten Staatssekretär im Vorstand. Und wie man hört, könnten die noch mehr gebrauchen, wenn die Zeit reif und gekommen ist.

2) Ich finde, wir sollten uns einige Fragen bezüglich unseres Junior-Ministers Dr. Peter Thorn stellen. Er ist ein hochintelligenter, sehr phantasiebegabter Minister. Aber er verfügt nicht über die nötige Erfahrung und ist ganz und gar nicht unparteiisch. Unglücklicherweise wird er in seiner Amtsführung von schwerwiegenden, unüberwindbaren Vorurteilen bestimmt: Er ist Arzt und als solcher ist er nicht dazu in der Lage, die Dinge von höherer Warte aus tolerant zu sehen. Ihm geht es nur darum, Mitmenschen am Leben zu erhalten. Wenn einer seine Patienten wegsterben sieht, beeinträchtigt das bedauerlicherweise sein Urteilsvermögen. Das ist natürlich überaus verständlich, aber ein großer Nachteil, wenn man kühl entscheiden soll.

Ich würde mich freuen, wenn Sie mich bald wissen ließen, wie Sie zu entscheiden gedenken. Ich halte es für unabdingbar erforderlich, daß Sir Humphrey umgehend in irgendeiner Form aktiv wird.

Noel

—3—

[Sir Humphrey dachte sorgfältig über diesen Briefwechsel nach und brachte dann die folgende Passage in seinem privaten Tagebuch zu Papier – d. H.]

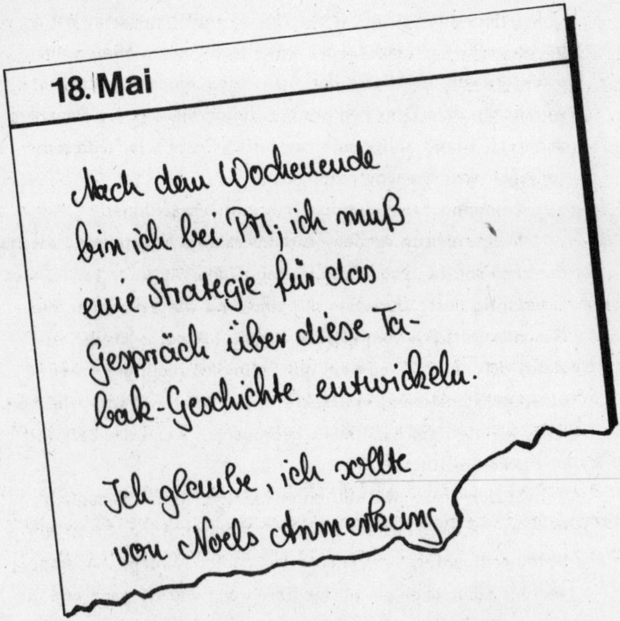

Nach dem Wochenende bin ich beim PM; ich muß eine Strategie für das Gespräch über diese Tabak-Geschichte entwickeln.
Ich glaube, ich sollte von Noels Anmerkung, daß wir in einer freien Gesellschaft leben, ausgehen. Deshalb sollte die Bevölkerung auch die Möglichkeit haben, selbst frei entscheiden zu können. Die Regierung sollte keinesfalls als Amme des mündigen Bürgers auftreten. Wir möchten doch keinen Kindermädchen-Staat!
Der einzige Haken an der Sache ist nur, daß das auch ein Argument für den freien Verkauf von Marihuana, Heroin, Kokain, Arsen und Dynamit wäre.
Ich habe mich deshalb für die folgende Taktik entschieden: als Hacker noch Minister für Verwaltungsangelegenheiten[87] war, konnte ich ihn

oft dazu überreden, mich zu begleiten, wenn die BTG mich nach Ascot, Wimbledon, Glyndebourne, zu Opern- oder Ballettvorstellungen eingeladen hatte.
Als wir uns »Dornröschen« ansahen und er friedlich neben mir schlummerte, dachte ich einen Moment, er hätte eigentlich auch die Titelrolle spielen können. Kunst interessiert ihn überhaupt nicht; darum kann man das Argument, wir brauchen die Sponsoren, um die schönen Künste nicht den Kulturpolitikern auszuliefern wohl schwerlich als irrelevant bezeichnen. Während eines Ballettabends verhielt er sich ruhig; abgesehen davon, daß er schnarchte. Als der IV. Akt einer Wagner-Oper begann, fragte er mich, warum die Überstunden machen. Den V. Akt wagte er als »strafverschärfende Nachspielzeit aufgrund von Verletzungen« zu bezeichnen und wollte wissen, wer denn der Schiedsrichter sei. Ein absoluter Kunstbanause.
Aber ich schweife ab. Genauer betrachtet, hat er eigentlich oft die Gastfreundschaft der BTG angenommen, wofür die Hunderte, womöglich Tausende aufbrachten. Wenn das durchsickern würde – schrecklich, daß so etwas passiert –, könnte das überaus peinlich für ihn sein.
[Sir Humphrey hatte die Wirksamkeit seiner Drohung bei weitem überschätzt. Es überraschte den Kabinettsstaatssekretär, mit welcher Souveränität Hacker ihr vier Tage später unbeeindruckt begegnete – d. H.]

Sir Bernard Woolley erinnert sich:[88]
Am Vormittag des 22. Mai strahlte der Premierminister mich voller Optimismus an, als ich zu ihm kam. Er sagte mir, er hätte es geschafft, und alles würde fabelhaft laufen, denn er hätte dem Schatzamt Beine gemacht. Und dem Schatzkanzler.
Ich fragte ihn, ob er das für gut hielt. Immerhin sei der Schatzkanzler doch Mitglied seiner Regierung.
»Aber natürlich ist das gut, Bernard«, antwortete er, »er soll lernen, daß er spuren muß. Er muß lernen, zu kooperieren.«
Ich fragte ihn, was er genauer gesagt, mit »kooperieren« meinen würde. Er offenbarte mir, unter »kooperieren« verstände er »seinen Befehlen folgen«! »Das«, sagte er, »bedeutet doch ›kooperieren‹, wenn man Premierminister ist.«

Ich mußte plötzlich an Humpty Dumpty[89] denken.

»Der Schatzkanzler wollte doch Premierminister werden, erinnern Sie sich? Er war der Favorit im Rennen um ›Nummer 10‹. Und ich habe ihn ausgetrickst.« Und ob ich mich daran erinnere! Der Premierminister führte in seinem Arbeitszimmer ein kleines Freudentänzchen auf. »Und jetzt werde ich ihn wieder austricksen. Er weiß, daß er, wenn er auf vier Milliarden Pfund Tabaksteuer verzichten muß, diese vier Milliarden entweder durch andere Steuern wieder reinkriegen muß, womit er sich überall im Land unheimlich unbeliebt macht, oder die Staatsausgaben um vier Milliarden kürzen muß, womit er sich beim Kabinett auf ewig unbeliebt macht. Die haben wegen Peter Thorns Vorschlag alle die Hosen voll ... weniger Stimmen von Rauchern, weniger Tabaksteuer, weniger Arbeitsplätze ... ist das nicht wundervoll! Also setze ich meine Unterstützung für Peter Thorn als kleines Druckmittel gegen das Schatzamt ein, bis die ihren Widerstand gegen meine Forderung, die Steuern um anderthalb Milliarden zu senken, aufgeben.«

[Und nun wieder zu Hackers Tagebuch – d. H.]

22. Mai

Tolles Gespräch mit Humphrey geführt. Er kam mir erst mal mit irgendeinem absolut unverständlichen Papierchen; immer ein gutes Omen, wie ich jetzt weiß. Er kann mich nicht mehr übers Ohr hauen. Das ist doch nur ein Zeichen seiner Unsicherheit. *[Ein Beweis, daß sich Hackers Bewußtsein und seine administrativen Fähigkeiten beständig weiterentwickelten – d. H.]*

[Das ›Papierchen‹ enthielt Sir Humphreys Stellungnahme zu einer vom DHSS als Stellungnahme zu Dr. Thorns Plänen vorgelegten Vorlage. Sir Humphreys die Vorlage billigende Stellungnahme ist im Folgenden abgedruckt – d. H.]

(1)

Obwohl ihr Vorschlag vielleicht, wie man meinen könnte, a priori geprägt ist von Vorteilen positiv-marginal-peripherer Relevanz, drängt sich eine entgegenwirkende Überlegung viel erheblicheren Gewichts auf, ausgehend von Ihrer persönlichen Komplizenschaft; mit der Konsequenz, daß der Makel und das Stigma früheren Umgangs und Zeitvertreibs Auslöser sein könnten einer definitiv irreparablen Schwächung Ihrer Position und kulminieren könnten in publik werdenden Enthüllungen und Beschuldigungen zutiefst beschämend-peinlichen und am Ende unentschuldbaren Charakters.

Ich bat Humphrey um eine Inhaltsangabe. Um ein kurzes knappes Sätzchen.

Er dachte einen Moment nach. »An Ihren Händen klebt Nikotin«, sagte er.

Ich wußte nicht, was er meinte. Ich bin Nichtraucher. Dann wurde mir klar, daß er das nicht wörtlich, sondern nur bildlich gemeint hatte. »Ich meine die Annehmlichkeiten, die wir auf Kosten der BTG genossen haben«, sagte er mit vorwurfsvollen Blicken und sorgenvoller Stimme.

»Champagner-Empfänge, Büffetts, Logenplätze bei Sport- und Kulturveranstaltungen.«

Er äußerte die Besorgnis, die Tabakfirmen könnten diese peinlichen Informationen unter Umständen an die Presse geben, wenn ich versuchen würde, gegen ihre Interessen gerichtete Gesetze durchzubringen.

Ich wüßte nicht, was daran peinlich sein sollte. Ich habe ja auch in der sowjetischen Botschaft ein paar Gläschen Wodka getrunken – deshalb bin ich doch noch lange kein russischer Spion. Wenn ihm nichts Besseres einfällt, um mich zu überlisten und zu blockieren, sollte ich vielleicht wirklich ernsthaft versuchen, Dr. Thorns Vorschläge durchzubringen! Ich glaube, Humphrey wird alt, er läßt unheimlich nach – das ist die jämmerlichste Drohung, die ich je von ihm gehört habe.

Das muß er selbst gemerkt haben, denn er schwieg verbissen vor sich hin. »Sonst noch was?« fragte ich, in der Hoffnung, ihm würde was Besseres einfallen.

»Ja, Premierminister.« Er kämpfte zwar weiter, machte aber keinen sehr selbstbewußten Eindruck. »Mir ist nahegebracht worden, die Regierung sollte, da das Rauchen keine politische Frage ist, auch nicht Partei ergreifen.«

»Sie meinen, wir müssen unparteiisch sein?«

»Ja, genau«, erwiderte er aufatmend mit einem dankbaren Blick.

»Sie meinen«, fragte ich naiv lächelnd, »wir sollten uns unparteiisch zwischen Feuerwehr und Feuer stellen?«

Er suchte verzweifelt nach einem neuen fadenscheinigen Argument. Er weiß ganz genau, wann er aufs falsche Pferd gesetzt hat. »Da wäre noch ein überaus gravierender Punkt, den man bedenken muß. Sehr viele Mitbürger, berühmte Mitbürger, einflußreiche Mitbürger, meinen, durch ein solches Gesetz knebelt man die Entscheidungsfreiheit des Bürgers.«

Ich fragte, warum. Er schwafelte mir vor, es sei ein nicht hinnehmbarer Angriff auf die Freiheit, einer Bestrafung gleichkommende Steuern einzuführen und die Werbung für ein durch und durch legales Produkt zu verbieten. Ich sagte ihm, das sei alles dummes Zeug! Ich will keinem Menschen das Rauchen verbieten. Dann fragte ich ihn, ob jede Steuererhöhung eine Knebelung der

Freiheit des Bürgers sei.
Er versuchte mir auszuweichen. »Es kommt darauf an, wie hoch die Steuererhöhung ist.«
Eine hinreißende Antwort. »Das ist ja sehr interessant«, sagte ich, »sind zwanzig Pence eine Knebelung der Freiheit des Bürgers?«
Er wollte protestieren. »Premierminister, Sie ...«
Ich unterbrach ihn barsch. »Fünfundzwanzig Pence? Dreißig Pence? Einunddreißig Pence? Ist etwas, bloß weil es ihrem Vermögen ernsthaft schaden kann, eine Knebelung der Freiheit!?«
Ich fand das, was ich gesagt hatte, wahnsinnig gut und lachte leise. Er lachte nicht. Er sagte nur verbiestert, es sei überaus amüsant.
Jetzt packte ich ihn mit dem Thema Entscheidungsfreiheit am Schlafittchen. Wir waren uns einig, daß Werbung unbedingt erforderlich ist, wenn man der Entscheidungsfreiheit gerecht werden will, denn die Möglichkeit zur freien Entscheidung basiert auf umfassender Information. Deshalb sollte für beide Seiten geworben werden. Warum sollten die Tabakfirmen, die im Jahr mindestens einhundert Millionen Pfund für Werbung und Promotion ausgeben, nicht denselben Betrag für Werbekampagnen *gegen* das Rauchen zur Verfügung stellen? Das, schlug ich Humphrey vor, wäre doch ein Standpunkt, der den vielen berühmten und einflußreichen Mitbürgern, die sich für die Entscheidungsfreiheit stark machen, zusagen müßte.
»Premierminister«, sagte er zähneknirschend, »ich muß Sie vor den Schwierigkeiten warnen, ich sehe eine Fülle unvorhersehbarer Probleme voraus.«
»Welche denn?« fragte ich.
Humphrey geriet ins Schwimmen. »Ähm, wenn ich sie voraussehen könnte, wären sie nicht unvorhersehbar!« fauchte er wütend.
»Aber Sie sagten doch, Sie könnten sie voraussehen, Humphrey«, nagelte ich ihn vergnügt lächelnd fest.
Er hing im Seil. Da er kurz vor dem K. o. stand, schlug er in seiner Verzweiflung unkontrolliert um sich. »Wissen Sie, Premierminister, wie wäre es, wenn wir einen interministeriellen Ausschuß einsetzen würden ... ein parlamentarisches Untersu-

chungsgremium ... eine Königliche Kommission?«
Ich stellte ihm die Frage, die ich ihm schon seit Tagen hatte stellen wollen.
»Humphrey, warum begeistern Sie sich eigentlich so für die Tabakindustrie?«
Er überhörte die Frage. Das war natürlich auch nicht anders zu erwarten. »Premierminister, wie wäre es denn, erst einmal mit einer Schatzamtskommission?«
Jetzt kam mein großer Auftritt. »Hören Sie bloß mit dem Schatzamt auf«, seufzte ich deprimiert. »Die blockieren meine Pläne für die anderthalb Milliarden Steuersenkung und damit mein neues Verteidigungskonzept.«
Ich seufzte noch einmal verzweifelt, theatralisch und fragte mich, ob ich nicht ein bißchen zuviel des Guten täte, ging dann aber noch einen Schritt weiter.
»Ach, wäre das Schatzamt doch bloß ein wenig flexibler, ach, ja ...«
Humphrey hatte blitzartig kapiert. »Oh«, sagte er, und aus seiner finsteren Miene wurde wieder ein fröhlich strahlendes Gesicht.
»Äh ... Premierminister, wissen Sie, ich glaube kaum, daß die da schon abschließend festgelegt sind.«
»Wirklich nicht?« Ich tat überrascht.
»Nein, auf gar keinen Fall. Nein, nein. Die sind flexibel. Ich bin sicher, die könnten bestimmt einen Weg finden.«
»Ach, könnten sie?« fragte ich mit großen erstaunten Augen. Dafür müßte ich eigentlich einen Oscar kriegen.
»Das einzige Hindernis«, sagte Humphrey und versuchte schon wieder, schamlos seine neue Verhandlungsposition auszunutzen, »wäre, daß das Schatzamt zu sehr mit Ihrem Anti-Raucher-Plan beschäftigt wäre, wenn der durchkommen sollte, um noch intensiv nach einem Weg suchen zu können, Sie bei der Steuersenkung zu unterstützen.«
Wir benutzten jetzt eine Geheimsprache, die wir beide sehr gut verstanden. »Wissen Sie«, sagte ich, »obwohl meine Anti-Raucher-Vorschläge mir sehr am Herzen liegen, genießen sie nicht annähernd die hohe Priorität wie die Verteidigung.«
Jetzt wußte Humphrey ganz genau, zu welchem Handel ich

bereit war. Ich konnte ihm ansehen, daß dieses Quidproquo für ihn akzeptabel war. Das ist jetzt nur noch eine Frage der Abstimmung mit dem Schatzamt.

23. Mai

Heute kam es zu einer kleinen Komplikation.
Peter Thorn kam zu einem Gespräch zu mir in mein Arbeitszimmer im Unterhaus. »Ich habe etwas sehr Erfreuliches erfahren, Premierminister«, begann er. »Wir werden vom Ärztebund, von der Ärztekammer und acht anderen führenden medizinischen und wissenschaftlichen Verbänden unterstützt.«
Mir rutschte das Herz in die Hose. Ich hatte nicht damit gerechnet, daß er so schnell so viel erreichen würde. Ich sagte ihm, das sei fabelhaft, und daß man Gesetze aber natürlich nicht im Handumdrehen verabschieden kann.
»Nein«, sagte er, »aber es genügt doch, wenn das Kabinett in drei Monaten eine diesbezügliche Erklärung abgibt und nächstes Jahr ein Weißbuch herausgeben würde. Das heißt also, wir haben ausreichend Zeit.«
Seine Begeisterung war geradezu rührend. Es tat mir wirklich leid, daß ich gerade im Begriff war, seinen Plan den Bach runtergehen zu lassen, vor allem, weil ich ihn Humphrey gegenüber mit Händen und Füßen so erfolgreich verteidigt hatte, daß ich fast schon selbst davon überzeugt war, man müßte ihn realisieren.
Ich sagte ihm, inzwischen hätten sich einige Probleme mit dem Schatzamt ergeben. Er bemerkte sofort, welche Wendung das Gespräch nahm.
Er kniff die Augen zusammen. »Aber mußten Sie denn nicht damit rechnen?«
»Das ist nun mal alles nicht so einfach, wie Sie glauben, Peter.«
Ich wußte, das klang nicht überzeugend. Peter atmete tief durch. Und dann bekam ich eine Drohung zu hören, die wirklich eine Drohung war. »Hören Sie, Jim, das liegt mir sehr am Herzen. Dieses Gesetz ist für mich das Wichtigste, was ich in der Politik durchsetzen möchte, und wenn Sie es verzögern wollen, dann muß ich zurücktreten. Und die Gründe nennen.«

Ich bat ihn, sich zu beruhigen, aber er sagte, er hätte sich schon lange genug beruhigen lassen.
»Jim, die medizinischen Verbände engagieren sich dafür sogar noch mehr als ich. Ich hätte denen vielleicht nicht sagen sollen, daß Sie mich unterstützen, denn jetzt werden sie bestimmt überall verkünden, Sie haben vor den Tabakfirmen kapituliert.«
Er hatte sich wirklich eine fabelhafte Taktik zurechtgelegt. Daß ich diese Angelegenheit jetzt aus einer etwas anderen Sicht sah, hat ihn offensichtlich kein bißchen überrascht – er muß eigentlich von vornherein irgendwie damit gerechnet haben.
Ich wußte nicht, was ich sagen oder tun sollte, aber der Gong rettete mich.
Das klingelnde Telefon, um genau zu sein.
Bernard ging ran. »Verzeihen Sie, Premierminister, könnte Sir Humphrey Sie sprechen, nur einen Moment?«
Ich bat Thorn, im Vorzimmer zu warten. Humphrey stürmte mit einer wirklich erfreulichen Nachricht herein: er hatte heute früh sofort mit dem Schatzamt gesprochen und, siehe da... Überraschung! Überraschung! Die sind der Meinung, die Steuersenkung liegt im Bereich des Machbaren. Natürlich unter der Voraussetzung, daß mein Anti-Raucher-Plan nicht bearbeitet werden muß.
Ich machte Humphrey in Windeseile mit unserem neuen Problem vertraut. »Peter Thorn will zurücktreten, wenn ich seinen Plan nicht durchbringe und die Presse einschalten. Und dann hauen mich die britischen Ärzte und Wissenschaftler in die Pfanne!«
Humphrey war entsetzt –, aber nur für einen kurzen Augenblick. Dann hatte er eine brillante Idee; für solche Ideen verzeihe ich ihm alles, was er mir sonst immer antut – na ja, fast alles!
»Premierminister, beim Schatzkanzler ist doch immer noch ein Staatsministerposten frei, nicht wahr?«
Genial, einfach genial! Das wäre für Peter Thorn eine ziemliche Beförderung, und eine ziemlich plötzliche Beförderung; aber für einen fähigen und sicher dankbaren Minister wie ihn eigentlich nicht.
Bernard holte ihn aus dem Vorzimmer.

»Peter«, sagte ich, »mir ist gerade eingefallen, daß wir einen Staatsminister für's Schatzamt brauchen. Ich habe mir den Kopf zerbrochen, wenn ich da nehme ... wie gesagt, ich bin von Ihrer Arbeit an diesem Papier ehrlich gesagt überaus beeindruckt gewesen.«

Er sah mich mißtrauisch an. Na ja, das hätte wohl jeder getan, oder? »Sie versuchen doch nicht, mich abzuschieben?«

»Auf gar keinen Fall. Ganz im Gegenteil.«

Ich hatte ihn in Versuchung geführt. »Tja ... das wäre für mich ein gewaltiger Schritt nach oben.«

»Aber Sie haben es doch verdient«, sagte ich mit meiner wärmsten, gütigsten, väterlichsten Stimme.

»*Voll und ganz verdient,* Peter.«

Thorn schwankte zwischen Hoffnung und Verzweiflung. »Doch auf Kosten des Anti-Rauch-Gesetzes werde ich das Amt nicht übernehmen können.«

»Peter, ich muß mit Ihnen mal ganz aufrichtig darüber reden. Dieses Gesetz wäre ... würde ... wird ...« Ich glaube, ich habe mich so schnell korrigiert, daß er nichts gemerkt hat ... »nur schwer durchzukriegen sein. Das Schatzamt ist der Schlüssel, nur da wird gebremst, nicht im Bereich Gesundheit. Es dauert bestimmt länger, aber wenn Sie da *drin* wären, und sehen, was die da machen, dann haben wir 'ne bessere Chance, ein absolut narrensicheres, unanfechtbares Gesetz durchs Parlament zu kriegen. Glauben Sie mir.« Das klang so glaubwürdig, daß ich es beinah' selbst geglaubt hätte.

Er hat es mir glücklicherweise abgenommen. »Also wird mein Papier nicht fallengelassen?« fragte er in der Erwartung, daß ich nein sagen würde.

»Aber auf keinen Fall«, sagte ich. Das war nicht unbedingt gelogen – vielleicht werde ich zu gegebener Zeit möglicherweise darauf zurückkommen. Zum richtigen Zeitpunkt. Wenn die Zeit reif ist.

Er zögerte nur einen winzigen Augenblick. »Also gut«, antwortete er, »dann kann ich ja beruhigt die Aufgabe im Schatzamt übernehmen. Vielen Dank.«

Wir schüttelten uns die Hände, und er ging – wie auf Wolken.

Das Schönste daran, Premierminister zu sein ist, daß man Menschen richtig glücklich machen und ihnen das Gefühl vermitteln kann, sie hätten etwas erreicht.

24. Mai

Nachdem ich Peter Thorn ins Schatzamt befördert hatte, fehlte mir nun aber leider ein Gesundheitsminister. Nach den gemachten Erfahrungen wollen wir natürlich vermeiden, jemanden zum Minister zu machen, der die Tabak-Lobby gegen uns aufbringt. Da kam eigentlich nur einer in Frage.

Ich bat Bernard, Leslie Potts sofort kommen zu lassen. Er brauchte mit dem Wagen nur ein paar Minuten von der Marsham Street[90] zur Downing Street 10. Mit pfeifendem Atem, umgeben von der üblichen umweltverschmutzenden blauen Rauchwolke, eine brennende Zigarette zwischen die gelben Wurstfinger geklemmt, stürmte er keuchend in mein Arbeitszimmer. Ich begrüßte ihn liebenswürdig. »Leslie! Mein lieber Freund! Kommen Sie rein. Wären Sie vielleicht nicht lieber Gesundheitsminister?«

Er war völlig von den Socken. »Ich?«

Ich nickte.

Er hustete erstmal eine ganze Weile einen soliden, tiefsitzenden, feuchten, krächzenden Husten. Als er es hinter sich hatte, ging es sogar *mir* wieder besser. »Das ist aber eine beachtliche Beförderung«, sagte er schließlich, beäugte mich mißtrauisch und fragte sich, welches Spielchen ich mit ihm spielte.

»Aber Sie haben es verdient«, sagte ich herzlich.

Er dachte einen Moment nach, kam aber auf nichts, was auf eine Falle hindeutete.

Ich hatte ihm ja auch wirklich keine gestellt. »Das kann ich selbstverständlich nicht ablehnen. Danke, Premierminister.«

Ich bat Bernard, Humphrey zu holen, und machte ihn mit unserem neuen Gesundheitsminister bekannt. Humphrey tat ein wenig überrascht, obwohl das Ganze doch eigentlich seine Idee gewesen war.

Leslie hatte inzwischen weiter nachgedacht und glaubte, er hätte das Haar in der Suppe gefunden. »Äh, Augenblick mal«, krächzte er plötzlich. »Wenn das heißt, ich muß die Tabakindustrie angreifen, mache ich's nicht.«

Es fiel mir nicht schwer, ihn zu beruhigen. »Ach, aber woher denn! Nein, Leslie, wir im Kabinett, wir müssen Realisten sein. Sie werden nicht gegen, sondern mit der Tabakindustrie arbeiten. Die bemühen sich doch wirklich um Lösung der Probleme! Die haben immense Geldmittel, das sind nette Burschen. Die denken an ihre Mitmenschen. Und das sind fabelhafte Arbeitgeber. Sie sind wirklich überaus hilfsbereit. Leslie, ich möchte, daß Sie mit der Industrie und nicht gegen sie arbeiten. Alles klar?«

Damit gab Leslie Potts sich zufrieden und freute sich, aber als er versuchte, mir zu antworten, wurde er von einem nicht enden wollenden Hustenanfall übermannt. Er wurde purpurrot im Gesicht und bemühte sich verzweifelt, irgend etwas zu sagen – ich verstand keine einzige Silbe. Ich wandte mich an Humphrey. »Was hat er gesagt?« fragte ich.

»Ich glaube«, sagte Humphrey vergnügt, »er sagte ›Ja, Premierminister‹.«

8 Mein Bischof, dein Bischof

5. Juni

Bis auf meine roten Aktenkoffer hatte ich heute abend um sechs meine Arbeit erledigt. Also sahen Bernard und ich uns die Achtzehn-Uhr-Nachrichten im Fernsehen an. Es gab nichts Neues. Aber die Medien machen eine unheimliche Story daraus, daß eine junge englische Krankenschwester namens Fiona McGregor im Golfstaat Kumran wegen des angeblichen Besitzes einer Flasche Whisky festgehalten wird.
Sie haben sie zu zehn Jahren Haft und vierzig Peitschenhieben verurteilt, aber die Strafe wird offenbar nicht vollstreckt, bis sie nicht »bestätigt« worden ist, was immer das heißen mag.
In den Nachrichten zeigten sie, wie ihre Mutter, ihr Abgeordneter (Stuart Gordon, einer unserer Hinterbänkler) und ein paar Sympathisanten eine Petition zur kumranischen Botschaft in London brachten. Aber die Kumranis haben die Annahme verweigert.
Die letzte Meldung zu dieser Story besagte, das Außenministerium hätte den Vorfall offiziell als »bedauerlich« bezeichnet, man habe jedoch nicht vor, irgendwelche Schritte zu unternehmen.
Die Nachrichten gingen weiter, und wir erfuhren, daß das Pfund wieder einen schlechten Tag gehabt hatte. Ich schaltete ab und bat Bernard, Humphrey anschwirren zu lassen. Als er da war, sagte ich ihm, diese Geschichte mit der Krankenschwester sei sehr beunruhigend. Die Leute haben großes Mitleid mit ihr.
Er stimmte mir zu.
»Was macht man da am besten?« fragte ich.
»Ich bin sicher, der Außenminister wird Ihnen empfehlen, was Sie tun sollten«, sagte er.
»Der Außenminister empfiehlt mir, nichts zu tun«, sagte ich.
»Ich bin sicher, das ist eine empfehlenswerte Empfehlung«, sagte Humphrey.

Das Außenministerium will wieder mal alles blockieren. Das reicht mir jetzt aber langsam. »Wenn wir nichts unternehmen, hält man uns für herzlos«, machte ich ihm klar. »Und man wird uns für schwach halten. Es ist nicht gut für die Regierung, wenn man sie gleichzeitig für herzlos und schwach hält.« Ich wandte mich an Bernard. »Was meinen Sie, Bernard?«

Bernard war auch abends um sechs noch in Form. »Sie könnten es vielleicht hinkriegen, daß Sie abwechselnd einen herzlosen oder schwachen Eindruck machen.«

Ich überging diese Unverschämtheit und sagte Humphrey zum zigstenmal, daß wir etwas unternehmen müssen. Ich hoffe, daß er und sein Außenministeriumskumpel Dick Wharton[91], die beiden habe ich ja erst vor kurzem unheimlich zur Schnecke gemacht, diesmal kuschen werden, ohne daß ich mit der Peitsche knallen muß.

Aber im Moment sieht alles ziemlich trostlos aus. Humphrey sagte mir höflich säuselnd, der Außenminister denke nicht, daß wir etwas unternehmen müssen. Na, selbstverständlich nicht – dem sagt doch das Außenministerium, was er zu denken hat, und diese Beamten da interessiert es doch nicht im geringsten, was der Wähler will.

Humphrey machte mich mit der offiziellen Sichtweise vertraut. »Premierminister, die Kumranis sind sehr gute Freunde Großbritanniens. Wir haben gerade einen großen Rüstungsauftrag erhalten. Sie sagen uns, was die Sowjets im Irak vorhaben. Sie sabotieren sogar uns zuliebe die OPEC-Vereinbarungen. Wir dürfen hier nichts aufs Spiel setzen.«

»Das weiß ich alles, Humphrey«, sagte ich gequält. Manchmal redet der mit mir, als sei ich ein Vollidiot. »Aber hier geht es doch darum, daß eine britische Staatsangehörige für ein Bagatelldelikt, begangen in einem fremden Land, barbarisch bestraft werden soll. Unser Außenministerium ist dazu da, britische Bürger zu schützen.«

Er schüttelte den Kopf und lächelte melancholisch. »Das Außenministerium dient dem Schutz britischer Interessen.«

»Es liegt nicht in Fionas Interesse, wenn man sie auspeitscht«, sagte ich.

»Es liegt nicht in *unserem* Interesse, das zu verhindern«, erwiderte er mit unvermuteter Entschlossenheit.
Diese Auffassung habe ich nicht akzeptiert, und ich werde sie nicht akzeptieren. Ich habe es schon immer abgelehnt, sie zu akzeptieren, und daran wird sich auch nichts ändern. *[Das Außenministerium hätte nichts dagegen gehabt, wenn Hacker es kontinuierlich abgelehnt hätte, die AM-Auffassung zu akzeptieren – sein beharrliches Ablehnen schien ihn ja offenbar emotional zu befriedigen –, sofern das nicht zu dem Versuch führen würde, das AM zu einer Änderung der Außenpolitik zu zwingen – d. H.]*
Humphrey meinte, daß sei eines der kleinen Buschfeuer, die aufflackern, und nach ein paar Tagen wieder verlöschen. Wir dürfen nur nicht den Fehler machen, Öl in die Flammen zu gießen. Amtliche Verlautbarungen, Aktionen, Ultimaten, Sanktionen –, das würde es nur noch schlimmer machen. Das Außenministerium erwartet von mir, daß ich die Hände in den Schoß lege und nichts unternehme.
Er behauptet, das AM würde ja etwas unternehmen. Morgen wird der Außenminister offenbar den Kumranis eine scharf formulierte Protestnote überreichen.
»Warum macht er das nicht sofort?« fragte ich.
»Weil deren Einverständnis im Moment noch nicht vorliegt«, erklärte er mir. »Wir sprechen gerade *privat* mit dem Botschafter. Wenn die Kumranis den Wortlaut gebilligt haben, werden wir sie überreichen. Dann«, fügte er blasiert hinzu, »haben wir getan, was wir konnten.«
Das ist aber eine ziemlich seltsame Verfahrensweise, um zu protestieren. Das ist ein typischer diplomatischer Protest. Nur für die Öffentlichkeit bestimmt. Bloß nicht die Zähne zeigen! Und Humphrey glaubt auch noch, damit hätte man alles getan, um dem armen Mädchen zu helfen. »Ich vermute, das Außenministerium ist auch der Meinung, Pontius Pilatus[92] hat alles getan, was er konnte.«
Zu meiner Überraschung stimmte Humphrey begeistert zu. »Ja, in der Tat, Pontius Pilatus wäre ein hervorragender Außenminister gewesen. Sie können doch die Interessen der Nation nicht einfach wegen irgendeines albernen, sentimentalen Gerechtig-

keitsempfindens aufs Spiel setzen. Wenn wir Einzelfälle von Ungerechtigkeit und Unmenschlichkeit aus moralischer Sicht betrachten würden, wären wir nie in der Lage gewesen, Hongkong den Chinesen zu überlassen und hätten Mugabe in Simbabwe niemals zur Macht verhelfen können. Die Moral hat die Pläne des Außenministeriums für eine friedliche Übergabe der Falklands an Argentinien durchkreuzt – das AM wird sich auf unabsehbare Zeit nicht noch einmal auf eine von moralischen Aspekten geprägte Politik festlegen lassen.«
Ich seufzte. Er hatte anscheinend recht, natürlich nur rein praktisch gesehen. Wir können offenbar wirklich nichts unternehmen. »Das ist aber sehr herzlos«, sagte ich traurig.
Humphrey beugte sich vor und wollte mich aufmuntern. »Es ist sicherer, herzlos als geistlos zu sein. Die Geschichte dieser Welt ist der Triumph der Herzlosen über die Geistlosen.«
Er hatte gewonnen, und das wußte er auch. Wir schwiegen alle drei einen Moment, dann stand Humphrey auf und bat mich, gehen zu dürfen, weil er zum Dinner verabredet war.
»Das Kabinett stimmt dieser Außenministeriumspolitik nie zu«, rief ich ihm nach, als er zur Tür ging.
Er drehte sich in der Türöffnung um. »Das Außenministerium erwartet nie vom Kabinett, daß es seiner Politik zustimmt. Deshalb erklären sie nie genau, was sie möchten. Das Außenministerium erwartet nur, daß das Kabinett seine Entscheidungen gutheißt, nachdem sie getroffen wurden.« Und schon war er verschwunden.
Ich starrte Bernard mürrisch an. »Bernard, gibt es im öffentlichen Leben außer diesen Beamten im Außenministerium sonst noch jemanden, der nicht über das kleinste bißchen Rückgrat verfügt?«
Bernard war überrascht. »Aber, ich bitte Sie, Premierminister, die verfügen über sehr viel Rückgrat. Es kostet wahnsinnig viel Kraft, überhaupt nichts zu unternehmen.«
So hatte ich das noch nie gesehen. »Ach ja, wirklich?« fragte ich.
»Ja, Premierminister, darum nennt man Sie ja auch einen starken Führer.«
War das ein Kompliment oder eine Beleidigung? Offenbar war Bernard sich da auch nicht ganz sicher, denn er fuhr sofort fort:

»Ich meine, Sie verfügen doch über die Fähigkeit, auch dem härtesten Druck standzuhalten.« Dann erinnerte er mich daran, daß ich mich für den Empfang heute abend umziehen mußte.
Ich bat ihn, mir kurz zu sagen, wer die wichtigsten Gäste sind. Die allerwichtigsten Gäste waren heute abend Repräsentanten der Synode der Anglikanischen Kirche. Es gibt eine Vakanz in der Diözese of Bury St. Edmunds, und ich muß einen von zwei Namen, die sie mir nennen, auswählen. Aber obwohl sie, der Tradition entsprechend, zwei Namen vorschlagen müssen, wollen sie natürlich auf gar keinen Fall, daß ich mich für den Falschen entscheide.
»Wie soll ich wissen, wen ich auswählen soll?« fragte ich Bernard.
»Das ist wie bei allen Civil-Service-Vorlagen, Premierminister. Das entspricht einem Zaubertrick. Sie wissen schon, ›Ziehen Sie irgendeine Karte‹ ... und Sie werden immer die ziehen, die der Zauberer von Ihnen haben will.«
Es war ganz schön frech und mutig von Bernard, mir das zu verraten. Also fragte ich ihn: »Und was, wenn ich nicht die ›richtige‹ Karte ziehe?«
Er lächelte zuversichtlich. »Das werden Sie.«
Tja, das werden wir ja sehen, dachte ich. »Wer sind denn die geistlichen Karten, die man mir vorlegt, Bernard?«
»Wenn's um die Kirche geht«, grinste er, »haben Sie normalerweise die Wahl zwischen einem Schwarzen Buben und einer Dame.«

[Das Dinner, zu dem Sir Humphrey Appleby an diesem Abend verabredet war, fand im »Allerheiligsten« seiner alma mater, dem Baillie College in Oxford, statt. Der Inhalt eines dort rein zufällig geführten Gespräches über die Zeit nach Sir Humphreys Ausscheiden aus dem Staatsdienst wirkte sich unerwarteterweise auf die bevorstehende premierministerielle Auswahl eines Bischofs aus. Von diesem, von Sir Humphrey in seinem privaten Tagebuch festgehaltenen Gespräch im »Allerheiligsten«, wußte der Premierminister selbstverständlich nichts – d.H.]

Es war das übliche adäquate Dinner. Wie immer war der rote Bordeaux besser als das Essen, der Portwein war besser als der rote Bordeaux, und die Konversation war besser als der Portwein.

Zu ernsthafterer Konversation kam es, wie immer, als wir beim Portwein angelangt waren und Walnüsse knackten und knabberten. Nach dem Austausch der üblichen Höflichkeiten, der Master dankte mir, daß ich zum Dinner gekommen war, und ich erwiderte, es sei immer wieder ein Vergnügen, mit alten Freunden zu dinieren, kam der Master zur Sache. Er sagte mir, er würde sich in vier, fünf Jahren, so um die Zeit, wenn ich aus dem Staatsdienst ausscheide, in den Ruhestand zurückziehen.

Daß er beides in einem Atemzug angesprochen hatte, konnte kaum ein Zufall sein. Ich wartete gespannt auf seine nächste Äußerung: »Der Schatzmeister und ich denken, Sie wären womöglich der richtige Bursche, der nach mir Master von Baillie werden könnte.« Süße Worte. Musik in meinen Ohren.

Es stellte sich aber sehr schnell heraus, daß es ein Hindernis zu überwinden gilt. Dieses Hindernis wird als »Der Dekan« bezeichnet. Der Master offenbarte mir, einerseits schweren Herzens, aber ohne andererseits ein Blatt vor den Mund zu nehmen, daß der Dekan mich nicht mag.

Das wunderte mich. Warum sollte er mich nicht mögen, ich habe doch nie etwas getan, wofür er mir dankbar sein müßte?

Dessen ungeachtet, scheint es aber ein Faktum zu sein. Der Schatzmeister ist der Ansicht, der Dekan glaubt, ich sei ein cleverer Schlauberger. Man müßte meinen, in Oxford für clever gehalten zu werden, sollte eigentlich ein großes Kompliment sein.

Der Dekan meint offenbar auch, ich sei ein blasierter Kerl. Auch das erfuhr ich vom Schatzmeister, der dieses Gespräch, nach meinem geschmacklichen Empfinden, ein wenig zu sehr genoß.

Dem Schatzmeister mag aufgefallen sein, daß ich für seine Offenheit nicht gerade empfänglich war, denn er sagte mir, seiner Meinung nach würde das keine Rolle spielen, was der Dekan dachte – aber, nein, er meinte, es würde keine Rolle spielen, daß ich ein blasierter Kerl bin! Ihm fiel pausenlos etwas Neues dazu ein. Er sagte mir, das sei wirklich nicht zu übersehen, und überdies hätte ich ja auch allen Grund, blasiert zu sein. Wenn *er* 75 000 Pfund im Jahr, eine Ritterwürde, eine dynamisierte Pension und einen Haufen Politiker, die für seine Fehler den Kopf hinhalten müssen, hätte, ließ er mich wissen, wäre er auch ein blasierter Kerl.

Diese Äußerung öffnete mir die Augen. Neid ist die Quelle, aus der die Abneigung des Dekans und des Schatzmeisters Meinung, ich sei ein blasierter Kerl, sprudeln. Eine andere Erklärung gibt es nicht. Auch dieses Kreuz wird man tragen müssen. Ich werde mein Bestes tun, es mit Würde zu tragen.

Der Master fügte hinzu, daß der Dekan etwas gegen Intrigen hat und Politiker nicht mag. Eine Schrecksekunde lang dachte ich, der Master wollte damit andeuten, *ich* sei ein Politiker. Ich gelangte zu der Ansicht, daß wir in ausreichendem Maße ihr Zerrbild meiner persönlichen Qualitäten diskutiert hatten und bat um detailliertere Informationen über den Dekan.

Der Schatzmeister führte aus, der Dekan sei von dem Wahn besessen, der Master und der Schatzmeister würden in dieser Angelegenheit hinter seinem Rücken mit Dritten intrigante Gespräche führen. Darum hatten sie auch beschlossen, während seiner Abwesenheit mit mir darüber zu sprechen. Zweierlei stellten sie mit aller Offenheit unmißverständlich klar: Erstens: Sie intrigieren *nicht*; zweitens: Ich kann nur Master von Baillie werden, wenn es gelingt, den Dekan abzuschieben.

Das könnte ein Problem sein. Der Dekan ist ein fauler Sack. Er muß nur vier Stunden in der Woche arbeiten. Eine Vorlesung und ein paar Tutorenkurse – und, der hat sein Amt auf ewig. Sie sagen, er hat nur zwei Interessen: Kricket und Dampfmaschinen. Er liest nie ein neues Buch und ist kreativ wie ein kalter Pudding. Also ist dieser Mann in Oxford genau am richtigen Platz. Warum sollte er jemals woanders hingehen?

Der Master und der Schatzmeister hatte geschlußfolgert, daß man ihn nur mit einem Bischofsamt von Baillie weglocken konnte und fragten sich, ob die Diözese Bury St. Edmunds vielleicht das Richtige wäre, die ginge doch an den Meistbietenden.

Das ist eine überaus angenehme Diözese. Eine von denen mit Sitz im Oberhaus. Der Dekan wäre, wie ich weiß, beglückt. Nach dem, was *ich* inzwischen über ihn in Erfahrung gebracht habe, ist sein vorrangiges Hobby, jedem Lord hinten reinzukriechen.

Ich kann leider nicht mit Sicherheit davon ausgehen, daß ich dem Dekan Bury St. Edmunds verschaffen kann. Das kommt alles sehr überraschend und ein bißchen spät. Abgesehen davon, das sagte ich den beiden auch, sucht die Kirche jemanden, der um Ausgleich zwischen Gläubigen und Ungläubigen bemüht ist.
Es mag so manchen in ebendemselben Maße wie den Master und den Schatzmeister überraschen, zu erfahren, daß viele Kirchenleute, die meisten Bischöfe eingeschlossen, nicht an Gott glauben.
Bury St. Edmunds ist vergeben. Die Kirche hat sich schon auf Domherr Stanford geeinigt. Theoretisch muß Hacker jemanden für das Amt empfehlen. Aber einem alten Brauch folgend, nominiert die Kirche neben ihrem Wunschkandidaten einen absolut inakzeptablen Kandidaten, um sicherzustellen, daß der Premierminister eigentlich keine Wahl hat.
Abgesehen davon hat der Dekan nicht in ausreichendem Maße der Allgemeinheit gedient, um unbedingt für Bury St. Edmunds qualifiziert zu sein.
Aber hier geht es auch um meine Zukunft, vor allem, weil in absehbarer Zeit keine andere Diözese vakant wird. Bischöfe ziehen sich viel zu selten in den Ruhestand zurück. Die älteren Amtsinhaber müssen nicht mit Sechzig in den Ruhestand treten, und Bischöfe neigen dazu, ein langes Leben zu leben. Offenbar ist der Herr nicht besonders darauf erpicht, sie in seiner Nähe zu haben[93], was möglicherweise erklärt, warum Bischöfe ein biblisches Alter zu erreichen pflegen.
Wir konzentrierten uns auf die einzig mögliche Angriffsstrategie: der Dekan muß intensiver der Allgemeinheit dienen. Er ist Experte für islamische Kultur und liebt die Araber. Eine seiner wenigen akzeptablen Eigenheiten. Geistesblitzartig bemächtigte sich meiner eine göttliche Eingebung: ich schlug vor, der Master sollte den Bischof des Dekans bitten, ihn sofort nach Kumran zu schicken, damit er da versucht, dieser armen Krankenschwester zu helfen. Sie stimmten meiner Eingebung begeistert zu.
Egal, was passiert, wir können nicht verlieren. Wenn er keinen Erfolg hat, hat er es zumindest versucht. Wenn er Erfolg hat, ist er ein Held. Und wenn er nicht zurückkommt, wird man ihn nicht vermissen.
Ich würde da nie hinwollen. Kumran ist ein furchtbares Land. Die hacken armen Menschen, die etwas gestohlen haben, die Hände ab,

und hübsche Frauen werden gesteinigt, wenn sie Ehebruch begehen. Im Gegensatz zu Großbritannien, wo hübsche Frauen Ehebruch begehen, wenn man sie edelsteinigt.
Vielleicht kommt er zurück, und ihm fehlen gewisse Teile. Dann kann er nur noch freihändig radfahren!
[Appleby Papiere 42/43/12BD]

[Und nun wieder zu Hackers Tagebuch – d.H.]

6. Juni

Gespräch mit Peter Harding, dem für die Ernennung zuständigen Staatssekretär. Er ist so um die Sechzig und ein ganz schön selbstbewußter Knabe. Offenbar sehr verläßlich.
Ich war ein bißchen unsicher, weil ich ja noch nie einen Bischof ernannt habe. *[Der Monarchin zur Ernennung empfohlen habe – d.H.]*
Es gibt zwei Kandidaten. Erstens: Domherr Mike Stanford. Michael, vermute ich, obwohl die ihn anscheinend alle Mike nennen. Als ich noch klein war, hätte kein Mensch gewagt, einen Bischof »Mike« zu nennen. Jedenfalls nicht in der Öffentlichkeit. Vielleicht nennt man ihn Mike, weil er eine Schwäche für Maiköniginnen hat. Ha, ha, ha! Ich glaube, Bernard beeinflußt mich humormäßig mehr, als mir lieb sein dürfte.
Peter sagte mir, Mike sei ein Modernist. Das war eine mir völlig neue Terminologie. »Das ist ein theologischer Begriff, Premierminister, offenbar scheint Mike zu glauben, daß einiges, was in der Bibel beschrieben ist, nicht wörtlich zu verstehen ist. Für ihn sind das mehr Metaphern, Mythen oder Legenden. Ihn interessiert die spirituelle und philosophische Wahrheit, die dahinter verborgen sein könnte.«
Ich formulierte das nochmal mit meinen Worten, um sicher zu sein, daß ich es auch kapiert hatte. »Sie meinen, er glaubt nicht, daß die Welt in sieben Tagen erschaffen wurde, und Eva mal Adams Rippe war, und sowas alles?«
Peter strahlte mich an. Anscheinend geht's wirklich um sowas alles; das klingt doch sehr vernünftig. Peter meinte, sonst müßte

ich über Mike Stanford nur noch wissen, daß er in Winchester und auf dem New College in Oxford war und daß sein Name der erste auf der Liste ist.

»Und«, fügte Peter hinzu, »er hat eine überaus akzeptable Ehefrau.«

»Sie meinen, sie ist sehr fromm und tut viele gute Werke?« fragte ich.

Die Frage überraschte ihn. »Nein, ich meine, sie ist die Tochter des Earl of Chichester.«

Jetzt war *ich* überrascht. Ja, na und!? dachte ich. Ich fragte ihn, wer der zweite auf der Liste sei.

»Tja ... der zweite ist Dr. Paul Harvey.«

Ich sah ihn fragend an. Aber Peter wollte anscheinend nicht mehr sagen.

»Und?« gab ich ihm das Stichwort.

»Tja ... das ist ein bewundernswerter Mann«, sagte Peter. Ich hatte noch nie ein so vernichtendes Loblied gehört. Peter starrte auf seine Schuhspitzen.

»Aber?« bat ich um eine Erklärung.

Peter seufzte und sah mir dann mit festem Blick in die Augen. »Die Wahl liegt natürlich bei Ihnen, Premierminister. Aber ich hörte, daß man ihn verdächtigt, mit den Trennungsbetreibern zu sympathisieren.«

»Ach, ja«, sagte ich wissend, dann wurde mir aber mit aller Peinlichkeit klar, daß ich nicht genau wußte, was er gemeint hatte. Ich bat ihn um Einzelheiten.

»Das ist die Ansicht, die Anglikanische Kirche sollte nicht Bestandteil des Staates sein. Eine Gruppe von Leuten sähe sie lieber selbständig; wie die Methodisten und die Katholiken. Diese Leute sind der Ansicht, für den einfachen Mitbürger sei die etablierte Kirche ein Klub der herrschenden Klasse und nicht ein Glaube.«

Das klang ja sehr vernünftig, schien ein guter Mann zu sein, dieser Harvey. Das sagte ich Peter. Er schwieg peinlich berührt verbissen vor sich hin. Also fragte ich ihn, was denn das Problem sei.

»Ich bemerkte schon, daß die Wahl selbstverständlich ganz bei

Ihnen liegt, Premierminister, aber es wäre denkbar, daß Majestät ein wenig überrascht über Ihren Vorschlag wäre, jemanden zum Bischof zu machen, der meint, Majestät sollte gezwungen werden, ihr Krönungsgelübde, die Kirche zu verteidigen, zu brechen und ihren Einfluß auf die Kirche aufzugeben.«

Na, dann ist ja wohl alles klar. Aber warum steht er denn dann überhaupt auf der Liste? Peter versuchte, mir auszuweichen. »Wissen Sie, Premierminister, er scheint von der Trennungstheorie noch nicht ganz überzeugt zu sein, doch er entwickelt sich wohl allmählich zu einem Befürworter. Aber als Ergebnis einer sehr intensiven Diskussion hat sich sein Name nun mal ergeben. Er ist möglicherweise auch nicht ganz gesund und ist vielleicht schon ein bißchen zu alt.«

Eins steht fest: irgend jemand macht ihn unheimlich mies! Sonst wäre er doch überhaupt nicht als Kandidat in Frage gekommen. Als Entscheidungsfreiheit kann ich das jedenfalls nicht bezeichnen. »Ich soll mich also entweder für Mike Stanford oder für Mike Stanford entscheiden!?« sagte ich zu Peter.

»Nein«, erwiderte er sanft. »Die Entscheidung liegt ausschließlich bei Ihnen. Aber Sie dürfte in diesem Fall, wenn ich das sagen darf, leichtfallen.« Er weigerte sich, auch nur andeutungsweise zuzugeben, was für eine linke Nummer hier lief. »Premierminister, die Kommission schlägt Ihnen die beiden Namen vor, die zur Debatte standen.«

»Gab es denn eine freie Wahl?« fragte ich.

Er achwaste, pahte und pffte unduldsam. »Die kann es nicht geben. Man betrachtet Bischöfe immer als Teil der apostolischen Sukzession.«

Als Nicht-Kirchgänger bat ich ihn, mir das zu erklären.

»Das ist Gottes Wille. Als Judas Ischariot nicht mehr tragbar war, mußte man ihn ersetzen und ließ den Heiligen Geist entscheiden.«

Das kam mir komisch vor. »Und wie kam der zu seiner Entscheidung?«

»Durch Losentscheid«, sagte Peter.

»Könnte denn der Heilige Geist nicht auch diesmal entscheiden?« fragte ich, verzweifelt nach einer Möglichkeit suchend, mich vor

dieser unangenehmen Entscheidung drücken zu können.
Peter und Bernard schauten sich an. Mein Vorschlag war offensichtlich nicht realisierbar. Bernard versuchte, mir zu erklären, warum nicht. »Der Heilige Geist würde wohl kaum begreifen, was einen guten Bischof der Anglikanischen Kirche ausmacht.«
Ich fragte Peter, wie die Kommission ihre »Wahl« getroffen hatte. Er sagte sphinxhaft lächelnd, man hätte alle gegebenen Möglichkeiten sorgfältigst abwägend sondierend ausgelotet.
»Peter«, sagte ich offen lächelnd, »als Student habe ich oft gepokert. Ich merke sofort, wenn einer beim Mischen betrügen will.«
Bernard stand auf und erinnerte mich daran, daß Sir Humphrey auf dem Weg zu mir war. Er schlug vor, Peter und ich sollten das Gespräch morgen fortsetzen. Peter war einverstanden, sah mich dankbar an und verabschiedete sich.
Während Humphrey vorbeikam, verschwand Bernard, um Unterlagen über Mike Stanfords Werdegang zu holen, nachdem er mir noch schnell zugeflüstert hatte, die Ernennung von Mike Stanford könnte sich möglicherweise als Eigentor entpuppen.
Humphrey und ich prosteten uns zu und nahmen in den bequemen Sesseln in meinem Arbeitszimmer Platz. Ich fragte ihn, was denn eigentlich mit »Modernist« gemeint sei. Er mißverstand mich und wollte wissen, ob ich an Schostakowitsch[94] oder Marcel Duchamp[95] dachte. Ich sagte ihm, ich dächte an Mike Stanford.
Wie nicht anders zu erwarten, wußte er genau Bescheid. »In der Anglikanischen Kirche ist das Wort Modernist ein Synonym für ›Ungläubiger‹.
»Was, ein Atheist?« fragte ich verblüfft.
»Oh, gütiger Himmel, nein, Premierminister«, erwiderte er mit gotteslästerlichem Grinsen. »Ein Atheist könnte kaum mehr sein Gehalt als Geistlicher beziehen. Deshalb nennen sie sich, wenn sie nicht mehr an Gott glauben, ›Modernisten‹.«
Ich war erschüttert. »Wie kann die Anglikanische Kirche einen Atheisten als Bischof von Bury St. Edmunds vorschlagen?«
Humphrey lehnte sich zurück, schlug die Beine übereinander und süffelte genießerisch an seinem Sherry rum. »Das ist ganz einfach«, lächelte er, »die Anglikanische Kirche ist primär eine soziale Organisation und keine religiöse.«

Das war mir neu. Aber dann komme ich ja eigentlich aus einer »asozialen« Familie.
»Premierminister«, fuhr Humphrey, wieder einmal mit seinem Wissen protzend, fort. »sie ist Teil von Großbritanniens vielfältiger sozialer Struktur. Also müssen Bischöfe Leute sein, die mit der Sprache und mit Messer und Gabel umgehen können. Da werden Männer gebraucht, die man bewundern kann.«
Ach, das hat Peter gemeint, als er sagte, Domherr Stanfords Frau sei überaus akzeptabel.
Ich fragte Humphrey, ob es wirklich keine anderen in Frage kommenden Kandidaten gäbe. Er sagte, er würde meinen, zur Zeit im Grunde nicht. Bis vor kurzem standen offenbar ein paar bessere Ämter zur Disposition. Mir war nicht klar, was besser ist, als ein Bischof zu sein. Ministrant in Golgatha? Humphrey sagte, offensichtlich sei Dekan von Windsor ein besseres Amt, oder von Westminster. Er erklärte mir, da stünde man nämlich auf vertrautem Fuß mit der Königlichen Familie.
Jetzt blickte ich langsam durch. »Also, Bischof zu sein«, faßte ich zusammen, »ist bloß eine Statusfrage. Da geht's nur darum, sich mit Gamaschen und Soutane in Schale zu werfen.«
Humphrey nickte. »Ja, Premierminister. Doch Gamaschen trägt man nur noch bei besonderen religiösen Festen, wie bei der Königlichen Gartenparty.«
Ich fragte ihn, warum Soutane und Gamaschen aus der Mode gekommen sind.
»Die Kirche versucht relevanter zu sein«, sagte Humphrey.
»Was Gott angeht?« fragte ich.
»Natürlich nicht, Premierminister. Ich meine ›relevant‹ als soziologischen Terminus.«
Analytisch betrachtet heißt das, der ideale Kandidat müßte eine Kreuzung zwischen Salonlöwe und Sozialist sein.
Bernard tauchte mit dem Werdegang von Mike Stanford auf. Er hatte recht gehabt. Das war alles sehr aufschlußreich. Mike wurde nach Abschluß des Theologiestudiums Kaplan beim Bischof von Sherffield; dann befördert zum Diözesanberater für Ethnische Gemeinschaft und Soziale Verpflichtung. Er organisierte Konferenzen über Glaubensbekenntnisüberlappungen, ins-

besondere Christen-Marxisten-Überlappungen und zwischen Christen und den Frauen von Greenham Common. *[Diese feministisch-lesbisch orientierten, pazifistisch-marxistisch gegen Kernkraft eingestellten Frauen hatten gesetzwidrigerweise vor den Toren eines marschflugkörperbestückten amerikanischen Luftwaffenstützpunktes in der Nähe von Newbury ein Feldlager errichtet. Nur Frauen und Kinder durften sich an der Protestaktion, die sich gegen Atomwaffen richtete, beteiligen. Atomraketen wurden als Phallussymbol betrachtet. Freudianer meinten, diese Frauen litten an einer besonders krassen Form von Penisneid. Unterstützung für die Frauen von Greenham Common zum Ausdruck zu bringen, wurde sogar dann, wenn das nur mit Einschränkungen geschah, als »progressive Haltung« aufgefaßt – d. H.]* Später wurde Stanford Universitätskaplan an der Universität von Essex, dann Vize-Rektor eines theologischen College und ist jetzt Sekretär des Abrüstungskomitees im Britischen Kirchenrat. Aber da fehlte etwas Wesentliches in seinem CV.[96] »War er jemals einfacher Vikar in einer Gemeinde?« fragte ich.

Bernard sah mich erstaunt an. »Einfacher Vikar!? Ich bitte Sie, Premierminister. Geistliche, die Bischöfe werden möchten, gehen seelsorgerischer Arbeit nach Möglichkeit aus dem Wege.«

»Er ist ein Ehrgeizling, dominiert von hochfliegenden Plänen«, bemerkte Humphrey.

»Wie Ikarus«, sagte Bernard geheimnisvoll.[97]

»Wenn das ein politischer Unruhestifter ist, will ich ihn auf keinen Fall«, entschied ich. Bernard nickte weise lächelnd. »What peevish fool was that of Greece who taught his son the office of a fowl.«[98] Ich bat Bernard, nicht schon wieder mit seiner griechischen Zitatenzitiererei anzufangen. *[Hacker irrte sich. Bernard Woolley zitierte Shakespeare: Heinrich VI, Dritter Teil, Fünfter Aufzug, Sechste Szene – d. H.]*

Humphrey reagierte auf meine Entscheidung mit zurückhaltender Zustimmung. Er sagte, Stanford spräche im Falle seiner Ernennung sowohl mit der Autorität eines Bischofs als auch mit der eines Mitglieds des Oberhauses.

»Er gehört genau zu den Leuten, die ich nicht haben will«, sagte ich, »es geht doch wirklich nicht, daß diese Bischöfe mich andauernd ermahnen, wir sollten mehr Geld für die Wohlfahrt zur Verfügung stellen. Man kann doch die Probleme nicht lösen, indem man denen immerzu Geld nachwirft, und noch dazu das Geld anderer Leute. Dieses Land braucht mehr Verantwortungsbewußtsein, mehr Selbstvertrauen.«

Humphrey lächelte mich an. »Ist es nicht interessant, Premierminister, daß heutzutage die Politiker immer über Moralfragen und die Bischöfe immer über Politik sprechen?«

Er hat recht. Bernard lieferte uns noch ein Beispiel aus Stanfords Vergangenheit. »Er hat eine neue Kirche für eine Gemeinde in Süd-London entworfen. Die Pläne sahen Räume für Orangensaft-Ausschank, Familienplanung und ein Demonstrations-Organisationsbüro, aber keinen Raum für das Heilige Abendmahl vor.« Er fügte fairerweise hinzu, es sei eine Mehrzweckhalle, in der Gottesdienste abgehalten werden können, vorgesehen.

Ich fragte meine beiden erzengelsgleichen Offiziale, ob die Kirche den Entwurf gebilligt hatte.

»O ja«, sagte Humphrey, »wissen Sie, die Kirche wird von Theologen geführt.«

»Was meinen Sie damit?« fragte ich.

»Tja«, lächelte er, »Theologie ist ein Trick, mit dem man Agnostikern[99] die Zugehörigkeit zur Kirche ermöglicht.«

»Vielleicht bin ich ein bißchen einfältig«, sagte ich, »aber ...«

»Gott behüte, Premierminister«, unterbrach Humphrey mich. Diese albernen Schmeicheleien! Hätte er nicht einfach sagen können, das sei falsche Bescheidenheit? Natürlich halte ich mich nicht für einfältig. Ich machte ihm mit einer Handbewegung klar, daß er die Klappe halten sollte, und sprach weiter. »Ich finde, die Kirche sollte von einfachen Männern, die an Gott glauben, nicht von weltlichen Politikern, die nur nach den höchsten Ehrenämtern streben, geführt werden.«

»Darauf könnte man antworten«, sagte Humphrey freundlich, »jene, die nach höchsten Ehrenämtern streben, meinen, sie können der Allgemeinheit von höherer Warte aus effektiver dienlich sein.«

»Das ist doch heuchlerisches Geschwafel«, sagte ich.

Er achselzuckte. »So wie Sie hier in ›Nummer 10‹ ja auch nur

Ihrem Lande dienen wollen.«
Plötzlich kapierte ich, was er meinte. Er hat recht. Aber diesen Stanford will ich trotzdem nicht.
Humphrey meinte, ich könnte vielleicht erwägen, beide Kandidaten nicht vorzuschlagen, das wäre aber überaus ungewöhnlich und eigentlich nicht ratsam.
»Obwohl einer von ihnen Gott und der andere die Queen aus der Kirche raushaben will?«
»Die Queen«, sagte Humphrey, »ist untrennbar mit der Anglikanischen Kirche verbunden.«
»Ach ja, wirklich?« fragte ich, »und was ist mit Gott?«
»Ich glaube, der ist hier wohl nur ein jederzeit kündbarer Edelkomparse«, sagte mein Kabinettsstaatssekretär und leerte sein Glas.

9. Juni

Heute abend interessante Entwicklung im Fall dieser Krankenschwester, die in Kumran sitzt. Vom Außenministerium ist schon seit Tagen nichts mehr zu hören. Das überrascht ja niemanden – das Außenministerium ist nicht dazu da, was zu unternehmen, die sind nur dazu da, um zu erklären, warum man nichts unternehmen kann.
Das versuchte ich Annie beim Abendessen klarzumachen. Es fiel ihr unheimlich schwer, meine Erkenntnis zu kapieren. Sie stellte mir ununterbrochen völlig belanglose Fragen, wie: »Haben die denn kein Herz?«
»Nein«, sagte ich. Diese Antwort konnte sie anscheinend nicht verkraften.
»Aber, ist das denn nicht furchtbar?« fragte sie.
Ja, natürlich ist das furchtbar. Es ist wahnsinnig schädlich für die Regierung. Aber das Außenministerium zuckt nur mit den Schultern und sagt, wir dürfen die Kumranis nicht verärgern. »Die können nicht über ihren Schatten springen und verfolgen immer nur engstirnig ihre eigenen, egoistischen Interessen«, sagte ich.
»Das muß schrecklich für sie sein«, sagte Annie.

»Für wen?« fragte ich. Dann begriff ich, daß sie die Krankenschwester meinte. »Ja«, stimmte ich ihr zu.
Annie starrte mich eiskalt an. »Dir liegt sie genausowenig am Herzen wie dem Außenministerium.«
Ich glaube nicht, daß das gänzlich fair ist. *[Vielleicht: »ich glaube, das ist nicht ganz fair« – d.H.]* Annie schien offenbar zu glauben, so, wie es dem Außenministerium nur darum geht, sich bei den Arabern beliebt zu machen, ginge es mir nur darum, mich bei den Wählern beliebt zu machen. Das stimmt nicht ganz – aber soweit es stimmt: Was könnte man dagegen haben? Ich bin ein gewählter Repräsentant –, ist es denn da nicht recht und billig und geradezu meine Pflicht, daß ich mich in einer Demokratie, in der wir nun mal leben, bemühe, beim Wähler einen guten Eindruck zu machen?
Bernard kam nach oben in die Wohnung, und das ärgerte mich. Anscheinend ist es nicht möglich, daß ich mit meiner Frau mal in Ruhe ein Schlückchen trinke, ohne daß uns jemand stört. Er hatte seinen Mantel an und wollte offensichtlich gleich nach Hause.
Er entschuldigte sich für die Störung und sagte, es sei wichtig. »Das Außenministerium hat angerufen. Der Bischof von Banbury und die Kirchliche Missionsgesellschaft haben erklärt, sie schicken den Dekan vom Baillie College auf Barmherzigkeitsmission für Schwester Fiona nach Kumran.«
Das war endlich mal eine gute Nachricht. Aber mir war nicht klar, warum die einen Oxford-Dozenten dahin schicken wollten. Bernard sagte, dieser Mann vertraut den Arabern und glaubt an sie.
»Schön, zu hören, daß ein führendes Mitglied der Anglikanischen Kirche an irgend etwas glaubt«, sagte ich.
»Aber ist diese Reise nicht völlig sinnlos?«
Bernard sah das anders. »Er ist nicht nur christlicher Geistlicher, sondern auch Islamexperte. Das wird ein Glaubensbekenntnisüberlappungstreffen.«
Ich lächelte matt und sagte Bernard, er möge das Außenministerium wissen lassen, daß ich ihre Bemühungen frohen Herzens unterstütze. Bernard schüttelte lebhaft den Kopf. »Nein, nein«,

sagte er, »das Außenministerium wollte eigentlich, daß Sie das unterbinden. Die sind wütend. Sie halten es für eine nutzlose Geste, die nur unseren Beziehungen zu einem befreundeten Land schaden würden.«

Das war wirklich zuviel! Ich dachte nicht im Traum daran, das zu unterbinden. Das ist doch eine tolle Idee. Dann wird es ja schließlich doch noch so aussehen, als würden wir ihretwegen was unternehmen, und vielleicht können wir sie sogar retten. Ich schickte Bernard nach Hause, nachdem er mich daran erinnert hatte, daß Lambeth Palace endlich wissen will, ob ich mich schon wegen Bury St. Edmunds entschieden habe.

Annie war neugierig. Sie fragte, was Bernard gemeint hatte.

»Ach, ich such' für die einen Bischof aus.«

Sie lachte schallend. »Du?« sagte sie schließlich, nach Luft schnappend.

»Das darf doch nicht wahr sein.« Fast bewegungsunfähig, wischte sie sich die Tränen, die sie lachte, aus den Augen. Mir war nicht ganz klar, warum sie gesagt hatte »das darf doch nicht wahr sein«, und sich totlachte. Ich weiß, ich bin nicht religiös, aber hier geht's ja eigentlich auch nicht um Religion. Ich bin Premierminister. Sie verstand nicht, warum Religion nichts mit Bischöfen zu tun hat, also machte ich ihr klar, daß das im Grunde nur Manager sind, die komische bunte Kleider tragen.

Ich nahm die Unterlagen aus meinem roten Aktenkoffer und zeigte sie ihr. Die Anglikanische Kirche besitzt über 6900 Hektar Land, hat einige tausend gepachtete und eigenes Land verpachtet; Immobilien und Kapitalanlagen im Wert von 1,6 Milliarden Pfund, angelegt in der Industrie und im Handel, sie besitzt Wohnblocks, Agrarland und Wälder. Der ideale Bischof muß also ein Spitzenmanager sein, eine Art Superbankier, Personalchef und Grundstücksverwalter.

Annie war beeindruckt. »Da ich immer zur Kirche gehe, wäre es mir lieber, du würdest einen Mann Gottes nehmen.«

»Die haben mir so einen angeboten«, sagte ich, »aber der will aus der Kirche eine religiöse Bewegung machen.«

»Ich verstehe.«

»Und der andere, der, den sie mir einreden möchten, ist ein

›Modernist‹.«
Annie, als emsige Kirchgängerin, wußte selbstverständlich, was damit gemeint ist. »Du meinst, der ist Marxist oder Atheist?«
»Beides«, offenbarte ich ihr. »Wäre der bloß Atheist, wär's nicht so schlimm, aber mit 'nem Marxisten könnte ich 'ne Menge Ärger haben, wenn der auf einmal anfängt, im Oberhaus Reden zu halten.«
»Kannst du ihn nicht ablehnen?« fragte Annie.
»Das täte ich ja gern. Aber das sähe politisch aus.«
Annie blickte nicht mehr durch. »Aber, hast du mir nicht eben erklärt, daß die Kirche politisch *ist*?«
Ich blieb ruhig. »Ja, Annie, aber es darf nicht so aussehen.«
Sie dachte einen Moment darüber nach. »Und wenn du ihn aus religiösen Gründen ablehnen würdest?«
Mir war nicht ganz klar, was sie meinte. Sie erklärte es mir.
»Glaubt er an Himmel und Hölle?«
»Nein, natürlich nicht«, sagte ich.
»An die Jungräuliche Geburt?« fragte sie.
»Nein.«
»An die Auferstehung?«
»Nein.« Allmählich wurde mir klar, was für eine tolle Idee das war.
»Reicht das nicht für's erste?« wollte sie wissen. Ach, meine Annie ist ja so klug. Schlichter, einfacher, gesunder Menschenverstand. Mir wurde plötzlich klar, daß ich das tun kann, was Humphrey vorgeschlagen hat. Ich kann um zwei neue Vorschläge bitten, ohne daß der Eindruck entsteht, ich würde die beiden anderen Kandidaten aus *politischen* Gründen ablehnen. Phantastisch!
»Weißt du«, sagte ich zu Annie, »ich brauche einen Kandidaten, der mit allen auskommt.«
»Du meinst, jemanden, der zu nichts eine klare Meinung hat?«
Annie drückt das ein bißchen zynisch aus, aber im Grunde hat sie recht. Doch eine Bedingung müßte der schon erfüllen. Ich glaube, es wäre bestimmt hilfreich, wenn er dem Christentum wohlwollend gegenüberstünde. Das könnte eigentlich kaum schaden. Das heißt, ich brauche so eine Art heimlichen Christen.

[Einen gewaltigen Presserummel auslösend, begab sich ein paar Tage später der Dekan von Baillie, Rev. Christopher Smythe, auf eine Barmherzigkeitsmission nach Kumran. Nachdem er dort eingetroffen war, hörte und sah man drei Tage nichts mehr von ihm. Dann trat er plötzlich wieder ins Licht der Öffentlichkeit und verkündete, es sei ihm gelungen, die Freilassung von Fiona McGregor, der jungen englischen Krankenschwester, die in Kumran im Gefängnis saß, durchzusetzen. Beide wurden für den folgenden Tag in England zurückerwartet. Diese Nachricht schlug in Großbritannien wie eine Bombe ein, vor allem, weil das britische Pfund erneut einen schlechten Tag hatte. Sir Richard Wharton, der Ständige Staatssekretär im Außenministerium, reflektiert darüber in seinem privaten Tagebuch, auf dessen Einband »privat und streng vertraulich« steht. Dieses Tagebuch wurde vor kurzem in einem Keller in Carlton Gardens gefunden – d. H.] Siehe folgende Seite.

12. Juni

Die heutigen katastrophalen Pressemeldungen haben mich auf das äußerste entsetzt. Wer hatte die Idee, diesen pastoralen Pfaffen nach Kumran zu schicken?

Wir hatten die Situation völlig im Griff. Wir hatten protestiert, die Schwester hätte man still und leise ausgepeitscht, sie wäre in einem kumranischen Gefängnis verschwunden, und in ein paar Wochen hätte auch die Presse nichts mehr davon erwähnt.

Das Fazit ist, daß dem Außenministerium in unerträglichem Maße Schaden zugefügt wurde. Wir standen vor einer Vereinbarung über einen englischen Funkhorchposten in Kumran. Wir sagten, wir machen keinen Wirbel mehr wegen der Schwester, wenn sie unterzeichnen. Jetzt sind wir aber das beste Verhandlungsargument los.

Das einzig erfreuliche Ergebnis dieser albernen Rettungsaktion ist, daß ich jetzt die gräßliche Mutter dieser Krankenschwester nicht mehr am Hals habe. Die hat ständig angerufen und geschrieben und der Presse erzählt, wir würden uns nicht um ihre Tochter kümmern. Unfaßbar, daß die Presse für sie Partei ergriffen hat. Die haben ununterbrochen irgend etwas von »Patriotismus« geschrieben. Das ist absolut dummes Zeug! Unsere Aufgabe ist es, die guten Beziehungen zu anderen Ländern zu pflegen. Man hat schon viele betrübliche Dinge

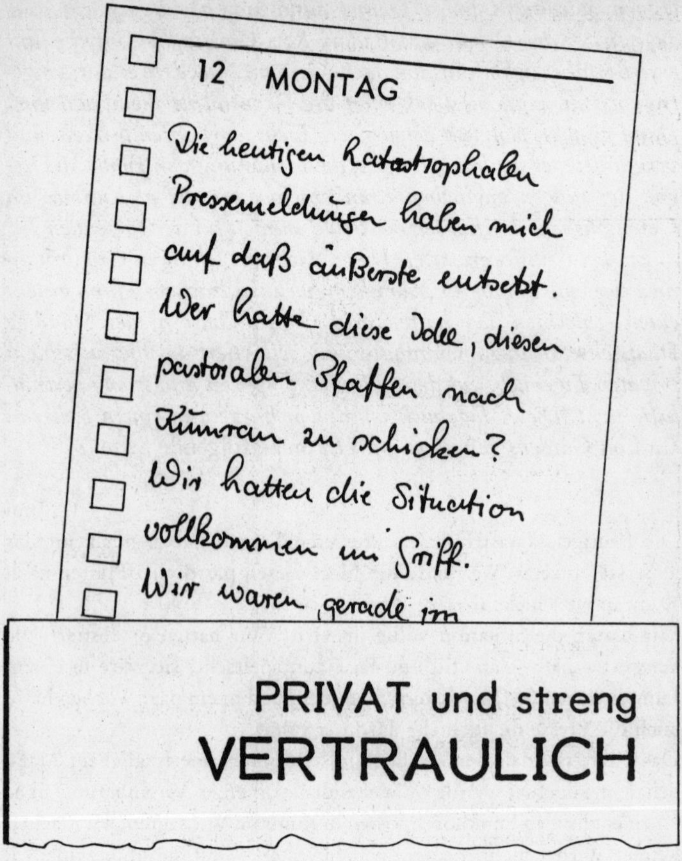

über das Außenministerium geschrieben, aber man hat uns noch nie des Patriotismus bezichtigt.

Es ist manchmal kaum zu glauben, wie entmutigend dumm die Presse hinsichtlich diplomatischer Realität ist.

Ich sehe jetzt ein Problem mit dem PM auf uns zukommen, weil wir ihm den Rat gaben, diesen Pfaffen nicht nach Kumran zu schicken.

Er wird sagen, wir hatten unrecht, als wir den Außenminister dem Kabinett erklären ließen, es sei unmöglich, die Krankenschwester freizukriegen. Wir hatten recht! Hätten die das dem Außenministerium überlassen, wäre es bestimmt unmöglich gewesen.

[Am nächsten Tag erhielt Sir Richard ein Briefchen von Sir Humphrey Appleby – d.H.]

70 WHITEHALL, LONDON SW1A 2AS

From the Secretary of the Cabinet and Head of the Home Civil Service

13. Juni

Lieber Dick,

Ich glaube, daß AM wird sich mit einem PR-Problem auseinandersetzen müssen.

Die Presse wird sagen, die Kirche war erfolgreich, wo das Außenministerium versagt hat. Sie werden ihre alten Geschichten wieder ausgraben: daß Botschafter Rolls-Royce fahren, in "Vier-Millionen-Pfund-Botschaften" wohnen, Schulgeld für Eton muß der Steuerzahler aufbringen, und was hat Großbritannien davon?

Was schlagen Sie vor?

Sir Bernard Woolley erinnert sich:[100]
Kurz, nachdem wir die Nachricht von der Freilassung der Krankenschwester erhalten hatten, ließ Sir Humphrey mich zu einem Gespräch unter vier Augen zu sich bitten. Er wußte, daß das Außenministerium sich gegen die Barmherzigkeitsmission des Dekans von Baillie ausgesprochen hatte, und er wußte, daß ich das wußte.
Um feindseligen Presseberichten über die passive Rolle, die das Außenministerium im Verlauf dieser Angelegenheit gespielt hatte, zuvorzukommen, hatte Sir Richard vorgeschlagen, das AM sollte der Presse sagen, der Dekan sei auf Initative von Hacker nach Kumran geschickt worden. Der Premier würde sicher gern den Ruhm ernten. (Und, nebenbei bemerkt, bestand auch nicht die Gefahr, daß Hacker das dementieren würde, nur weil es nicht der Wahrheit entsprach.)
Für die Sonntagsblätter wollte das Außenministerium durchsickern lassen, der Vorschlag sei vom AM gekommen, als man dort festgestellt hatte, daß die diplomatischen Kanäle blockiert waren. Dann würde niemand schuld sein, aber alle hätten etwas von dem Ruhm.
Das war ein sehr vernünftiger Vorschlag. Da ich der Erste Persönliche Referent des PM's war, konnte man auf meine Hilfe nicht verzichten. Ich erklärte mich, ohne zu zögern, sofort dazu bereit.

[Nach dem Gespräch mit Bernard Woolley wurde Sir Humphrey vom Master des Baillie College angerufen. In Applebys Tagebuch wird das Gespräch mit Woolley nur en passant erwähnt, aber es finden sich knapp formulierte Notizen zu dem Telefonat und zu einem Gespräch, daß er unmittelbar danach mit Peter Harding, dem für Ernennungen zuständigen Staatssekretär, führte – d. H.]
Siehe nächste Seite.

14.30 Erfolgreiches Gespräch mit BW wegen AM-Presse-Konzept.
14.45 Master von Baillie rief an, war sehr erfreut über Fiona McGregors Freilassung, meinte, das könnte Beförderung unseres Freundes beschleunigen.
War in der glücklichen Lage, ihm sagen zu können, daß wir vielleicht nicht lange warten müssen, bis ein akzeptables Bischofsamt frei wird. Die Schlacht um Bury St. Edmunds ist nämlich noch lange nicht beendet. Ich denke, daß wir den Dekan noch als Nachmeldung auf

13. Juni — Dienstag

14.30 Erfolgreiches Gespräch mit BW wegen AM-Presse-Konzept.

14.45 Master von Baillie rief an, war sehr erfreut über Fiona McGregors Freilassung, meinte, das könnte die Beförderung unseres Freundes beschleunigen.

War in der glücklichen Lage, ihm sagen zu können, daß wir vielleicht nicht lange warten müssen, bis ein akzeptables Bischofsamt frei wird. Die Schlacht um Bury St. Edmunds ist nämlich noch lange nicht beendet.

den Startblock stellen können.
15.00 Peter Harding kam zu einem Gespräch über Bury St. Edmunds. Morgen tagt die Berufungskommission der Krone.
Er war verärgert, daß dem PM ein weiterer Kandidat vorgeschlagen werden muß, da er ja offenbar der Tradition nicht entsprechen will und auf einem Bischof besteht, der an die Auferstehung glaubt.
Peter stellte mir einen möglichen Kandidaten in Aussicht, Steven Soames. Er meinte, das würde man sehr bedauern, denn den hätte man immer in Reserve gehalten. Man böte ihm viel lieber Truro an. *[Truro ist überaus abgelegen. Es ist für die Kirche, was für den Civil Service die Kfz-Zulassungsstelle in Swansea ist – d. H.]*
Soames glaubt schon seit Jahren, er wird Bischof. Tja, wer glaubt, kann lange warten! Die Kirche will ihn sich unbedingt vom Hals schaffen. Aber wenn der PM einen religiösen Bischof haben will, kommt allem Anschein nach nur er in Frage.
Ich sagte Peter, da gäbe es leider einen kleinen Haken. Der PM möchte, daß ihm *zwei* Vorschläge unterbreitet werden. Ehrlich gesagt, weiß der PM noch nicht, daß er das möchte, aber er wird die Notwendigkeit dessen sicher einsehen, sobald man ihn mit diesem Gedanken vertraut gemacht hat.
Letztendlich ist es doch nicht mehr als recht und billig, dem Premierminister das Gefühl zu vermitteln, daß er eine Wahl trifft.
Deshalb ist Peter nachgerade dazu verpflichtet, einen zweiten Kandidaten aufzustellen. Ich ermunterte ihn, jemanden zu finden, der plausibel erscheint, aber unannehmbar ist. Peter schien beunruhigt. Er hatte nur noch bis morgen vormittag Zeit, sich einen weiteren Kandidaten einfallen zu lassen.
Ich schlug den Dekan von Baillie vor. Peter fand, der würde als so wenig plausibel erscheinen, daß man ihn nicht mal vorschlagen, geschweige denn aufstellen könnte, denn er sei ein Spinner, unglaublich eitel und in höchstem Maße inkompetent.
Ich wies Peter darauf hin, daß der PM es nicht für unklug hält, eitle, inkompetente Leute zu ernennen. Man muß sich doch nur einmal das Kabinett anschauen. Überdies muß der Dekan eigentlich ein plausibler zweiter Vorschlag sein, weil er sich zur Zeit im Glanze superber Publicity sonnen kann. Dieses Argument versetzte Peter geradezu in Angst und Schrecken. Er befürchtete, daß der Dekan es gerade deshalb

werden könnte.
Es gelang mir, die Wogen zu glätten, indem ich ihm sagte, der PM hätte ausdrücklich erklärt, daß er einen frommen Christen haben will. Da allgemein bekannt ist, daß der Dekan nur an den Islam, Dampfmaschinen und vor allem an Kricket glaubt, sah Peter keine Veranlassung mehr, seinen Namen nicht als zweiten auf die Liste zu setzen.
Ich werde noch viel höher schlagende Wogen zu glätten haben, wenn der PM den Dekan für das Bischofsamt empfiehlt. Wie immer dem auch sei, kommt Zeit, kommt Rat.

[Und nun wieder zu Hackers Tagebuch – d. H.]

14. Juni

Die Morgenzeitungen waren ein einziger Triumph. Siehe folgende Seite.
Auch gestern abend in den Fernsehnachrichten haben sie gesagt, die Ehre gebührt mir ganz allein. Ich weiß eigentlich nicht, warum. Ich nehme an, das muß daran liegen, daß ich etwas unternommen habe, wirklich. Immerhin steht das in den Zeitungen. Ich habe nicht zugelassen, daß das Außenministerium den Dekan daran hindert, hinzufliegen; ja, das läuft aufs selbe hinaus. Aber trotzdem kommt es mir irgendwie komisch vor. Normalerweise muß man wie ein Wilder darum kämpfen, daß man in der Öffentlichkeit für das, was man erreicht hat, gebührend gefeiert wird. Doch in diesem Fall, wo ich eigentlich nur eine Nebenrolle gespielt habe, servieren sie mir den Ruhm auf einem silbernen Tablett.
Ich sehe wirklich keinen Grund, die Presse zu bitten, irgend etwas anderes zu schreiben, nachdem sich die Geschichte als so unheimlich vorteilhaft für mich erwiesen hat. Ich finde, man sollte für alles dankbar sein, was einem beschert wird.
Heute vormittag fand ein abschließendes Gespräch wegen des neuen Bischofs für Bury St. Edmunds statt. Der Palast wartet offenbar schon ungeduldig auf meine Empfehlung. Als Humphrey und Bernard zu mir kamen, fragte ich sie als erstes, warum ihrer Meinung nach das Presseamt des Außenministeriums er-

Daily Mail

20p

GNADEN-
ENGEL WAR
VOM PREMIER
GESCHICKT

von FRANK THOMPKIN

Abgesandter
des Premiers
erwirkt
Kranken-
schwesters
Freilassung

ionen DM bereits

JIMS DEKAN
BEWAHRT FIONA
VOR PEITSCHE

klärt hatte, die Anerkennung für die Rettung der Krankenschwester würde einzig und allein mir gebühren.
Humphrey war der Ansicht, die könnten ja auch schlecht die Ehre für sich in Anspruch nehmen, nachdem sie gegen die Reise des Dekans protestiert hatten. Und dadurch, daß die mich den ganzen Ruhm ernten lassen, wird der Eindruck erweckt, nicht die Kirche, sondern die Regierung hätte etwas erreicht.
Ja, ich nehme an, das wird der Grund sein! Der erste Satz des Leitartikels vom *Telegraph* bestätigt das ja auch eindeutig.

16 THE DAILY TELEGRAPH.

The Daily Telegraph

135, FLEET STREET, LONDON EC4P 4BL. TEL: 01-353 4242. TELEX: 22874/5/6
TRAFFORD PARK, MANCHESTER M17 1SL. TEL: 061-872 5939 TELEX: 668891

Einfallsreiche Diplomatie

Dem Premierminister gebührt Dank und Ehre, daß er sich nicht von den Fesseln konventioneller Diplomatie hat knebeln lassen

Dann diskutierten wir die Frage, wer wird Bischof von Bury St. Edmunds. Zu Anfang des Gesprächs war ich für Steven Soames. Peter mag ihn auch. Und obwohl der Dekan von Baillie in Kumran hervorragende Arbeit geleistet hat, sagt man immer noch von ihm, er sei ziemlich exzentrisch. Ich habe sogar gehört, er ist nicht ganz dicht und hat eine unheimlich große Klappe. Ich bat Humphrey um seine Meinung, und seine Antwort versetzte mich in Angst und Schrecken. »Ich bin sicher, Soames ist der Vorschlag, den die Mitglieder der Berufungskommission der Krone gern von Ihnen hören würden, Premierminister.«

Ein unheilverheißendes Warnsignal. Peter hatte mir nicht offen und ehrlich alles gesagt. Ich fragte Humphrey, was mit Soames nicht stimmt.
»Tja, Premierminister, wie ich hörte, soll er ein Extremist sein.«
Was, fragte ich mich, meinen die in der Kirche mit *Extremist*. Ich gab, völlig im dunkeln tappend, einen Schuß ins Blaue ab: »Sie meinen, er glaubt an Gott?«
Bernard versuchte, es mir zu erklären. »Ja, er ist sehr religiös, Premierminister.«
Ich blickte immer noch nicht durch. »Aber das darf ein Bischof doch sein, oder?«
»Na ja ... ja und nein«, sagte Humphrey zögernd, »er neigt dazu, Themen anzusprechen, die man aus der Sicht von Regierungen lieber nicht ansprechen sollte. Er ist ein scharfer Kritiker der Abtreibung, er ist gegen Empfängnisverhütung unter sechzehn, gegen Sexualerziehung, Pornographie, gegen Ladenschluß- und Scheidungsgesetz und Vulgärsprache im Fernsehen.«
'Ne ganz schöne Liste. Das ist gefährlich. Ich kann keinen großmäuligen, selbstgerechten Geistlichen gebrauchen, der der Regierung, wenn es um diese Themen geht, das Leben schwermacht. Das wäre alles halb so schlimm, wenn wir diesbezüglich eine klar formulierte Politik betreiben würden. Aber wenn es um diese Fragen geht, versucht die Regierung zu vermeiden, eine Politik zu entwickeln. Unsere Politik ist, keine Politik zu haben.
Ich sprach darüber mit Humphrey. »Richtig«, entgegnete er. »Er ist gegen Ihre ›keine-Politik-Politik‹.«
Bernard machte den Mund auf und wollte mal wieder absolut klarstellen, worum es ging. »Er würde fordern, daß Sie Abtreibung, Empfängnisverhütung unter sechzehn, Sexualerziehung, Pornographie verbieten und er ...«
»Danke, Bernard, darauf wäre ich selbst gekommen«, unterbrach ich ihn.
Humphrey sagte, er hätte noch mehr Hiobsbotschaften über Soames. »Er ist auch gegen Unterdrückung und Machtmißbrauch in Afrika.«
Das hielt ich für sehr vernünftig. »Das sind wir auch.«
»Ja«, stimmte er mir zu, »aber Soames ist gegen Machtmißbrauch

sowohl durch *schwarze* als auch durch weiße Regierungen.«
Er ist also Rassist! *[Diese seltsame Trugschlußfolgerung erklärt sich aus der Tatsache, daß Hacker während seiner Zeit in der Opposition den GUARDIAN abonniert hatte – d. H.]*
Ich wußte wirklich nicht, was ich tun sollte. Mitfühlend lächelnd murmelte Humphrey, ich könnte mich ja trotzdem für Soames entscheiden, wenn ich wollte. Nein, das wollte ich auf gar keinen Fall – aber konnte ich denn noch mal zwei Kandidaten ablehnen?
Also sprachen wir noch einmal über den Dekan von Baillie. Ich faßte zusammen, was alles gegen ihn sprach. »Aber der ist doch dem nicht gewachsen. Der ist wahnsinnig eitel und faul und am Christentum total desinteressiert.«
»Ja«, sagte Humphrey, »aber er ist nicht *dagegen*! Ich finde, dieser Mann wäre ein durch und durch geeigneter britischer Bischof: ... Kricket, Dampfmaschinen und absolute Unkenntnis der Theologie. Theologie kann dem Glauben ernsthaft schaden.«
Das Problem war, daß er sich durch nichts für ein so hohes Amt qualifiziert hatte. In der Vorlage stand, er hat nie einen normalen Kirchenposten gehabt. Er war immer nur in Oxford. Andererseits war er in Kumran ja sehr erfolgreich, so daß seine Ernennung beim Wähler wahrscheinlich unheimlich gut ankommen würde.
Dann ließ Humphrey wieder mal eine Stinkbombe platzen. »Es könnte Schwierigkeiten geben«, sagte er, »ich hörte heute morgen, er erklärt vielleicht der Presse, daß der Kumranbesuch nicht Ihre Idee war. Ich hörte auch, er hat einen Brief vom Bischof von Banbury, datiert ein paar Tage, bevor *Sie* aktiv wurden.«
Schlimmer hätte es nicht kommen können! Das wäre furchtbar peinlich. Das sähe ja aus, als würde ich mich mit fremden Federn schmücken wollen! Ich sehe schon die Schlagzeilen vor mir: PREMIERMINISTER WILL RUHM ERNTEN FÜR DES DEKANS BARMHERZIGKEITSMISSION. Oder IST JIM EIN LÜGNER?
Es stellte sich also die Frage, wie wir den Dekan daran hindern könnten, die Presse mit diesen peinlichen Enthüllungen zu belästigen. Humphreys Informationen zufolge, hätte der Dekan gern ein wenig mehr Anerkennung für die Rolle, die er in Kumran

gespielt hat. Oder die Kirche hätte gern ein wenig mehr Anerkennung. Odcr irgend sowas! Das war doch auf den ersten Blick betrachtet kein Problem. Ich bat Bernard, den Dekan für heute abend auf einen Drink einzuladen. Da könnte die Presse auch gleich ein paar sehr schöne Fotos machen.
Aber Humphrey sagte, das wäre womöglich ein bißchen unpassend: »Sie haben die Wahl zwischen *zwei* Kandidaten für die Vakanz in Bury St. Edmunds, da können Sie schwerlich bloß einen von den beiden einladen.«
Das leuchtete mir ein. Aber ich mußte irgend etwas unternehmen, um zu verhindern, daß er der Presse die Ohren vollplappert. Dann hatte Humphrey Gott sei Dank wieder einen seiner Geistesblitze. »Es wäre bestimmt überaus passend, ihn einzuladen, wenn Sie ihn schon für dieses hohe Amt empfohlen hätten.«
Je länger ich darüber nachdachte, um so klarer wurde mir, daß der Dekan von Baillie sicher eine gute Wahl als Bischof wäre. Letzten Endes ist er doch ein sehr unternehmungslustiger Mann Gottes. Und, versuchte ich, Bernard klarzumachen, Exzentrizität ist manchmal eine Tugend. Wenn man sie Individualismus nennt.
Bernard stimmte mir voll und ganz zu. »Das ist ein typischer Fall von unregelmäßiger Deklination, nicht wahr?

›Ich bin Individualist
Du bist Exzentriker
Er ist ein Spinner?‹«

Wir sprachen weiter darüber und waren uns einig, daß wir im Oberhaus Mitbürger brauchen, die wirklich etwas von der arabischen Welt verstehen. Und von Kricket. Und von Dampfmaschinen. Also: Nach reiflichem Überlegen entschied ich mich für Rev. Christopher Smythe, Dekan des Baillie College, Oxford.
»Bernard«, sagte ich mit fester Stimme, »übermitteln Sie dem Palast meine Empfehlung. Sofort! Dann veranlassen Sie, daß bis heute mittag eine Presseerklärung rausgeht, aber vorher informieren Sie den Dekan und sagen ihm, ich erwarte ihn für heute abend um sechs auf einen Drink, und sorgen Sie dafür, daß dann auch ein paar Fotografen hier sind.« Es lief alles wie am Schnürchen. Die Krise war überstanden. Bury St. Edmunds hat einen neuen Bischof, die Krankenschwester ist aus Kumran befreit

worden, und ich habe den ganzen Ruhm geerntet.
Humphrey freute sich mit mir. »Eine kluge Entscheidung, wenn ich das bitte sagen darf, Premierminister.«
»Sie dürfen, Humphrey, Sie dürfen«, sagte ich lächelnd.
»Danke, Premierminister«, erwiderte er strahlend. Er freute sich so sehr, daß ich mich fragte, warum. Dann fiel mir plötzlich ein, daß Humphrey am Baillie College studiert hatte. Vielleicht hat er deshalb so gut über den Dekan Bescheid gewußt, und das war der Grund für seine überschwengliche Freude.
»Humphrey, Humphrey!« sagte ich scherzhaft drohend.
»Ja, Premierminister?«
»Vetternwirtschaft, hm!?«
Diesen Verdacht wies er entrüstet zurück. »Ganz im Gegenteil, Premierminister, ich kenne ihn kaum. Ich weiß nur, daß mich dieser Exzentriker nicht mag. Wenn Sie es möchten, können Sie ihn heute abend fragen. Ich hege auch nicht viel Sympathie für ihn.«
»Sie haben also nichts davon, wenn der Bischof wird?«
»Wie könnte das für mich von Vorteil sein?« fragte er.
Dazu fiel mir nichts ein. Aber das kam mir trotzdem alles ein bißchen zu zufällig vor. Also fragte ich den Dekan, während uns die Pressefotografen vor dem Kamin im Weißen Wohnzimmer fotografierten, ob er Humphrey Appleby mag.
»Ehrlich gesagt, kann ich ihn nicht ausstehen«, flüsterte der Dekan mir ins Ohr. »Das ist doch ein widerlicher blasierter Kerl.«
Also hatte Humphrey mir die Wahrheit gesagt. Ich bin ihm wirklich aufrichtig dankbar dafür, daß er mich so hilfreich und unparteiisch beraten hat; in der besten Tradition des Civil Service.

9 Einer von uns

20. Juni

Heute nachmittag war ich während der Fragestunde im Unterhaus unheimlich in Form. Von allen Seiten sind Abgeordnete über mich hergefallen, weil ich die Verteidigungsausgaben auf ein vernünftiges Maß reduzieren will. Ich habe sie alle zur Schnecke gemacht.

Deshalb bin ich nach getaner Arbeit sofort in die Wohnung raufgespurtet, um mir die Fernsehnachrichten anzusehen. Annie saß vor dem Apparat, sie hatten schon angefangen. Ich fragte sie, ob die gleich zu Anfang über mich berichtet hatten, aber die hatten bis jetzt noch nichts davon erwähnt.

»Typisch BBC«, sagte ich.

»Das ist nicht die BBC.«

»Typisch ITV«, sagte ich.

»Da läuft Channel Four«, sagte sie.

»Ach so, ja«, sagte ich, »was kann man von denen auch anderes erwarten, typisch für die.«

Ich sah mir den Rest der Nachrichten an. Da ging's ausschließlich um das Schicksal von Benjy, einem vierjährigen Bobtail, der gestern, ohne daß die Wachmannschaften was gemerkt hatten, durch ein Loch in einem Zaun auf den Truppenübungsplatz Salisbury Plain gelaufen war.

Der Nachrichtensprecher sagte, Benjy gehört einem achtjährigen Waisenkind namens Linda Fletcher. Linda hat vor einem Jahr bei einem Autounfall, den nur sie und Benjy überlebten, ihre Eltern verloren.

Unglücklicherweise ist das Gelände, durch das nur *eine* befestigte Straße führt, mit Minen übersät. Benjy hat sich weit von dieser Straße entfernt und hat offenbar keine Chance mehr. Dann zeigten sie Bilder von ACHTUNG-LEBENSGEFAHR-Schildern

Familienfoto

und eine kleine Waise, die weinend durch die Maschen des Zauns auf den Truppenübungsplatz starrte und von Verwandten getröstet wurde.

Zum Ende des Berichts drückte ein Pressesprecher der Army sein Bedauern aus, erklärte aber, daß man nichts tun kann, wenn er nicht zur Straße oder an den Zaun kommt. Anscheinend kann man nichts dagegen machen, daß Benjy entweder verhungert oder in die Luft fliegt.

Damit waren die Nachrichten zu Ende. Ich konnte es einfach nicht fassen – die hatten überhaupt nicht über mich berichtet. Ich fragte Annie, ob sie es vielleicht verpaßt hatte.

»Ich hab' die Nachrichten von Anfang an gesehen«, sagte sie auf dem Weg zur Küche, um das Abendessen vorzubereiten, »aber du weißt ja, wie das ist, wenn man fernsieht ... irgendein geistiger Schutzmechanismus verhindert, daß man die langweiligen Sachen mitkriegt.«

»Danke«, sagte ich und goß mir einen Scotch ein.

Sie entschuldigte sich sofort reumütig. »Nein, Liebling, ich hab' doch nicht dich gemeint. Auch wenn das ganze Land dich für langweilig hält, für mich bist du's jedenfalls nicht.« Sie meint nicht mich persönlich, natürlich nicht, sie glaubt nur, daß Politiker manche Leute anöden.

Ich war trotzdem ein bißchen sauer. Anstatt dem Zuschauer von meinem triumphalen Erfolg im Unterhaus zu berichten, liefern sie ihnen zur besten Sendezeit eine mitleiderregende Story von einem Kind und seinem Hund.

[Obwohl Hacker die Unterhausdebatte als einen triumphalen Erfolg für sich wertete, kann es durchaus möglich sein, daß die Nachrichtenredaktion von Channel Four der Ansicht war, diese Debatte sei lediglich ein nicht enden wollender Streit zwischen halbstarken Rowdies gewesen – d.H.]

»Ich fand die Geschichte über den Hund eigentlich sehr interessant«, sagte Annie, Tomaten für den gemischten Salat schneidend.

»Aber sowas ist doch absolut unwichtig«, sagte ich, während ich mich mit dieser verdammten Eiswürfelschale abquälte.

»Warum wäre ein Bericht über die Fragestunde im Unterhaus wichtiger gewesen?« wollte sie wissen.

»Das ist doch ganz einfach«, sagte ich mit aller Bescheidenheit, »weil es um mich gegangen wäre. Immerhin bin ich Premierminister. Imponiert das denn niemandem von dieser Medien-Mafia?«

»Du imponierst dir selber schon so sehr, daß andere dich nicht auch noch imponierend finden müssen«, sagte Annie. Ich verstand einfach nicht, warum sie auf so ungezogene Art so merkwürdige Ansichten vertrat.

»Annie«, wehrte ich mich geduldig, »da wurde im höchsten und heiligsten Forum der Nation um die künftige Verteidigungspolitik Großbritanniens gekämpft, und was bieten die dem Zuschauer an? Die zigste Wiederholung von ›Lassie, komm' nach Hause‹!«

»Und zu welcher Entscheidung ist man im höchsten und heiligsten Forum der Nation gelangt?«

Annie stellt manchmal wirklich seltsame Fragen. Es ist doch klar,

daß da nichts entschieden wurde. Entscheidungen kann man doch nicht Abgeordneten überlassen. Annie ist einfältig und hat keine Ahnung. Das einzig Wichtige an der Debatte ist doch, daß *ich gewonnen habe!* Und ich finde, das sollten die Medien mein Volk wissen lassen. *[Nach fünf Monaten in »Nummer 10« entwikkelte Hacker offenbar einen Moses-Komplex – d. H.]* Ich sagte ihr, daß diese Medien-Typen hinter dem Mond und nicht in der Realität leben und daß ich nicht länger darüber reden wollte.
Aber Annie ließ nicht locker. »Ich glaube, wenn einem Kind der Hund wegläuft, ist das viel realer, als wenn sich ein Haufen zu groß gewordener ältlicher Schulbubis gegenseitig anschreit, beschimpft und beleidigt. Ich finde, die Army sollte Benjy retten.«
Der nackte Wahnsinn! Zig Tausende für die Rettung eines Hundes ausgeben, wo man in der nächsten Zoohandlung für fünf Pfund einen anderen kaufen kann? Jeden Tag laufen Kindern Hunde weg. Sollen wir vielleicht wegen jedem Fiffi die Army alarmieren? Das ist doch nur eine dieser typischen rührseligen Fernseh-Schnulzen.
Annie sagte, ich würde einfach nicht wissen, wie normale Mitmenschen empfinden.
»Ich bin zufällig auch ein normaler Mitmensch«, erwiderte ich, über jeden Verdacht erhaben lächelnd.
»Nein, ganz bestimmt nicht!«
Ich versuchte, ihr klarzumachen, daß ich für die sinnvolle Verwendung öffentlicher Gelder verantwortlich bin. »Ich kann doch nicht einfach Steuergelder für ein bißchen billige Popularität verpulvern.«
»Wenn man sich so einfach beliebt machen kann«, verpaßte Annie mir einen üblen Schlag unter die Gürtellinie, »warum bist du denn dann bei den Meinungsumfragen so weit abgesackt?«
Sie meinte, den Hund zu retten, würde jeden Steuerzahler nur den Bruchteil eines Pennies kosten, die wären alle dafür, und manchmal müßte man auch was Unwirtschaftliches tun, wenn man in einer zivilisierten, menschlichen Gemeinschaft lebt.
Ich sagte ihr, sie soll dazu ein Papier entwerfen und es dem Schatzamt vorlegen. Dann können wir im Wirtschaftsausschuß des Kabinetts mal wieder lachen.

23. Juni

Seit ich in der Politik bin, hat mich schon manches überrascht und entsetzt. Aber so entsetzlich überrascht wie heute war ich noch nie. Der Generaldirektor des MI5 kam zu mir. Sir Geoffrey Hastings mit Namen. Ein großer, kräftiger, watschelnder, bernhardinerhaft aussehender Mann mit müden, traurigen braunen Augen und schlaffen, wabbelnden Hängebacken.

Bernard führte ihn zu mir ins Arbeitszimmer, und ich bat beide, Platz zu nehmen. Hastings schaute Bernard scharf an. Ich sagte ihm, Bernard sei bei meinen Gesprächen immer dabei.

»Nein, heute nicht, Premierminister«, entgegnete er höflich, aber bestimmt.

Wenn ich es mir recht überlege, ist Bernard bei meinen Gesprächen – genaugenommen – nicht immer dabei. Ich bat ihn, zu gehen. Als er weg war, fiel mir auf, daß ich keine Unterlagen für dieses Gespräch bekommen hatte. Hastings gab mir zu verstehen, das hätte er angeordnet. Offenbar geht's um ein Thema, das nicht für Unterlagen geeignet ist, dachte ich. Mit anderen Worten, es sollte nichts schriftlich festgehalten werden. So etwas kommt in Whitehall, wo sonst wirklich alles protokolliert wird, so gut wie gar nicht vor. Ich war gespannt. Und meine gespannten Erwartungen wurden unverzüglich befriedigt.

»Wir erhielten gerade ein paar Informationen«, murmelte Hastings.

Ich war nicht schlecht perplex. »Das ist doch Ihre Aufgabe, dafür werden Sie doch bezahlt, oder?«

Er nickte. »Sie kennen John Halstead!?« Ich nickte. Ich habe ihn nie persönlich kennengelernt, aber jeder weiß, daß er in den Sechzigern Chef des MI5 war. Er ist letzten Monat gestorben.

»Er hat uns eine Menge persönlicher Papiere hinterlassen. Die sehen wir im Moment durch. Es steht fest, daß dieser Mann in den fünfziger und sechziger Jahren Staatsgeheimnisse an Moskau weitergegeben hat.«

Ich traute meinen Ohren nicht. Der Chef des MI5 ein russischer Agent? Unglaublich.

Geoffrey Hastings schien es peinlich zu sein, daß er mir das alles

erzählen mußte. Kein Wunder! Ich fragte ihn, warum Halstead seine Papiere ausgerechnet dem MI5 hinterlassen hat.
»In seinem Testament steht, er wollte sein Gewissen erleichtern. Ich halte das aber für posthume Schadenfreude. Der wollte nur beweisen, daß er nicht erwischt wurde. Aber das ist für uns ein niederschmetternder Schlag ins Kontor.« Geoffrey sah auch völlig niedergeschmettert aus. Seine hängenden Tränensäcke sackten noch weiter nach unten.
»Was hat er denn alles an Moskau verraten?« fragte ich.
»Aber das spielt doch keine Rolle«, sagte Geoffrey. »Ich meine, es gab doch schon Burgess und Maclean und Philby und Blake und Fuchs und die Kruegers, die denen was erzählt haben, da kam es auf einen Spion mehr oder weniger nicht an.«
»Aha! Ja, na und, worum geht es denn jetzt noch?« Ich war sicher, es konnte nichts geben, worauf es noch ankommen konnte, nachdem es nicht darauf angekommen war, daß der Geheimnisse verraten hatte.
O Mann, habe ich mich geirrt! Geoffrey Hastings starrte mich trübsinnig an, sein salzundpfefferfarbener Schnurrbart bewegte sich bei jedem Atemzug auf und ab. Ich glaube, mir ist noch nie eine so tieftraurige Jammergestalt begegnet. »Es geht darum«, sagte Geoffrey mit melancholietriefender Stimme, »daß er einer von uns war.«
»Einer von uns?«
Er begriff, daß ich nicht ganz kapiert hatte, was er meinte. »Er kam direkt von Oxford zum MI5. Er war sein Leben lang beim Civil Service. Wenn das die Presse erfährt, sind alle von uns, die zu der Zeit angefangen haben, für immer und ewig verdächtig.«
Schlagartig wurde mir bewußt, wie ernst die Lage war. »Ich verstehe«, sagte ich und beäugte ihn einen Moment mißtrauisch. »Sie sind kein russischer Spion, oder?«
Geoffrey schoß eiskalte Blicke ab, also sprach ich sofort weiter, um ihn zu beruhigen. »Das war nur ’n Scherz«, sagte ich, »nein, Sie sind keiner, oder?« Er schwieg verbissen weiter. Mir wurde klar, daß ich sowieso nicht wüßte, ob er die Wahrheit sagt, wenn ich eine Antwort aus ihm rauskriegen sollte. »Nein, nein, natürlich nicht, Sie sind keiner«, sagte ich und machte ihm klar, daß

ich, meiner Meinung nach, dazu verpflichtet bin, die Öffentlichkeit davon in Kenntnis zu setzen.
Er flehte mich an, das nicht zu tun. Er sagte, das hätte schreckliche Auswirkungen auf die Sicherheit Großbritanniens. Mir war nicht klar, warum; die Information als solche war doch angeblich völlig belanglos. Aber Hastings behauptete, es sei von absolut überlebenswichtiger Bedeutung, vor unserem Feind geheimzuhalten, daß wir nichts geheimhalten können. »Ich wäre nie darauf gekommen, daß das ein Geheimnis ist«, sagte ich mit unwiderlegbarer Logik. Das müssen Burgess und Maclean und Philby und Blake und die Kruegers den Russen doch schon erzählt haben. Aber es stellte sich heraus, daß er mit »unserem Feind« nicht die Russen gemeint hatte. Er sprach von unserem wirklichen Feind – der Presse.
»Sir John Halstead ist in den 70er Jahren von uns intern überprüft worden. Da gab's doch diesen ungeheueren Presserummel. Erinnern Sie sich?«
»Nur vage«, antwortete ich.
»Das war natürlich alles wenig sachkundig und völlig unverantwortlich«, versuchte Geoffrey, mir verbittert ins Gedächtnis zurückzurufen.
»Sie meinen«, fragte ich, »die Presse hatte angedeutet, daß er ein Spion sei?«
»Ja.«
»Aber er war doch ein Spion.«
Geoffrey seufzte genervt. »Ja, aber das wußten die nicht. Die haben wie immer unwissend unverantwortliches Zeug geschrieben. Die hatten bloß zufällig recht, weiter nichts. Jedenfalls galt er nach der Untersuchung als unbedenklich und voll und ganz entlastet. Daran gab es nichts zu deuteln. Aber die haben leider ein paar naheliegende Fragen und Kontrollen ausgelassen. So naheliegend, daß man, äh ... daß man sich fragt, äh ...«
Daraus konnte man nun hunderttausend Schlüsse ziehen. Er hatte mir wirklich alle Möglichkeiten offengelassen. Was fragte man sich? Fragte ich mich. Ich kam nicht drauf, also mußte ich ihn fragen.
»Man fragt sich, waren die Burschen, die ihn überprüft haben,

vielleicht, äh ... Sie wissen schon ...«
»Ja, ich verstehe. Sie meinen, ob die dumm waren«, sagte ich, doch dann wurde mir blitzartig klar, worauf er hinauswollte. »Um Gottes willen ... Sie meinen, das *könnten auch Spione gewesen sein*???« Er nickte und achselzuckte hilflos. »Wer hat die Untersuchung geleitet?« fragte ich.
»Der alte Lord MacIver. Aber der war fast immer krank.«
»Krank?« Ich wollte genau wissen, was mit dem los gewesen war.
»Na ja, äh ... gaga, genauer gesagt. Das heißt, die Untersuchung wurde eigentlich von einem Staatssekretär geleitet.«
»Und wer war dieser Staatsskeretär?« fragte ich.
Geoffrey Hastings schaute mich kurz mit kummervollen Bernhardineraugen jammervoll an, starrte dann nervös auf seine Fingernägel, an die Decke, wich meinem Blick aus und murmelte schließlich kleinlaut: »So leid es mir tut, Premierminister, das war, äh ... Sir Humphrey Appleby.«
Ich dachte, ich hätte mich verhört. »Humphrey?«
»Ja, Premierminister.«
»Sie glauben, daß er vielleicht auch für die Russen spioniert hat?«
»Das liegt im Bereich des Denkbaren, aber es ist höchst unwahrscheinlich. Immerhin ist er einer von uns.«
»Das war John Halstead auch«, brachte ich ihn auf den Boden der Tatsachen zurück.
Das konnte er nicht leugnen. »Tja ... äh, ja. Aber gegen Humphrey liegt nicht der geringste Beweis vor.«
Ich versuchte, meine Gedanken in den Griff zu kriegen. »Hat er womöglich einen von uns gedeckt ...« ich korrigierte mich sofort, »äh, einen von denen, äh ... einen von ihnen?«
Geoffrey hielt das für eine überaus abwegige Möglichkeit. »Ich hege eigentlich keinen Zweifel an seiner Loyalität. Ich glaube, das war nur, äh ... ähm, schreckliche Inkompetenz.«
Schlimm genug, dachte ich. Hier geht's doch immerhin in gravierendem Maße um die nationale Sicherheit. Ich fragte Hastings, welche Schritte er mir wegen Humphrey empfehlen würde.
»Das liegt selbstverständlich ganz bei Ihnen, Premierminister. Wir müssen erst mal die restlichen Papiere durcharbeiten. Aber Sie könnten eine Untersuchung gegen Sir Humphrey durchfüh-

ren lassen.«
Das sind ja unheimlich erfreuliche Aussichten, das muß man schon offen und ehrlich sagen. Aber, als ich Geoffrey fragte, wie man so eine Untersuchung in die Wege leitet, stellte sich heraus, daß er mir das gar nicht empfohlen hatte. »Jetzt noch nicht, das wäre verfrüht, nicht zu diesem Zeitpunkt. Dann sickert womöglich was durch. Wir wollen nicht noch mehr unsachlich-unverantwortliche Pressespekulationen.«
»Auch nicht, wenn sie zutreffen!« bemerkte ich trocken.
»Ganz besonders nicht, wenn sie zutreffen«, stimmte mir Geoffrey ergänzend zu. »Nichts ist schlimmer als *zutreffende*, unsachlich-unverantwortliche Pressespekulationen. Aber, Sie könnten Humphrey für den Zeitraum der Prüfung der übrigen Halstead-Papiere auf Urlaub zur Gartenarbeit schicken.«
Ach, toll! Noch ein reizvoller Gedanke, mit dem ich spielen kann. Aber trotz seiner vielen Eigenheiten ist Humphrey eigentlich ganz brauchbar. Und er ist der Kabinettsstaatssekretär. Ich fand, ich sollte ihn behalten, wenn seine Loyalität nicht ernsthaft in Frage gestellt wird.
Geoffrey Hastings meinte, da sieht er kein Problem. Er überreichte mir eine Akte, auf der stand STRENG GEHEIM – EINSICHTNAHME NUR DURCH DEN PREMIERMINISTER und sagte, ich könnte Humphrey ja mit wesentlichen Punkten des darin enthaltenen Beweismaterials konfrontieren.
Es wäre mir aber ganz schön unangenehm, Humphrey zu verhören. »Wenn Sie ihn eigentlich überhaupt nicht verdächtigen, sollten wir die ganze Geschichte dann nicht lieber vergessen?« fragte ich.
Er dachte einen Moment nach und sah mich unschlüssig und mißtrauisch an. »Diese Entscheidung obliegt einzig und allein Ihnen«, dröhnte er dann mit Grabesstimme, »aber wenn Sie andererseits nichts tun und später stellt sich heraus, daß Sir Humphrey, äh ... daß er einer, äh ... von denen war ... tja, dann würde das vielleicht nicht so gut aussehen. Ganz zu schweigen davon, daß er als Kabinettsstaatssekretär für die Koordination unserer Sicherheitsdienste verantwortlich ist. Ihm bleibt nichts verborgen.« Ich war gezwungen, ihm recht zu geben. Geoffrey

erhob sich und versuchte, zupfend seinen sackartigen Nadelstreifenanzug wieder in eine einigermaßen tragbare Form zu bringen.
»Mir persönlich«, sagte er abschließend, »fällt es schon schwer genug zu glauben, daß einer von uns einer von denen war. Aber wenn zwei von uns einer von denen waren...« Er merkte, daß da aus logischer Sicht gesehen irgend etwas nicht stimmte und versuchte, sich zu verbessern, »... äh, *zwei* von denen waren, könnten alle von uns, äh ... alle von uns könnten dann, äh ...«
Er hatte sich selbst in eine verbale Falle glockt. »Alle von denen sein?« schlug ich hilfsbereit vor, während ich ihn zur Tür begleitete.
»Ja, jeder von denen, äh... könnte einer von uns sein, äh... wenn alle von uns, äh...«
»Danke, Geoffrey, das genügt mir.«

26. Juni

Ich konnte am Freitag nicht mit Humphrey über Sir John Halstead sprechen. Ich hatte, genau wie er, den ganzen Tag über Termine. Aber für heute vormittag hatten wir schon vor zwei Wochen ein Gespräch vereinbart.
Es sollte um meine geplanten Kürzungen der Verteidigungsausgaben gehen. Ich hatte mir vorgenommen, nach diesem Gespräch noch ein paar private Worte mit ihm zu wechseln.
Ich habe mich bemüht, im Verteidigungsetat so viele kleine Einsparungsmöglichkeiten wie nur irgend möglich zu finden. Die Verteidigungsausgaben, die dieses Land aufbringen muß, klettern in schwindelnde Höhen. Mitte der 1990er Jahre werden wir uns nur noch eine halbe Fregatte leisten können. Das, wage ich zu mutmaßen, entspräche nicht unseren Vorstellungen von einer schlagkräftigen, verteidigungsbereiten Kriegsmarine. Der Verteidigungsminister kann sich nicht durchsetzen, also habe ich beschlossen, mich selbst darum zu kümmern.
Ich habe zum Beispiel errechnet, daß man auf ganz einfache Art und Weise jedes Jahr drei Millionen Pfund sparen kann, aber die Chefs der Generalstäbe sagen, das geht nicht. Humphrey unterstützt sie natürlich; mit dem Argument, daß jegliche Kürzung

des Verteidigungsetats gefährliche Folgen für unsere Sicherheit haben kann.
Da entbehrt es nicht einer gewissen Ironie, daß die Militärs mir vorgeschlagen haben, auf hundert Meilen alle Küstenradarstationen zu schließen. Aber ich weiß ganz genau, warum sie mir ausgerechnet diese Einsparung vorgeschlagen haben: weil das wirklich unsere Sicherheit gefährdet, und weil sie wissen, daß ich das weiß, wissen sie, daß ich damit nie einverstanden wäre. Aber *mein* brillanter Vorschlag ist, daß die sofort damit anfangen, die Erdbeermarmelade, die sie seit fünfunddreißig Jahren horten, zu verputzen, anstatt ständig neue dazuzukaufen.
Humphrey konnte – oder wollte – mir nicht helfen. »Soweit ich weiß, Premierminister, gibt es bei der Army keine Erdbeermarmelade. Die wird nur bei der Navy serviert.«
Er hat recht. Aber die Army hortet seit fünfunddreißig Jahren Büchsenfleisch. Und die Royal Air Force, die keinen Erdbeermarmeladensee und keinen Büchsenfleischberg hat, hortet seit fünfunddreißig Jahren Baked Beans.[101] Also versuche ich seit Wochen, Humphrey und dem Verteidigungsministerium klarzumachen, daß die Army und die RAF die Erdbeermarmelade der Navy, die Navy und die RAF das Büchsenfleisch der Army und die Army und die Navy die Baked Beans der RAF essen sollten. Wenn sie das tun, sparen wir, zusammen mit den anderen Überschüssen, über vier Jahre drei Millionen Pfund jährlich. Ich glaube nicht, daß die Verteidigung des Königreichs gefährdet wird, wenn die Infanteristen die Marmelade der Matrosen essen.
Bernard hatte was zu meckern. »Die Baked Beans der RAF lagern in East Anglia, das Büchsenfleisch der Army lagert in Aldershot und die Marmelade der Navy in Rosyth. Das würde also heißen, man müßte die Bohnen von ...«
Ich unterbrach ihn vorsichtshalber. »Bernard«, fragte ich, »wenn unsere Streitkräfte nicht in der Lage sind, ein paar Büchsen Baked Beans durch Großbritannien zu transportieren, wie könnten die dann jemals ferngelenkte Raketen abfangen?«
Bernard wunderte sich über meine Frage. »Aber Raketen fängt man doch nicht mit Baked Beans ab, das macht man mit solchen langen, runden, spitzen Dingern, die abgescho...« Ich bat ihn,

die Klappe zu halten. Auf einmal gab Humphrey zögernd zu, daß man das realisieren könnte, sagte aber im selben Atemzug, das würde große Probleme mit sich bringen. »Die Verwaltungskosten wären weitaus höher als die Einsparungen.«
Aber bis jetzt hat noch kein Mensch die Verwaltungskosten errechnet. Und warum nicht? Weil das gar nicht nötig ist – die wissen, daß sie, wenn sie sich ernsthaft damit beschäftigen, garantiert einen Betrag errechnen, der die Einsparungen bei weitem übersteigt.
Als sich das Gespräch ergebnislos seinem Ende näherte, brachte ein Bürobote das Ergebnis der jüngsten Meinungsumfrage. Eine Hiobsbotschaft! Ich bin schon wieder um drei Punkte abgesackt. Nicht die Regierung – nein, nur ich persönlich.
Ich frage mich, was ich falsch mache. Humphrey meint, das beweist, daß ich alles richtig mache – seiner Ansicht nach haben populäre politische Entscheidungen normalerweise katastrophale Folgen für die Regierung.
Ich frage mich, ob das daran liegt, daß ich es nicht schaffe, die Kürzungen der Verteidigungsausgaben durchzukriegen. Mag sein. Obwohl ich, ehrlich gesagt, nicht sicher bin, daß meine Verteidigungspolitik das Hauptgesprächsthema in den Supermärkten Großbritanniens ist. Oh, nein! Die Zeitungen berichten auf der ersten Seite nur über diesen Hund, der auf dem Truppenübungsplatz Salisbury Plain rumläuft. Vielleicht sollte ich mir meine Verteidigungspolitik erst mal an den Hut stecken und eine »Entlaufene-Hunde-Politik« entwickeln.
Das Gespräch war damit jedenfalls beendet. Und jetzt gab es kein Zurück mehr, ich konnte es nicht noch länger aufschieben. Ich mußte endlich mit Humphrey die paar privaten Worte wechseln. Ich sagte Bernard, ich müßte mit Humphrey über eine streng geheime Sicherheitsangelegenheit sprechen und deutete mit dem Kopf zur Tür. »Wären Sie bitte so nett, Bernard!?«
Er ging auf Zehenspitzen zur Tür und riß sie urplötzlich auf! Dann schaute er vorsichtig hinaus und lief sogar bis zum Treppenabsatz, um sich zu vergewissern, daß wir nicht belauscht wurden. Ich begriff, daß er mich mißverstanden hatte. Also machte ich ihm behutsam klar, daß er uns allein lassen sollte.

Er machte einen etwas geknickten Eindruck. Das kann ich gut verstehen. Das war schon das zweite Mal innerhalb von vier Tagen, daß er gebeten wurde, zu gehen. Aber Geoffrey hatte, genausowenig wie ich, keine andere Wahl. Ich kann doch Bernard nicht auf die Nase binden, daß Humphrey – ausgerechnet *er* – zur Zeit ein Sicherheitsrisiko darstellt.

Als Bernard weg war und sich vermutlich fragte, warum man ihn auf einmal für ein Sicherheitsrisiko hielt, war ich mit Humphrey allein. Ich wußte nicht, wie und wo ich anfangen sollte. Wir saßen uns ungefähr eine Minute schweigend gegenüber, bis ich den Mund aufmachte. Humphrey wartete geduldig.

»Humphrey«, begann ich schließlich räuspernd, »wir sollten unbedingt über etwas sprechen. Es ist sehr wichtig und sehr geheim.«

Ich kam nicht weiter. Humphrey beugte sich entgegenkommenderweise vor und wollte sich erheben. »Wäre es einfacher für Sie, wenn ich nicht dabei wäre?« fragte er.

»Es ist überaus schwerwiegend«, erwiderte ich.

Er bemühte sich um einen der Situation angemessenen Gesichtsausdruck. »Sehr wichtig, sehr geheim und überaus schwerwiegend?« fragte er mit ernster Stimme.

Ich nickte. »Humphrey, kommt Ihnen der Name Sir John Halstead bekannt vor?«

»Ja, natürlich, Premierminister. Er ist vor drei Wochen verstorben. Er war vor zehn Jahren Gegenstand einer Sicherheitsuntersuchung. Die mußte ich im Grunde genommen allein durchführen. Der alte MacIver war schon ein wenig gaga.«

Soweit, so gut. Ich fragte Humphrey, ob er belastendes Material gefunden hatte.

»Selbstverständlich nicht.« Er lächelte selbstsicher.

»Warum, selbstverständlich nicht?« fragte ich.

»Erst einmal ist John Halstead einer von uns gewesen. Wir beide waren seit Jahren befreundet. Zweitens hatte unsere Presse da auch nur irgend etwas vermutet. Und drittens geht es doch bei internen Sicherheitsuntersuchungen nur darum, keine Beweise zu finden.«

»Und wenn die Sicherheit des Königreichs auf dem Spiel steht?«

Er lachte. »Premierminister, wenn Sie meinen, daß das der Fall ist, müssen Sie die Geheimdienste bemühen. Im Fall von Untersuchungen durch die *Regierung* soll nur erreicht werden, die Medien zum Schweigen zu bringen, damit der Premierminister im Unterhaus sagen kann: ›Das haben wir sorgfältig untersucht, und wir fanden keinerlei Beweis, der den Verdacht erhärtet‹.«
»Aber angenommen, Sie hätten etwas Verdächtiges gefunden?«
»Premierminister, praktisch alles, was die Regierung macht, ist verdächtig. Auch, daß Bernard uns beide zu einem vertraulichen Gespräch alleinlassen mußte, kann man als verdächtig bezeichnen.«
Das überraschte mich. Aber warum eigentlich, er hat absolut recht. Wie dem auch sei, Humphrey fuhr fort und meinte, die ganze Geschichte sei eindeutig Unsinn gewesen, typische Fleet-Street-Sensationsmache. Er war so unheimlich selbstbewußt, daß er zwangsläufig ziemlich dumm dastehen würde, wenn ich ihm enthüllte, was ich wußte. Allmählich machte mir das Spielchen Spaß.
»Sie sind also davon überzeugt«, fragte ich blauäugig, »daß Sir John Halstead niemals für Rußland spioniert hat?«
»Ich bitte Sie«, verteidigte er ihn energisch, »das hat er bestimmt nicht, ausgeschlossen!«
»Dafür verpfänden Sie Ihre Beamtenehre!?«
»Sicher, ohne zu zögern.«
Jetzt kam der Todesstoß. »Wissen Sie, Humphrey, ich muß Ihnen leider sagen, daß er fast während des gesamten Zeitraums seiner Laufbahn russischer Spion war.«
Ich hatte ihn zum Schweigen gebracht. Aber nur für einen Augenblick. »Das glaube ich nicht«, sagte er trotzig, »wer behauptet das?«
Ich zuckte bedauernd mit den Schultern und schenkte ihm ein kleines, liebes Lächeln. »Er selbst. Er hat der Regierung seine privaten Papiere vermacht. Ein Geständnis ist auch dabei. Der MI5 sagt, es stimmt alles. Ja, Humphrey, es paßt alles zusammen.«
Humphrey war sprachlos. Das hatte ich wirklich noch nie erlebt und gebe zu, daß ich es in vollen Zügen genoß, wie er da vor

meinem Schreibtisch saß und ins Schwitzen kam. Er stotterte irgend etwas Unverständliches und versuchte, einen zusammenhängenden Satz herauszubringen. Das gelang ihm schließlich auch fast: »Ähm, aber, großer Gott, ich meine ... wissen Sie, er, er ... er war ...«

»Einer von uns?« ergänzte ich liebenswürdigerweise.

»Äh ... ja.« Er riß sich übermenschlich zusammen. »Wissen Sie, Premierminister, da stellen sich selbstverständlich eine ganze Menge Fragen.«

»Ja«, lächelte ich zustimmend, »und die erste stelle ich Ihnen. Warum haben Sie ihm nicht eine ganze Menge Fragen gestellt?«

Humphrey ahnte nicht, worauf ich hinauswollte. »Warum, Humphrey, hat Ihre Untersuchung ihn so schnell entlastet?«

Ihm wurde plötzlich klar, daß meine Fragen ihn betrafen. »Sie glauben doch nicht etwa ... es wird doch wohl niemand denken ...« Er wurde leichenblaß.

Da er nichts mehr sagte, wies ich ihn darauf hin, daß das alles sehr verdächtig sei. Ich fragte ihn, warum er sich nicht bemüht hatte, die Untersuchung ordnungsgemäß durchzuführen. Ich hatte immerhin der streng geheimen Akte entnehmen können, daß Humphrey Beweise für einen längeren Aufenthalt Halsteads in Jugoslawien vorgelegen hatten. Und kurz nach seiner Abreise aus Jugoslawien waren ein paar MI5-Agenten hinter dem Eisernen Vorhang aufgeflogen und für immer verschwunden.

Und dann gab es da noch eine ganz bestimmte Dolmetscherin, mit der Halstead oft zusammen war. Ich fragte Humphrey, was er über diese Dolmetscherin herausgefunden hatte.

»Es stellte sich heraus, daß die Dame russische Agentin war. Ja, das wußten wir. Aber die meisten jugoslawischen Dolmetscher sind russische Agenten. Jedenfalls die, die nicht CIA-Agenten sind.«

»Und das haben Sie nicht weiterverfolgt, das kam Ihnen nicht spanisch vor?«

»Ich war mit wichtigeren Dingen beschäftigt«, wehrte er sich schnippisch. Ich schaute ihn vorwurfsvoll an. »Drei Monate danach kam sie nach England und ließ sich in Oxford nieder. Sie wohnte 150 Meter von Sir Halsteads Haus entfernt. Sie waren

Nachbarn für die folgenden elf Jahre.«
Humphrey war völlig demoralisiert. Verzweifelt versuchte er, sich zu verteidigen. »Man kann doch nicht jedem Hinweis nachgehen, da weiß man doch nie, was man vielleicht herausfindet. Ich meine, wenn man erst einmal dermaßen mißtrauisch ist, muß man ja, äh ...«
»Sicherheitsuntersuchungen durchführen«, leistete ich ihm Formulierungshilfe.
Humphrey verteidigte sich, kurz gesagt, damit, daß Halstead ihm sein Wort gegeben hatte. Das Wort eines Gentleman. Und das Wort eines Gentleman stellt man selbstverständlich nicht in Frage, schon gar nicht, wenn beide Gentlemen zusammen in Oxford studiert haben.
Ich fragte ihn, ob er Anthony Blunt intensiver überprüft hätte. Humphrey sagte, das sei etwas ganz anderes. Blunt hätte in Cambridge studiert.
Ich hörte ihm geduldig zu, dann war ich aber leider gezwungen, ihm zu sagen, daß er ein ziemliches Problem für mich sei.
Er schreckte entsetzt zusammen. »Denken Sie vielleicht ... nein, Sie können doch nicht denken ... äh, ich meine, ich meine, äh ... ich spreche doch kein Wort Russisch.«
»Aber, Sie werden zugeben müssen«, sagte ich, »das war entweder Inkompetenz oder Komplizenschaft. Eins von beiden ...« Ich vollendete den Satz nicht. Die Schlußfolgerungen lagen klar auf der Hand. Humphrey regte sich wahnsinnig auf. »Komplizenschaft? Premierminister, ich gebe Ihnen mein Wort, das war keine Komplizenschaft.«
»Das Wort eines Gentleman?« fragte ich ironisch.
»Ja. Eines Oxford-Gentleman«, fügte er hektisch hinzu.
Ich weiß nicht warum, aber das befriedigte mich nicht ganz. »Was macht denn der Garten?« fragte ich.
Er atmete auf, lehnte sich locker zurück und fing an, mir von seinen Rosen zu erzählen, bis er kapierte, was hinter meiner Frage steckte. »Nein, nein, ich beschwöre Sie, Premierminister, keinen Urlaub zur Gartenarbeit!«
»Warum nicht?«
»Ich muß an meine Reputation denken.«

»Die haben Sie schon für Sir Johns Unschuld verpfändet.«
Ich sagte Humphrey, ich müßte lange und gründlich darüber nachdenken, was ich jetzt tun soll. Ich ließ durchblicken, daß ich Sir Arnold Robinson, seinen Vorgänger im Kabinettsamt, um Rat fragen werde, wie man eine Sicherheitsüberprüfung des Kabinettsstaatssekretärs durchführt. Und, ich warnte ihn davor, mit Sir Arnold zu sprechen, bevor ich mit ihm gesprochen hatte. Er versicherte mir hoch und heilig, das würde ihm nicht einmal im Traum einfallen.
[Welcher Teufel mag Hacker geritten haben, als er Sir Humphrey gegenüber äußerte, er würde wegen dieser Angelegenheit mit Sir Arnold sprechen? Und, warum glaubte er Sir Humphreys Beteuerungen, er würde nicht mit Sir Arnold sprechen? Mit diesen Fragen werden sich Historiker auch noch in hundert Jahren beschäftigen. Überflüssig zu sagen, daß Sir Humphrey und Sir Arnold schon am Abend desselben Tages auf einen Drink im Athenaeum Club zusammenkamen. Sir Arnold berichtet in seinem privaten Tagebuch ausführlich von dem, was dort erörtert wurde – d.H.]

Traf im Klub auf einen verwirrten und verängstigten Appleby. Nach einem Brandy offenbarte er mir die Ursache seiner Panik. Offenbar glauben der Premierminister und Geoffrey Hastings vom MI5, er könnte möglicherweise ein Spion sein, weil er Halstead damals entlastet und Halstead in seinem Testament alles zugegeben hat.
Humphrey fragte mich, was er tun sollte. Ich sagte ihm, es kommt ein bißchen darauf an, ob er spioniert hat oder nicht. Es schien ihn zu entsetzen, daß ich diesen Verdacht zu äußern gewagt hatte, aber ich wies ihn darauf hin, daß man immer mit allem rechnen muß.
Humphrey brachte zu seiner Verteidigung eine Reihe zwingender Argumente vor.

1. Er war nicht in Cambridge.
2. Er ist ein verheirateter Mann.
3. Er ist einer von uns.
4. Er war sein Leben lang Beamter.
5. Im Gegensatz zu John Halstead, hat er nie an irgendwelche »gerechten Sachen« geglaubt.

Völlig zu recht nimmt Humphrey für sich in Anspruch, daß er sein Leben lang an überhaupt nichts geglaubt hat.

6. Er, im Gegensatz zu Halstead, hatte nie Ideen – vor allem keine originellen Ideen.

Diese Argumente sind überzeugend – aber nicht schlüssig.
Wie immer dem auch sei, ich gelangte zu der Einsicht, daß es auf kurze Sicht gesehen nicht von Belang ist, ob Humphrey Appleby ein Spion ist. Ich stimme mit ihm darin überein, daß wir, egal ob er ein Spion ist oder nicht, dafür sorgen müssen, daß das niemand erfährt.
Als Präsident der »Kampagne für Informationsfreiheit« bin ich jetzt natürlich in der glücklichen Lage, dafür Sorge tragen zu können, daß sensible Informationen nicht an die Presse gelangen. Das Weitergeben von Informationen an Moskau ist unverzeihlich –, aber das Weitergeben von Informationen ist immer unverzeihlich. Es könnte in der Tat unverzeihlicher sein, Informationen an das Kabinett weiterzugeben, als sie Moskau zuzuspielen.
Der Dreh- und Angelpunkt ist, daß ein Skandal diesen Ausmaßes die Autorität des Civil Service ernsthaft untergraben könnte. Und das wiederum könnte zur Folge haben, daß die Politiker an Einfluß gewinnen – wie in Amerika. Die könnten womöglich darauf kommen, ihre abgehalfterten, lahmen Parteiklepper vor den Regierungskarren zu spannen; und machen sie zu Staatssekretären und Stellvertretenden Staatssekretären. Oder sogar zu Ministerialdirigenten. Die Spitzenpositionen im Civil Service würden mit Leuten besetzt werden, die nur das täten, was die Politiker von ihnen erwarten. Das wäre absolut undenkbar! Es gibt kein Geheimnis, dessen Weitergabe an Moskau Großbritannien auch nur ein Zehntel des Schadens zufügen würde, der irreparabel entstünde, wenn unser Land so regiert würde, wie das Kabinett sich das vorstellt. Deshalb darf Humphrey auf gar keinen Fall gestehen, auch wenn er schuldig ist, nicht; das habe ich ihm ans Herz gelegt.
Er wiederholte mehrmals, er hätte nichts zu gestehen. Wie dem auch sei, die andere Möglichkeit ist immer noch gegeben. Ich bat ihn, rein theoretisch, davon auszugehen, daß er unschuldig ist.
Er dankte mir nachgerade überschwenglich. Ich machte ihn noch einmal darauf aufmerksam, daß ich lediglich rein theoretisch und

absolut unverbindlich von dieser Annahme ausginge. Unglücklicherweise hat er sich aber, wenn er sich wirklich nicht der Spionage schuldig gemacht haben sollte, in höchstem Maße der Inkompetenz schuldig gemacht.

Den Vorwurf der Inkompetenz wies er entrüstet zurück. Er erinnerte mich daran, daß ich ihn zum Sekretär der Halstead-Untersuchung gemacht hatte. Er versuchte sogar, mir weiszumachen, ich hätte ihm gegenüber angedeutet, man würde von ihm erwarten, daß er keine Beweise gegen Halstead findet.

Das wies *ich* natürlich entrüstet zurück; er hat keinen schriftlichen Beweis – dafür habe ich damals gesorgt. Er bekam natürlich nur den üblichen Aktenvermerk, in dem er angewiesen wurde, nichts unversucht zu lassen; und ohne Ansehen der Personen die Wahrheit ans Licht zu bringen, ganz gleich, wie unangenehm sie auch immer sein möge.

Ich habe selbstverständlich eine Kopie dieses Aktenvermerks zu den Kabinettsamtsakten gegeben, so daß jetzt niemand Humphreys Behauptungen Glauben schenken kann.

Dennoch bat ich ihn, mir glaubwürdig zu versichern, daß man nie wieder ein Sterbenswörtchen von meiner angeblichen Mitschuld hören wird. Er gab mir diese Zusicherung, und wir wandten uns wieder der Frage *seiner* Inkompetenz zu. Ich sagte ihm, wir beide könnten vielleicht davon ausgehen, daß er seiner Aufgabe gerecht geworden ist, aber es würde schwer sein, das den Politikern nahezubringen.

Er fragte mich, ob die Politiker das denn erfahren müssen. Wir kamen zu dem Schluß, daß man das, wenn möglich, vermeiden sollte. Aber die größte Gefahr ist der Premierminister: er könnte immerhin rumlaufen und es jedem erzählen.

Humphrey darf nicht zulassen, daß es dazu kommt. Das muß unbedingt verhindert werden. Der Premierminister könnte diese Geschichte unter Umständen im Kabinett zum besten geben. Und die beschließen dann möglicherweise, Humphrey zu suspendieren und befördern ihn zum Vorsitzenden der Kriegsgräberkommission!

Humphrey hatte diese entsetzlichen Möglichkeiten nicht in Erwägung gezogen. Das hätte er tun sollen. Mir ist es ehrlich gesagt egal, was aus Humphrey wird. Er ist ersetzbar. Das sagte ich ihm auch unmißverständlich. Er wies es empört zurück, aber es stimmt trotzdem.

Auch wenn Humphrey ersetzbar ist, dürfen wir nicht zulassen, daß die Politiker künftig prinzipiell davon ausgehen können, sie dürften hohe Verwaltungsbeamte wegen Inkompetenz abschieben. Das wäre der Anfang vom Ende. Dann müßten Dutzende unserer Jungs dran glauben. Hunderte, vielleicht. Sogar Tausende!
Deshalb riet ich Humphrey, sich während der nächsten paar Tage für den Premierminister so unentbehrlich zu machen, daß er es sich nicht leisten kann, ihn gehen zu lassen. Ich fragte Humphrey, worauf der PM zur Zeit ganz besonders scharf sei: auf Popularität; natürlich, darauf sind alle Politiker andauernd scharf.
Bei der größten aktuellen Nachrichtenstory geht es um einen entlaufenen Hund, der sich seit Tagen auf dem Truppenübungsplatz Salisbury Plain aufhält. Ich schlug ihm vor, den PM dabei eine populäre Rolle spielen zu lassen.

[Sir Humphreys Tagebuch enthält nur eine kurze Anmerkung zu dem Gespräch mit Sir Arnold. Möglicherweise lag ihm nicht viel daran, schriftlich festzuhalten, daß Sir Arnold ihn für ersetzbar hielt, was ihn tiefer getroffen haben mag als die Andeutung, er könnte vielleicht ein Spion gewesen sein. Wie immer dem auch sei, in aller Ausführlichkeit berichtet Sir Humphrey von einem Gespräch, das er am nächsten Tag mit Sir Norman Block[102] führte, um ihn mit einem Plan vertraut zu machen, der eindeutig auf Sir Arnold Robinsons Ratschlägen basierte – d.H.]

Gestern im Club mit Arnold gesprochen. Er machte mir ein oder zwei durchaus brauchbare Vorschläge; vor allem soll ich versuchen, dem PM noch vor dem Wochenende bei den Meinungsumfragen auf die Beine zu helfen.
Für Hacker scheint sich diesbezüglich nur die Möglichkeit abzuzeichnen, dem entlaufenen Hund auf Salisbury Plain zu helfen. Arnold schien wohl andeuten zu wollen, ich müßte den PM dazu bringen, auf Salisbury Plain mit einem Minensuchgerät und einem Päckchen Hundekuchen durchs Gelände zu robben. Das hätte für Großbritannien vermutlich nicht so furchtbare Folgen wie das, was er sonst tun könnte.
Heute kam Norman auf einen Sprung zu mir ins Kabinettsamt. Er fragte mich sofort neugierig, wie sein Minister seine Sache im Kabinett

gemacht hatte. *[Als Kabinettsstaatssekretär nahm Sir Humphrey Appleby an allen Kabinettssitzungen teil. Andere Staatssekretäre waren generell nicht anwesend, wenn sie nicht ausdrücklich dazu aufgefordert wurden – d. H.]*

Ich sagte Norman, daß sich sein Minister, obwohl das gesamte Kabinett über ihn hergefallen war, standhaft geweigert hatte, den vorgesehenen Kürzungen der Verteidigungsausgaben zuzustimmen. Norman zeigte sich überaus erfreut, das bestärkte ihn in seiner Meinung, gute Arbeit geleistet zu haben.

Ich sagte ihm, er müßte mir in einer ziemlich heiklen Angelegenheit einen kleinen Gefallen tun. Er nahm an, ich würde von Cruise-Missiles, chemischer Kriegsführung oder SDI sprechen und war überrascht, als ich ihm offenbarte, es ginge mir um den entlaufenen Hund auf Salisbury Plain.

Norman äußerte zuversichtlich, daß es da keine Probleme geben wird, da man die Situation absolut unter Kontrolle hat. Der Hund, prophezeite er, wird spätestens am Wochenende verhungert sein. Dann wird die Army den Kadaver bergen und ihn direkt draußen vor den Toren feierlich beerdigen. Er hatte die Absicht, einen Fototermin anzusetzen und wußte auch schon genau, wie man Army und Verteidigungsministerium publicitywirksam ins Bild bringen konnte: Das Gardekorps sollte mit präsentiertem Gewehr an Benjys Grab stehen, und der Kommandeur sollte das einsame, weinende Waisenkind Linda trösten. Das Fernsehen würde garantiert darüber berichten, sämtliche Sonntagsblätter würden traumhafte Fotos abdrucken.

Ich hörte ihm andächtig zu und schlug dann vor, den Hund zu retten.

Norman ging in die Luft. Er sagte, das sei zu gefährlich. Abgesehen davon würden benötigt:

a) Ein Königliches Pionierkorps mit Minensuchgeräten.
b) Ein Trupp des Veterinärkoprs mit Betäubungspfeilen.
c) Ein Hubschrauber (womöglich sogar zwei) mit Seilwinde.
d) Ein paar hunderttausend Pfund.

Und das alles für einen Hund, den man in der nächsten Tierhandlung für einen Fünfer haben kann.

Das weiß ich natürlich alles. Ich ließ mich nicht davon abbringen und fragte Norman beharrlich, ob man den Hund, technisch gesehen, retten *könnte*. Ohne zu zögern antwortete er, technisch gesehen könnte man alles machen, wenn man das Geld dazu hat. Er meinte aber, das wäre blanker Wahnsinn: das Verteidigungsministerium wird zur Zeit vom PM unter Druck gesetzt, Ausgaben zu kürzen; warum, um Himmels willen, sollte man Hunderttausende verschwenden, nur um vor den Augen der Weltpresse einen Hund zu retten?

Norman sah nur das *Problem*. Ich drehte den Spieß um und wies ihn auf die *Gelegenheit* hin: Würde der Premierminister veranlassen, daß der Hund gerettet wird, wäre es Hackers Initiative; würde es ihm danach nicht ein wenig schwerer fallen, Kürzungen des Verteidigungsetats durchzusetzen?

Norman war sprachlos und sah mich schweigend an. Dann lächelte er, ein glückseliges Lächeln und sagte, ich würde mich selbst übertreffen. Und damit steht für mich fest, daß ich die Krise überwunden habe und wieder ganz der alte bin. Ich machte Norman mit den Bedingungen vertraut:

1) Die tatsächliche Höhe der Kosten erfährt Hacker erst nach der Rettung.
2) Das Rettungsunternehmen wird bei Wahrung strengster Vertraulichkeit sofort vorbereitet.
3) Der PM erntet den Ruhm – das ist Jim Hackers Nummer.

Norman war sofort einverstanden.

[Appleby Papiere 28/13/GFBH]

[Und nun wieder zu Hackers Tagebuch – d. H.]

27. Juni

Heute war Sir Arnold Robinson zum erstenmal nach seiner Pensionierung wieder in »Nummer 10«, um mit mir ein vertrauliches Gespräch wegen Humphrey zu führen. Der MI5 hatte ihn informiert. Er hält das alles für eine schlimme, höchst bedauerliche Sache. Ich ging noch einen Schritt weiter und sagte, das sei eine Katastrophe. Arnold hatte offenbar den Eindruck, ich würde übertreiben.

»Nein, das ist sicher keine Katastrophe, Premierminister. Das wird nie jemand erfahren.«

»Sie meinen«, fragte ich, »so etwas ist nur eine Katastrophe,

wenn es jemand erfährt?«
»Selbstverständlich.«
Vielleicht hat er recht. Wenn es niemand erfährt, ist es vermutlich nur eine Peinlichkeit und keine Katastrophe. *[Sollte der Kabinettsstaatssekretär ein Spion sein, würde es sich um eine schwerwiegende, aber stillschweigenswürdige politische Peinlichkeit handeln – d. H.]*
Zu meiner großen Freude stellte sich aber heraus, daß es keine Katastrophe war, denn man hatte neues Entlastungsmaterial gefunden. Sir Arnold hatte das Beweismittel, aus dem eindeutig hervorging, daß Humphrey kein Spion war, mitgebracht.
»Der MI5 fand heute morgen bei den Halstead-Papieren dieses Dokument hier. Es stammt aus seinen privaten Aufzeichnungen.«
Er übergab es mir, und ich las es mit gemischten Gefühlen, die ich nur schwer beschreiben kann. Vielleicht so: Erleichterung, Freude und Schadenfreude.

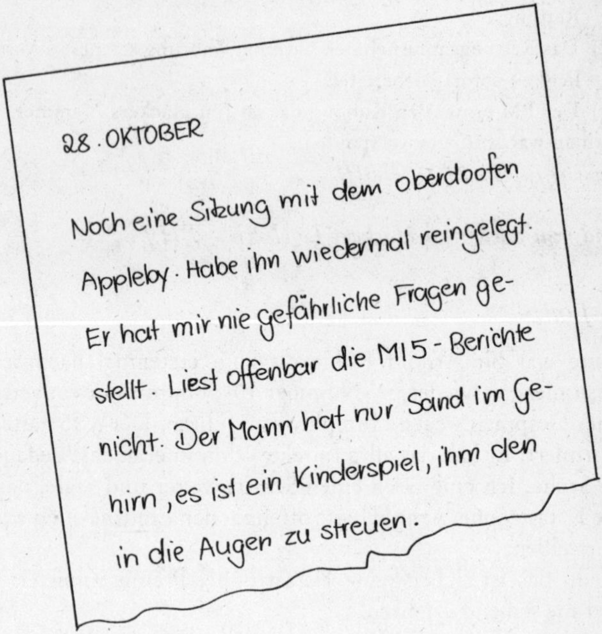
28. OKTOBER

Noch eine Sitzung mit dem oberdoofen
Appleby. Habe ihn wiedermal reingelegt.
Er hat mir nie gefährliche Fragen ge-
stellt. Liest offenbar die MI5-Berichte
nicht. Der Mann hat nur Sand im Ge-
hirn, es ist ein Kinderspiel, ihm den
in die Augen zu streuen.

Ich habe noch nie etwas gelesen, worüber ich mich so wahnsinnig gefreut habe.
Arnold nahm an, ich würde mich so freuen, weil dieses Papierchen Humphrey voll und ganz entlastete. Er wollte das unbezahlbare Beweismittel sofort wiederhaben, aber ich bestand darauf, es zu behalten.
Arnold war der Ansicht, damit sei die Sache erledigt, denn nun gäbe es ja nichts mehr zu untersuchen. Aber ich wies ihn darauf hin, daß die Frage der Inkompetenz noch lange nicht vom Tisch war.
»Wir machen alle mal Fehler«, sagte Arnold milde lächelnd.
»Aber nicht so schwerwiegende«, erwiderte ich streng. »Sollte ich ihn rausschmeißen?«
Arnold hielt diesen Vorschlag offensichtlich nicht für diskussionswürdig. Sorgenvoll den Kopf schüttelnd, tat er meine Frage als unwesentlich ab: »Das sollten Sie nicht tun.«
»Warum nicht?« fragte ich. »Sollte man Beamte nie rausschmeißen?«
Arnold antwortete bedachtsam formulierend. »Wenn sie es verdient haben, natürlich. Im Prinzip. Aber nicht in der Praxis.«
»Wieso nicht?« fragte ich und sah ihn ungläubig an. Er erklärte mir, es müßte erst eine Untersuchung geben, bevor man Humphrey rausschmeißen kann. Und alle Untersuchungen über die Inkompetenz von Beamten haben anscheinend immer irgendwie dazu geführt, daß Fehler von Ministern aufgedeckt wurden. Trotzdem erbot sich Arnold spontan, den Vorsitz eines unparteiischen Untersuchungsausschusses zu übernehmen.
Ich dachte nochmal darüber nach. Da ich schon seit einigen Jahren Humphreys Minister bin, kam ich zu dem Schluß, daß Vorsicht die Mutter der Porzellankiste ist. Ich dankte Arnold für seine Unterstützung, verabschiedete ihn und ließ Humphrey kommen.
»Ah, Doofi, äh, Humphrey«, versprach ich mich, als er zur Tür reinkam. Er sah mich etwas irritiert an, wußte natürlich nicht, was er davon halten sollte, und nahm Platz.
Ich erlöste ihn sofort von seinen Qualen. Ich sagte ihm, es sei eindeutig erwiesen, daß er kein Spion ist.

Er atmete natürlich unheimlich erleichtert auf und fragte, wodurch.
»Ich habe hier etwas Schriftliches von Sir John Halstead vorliegen«, antwortete ich.
»Das ist wirklich sehr erfreulich«, sagte er.
Ich jubilierte innerlich. »Nicht wahr!« meinte ich. »Ich wußte, daß Sie das beglückt.«
»Darf man das Dokument lesen?« fragte er.
»Aber ja, das darf man, Humphrey. Nein, es wäre besser, wenn es jemand jemandem vorliest.« Ich las es ihm langsam, laut und deutlich vor.
»›17. August. Noch eine Sitzung mit dem oberdoofen Appleby. Habe ihn wieder mal reingelegt.‹«
Humphrey wurde puterrot wie eine überreife Tomate. »Ich verstehe. Vielen Dank, Premierminister.« Er griff nach dem wertvollen Entlastungsmaterial.
»Nein, Humphrey, es geht noch weiter«, sagte ich, »Sie werden noch viel mehr entlastet. ›Er hat mir noch nie gefährliche Fragen gestellt. Liest offenbar die MI5-Berichte nicht. Der Mann hat nur Sand im Gehirn, es ist ein Kinderspiel, ihm den in die Augen zu streuen.‹« Ich schaute meinen guten alten Humpy strahlend an. »Ist das nicht wundervoll? Ich nehme an, daß Sie sich jetzt wahnsinnig freuen.«
Er schürzte die Lippen. Humphrey kochte deutlich sichtbar vor Empörung. »Ich wußte immer, daß John Halstead keine Menschenkenntnis hat«, knurrte er mich wütend an.
Ich tat so, als würde mich diese seine Aussage in Angst und Schrecken versetzen. »Sie meinen ... das stimmt alles nicht? ... Der hat gelogen?«
Humphrey kam ins Schleudern. Er sah ein, daß er keine andere Wahl hatte, als die Wahrheit zu gestehen. Sehr zögernd gab er zu, daß Halsteads Tagebuchführung der Wahrheit entsprach, wollte mir aber dann, natürlich, sofort weismachen, Halstead sei nicht klug genug gewesen, um seine raffinierte Vernehmungstechnik zu durchschauen. Er sagte, er hätte die »Verhör-durch-Vertrauen-Taktik« angewandt.
Ich nickte verstehend. »Ah ja! Sie haben ihn in Sicherheit ge-

wiegt«, bemerkte ich harmlos.
»Ja«, sagte Humphrey. »Nein«, sagte Humphrey, als er kapierte, was ich gemeint hatte. »Ich nehme an«, fügte er hinzu, »dann wäre das ja wohl aus der Welt geschafft.«
»Die Frage der Komplizenschaft? Aber natürlich«, sagte ich. Humphrey lehnte sich aufatmend zurück. »Aber da bleibt immer noch die Frage der Inkompetenz.«
Er leckte sich nervös die Lippen. »Premierminister, ich bitte Sie inständig ...«
»Humphrey«, sagte ich, »würden Sie jemandem, der für Sie arbeitet, eine derartige Inkompetenz verzeihen?«
»Das ist lange her«, flehte er mich an, »damals standen wir unter Streß. Da galt es, schwerwiegenderen Aufgaben gerecht zu werden.«
»Denen müssen Sie jetzt aber auch gerecht werden«, sagte ich drohend.
Aber dann machte er alles wieder gut, was er angestellt hatte. Wenn Humphrey hilflos im Seil hängt, ist er unbezahlbar. »Premierminister«, begann er, »ich habe intensiv über die Verbesserung Ihrer Popularitätskurve nachgedacht.«
Da war ich natürlich sofort hellwach. Ich wartete darauf, daß er weitersprach.
»Eine starke Regierung braucht einen populären Premierminister.«
Wie wahr! Er ließ mich wieder einen Moment schmoren. Ich sah ihn scheinbar gelassen an.
»Ich finde, Sie sollten etwas in höchstem Maße Populäres tun.«
Ich wurde ungeduldig. »Ja, natürlich sollte ich das«, sagte ich, »aber was denn?«
Ich hatte alles, aber nicht das, was er mir dann vorschlug, erwartet. »Ich wollte eben vorschlagen, daß Sie etwas zur Rettung des armen kleinen Hündchens auf Salisbury Plain unternehmen.«
Im ersten Moment dachte ich, er will mich auf den Arm nehmen.
»Ja, selbstverständlich wäre das populär, aber es wäre doch bestimmt nicht billig?«
»Bestimmt nicht!?« erwiderte Humphrey.
[Aufmerksamen Beobachtern des Civil Service wird der Zweiklang

dieser geschickten Antwort nicht entgehen – keine Lüge, aber wohl auch kaum die Wahrheit offenbarend – d. H.]
Er sagte mir, es würde nicht mehr viel Zeit bleiben. »Wir müssen noch heute vormittag eine Entscheidung treffen, sonst wird der arme kleine Benjy verhungern.« Ich wußte nicht, was ich tun sollte. Dann appellierte Humphrey an meine Gefühle. »Hin und wieder muß man schon der Stimme des Herzens folgen. Selbst als Premierminister.«
Er hat recht! Ich gab ihm grünes Licht. Er rief sofort Sir Norman an. Er sagte mir, er hätte die Army schon in Bereitschaft versetzen lassen und nur noch auf mein Einverständnis gewartet.
Ich war begeistert von ihm. Ich hatte nur eine Sorge. »Humphrey, das wird doch nicht so aussehen, als wäre ich hier auf ein bißchen billige Popularität aus, oder?«
»Aber, ich bitte Sie, Premierminister, keinesfalls«, antwortete er mit Entschiedenheit. Dann hatte man ihn endlich mit dem Verteidigungsministerium verbunden, und er sprach mit Sir Norman. »Norman? ... ›Sitzt-bei-Fuß-Gassi‹!«
Das war offenbar der Code für den Beginn des Unternehmens »Lassie, komm nach Hause«.

28. Juni

Heute haben sie Benjy gerettet. Ich gehe davon aus, daß ich morgen unheimlich populär bin.
Ich hab's mir in den Achtzehn-Uhr-Nachrichten angesehen. Es war wahnsinnig aufregend; ich fühlte mich wie der Oberbefehlshaber einer bedeutenden militärischen Operation. Ich kam mir vor wie Mrs. Thatcher während der Falkland-Krise, ach was, mehr als das – schon richtig churchillianisch. Das Land braucht einen starken, entschlossenen, harten Führer wie mich.
Die Rettungsaktion auf Schießplatz »C« begann am frühen Nachmittag. Vier Sonderkommandos des Königlichen Pionierkorps haben sich von vier Seiten vorsichtig dem Gebiet genähert, wo man Benjy zuletzt gesichtet hatte. Erst nach einer Stunde hatten sie ihn aufgespürt. Dann hat einer der Jungs vom Königlichen Veterinärkorps einen Betäubungspfeil abgeschossen. Wir sahen,

wie Benjy umfiel, vorübergehend bewußtlos.
Die Truppen konnten den Schießplatz nicht betreten, weil die Gefahr bestand, daß dann Minen detonieren und Benjy verletzen würden. Also haben sie einen Hubschrauber der Königlichen Marine mit einem Rettungsteam an Bord eingesetzt; die ließen einen Mann an einer Seilwinde runter, und der hat dann, ohne daß er das gefährliche Gelände betreten mußte, Benjy geborgen. Er wurde in Sicherheit geflogen, und wenig später war er wieder mit seiner kleinen Waisen Linda vereint, die ihn, außer sich vor Freude, in die Arme schloß. Ich glaube, sie hatte die Hoffnung schon aufgegeben, ihn jemals lebend wiederzusehen. Ich war so sehr von meiner weisen Entscheidung und meiner liebenswürdigen Menschlichkeit überwältigt, daß ich ein bißchen geweint habe. Ich schäme mich nicht, das zuzugeben.
Annie vergoß auch ein paar Freudentränen. Ich hatte ihr nicht gesagt, daß ich die Rettung des Hündchens veranlaßt hatte. Bei unserem letzten Gespräch über Linda und Benjy sagte ich noch, das sei Geldverschwendung.
Ihr liebes, kleines Gesicht strahlte vor Freude und Glück, die sie für das Kind empfand.
Ich sagte ihr, ich hätte noch einmal lange darüber nachgedacht. »Ich habe über das, was du gesagt hast, nachgedacht und dachte ›regieren heißt immer sich sorgen‹.«
»Sich um Stimmen sorgen?« fragte sie.
Ich war ein bißchen sauer. »Das ist aber nicht nett von dir, Annie, ich dachte immer nur an Linda und daran, wie wichtig Benjy für sie ist. Für mich zählt auch der Einzelne ... selbst in der Welt der Budgets und der Bilanzen. Es gibt bestimmt kritische Stimmen, aber wenn man das Richtige tun will, muß man auch so etwas tun, selbst auf Kosten der Popularität.«
Ich fand, das hörte sich sehr gut an. Das werde ich morgen während der Fragestunde im Unterhaus sagen. Das kommt bestimmt unheimlich an.
Annie hat es auch gefallen. *[Es ist durchaus möglich, daß Hacker »Annie war drauf reingefallen« gesagt hat, aber die Worte, die er seinem Diktiergerät anvertraute, sind überaus undeutlich gesprochen, was unter Umständen auf einen von Erregung und Rührselig-*

keit dominierten Geisteszustand schließen läßt – d.H.]
Sie gab mir einen Kuß und sagte, sie würde mich deswegen bestimmt nicht kritisieren. »Jetzt ist mir zum erstenmal, seit wir in ›Nummer 10‹ wohnen, klargeworden, warum jemand Premierminister ist.« Sie tickt nicht richtig.

29. Juni

Was die Morgenblätter schrieben, war einfach fabelhaft. Es übertraf meine kühnsten Erwartungen.

Ich zeigte Humphrey die Zeitungen. Er freute sich mit mir. Sogar die Leitartikel waren positiv. »Heute hat Großbritannien erfahren, daß in Downing Street 10 ein menschliches Herz schlägt.« Ich zeigte Bernard die Artikel. Der sonderte wieder sein typisches Gesabbel ab. »Eigentlich schlagen vierundsiebzig menschliche Herzen in ›Nummer 10‹.« Aber er lächelte trotzdem selig.
Dann unterlief mir im Gespräch mit Humphrey ein kleiner, taktischer Fehler. Ich sagte ihm, das hätte ich ja gewußt, und daß ich nun mal einen Instinkt habe für das, was der Bürger will. Das stimmt natürlich auch – aber in diesem Fall war die Idee, den Hund zu retten, eigentlich von Humphrey gekommen, und als er mich daran erinnerte, bedankte ich mich selbstverständlich herzlich bei ihm. Aber da Humphrey sonst immer nur unheimlich miserable Ideen hat, gebührt mir eigentlich doch die Ehre, weil ich gemerkt habe, daß er endlich mal eine gute Idee hatte. Aber ich ließ ihn in dem Glauben, das sei sein Vorschlag gewesen, so etwas dient der Arbeitsmoral.
Da er sich in dieser Angelegenheit als ziemlich hilfreich erwiesen hatte, tat ich ihm den Gefallen, um den er mich bat. Er wollte die Frage seiner Inkompetenz, die er bei der Halstead-Untersuchung an den Tag gelegt hatte, aus der Welt geschafft haben. Ich war sofort einverstanden. Warum nicht? Er hatte ja keinen Schaden angerichtet.
Dann sprachen wir über die Kabinettstagesordnung, nachdem wir noch schnell mit diebischer Freude ein paar Zeitungsartikel überflogen hatten. Herrliche Zitate! Linda hatte gesagt: »Meine Stimme geht an Mr. Hacker.« Da stand, BBC und ITV hätten jede Menge Anrufe von Bürgern bekommen, die meiner Entscheidung, Benjy retten zu lassen, begeistert zugestimmt hatten. Und in der »Times« stand sogar, der Oppositionsführer hätte für einen Kommentar nicht zur Verfügung gestanden. Das glaube ich gern! Der hatte doch nur die Wahl, mich zu unterstützen oder Benjy verhungern zu lassen! Ja, den habe ich endlich mal voll erwischt!
Als wir dann endlich über die Tagesordnung sprachen, schlug Humphrey vor, wir sollten Punkt Drei vertagen – die Kürzung der Verteidigungsausgaben. Er wollte, daß wir den Entwurf erst

mal dem ÜVA[103] vorlegen. Dazu sah ich keine Veranlassung – ich wollte bis Donnerstag eine Entscheidung des Kabinetts und nicht im nächsten Sommer eine sechzigseitige Vorlage zur zehnten Fassung des Entwurfs.
Aber dann traf mich der Blitz aus heiterstem Himmel. Humphrey offenbarte mir, daß Benjys Rettung 310000 Pfund gekostet hatte. Das konnte unmöglich stimmen. Aber diese Zahl hatte man im Verteidigungsministerium auf der Basis der tatsächlichen Gesamtkosten errechnet.
Mir blieb die Luft weg. »Humphrey«, sagte ich entsetzt, »wir müssen was tun!«
»Bringen wir Benjy wieder zurück?« schlug Bernard vor.
Obwohl ich schockiert hinter meinem Schreibtisch saß, hielt ich es alles in allem immer noch für eine kluge und richtige Entscheidung – gut, das mag ja 310000 Pfund gekostet haben, aber ich hatte die Zuneigung Hunderttausender meiner Landsleute gewonnen. *[Es wäre möglicherweise zutreffender gewesen, hätte Hakker geschrieben, daß er die Zuneigung seiner Landsleute gekauft hatte. Mit Steuergeldern – d.H.]*
Dann packte mich das kalte Grauen, als mir dämmerte, was für katastrophale Folgen das haben konnte. Na ja, von selbst hat's eigentlich nicht bei mir gedämmert – Humphrey brachte mich darauf. »Wir müssen die Diskussion der Verteidigungsausgaben nicht vertagen, aber das wäre eine überaus mutige Entscheidung.«
Mir blieb fast das Herz stehen. »Äh, was, eine mutige? Warum?«
»Werden die Verteidigungsausgaben gekürzt, sickern die Kosten für die Rettung des Hundes bestimmt an die Presse durch.«
»Nein, bestimmt *nicht*«, sagte ich schwach, aber ich wußte, er hatte recht. Er schüttelte den Kopf und lächelte ein mitleidiges Lächeln. »Wenn natürlich das Personal des Verteidigungsministeriums ihr Vertrauen hinsichtlich Verschwiegenheit und Loyalität genießt ...«
Ein absolut lachhafter Gedanke. Wie könnte ich denen je trauen? Die sind doch alle undicht wie alte Eimer.
Humphrey streute noch kräftig Salz in die offene Wunde. »Ach, ich sehe schon die Schlagzeilen. PREMIERMINISTER RET-

TET HUND AUF KOSTEN DER BRITISCHEN LUFTVERTEIDIGUNG. Das wäre eine fabelhafte Story.«

»Eine hundehaarige Story«, fügte Bernard witzigerweise hinzu. Manchmal möchte ich ihn wirklich erschlagen.

Traurig dachte ich über die Situation nach. Seit Monaten kämpfe ich wie ein Tiger, um die Kürzungen der Verteidigungsausgaben durchzukriegen. Und jetzt werde ich, nur weil ich eine einzige impulsive, gutherzige Entscheidung getroffen habe, übers Ohr und in die Pfanne gehauen.

»Natürlich«, murmelte Humphrey, »würde das nur herauskommen, wenn ...«

Ich fragte mich urplötzlich, ob das ein Komplott war, ob Humphrey mich vielleicht überredet hatte, den Hund retten zu lassen, um zu erreichen, daß die Diskussion der Verteidigungsausgaben vertagt wird.

Aber mir wurde ziemlich schnell klar, daß das nackter Verfolgungswahn war. Dafür ist Humphrey nicht clever genug, und sowas würde er mir auch nie antun.

Er hatte mir wirklich nur netterweise sagen wollen, daß irgend jemand vom Verteidigungsministerium die Story bestimmt an die Presse durchsickern lassen würde, wenn ich die Kürzungen des Verteidigungsetats nicht zurückstelle. Er hatte recht. Es würde garantiert mindestens einer von denen versuchen, mich damit zu erpressen.

»Ich werde mich aber nicht erpressen lassen«, sagte ich Humphrey unmißverständlich.

»Das will ich nicht hoffen«, sagte Humphrey. Und sah mich abwartend an.

Je länger ich darüber nachdachte, um so klarer wurde mir, daß ich keine Wahl hatte. Also versuchte ich, beste Miene zum bösen Spiel zu machen.

»Andererseits«, begann ich vorsichtig, »darf man auch nicht zu viel kürzen. Die Verteidigung des Königreichs ist erste Pflicht des Kabinetts. Und Krisen gibt es doch immer: Korea, die Falklands, Benjy.«

»Benjy«, echoten Bernard und Humprey unisono zustimmend.

»Ja«, schlußfolgerte ich, »ich glaube, ich bin etwas voreilig gewesen.« Ich sagte Humphrey, man müßte über Punkt Drei der Kabinettstagesordnung – die Verteidigungsausgaben – möglicherweise noch mal gründlich nachdenken. Ich wies Humphrey an, sie dem Ausschuß vorzulegen. Ich konnte Humphreys respektvollem Gesichtsausdruck entnehmen, daß er das für eine sehr vernünftige Entscheidung hielt.

»Und sagen Sie denen, es eilt nicht so, ja!?«

»Ja, Premierminister.«

Anmerkungen

[1] MINISTERIUM FÜR VERWALTUNGSANGELEGENHEITEN

[2] Das sind die offiziellen Aktenkoffer, die die Regierungspapiere enthalten, die den Regierungsmitgliedern jeden Abend, oder für das Wochenende, als Hausaufgaben mitgegeben werden

[3] Sir Arnold Robinson, Kabinettsstaatssekretär und somit der ranghöchste Beamte Großbritanniens

[4] Sir Arnold Robinson

[5] Kabinettsstaatssekretär, derselbige AR

[6] Ein kleiner Ausschuß, dem neben anderen der Ständige Staatssekretär des Schatzamtes und der Chef des Civil Service angehörten, mußte diese Empfehlung vorlegen. Der Premierminister hatte praktisch keine andere Wahl, als Sir Arnolds Vorschlag zu akzeptieren, vor allem deshalb nicht, weil Sir Arnold ihm versicherte, daß seine Kollegen der Empfehlung voll und ganz zugestimmt hätten

[7] Der Rhodesische Premierminister I. D. Smith hatte 1965, nach dem Sieg der radikalen »RHODESIAN FRONT«, einseitig die Unabhängigkeit erklärt. Daraufhin erklärte die britische Regierung die Regierung Smith für abgesetzt und verhängte ein Embargo und Sanktionen. Doch diese Maßnahmen wurden, obwohl die UN sich ihnen angeschlossen hatte, von westlichen Firmen permanent unterlaufen

[8] Im Gespräch mit den Herausgebern

[9] siehe Seite 29

[10] Im Gespräch mit den Herausgebern

[11] Ähnliche Gerüchte kursierten in Whitehall zur Zeit des überraschenden

[12] Rücktritts von Mr. Harold Wilson, der von 1964 bis 1970 und von 1974 bis zu seinem Rücktritt 1976 Premierminister war

[12] Chief Whip: Seit dem 18. Jahrhundert wird der Ausdruck ›Whip‹ im britischen Parlament benutzt. Er ist die Kurzform von »whipper-in« (Pikör). Hierbei handelt es sich um den Jäger, der bei der Parforcejagd gegebenenfalls die Meute mit der Peitsche zusammenhält.

[13] Bernard Woolley

[14] Premierminister

[15] Nachdem der Premierminister seinen Rücktritt bekanntgegeben hatte, begab er sich auf eine Reise ins Ausland, angeblich, um befreundeten Staaten einen sogenannten ›Goodwill-Besuch‹ abzustatten. In Wirklichkeit verhandelte er dort über eine lukrative Vortragsreise und einträgliche Beraterposten

[15*] ›Marquis‹ – ein englischer Titel zwischen ›Duke‹ und ›Earl‹.

[15*] John Stuart, Marquis of Bute, 1713–1792, brit. Politiker, Erzieher des Knaben, der König Georg III. wurde. War als Premierminister und Erster Schatzkanzler (1762/63) um einen schnellen Friedensschluß im Siebenjährigen Krieg bemüht. Er weigerte sich, den Subsidienvertrag mit Preußen zu erneuern. 1762 verständigte er sich mit Frankreich über die Beendigung des Krieges. Er unterstützte das Bestreben Georgs III., ohne Parteien zu regieren.

[16] Hackers Tochter. Studiert Soziologie (!) an der University of Sussex (!!)

[17] So bekundet ein neubenannter Premierminister formell seine Ergebenheit gegenüber der Monarchin

[18] Zweiter Weltkrieg

[19] Verteidigungsministerium

[20] Her Majesty's Ship

[21] Distinguished Service Order

[22] London School of Economics and Political Science

[23] Um 18.00 Uhr

[24] Weanerisch für Scheibchen

[25] So wurden die staatsinterventionistischen Reformen genannt, mit denen Präsident F. D. Roosevelt die Folgen der Weltwirtschaftskrise in den USA zu überwinden suchte. Damit schuf er in den USA die Voraussetzungen für eine Entwicklung zum modernen Sozialstaat

[26] Vergleichbar den Parlamentarischen Staatssekretären in der Bundesrepublik Deutschland

[27] Im Kabinettsamt, in »Nummer 9«

[28] Entwicklungsfähige Technologien

[29] Royal Air Force

[30] Ein offizieller öffentlicher Feiertag, kein Sonnabend oder Sonntag, an dem die Banken geschlossen sind.

[31] Im Gespräch mit den Herausgebern

[32] Störung des gewohnten Alltagsryhthmus durch die Zeitverschiebung bei Langstreckenflügen; in diesem Falle offenbar bis hin zur Bewußtseinstrübung

[33] Übersee- und Verteidigungsausschuß

[34] optisches Souffliergerät, Textband

[35] Amerikanischer Sänger (Baß) und Schauspieler – 1898-1976 – sang u. a. Negro Spirituals und (sozialist.) Lieder; auch berühmt als Othello-Darsteller

[36] Royal Shakespeare Company, ein Theaterensemble, das vor allem wegen seines unverwechselbaren Stils und seiner faszinierenden Sprechtechnik weltberühmt war

[37] Im Gespräch mit den Herausgebern

[38] Die Suez-Krise, 1956

[39] DACHVERBAND ENGAGIERTER PROGRESSIV-PÄDAGOGEN

[40] Siehe Kapitel 2, Seite 86

[41] Außenminister

[42] Verteidigungsminister

[43] Minister für Bildung und Wissenschaft

[44] Arbeitsminister

[45] Im Gespräch mit den Herausgebern

[46] Im Gespräch mit den Herausgebern

[47] Als Whitehall-Farcen bezeichnete man eine Reihe von Theaterinszenierungen (Farcen), die das Whitehall Theatre über einen Zeitraum von ungefähr zwanzig Jahren auf die Bühne brachte. Whitehall war natürlich auch die Straße, die von Downing Street 10 zum Parliament Square führt, und in der sich mehrere Ministerien und andere wichtige Regierungsgebäude befinden

[48] Die umgangssprachliche Bezeichnung für Central Policy Review Staff, kurz CPRS genannt.
Dieser 1970 eingerichtete Expertenausschuß setzt sich aus Mitgliedern der Beamtenschaft und aus unabhängigen Wissenschaftlern, aus Politologen, Soziologen etc. zusammen. Er berät das Kabinett, fertigt Studien zu speziellen Problemstellungen an und liefert alle sechs Monate eine Strategiekritik der Regierungspolitik

[49] ›... ist's ein Gebrauch,
wovon der Bruch mehr ehrt als die Befolgung‹.
(übers. von August Wilhelm v. Schlegel)

[50] Im Gespräch mit den Herausgebern

[51] APOSTELGESCHICHTE/DIE BEKEHRUNG DES SAULUS: 9,1-9: Saulus wütete immer noch mit Drohung und Mord gegen die Jünger des Herrn. Er ging zum Hohepriester und erbat sich von ihm Briefe an die Synagogen in Damaskus, um die Anhänger des neuen Weges, Männer und Frauen, die er dort finde, zu fesseln und nach Jerusalem zu bringen. Unterwegs aber, als

er sich bereits Damaskus näherte, geschah es, daß ihn plötzlich ein Licht vom Himmel umstrahlte. Er stürzte zu Boden und hörte, wie eine Stimme zu ihm sagte: Saul, Saul, warum verfolgst du mich? Er antwortete: Wer bist du, Herr? Dieser sagte: Ich bin Jesus, den du verfolgst. Steh auf und geh in die Stadt; dort wird dir gesagt werden, was du tun sollst. Seine Begleiter standen sprachlos da; sie hörten zwar die Stimme, sahen aber niemand. Saulus erhob sich vom Boden. Als er aber die Augen öffnete, sah er nichts. Sie nahmen ihn bei der Hand und führten ihn nach Damaskus hinein. Und er war drei Tage blind, und er aß nicht und trank nicht

[52] Aus der Übers. von Erich Fried/Verlag Klaus Wagenbach, Berlin/1974

[53] Im Gespräch mit den Herausgebern

[54] Member of Parliament

[55] Sir Arnold Robinson, der pensionierte Kabinettsstaatssekretär

[56] The First Division Association, die Gewerkschaft, die in Whitehall die Interessen der Spitzenbeamten vertritt

[57] Bei diesen beiden die schwerste Last tragenden Staatsdienern handelte es sich um den Kabinettsstaatssekretär und den Ständigen Staatssekretär im Schatzamt, die zufälligerweise identisch waren mit dem Empfänger und dem Absender dieses Briefes

[58] Vom Civil Service als das »idiotensichere Blättchen« bezeichnet.

59 exempli gratia

[60] Die Betroffenen waren nur Sir Frank und Sir Humphrey

[61] Bernard Woolley

[62] First Division Association

[63] Kein Stadtteil von Hongkong, sondern eine Stadt in Surrey, England

[64] exempli gratia

[65] Dieses Verfahren kam Mitte der achtziger Jahre des zwanzigsten Jahrhunderts

zur Anwendung, um die britische Öffentlichkeit glauben zu machen, der Civil Service hätte den geringsten Personalstand – 680000 Staatsdiener – seit vielen Jahren erreicht

66 Knight Grand Commander of the Order of the Bath (Großkomtur des Bathordens)

67 Dieser vorsorglichen Maßnahme wurde 1983 ohne Parlamentsbeschluß und bei minimalstem Öffentlichkeitsarbeitsaufwand Gesetzeskraft verliehen: die Verkündung fand Ende Juli statt, um zufällig mit dem Sommerurlaub der wenigen Journalisten, die ihre tiefere Bedeutung erkannt hätten, zusammenzufallen.

68 Companion (of the Order) of the Bath

69 Knight Commander (of the Order) of St. Michael and St. George
(hohe britische Orden und Titel)

70 Das wurde seit den achtziger Jahren des zwanzigsten Jahrhunderts praktiziert

71 Siehe Seite 42

72 Das streng geheime Spionagezentrum in Cheltenham

73 Sir Robert Anthony Eden, Premierminister von 1955-1957 erlitt 1956 mit der britisch-französischen Intervention in der Suez-Krise eine außenpolitische Niederlage

74 quod erat demonstrandum

75 Am 15. Mai 1948 wurde vom Nationalrat der Juden in Palästina der unabhängige Staat Israel ausgerufen. Er umfaßte 77% Palästinas und wurde kurz danach von den USA und der UdSSR anerkannt

76 Paul Sidgwick, der Verteidigungsminister

77 dem untersten Bereich der britischen Kabinettshackordnung zuzuordnende Minister, wie z. B. der Gesundheits- und der Sportminister. In der Bundesrepublik vergleichbar mit parlamentarischen Staatssekretären

78 Sir Arnold Robinson, der ehemalige Kabinettsstaatssekretär

[79] Hacker

[80] Eric Jeffries, der Schatzkanzler

[81] The Royal Opera House, in Convent Garden, das mehr oder weniger vom Kabinettsamt geleitet wurde

[82] Lungenkrebs, Kehlkopfkrebs, Mundhöhlenkrebs, Speiseröhrenkrebs, Bauchspeicheldrüsenkrebs, Blasen- und Nierenkrebs; Lungenblähungen und chronische Bronchitis; Erkrankungen der Herzkranzgefäße; Schlaganfälle; Säuglingssterblichkeit; und das Rauchen während der Schwangerschaft erhöht das Totgeburtsrisiko. Abgesehen davon gab es in den 1980ern jährlich ca. 10000 Brände, die dem Rauchen zugeschrieben wurden und ca. 250 Todesopfer forderten.

[83] National Health Service, der staatliche Gesundheitsdienst

[84] Die Cholera-Epidemie von 1830-1848. Der Public Health Act (Volksgesundheitsgesetz) von 1848 forderte für die Slums ein Minimum an sanitären Einrichtungen.

[85] Gesetz zur Qualitätsverbesserung der Luft

[86] Department of Health and Social Security. Gesundheits- und Sozialministerium

[87] Siehe YES MINISTER, Band 1 GOLDMANN 8636

[88] Im Gespräch mit den Herausgebern

[89] »Gebrauche ich ein Wort«, sagte Humpty Dumpty in einem sehr verächtlichen Ton, »dann bedeutet es nur das, was *ich* damit meine ... nicht mehr und nicht weniger.«

»Es fragt sich nur«, sagte Alice, »ob man Worten so viele verschiedene Bedeutungen geben *darf*.«

»Es fragt sich nur«, sagte Humpty Dumpty, »wer der Herr und Meister ist ... nur darum geht es.«

ALICE HINTER DEN SPIEGELN 5. KAPITEL von Lewis Carroll

[90] In der Marsham Street befindet sich das Ministerium für Umweltfragen

[91] Ständiger Staatssekretär im Außenministerium

[92] von 26-36 römischer Statthalter von Judäa. Aufgrund seiner judenfeindlichen Amtsführung kam es mehrmals zu Unruhen. Von ihm wurde Jesus zum Kreuzestod verurteilt

[93] . . . wen die Götter lieben, der stirbt jung

[94] Dmitri Dmitrijewitsch Schostakowitsch, 1906-1975. Russ. Komponist

[95] Marcel Duchamp, 1887-1968. Franz. Maler, Objekt- und Konzeptkünstler

[96] Curriculum vitae, d. h.: Lebenslauf

[97] Ikarus war der Sohn von Daedalus. Er kam hochfliegenderweise der Sonne zu nahe, und seine Flügel schmolzen. Sein ehrgeiziges Streben nach Höherem hatte ihn aus dem Rennen geworfen; ähnlich erging es Domherr Stanford

[98] »Ei, welch ein Geck war der von Kreta nicht, der keck den Sohn als Vogel fliegen lehrte.« Übers. August Wilhelm von Schlegel

[99] Agnostizismus: die Lehre von der Unerkennbarkeit des wahren Seins sowie des Göttlichen und Übersinnlichen.

[100] Im Gespräch mit den Herausgebern

[101] In Tomatensauce gekochte Bohnen

[102] Ständiger Staatssekretär im Verteidigungsministerium

[103] Übersee- und Verteidigungsausschuß